供应链工程师培养丛书

供应链工程技术与方法

吴志华　金汉信　成君忆　等著

中国财富出版社有限公司

图书在版编目（CIP）数据

供应链工程技术与方法／吴志华等著 . -- 北京：中国财富出版社有限公司，2025.6. --（供应链工程师培养丛书）. -- ISBN 978-7-5047-8375-2

Ⅰ. F252.1

中国国家版本馆 CIP 数据核字第 2025GY1084 号

| 策划编辑 | 王　靖 | 责任编辑 | 郭逸亭 | 版权编辑 | 武　玥 |
| 责任印制 | 尚立业 | 责任校对 | 卓闪闪 | 责任发行 | 敬　东 |

出版发行	中国财富出版社有限公司		
社　　址	北京市丰台区南四环西路 188 号 5 区 20 楼	邮政编码	100070
电　　话	010 - 52227588 转 2098（发行部）	010 - 52227588 转 321（总编室）
	010 - 52227566（24 小时读者服务）	010 - 52227588 转 305（质检部）
网　　址	http：//www.cfpress.com.cn	排　　版	宝蕾元
经　　销	新华书店	印　　刷	宝蕾元仁浩（天津）印刷有限公司
书　　号	ISBN 978 - 7 - 5047 - 8375 - 2/F · 3817		
开　　本	787mm×1092mm　1/16	版　　次	2025 年 7 月第 1 版
印　　张	23.75	印　　次	2025 年 7 月第 1 次印刷
字　　数	520 千字	定　　价	80.00 元

内容提要

　　《供应链工程技术与方法》既是一本与时俱进的拓荒性专著，也是供应链工程师技术等级考试指定教材——MTC 系列教材的有机组成部分，还是相关院校、企业进行培训、咨询的重要教材和参考书。

　　供应链工程 MTC 系列教材由《现代供应链管理》（*Modern supply chain management*，M）、《供应链工程技术与方法》（*Supply chain engineering technology and method*，T）、《供应链工程案例与实践》（*Supply chain engineering case and practice*，C）组成。

　　《供应链工程技术与方法》按供应链工程的系统思路搭建框架，着重诠释具有供应链工程个性特点的理念、战略、网络、装备、技术、平台、业务、生态与组织控制等内容，努力用供应链工程技术与方法对供应链业务流程进行赋能，并对与其密切相关的供应链硬件装备、软件技术和平台生态等进行整合探析，为实现从四流（供应链商流、物流、资金流与信息流）合一的供应链管理到四位（供应链业务流程、硬件装备、软件技术和平台生态）一体的供应链工程转型升级提供理论与实际相结合的创新及佐证分析。

序

当今世界正经历百年未有之大变局，全球产业链供应链加速重构，数字化转型与智能化升级浪潮席卷全球。在这一背景下，供应链作为现代产业体系的"命脉"，已成为国家竞争力提升、企业高质量发展的核心战略要素。构建自主可控、安全高效、富有韧性及可持续的现代供应链体系，既是时代赋予的使命，也是中国从制造大国迈向制造强国的必由之路。

2024年1月19日，中共中央、国务院隆重表彰了81名"国家卓越工程师"与50个"国家卓越工程师团队"，并指出工程师是推动工程科技发展的创新主体，是国家战略人才力量的重要组成部分，为推进新型工业化、推进中国式现代化提供了基础性、战略性人才支撑。供应链工程师是国家工程技术人才的重要组成部分，是供应链工程与技术的"集成者"，是发展新质生产力的生力军。2021年4月，工业和信息化部教育与考试中心推出供应链工程师技能等级证书；2022年，"供应链工程师"正式成为人力资源社会保障部认可的新职业（职业编码：2-02-30-11供应链工程技术人员），并纳入《中华人民共和国职业分类大典（2022年版）》。《供应链工程技术与方法》一书的推出，可谓恰逢其时。

要加快提升产业链供应链的现代化水平，进一步增强产业链供应链的市场竞争力。如果说产业链是一个国家的经济基础，那么供应链就是一种手段、一种组织方式，最终目的是创造更多的价值。在企业、产业、城市与国家四个层面的供应链体系中，既有管理问题，也有工程技术问题，管理与工程技术互为依托，相互促进。

《供应链工程技术与方法》立足中国供应链发展的本土化实践，以工程化思维为牵引，深度融合新一代信息技术与供应链管理理论，系统构建了具有中国特色的供应链工程技术与方法理论体系。本书不仅填补了国内供应链工程领域系统性教材的空白，更在学科交叉融合、产教协同创新方面实现了重要突破，堪称我国供应链人才培养领域的里程碑之作。

本书的开拓性体现在三个维度：其一，理论体系创新。突破传统供应链管理的理论边界，将系统工程、运筹优化、工业工程等学科精髓与供应链实践有机融合，构建"技术驱动、价值导向、生态协同"的三维理论框架。其二，工程方法突破。针对供应链网络设计、智能调度、风险工程等关键环节，创新性提出10余项核心技术工具包，形成从需求分析到方案落地的完整工程技术链条。其三，实践范式升级。书中精选多个本土标杆案例，覆盖智能制造、跨境物流、绿色供应链等前沿领域。

作为新时代供应链工程师的能力图谱，本书具有鲜明的时代特征，主要包含以下4点。①数字基因：深度融入大数据、区块链、数字孪生等新一代信息技术，展现数字化供应链的构建逻辑。②系统思维：强调绿色生态、全生命周期视角下的供应链系统工程方法论，特别是针对建链、补链、延链、强链中出现的问题，提出切实可行的解决思路或方案。③中国智慧：立足国内国际双循环新发展格局，探寻中国供应链的独特运行规律。④全球视野：结合"一带一路"倡议等国际实践与最新研究成果，培育全球化供应链战略思维与新质生产力驱动的供应链工程能力。

本书凝聚了一批专家的智慧，具有很高的供应链创新价值，为中国供应链管理与供应链工程学科的工程化、数字化、中国化与可持续发展，特别是供应链工程师培训提供了科学理论、操作技能与案例实证，值得同行专家与广大读者阅读、评判和进行实践检验。

本书既可作为供应链工程师培训的核心教材，也可供高校相关专业师生研习参考，更是企业管理者优化供应链体系的案头指南。期望本书的推广应用，能够帮助培养出更多既懂工程技术又具战略眼光的新型供应链人才，为推进新型工业化、建设制造与供应链强国注入澎湃动力。

本书由于是首次研究成书，有很强的探索性，相关表述存在不够精准之处，只能在今后教学研究过程中逐步完善。让我们一起在实践中不断探索与改进，共同推动中国供应链工程事业迈向更加美好的明天。

丁俊发
2024 年 12 月 31 日

目　录

第 1 章

供应链工程导论

Chapter 1: Introduction to Supply Chain Engineering

1.1 供应链工程与相关概念比较

现代社会的发展趋势是社会分工越来越细、专业化程度越来越高,隔行如隔山的情形越来越普遍,现代社会生产越来越需要复合型人才。按供应链管理要求进行跨学科、跨专业、跨行业培训的供应链工程人才正是"T"型人才(集"深"与"博"于一身的人才)的典范,他们既懂工程技术,又懂供应链管理,具有搭建企业架构、设计工程系统和解决企业运作过程中各种难题的能力,能满足社会需求。

供应链工程对于很多人来讲是一个比较陌生的概念,国内外可以参照的资料也非常有限。本书提出了供应链工程的概念:供应链工程是供应链成员特别是核心企业,对供应链业务流程(商流、物流、资金流与信息流)及其密切相关的供应链硬件装备、软件技术和平台生态进行四位一体整合的活动总称或系统综合项目,它是供应链管理的升级与深化。

其中,供应链商流、物流、资金流与信息流称为"四流";供应链业务流程及与其密切相关的供应链硬件装备、软件技术和平台生态称为"四位"。从这个角度来讲,供应链工程可简述为从"四流合一"到"四位一体"的供应链系统整合活动或供应链系统工程项目。也就是说,供应链工程是一门跨领域的系统科学,专注于供应链系统及其工程项目的技术与方法的运用,以及局部或整体的优化管理;它强调以供应链的逻辑和精准分析为基础,致力于对供应链软硬件系统、业务流程与平台生态进行整合优化;它贯穿了从企业到行业,再到国家的供应链系统规划建设、协同运行与报废重生中的所有阶段、环节,强调供应链装备与业务相互驱动、技术方法运用与信任文化塑造的齐头并进,以及供应链软硬件等的联动整合。

这里的工程项目通常指的是供应链系统中一个具体、独特且具有明确目标、预算和时间限制的任务或活动。它可以是建筑、土木、机械、电子、化学等工程中的一个设施新建或改造项目,也可以是与计算机科学、供应链服务等密切相关的软件服务项目,如某个智能化改造、数字化转型或集群供应链整合项目。工程项目的主要目标是达到预定的功能、性能、质量、成本和时间要求。

供应链工程作为工程的一种特殊而高级的形式,是一个全面、大型、复杂的包含许多子项目的综合工程,也称为供应链系统工程,它可理解为供应链与系统工程的复合体。

在供应链工程中,需要综合考虑供应商选择与管理、库存管理策略、生产计划安排、物流配送规划等多个方面。同时,还需要应对市场需求波动、供应链中断等风险,需要设计跨领域、跨学科的综合应对方案。

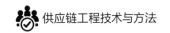

1.1.1 供应链工程与物流工程比较

供应链工程与物流工程作为一门学科的时间都不长，国内外也缺少统一的认识。比较统一的是，它们都是工程背景很强的学科。供应链工程与物流工程紧密相连却又各具特色。在当今全球化的商业环境中，供应链和物流成为企业竞争的关键领域。其中，供应链工程和物流工程作为支撑这两大领域的学科，尽管有所交集，但各自有着独特的研究重点和应用领域。供应链工程与物流工程的最大区别是供应链与物流的口径大小不一。即从供应链商流、物流、资金流与信息流的角度，物流工程仅是供应链工程中的一部分内容。

供应链工程与物流工程优化的着眼点不一样。供应链工程不是对单一环节或方面的优化，而是一种全局的战略思维。它是对整个商品生产、流通与消费过程——从供应商的选择、原材料的采购、生产过程的组织，到产品的分销、零售与消费服务——进行全面、系统的规划、协调与控制。其中，各环节间相互依赖，任何一环的失误都可能产生连锁反应，对整个供应链造成影响。因此，供应链工程师需要具备较强的整合能力和协调能力，以确保整个流程的高效运作。所谓供应链工程师（Supply Chain Engineer，简称SCE）是使用相关硬件装备、软件程序、工具与平台数据等供应链工程技术方法，分析、规划、运营和控制供应链系统的专业型（初级）、复合型（中级）或领军型（高级）专门人才。此外，随着科技的发展，供应链工程还需要不断引入新的技术和方法，如大数据分析、人工智能等，以实现对供应链的实时监控和预测。

物流工程侧重于从运筹学、系统工程与工程技术等技术方法角度研究物流系统的设计、运作与控制等问题，它涉及从系统规范设计、实施细化到控制反馈的动态全过程。物流系统是供应链中最基础的硬核系统，所以物流是供应链工程中重要且基础的要素，只不过供应链工程是从整个供应链角度来考虑物流，即考虑的层面比较高。而物流更加注重商品的实际流动过程，关注的是如何更有效地将产品从供应商运送到最终消费者手中，涉及运输、仓储、包装和配送等多个环节。因而物流工程的核心理念是通过科学的规划和管理，降低物流成本、提高物流效率。例如，合理的仓储布局可以减少商品的搬运距离和时间；智能化的物流信息系统可以实时跟踪货物的位置，确保准时配送。物流工程还涉及对各种运输方式的评估和选择，以及对特殊商品（如易腐、易燃品）的特殊处理。

供应链工程与物流工程在企业运营中各自发挥着不可替代的作用。供应链工程像是一位战略层面的规划者，关注整个流程的宏观层面，而物流工程则像是一位细致入微的执行者，确保每一个环节都能高效、安全地完成；供应链工程着重从工程技术与方法角度研究强链、补链、延链与稳链等问题，而物流工程着重研究物流系统的设计、运营等问题。

1.1.2　供应链工程与供应链管理比较

供应链工程与供应链管理的研究对象都是供应链系统。供应链系统是一个非常复杂的系统，包括供应链商流系统、物流系统、资金流系统和信息流系统，以及软硬件、生态保障服务等系统。

供应链工程与供应链管理虽然有紧密的联系，但它们是两个差别很大的概念。简单来说，供应链工程是一个更广泛、系统的概念，它包括供应链软硬件、业务及其管理、支撑等系统的设计、优化控制等。而供应链管理则侧重于对供应链业务流程运作过程进行计划、协调、控制和优化等。如果将供应链工程比作冰山，那么供应链管理则相当于冰山裸露在水平面上的部分。供应链工程包含供应链管理所涉及的商流、物流、资金流与信息流业务，注重供应链装备与业务的相互驱动，以及与供应链生态等的联动，其利润来源主要为水平面下的"冰山"，即第一到第五利润来源之外的第六利润来源，详见 1.4.3 的内容。

除此之外，从学科角度来看，供应链管理主要涉及管理科学、运筹学、统计学等经济管理学科领域，而供应链工程涉及多个工程学科领域，如系统工程、物流工程、采购工程、生产工程等；供应链管理偏重于业务流程的战略、运作与控制，而供应链工程侧重供应链网络的设计，并使用数学模型和方法来确定供应链管理的最优策略，即设计一个与环境相匹配的复杂系统，同时以一种尽量系统化、精确的方式加以实现，也就是利用一些尽量精确和可验证的数学模型分析工具，如战略开发设计理念与方法、供应链系统建模与优化求解，以及通过减少各级供应链中断来保证供应链网络的完整性等。在过去的几十年里，商业的全球化趋势越来越显著；从传统的商业供应链到军事物流，再到灾难救济或医疗运送系统，大多数组织的供应链及其成员都有着不同的目标、约束条件和决策方式。因此，供应链工程的重要性日益凸显，它强调运用定量分析和工程技术方法，以更好地协调和优化整个供应链的运作。

在实际应用中，供应链工程与供应链管理两者是相辅相成的，良好的供应链工程系统设计和有效的供应链管理实践可以共同推动生产力的创新发展。随着数字化转型加速，二者的边界逐渐模糊：①管理工程化，供应链经理需理解并运用数字工具，如预测算法；②工程管理化，工程师需考虑组织变革管理，如自动化引发的人员转型与组织再造；③新兴交叉岗位，如供应链全栈优化师需兼具系统设计能力和运营洞察力。

1.1.3　供应链工程与系统工程比较

供应链工程与系统工程在多个方面存在联系，主要表现在以下方面。

1. 目标一致

供应链工程与系统工程都致力于实现整体系统的优化。系统工程主要关注特定系统或过程的优化，而供应链工程则关注整个供应链系统网络的优化。

2. 相互依赖

系统工程和供应链工程都强调各组成部分之间的相互依赖关系。在系统工程中，需要分析各个组件之间的相互作用和依赖关系，以确保整个系统的性能达到最优。同样，在供应链工程中，也需要理解各个节点（如供应商、制造商、分销商等）之间的相互依赖关系，以确保整个供应链的效率和性能。

3. 集成与协同

两者都强调不同组成部分或模块之间的集成与协同。系统工程重视系统内部各组件的协同，而供应链工程则关注整个供应链网络中各节点之间的协同。

4. 数据与信息共享

为了实现系统或网络的优化，两者都依赖数据和信息。系统工程需要收集和分析各种性能数据，以优化特定系统或过程。而供应链工程则需要收集和分析各种物流、信息流和资金流的数据，以确保整个供应链的高效运作。

5. 持续改进

两者都支持持续改进的理念。系统工程鼓励对系统或过程进行持续改进，以实现更高的性能和效率。同样，供应链工程也支持对整个供应链网络进行持续改进，以获得更高的成本效益和客户满意度。

6. 系统与网络的设计与规划

在实施系统工程和供应链工程时，都需要进行系统与网络的设计与规划。这包括确定系统的目标、定义系统的范围、分析系统的组件和关系、制定系统的规则和标准等。对于供应链工程来说，还需要考虑如何选择合适的供应商、如何安排生产和配送等。

7. 风险管理

两者都需要进行风险管理。在系统工程中，需要评估各种潜在的风险并制定相应的应对措施。在供应链工程中，也需要评估各种潜在的风险（如供应商的不稳定、物流中断等）并制定相应的风险管理策略。

供应链工程与系统工程在实际应用中存在一定区别，两者分别关注不同的领域和层面。供应链工程是一个跨学科、跨行业与跨层次的供应链系统设计和优化工程。系统工程是一种系统、综合性技术方法，旨在将多个相互关联的子系统整合为一个整体，以达到系统的最优性能。

供应链工程的主要目标是降低供应链的总成本，提高供应链的运作效率，确保供应链的稳定性和灵活性，以满足市场需求。系统工程的目标是设计、开发、集成和优化复杂系统，使其在满足性能要求的同时，具有较高的可靠性、可用性和可持续性。

系统工程是一种跨学科的方法，旨在实现产品或工程的整体优化。它将产品或工程视为一个有机整体，通过建模和分析其需求、子系统、约束条件以及各部件之间的相互作用，实现从产品生命周期或工程周期的规划、开发、制造到维护的全过程优化决策。供应链工程及其每一个组成部分本质上都可视为一个系统工程。也就是说，两者都强调将整体作为一个完整的系统，进行全面且综合的考虑。系统工程是跨学科的工程技术方法，而供应链工程则是结合系统工程与其他相关方法进行强链、补链、延链与稳链的实践性工程。

1.2 供应链工程分类

供应链工程可以按照不同的标准进行分类。按照行业门类划分，供应链工程可以分为各行业门类供应链工程，如钢铁供应链工程；按供应链工程的主要组成来划分，具体分为供应链业务流程、硬件装备、软件技术和平台生态工程；另外，还可以按不同企业、产品与推拉方式等进行分类。本书主要从市场需求性质角度，对精益、敏捷、柔性、安全与绿色供应链工程类型进行阐述。

1.2.1 精益供应链工程

1. 概念

精益供应链工程是一种以消除浪费、优化流程、降低成本、提高效率为目标的供应链管理方法。它强调识别和消除供应链管理中的各种浪费现象，并通过协同合作、标准化、文化培养等手段来实现持续改进。

2. 特点

①以客户需求为中心。着眼于客户需求，通过不断改进以满足客户的需求。

②消除浪费。重点在于识别和消除供应链管理过程中的各种浪费，以提高效率和降低成本。

③协同合作。强调供应链各个环节之间的协同合作，减少资源的重复使用和浪费。

④标准化流程。推动流程与产品的标准化，提高生产效率，确保质量稳定。

⑤文化培养。建立精益化的企业文化，推动员工创新和工作方法持续改进。

3. 优点

①提高效率。通过消除浪费和优化流程，提高供应链的效率和生产率。

②降低成本。减少资源浪费和重复劳动，降低企业的生产成本。

③增强竞争力。优化供应链流程，提升客户满意度，增强企业的市场竞争力。

④促进创新。建立精益文化，鼓励员工参与持续改进和创新。

4. 缺点

①需要投入大量资源。需要企业投入大量的时间、人力和财力。

②适用面不够广泛。可能不适用于所有行业，特别是那些产品种类繁多、生命周期短的行业。

5. 适用性

适用于产品生命周期长、需求稳定的行业，以及注重创新、持续改进的企业。

1.2.2　敏捷供应链工程

1. 概念

敏捷供应链工程是一种基于动态联盟的供应链管理方法，旨在通过快速重构和调整供应链结构，适应市场需求的动态变化。它强调核心企业的主导作用，利用自动化和信息化技术实现订单生产信息的透明化，从而帮助企业更好地安排运营计划。

2. 特点

①产品需求导向。以市场需求为导向，快速重构动态联盟，以适应产品需求的变化。

②信息集成与流程一体化。通过集成其他供应链和管理信息系统，实现不同企业之间的信息共享与协同，从而实现流程一体化。

③共担风险与共享利益。敏捷供应链上的节点企业共同承担风险与分享利益，形成竞争力强的供应链，避免因信息不匹配而引发相关问题。

3. 优点

①快速响应市场需求。能够快速调整供应链结构，满足市场动态需求。

②降低成本。通过降低设备、人员等成本来提高效率、提升竞争力。

③信息透明化。利用信息化技术实现订单生产信息的透明化，有利于企业制订运营计划。

4. 缺点

①组织管理难度增加。需要不断调整和重构，增加了组织管理的难度。

②依赖技术支持。依赖于计算机信息集成技术和管理技术，对技术支持的要求较高。

③风险共担。敏捷供应链上的节点企业需要共同承担风险，一旦出现问题，可能影响整个供应链的稳定性。

5. 适用性

敏捷供应链工程适用于需要快速响应市场需求、灵活调整供应链结构的行业，尤其适用于电商平台等拥有强大供应链后台的企业。在变化频繁的市场环境中，敏捷供应链能够帮助企业保持竞争优势，占据市场先机。

1.2.3　柔性供应链工程

1. 概念

柔性供应链工程注重供应链各个环节的灵活性和适应性，以满足外部需求变化和市场动态变化的需要。在这种模式中，消费者通常占据主导地位，而企业需要根据消费者需求快速调整供应链的运作方式。

2. 特点

①消费者导向。以消费者需求为导向，通过快速响应消费者的需求来调整供应链

流程和策略。

②流程灵活性。这种模式下的供应链流程具有灵活性，可以快速调整和改变以适应不同的市场需求和环境变化。

③信息系统支持。依赖于柔性的信息系统，能够快速适应变化，并支持供应链的灵活运作。

3. 优点

①快速响应市场需求。能够快速调整以满足市场需求，从而提高企业的竞争力。

②降低库存成本。通过降低库存水平和优化供应链流程来降低库存成本。

③提高客户满意度。通过更快速、更灵活地满足客户需求提高客户满意度和忠诚度。

4. 缺点

①技术要求高。需要具备先进的信息技术和管理系统，这对企业的技术能力提出了较高的要求。

②组织调整困难。为了实现柔性供应链，企业可能需要进行组织结构和流程的调整，这可能会存在一定的困难和阻力。

③风险管理挑战。在柔性供应链中，由于需要快速调整和适应市场变化，风险管理可能会面临挑战。

5. 适用性

适用于需要快速响应市场需求和灵活调整供应链的行业，以及那些注重客户体验和服务质量的企业。

1.2.4 安全供应链工程

1. 概念

安全供应链工程旨在确保整个供应链体系的安全性和可靠性。该模式涵盖了从供应商选择和评估、物流运输、信息系统安全到最终产品交付等各个环节。其核心理念在于识别、评估和管理供应链中存在的潜在风险，以确保企业的产品在不受威胁的情况下到达客户手中。

2. 特点

①综合性管理。注重供应链的各个环节，从供应商选择到最终产品交付，对整个供应链进行综合管理。

②风险识别和管理。注重识别、评估和管理供应链中的潜在风险，包括物流、信息系统和合作伙伴等方面的风险。

③标准与流程。通过制定和实施相关的标准、流程和安全控制措施，确保供应链各个环节都符合安全标准和法规要求。

3. 优点

①降低风险。通过识别、评估和管理供应链中的风险，有效降低潜在的安全风险。

②提高可靠性。实施安全供应链工程能提高供应链的可靠性和稳定性,提高产品和服务的交付可靠性。

③增强竞争力。实施安全供应链工程可以提高企业的竞争力,增强业务的稳定性和可持续发展能力。

4. 缺点

①成本增加。实施安全供应链工程可能会增加企业的成本,包括制定标准、流程的成本以及安全控制措施的投资成本。

②复杂性增加。安全供应链工程涉及多个环节和多个参与方,可能会增加供应链管理的复杂性。

③依赖合作伙伴。安全供应链工程的有效实施依赖于各个合作伙伴间的配合和信息共享,如果合作伙伴不配合或信息共享不足,可能会影响实施效果。

5. 适用性

适用于对产品和服务安全性要求较高的行业,如医疗、食品、制药等,以及需要加强供应链合作与信息共享的企业,以应对日益复杂的安全挑战。

1.2.5 绿色供应链工程

1. 概念

绿色供应链工程旨在通过采用绿色和可持续发展的策略和方法,在供应链各个环节中减少对环境的影响,提高资源利用效率,促进社会和经济可持续发展。

2. 特点

①全面性。绿色供应链工程涵盖了供应链各个环节,包括设计、生产、采购、物流、包装、能源管理和信息披露。

②环保导向。以环保为导向,注重减少环境影响,通过可持续发展的方式实现资源的有效利用。

③合作与共享。绿色供应链工程强调合作与共享,鼓励供应链中的各个参与方共同努力,推动环保措施的实施。

3. 优点

①降低成本。通过资源有效利用和能源节约,从长期看可以降低企业成本,并提高竞争力。

②提升形象。实施绿色供应链工程可以增强企业的社会责任感,提升企业形象,使企业获得消费者和利益相关者的认可。

③促进创新。为了实施绿色供应链工程,企业需要不断创新,推动环保技术和方法的发展。

4. 缺点

①成本压力。一些环保措施可能会增加企业的成本,尤其是在初期投入阶段,企

业可能会面临一定的经济压力。

②技术限制。实施绿色供应链工程需要依赖先进的环保技术和方法，这对企业的技术能力提出一定要求。

③合作难度大。由于涉及多个环节和多个参与方，实施绿色供应链工程可能会增加合作难度和协调成本。

5. 适用性

适用于对环境影响较大的行业，如制造业、物流业等，以及各种规模和类型的企业。

各类供应链工程的特点、优缺点和适用性见表1-1。

表1-1　　　　　　　　　各类供应链工程的特点、优缺点和适用性

类型	特点	优点	缺点	适用性
精益供应链工程	以客户需求为中心；消除浪费；协同合作；标准化流程；文化培养	提高效率；降低成本；增强竞争力；促进创新	资源投入大；适用面不够广泛	产品生命周期长、需求稳定的行业；注重创新、持续改进的企业
敏捷供应链工程	产品需求导向；信息集成与流程一体化；共担风险与共享利益	快速响应市场需求；降低成本；信息透明化	组织管理难度增加；依赖技术支持；风险共担	需要快速响应市场需求、灵活调整供应链结构的行业；电商平台等拥有强大供应链后台的企业
柔性供应链工程	消费者导向；流程灵活性；信息系统支持	快速响应市场需求；降低库存成本；提高客户满意度	技术要求高；组织调整困难；风险管理挑战	需要快速响应市场需求和灵活调整供应链的行业；注重客户体验和服务质量的企业
安全供应链工程	综合性管理；风险识别和管理；标准与流程	降低风险；提高可靠性；增强竞争力	成本增加；复杂性增加；依赖合作伙伴	对产品和服务安全性要求较高的行业；需要加强供应链合作与信息共享的企业
绿色供应链工程	全面性；环保导向；合作与共享	降低成本；提升形象；促进创新	成本压力；技术限制；合作难度大	对环境影响较大的行业；各种规模和类型的企业

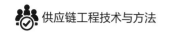

1.3 供应链的产生、发展与供应链工程创新

供应链工程是一个新兴领域，其基础在于对供应链系统的历史分析和理解。

1.3.1 供应链的起源、产生与发展

供应链这一概念在 20 世纪中晚期才被正式提出，起源于彼得·德鲁克（Peter F. Drucker）的"经济链"，而后经由迈克尔·波特（Michael E. Porter）发展为"价值链"，最终演变成如今热门的"供应链"。其实在德鲁克提出经济链之前，供应链早已深入社会生活的方方面面。从原材料供应商到生产商，再到分销商、零售商，直至到终端用户手中，无不依赖供应链的串联。

1982 年，Oliver 和 Weber 首次将"供应链"一词引入学术界，用以描述一个复杂的组织网络，这个网络涉及多个组织通过一系列生产活动创造价值，并通过上下游之间的联系将产品或服务传递至最终消费者。然而，尽管"供应链"概念在学术界和实践中得到了广泛应用，但至今仍未形成一个被广泛接受和统一认可的概念。"供应链"在国家标准《物流术语》（GB/T 18354—2021）中被描述为："生产及流通过程中，围绕核心企业的核心产品或服务，由所涉及的原材料供应商、制造商、分销商、零售商直到最终用户等形成的网链结构。"国务院办公厅印发的《关于积极推进供应链创新与应用的指导意见》中将"供应链"描述为："以客户需求为导向，以提高质量和效率为目标，以整合资源为手段，实现产品设计、采购、生产、销售、服务等全过程的高效协同的组织形态。"笔者认为，供应链指从原料采购到产品最终实现使用价值的过程中，围绕核心企业而由供应商、制造商、分销商、零售商与最终用户构成的一个整体功能网链结构。

供应链的产生发展与前三次工业革命密切相关。

1. 需求导向的大规模定制生产型供应链发展

古代丝绸之路这种影响深远的产成品国际贸易，距离极远、规模极大，已经具有了供应链的一些特质，但由于它没有从需求端出发进行定制生产，不具备现代供应链的需求导向特征，故只能算是准供应链。与此密切相关的是第一次工业革命时期的英格兰德比丝绸厂供应链。该厂以一座 7 米高的水车为动力源，驱动纺织机器运作，极大地促进了棉纺业发展，并带动了钢铁、果蔬、畜牧等其他行业的发展，极大地提高了整个社会的生产效率，并催生了对原材料的大量需求。满足市场需求及确保供应链的供应能力被提升到前所未有的重要位置，而这又促进了资本驱动的供需联动以及英国港口与世界各地的贸易物流。

2. 制造与陆海铁路结合的深购远销型供应链发展

第一次工业革命带动的生产力发展与资本驱动的供需联动，进一步促进了陆海港

口设施建设，以及以其为基础的远洋物流与跨境铁路货运的发展，较好地补上了第二代供应链的另一半——从商品到市场。而商品到市场的快速发展，又反过来强化了英国曼彻斯特棉花厂等核心生产企业的制造能力、分销能力，扩大了产销规模，从而出现了从生产到物流成本的系统性降低。这时曼彻斯特批量生产的棉衣能通过铁路快速运往当时世界上人口最多的城市伦敦，又通过海运和铁路远销海外殖民地和其他国家。同时，以赚到的钱换回大量的原材料，不断再生产。也就是说，工厂与航运、铁路的结合进一步促进了产品到商品的第一代供应链的发展，大大拓展了从商品到市场的第二代供应链的时空，以及"制造+供需+链接两端"的供需通路，从而使现代供应链初见端倪。

3. 全球型供应链发展：从整合到融合

以上所说的"制造+供需+链接两端"的供需通路的拓展，极大促进了生产与物流的时空变化，但它缺乏生产过程中的上下游垂直整合，因而无法形成广泛而深入的分工合作。1928 年美国底特律福特公司的成功运作标志着开始进入从整合到融合的全球型供应链发展阶段，依次出现了以下 6 种供应链。

（1）垂直一体化供应链

福特公司与之前的工厂完全不同，它不生产完整的 T 型车，而是专门给其他工厂生产发动机、轮胎、车窗等部件，原来那些把原材料加工成零部件的工厂，都分布在原材料所在地，如今都被福特公司通过经典的传送带流水线整合到一起，大幅度提高了生产效率。汽车生产的主要供应链都汇聚于此，这种典型的垂直整合方式，进一步促进了材料控制、成本缩减与品控加强，实现了分工、合作控制。

（2）精益供应链

后来同样是一家汽车公司的日本丰田公司，比福特公司更注重对上下游的控制，强化专长及其基础上的供应链合作概念，准时制生产方式与看板系统创造了工业界的新奇迹。准时制生产主要指按照上游订单去采购、生产，而不是传统的推式生产、销售。为了与这一制度匹配，丰田公司又研究出了看板系统，即为了保证品质，丰田公司将生产上的每个环节甚至生产动作都进行了标准化，同时与零件供应商签订了长期的以不积压原材料、不压货与零库存为重要特征的长期供货合同，以保证产品质量和生产物流效率。

（3）极简供应链

后来乔布斯、库克所在的苹果公司又进一步强化、创新了这一理念。具体来说，乔布斯先是将产品线精简，而后由库克操刀，优化其中的零部件，使其能够尽量通用，从而达到减少采购种类、加大订单量、减少供应链成本，以及增强供应链价值与控制程度的效果。这时，歌尔股份、立讯精密、精研科技、蓝思科技等供应商和苹果公司结成了深度绑定关系，它们共同打造出令世界惊叹的一流供应链。

（4）标准化供应链

1968 年，在经历了长达数十年的讨论后，国际标准化组织与美国海运公司正式确定了包括集装箱尺寸在内的航运标准，TEU（20 英尺标准集装箱）成为衡量载货量的单位，同时随着计算机等先进技术手段在货物管理上的应用，集装箱船的潜力得到持续发挥。作为对比，在集装箱标准化后的 2000 年年初，租一个 20 英尺的集装箱从亚洲运往美国，费用大概是 1000 美元。而这个 20 英尺的集装箱能装下大概 3500 个鞋盒，也就是说一双鞋从福建莆田运输上万公里卖到美国，运费大概是 0.29 美元。这让更多低价值的原材料和商品有了跨国运输的可能，极大地促进了商品与市场的全球化。

（5）智能供应链

20 世纪 80 年代初以来，全球竞争日益激烈，进一步催生了对生产活动整合的需要、灵活满足客户要求的需要，以及大幅降低生产等成本的系统性要求。为了实现这些目标，工厂生产系统发生了翻天覆地的变化，新的制造技术提高了效率，信息技术改善了系统的组织和管理方式，出现了可重构制造系统（RMS）、具有工人灵活性的装配线、桶装生产线或 U 形装配线。在同一时期，还出现了实时监控系统状态的新技术，如射频识别（RFID）、互联网应用或"智能"存储设备等。此外，准时制（JIT）等要求引发的标准改变，体现了生产系统在竞争中面临的新目标，传统的生产活动计划从战术层面拓展到了战略层面，并且从较长的等待时间转变为实时排产（也称为实时分配）。而这些又进一步促进了质量的提高、响应速度的加快与库存的降低，进一步拓宽了多环节协同解决问题的思路，推动了数据、模型与精算等供应链工程方法的运用。

（6）智慧供应链

2008 年金融危机后进入了现代供应链的典型时代，基于规模性互联网的"汽车+手机"成为供应链改造的最大需求者，面广量大地把供应链上下游的利益绑在一起，进一步促进了全球供应链商流、物流、资金流与信息流的发展，并呈现以下 7 个核心特征。

①智能化决策。AI 驱动动态优化，从"经验决策"转向"数据决策"。

②弹性与韧性。通过多源采购、本地化生产（如近岸外包）应对不确定性。

③可持续性。碳足迹追踪、循环供应链设计。

④生态化平台。跨行业协同，如菜鸟网络整合物流资源。

⑤按需生产。如特斯拉通过实时数据调整生产计划。

⑥端到端透明化。如 IBM 通过 Food Trust 区块链追踪食品来源。

⑦智能仓储。如亚马逊通过 Kiva 机器人提升分拣效率。

1.3.2 供应链工程的起源、产生与发展

供应链工程的起源可追溯到第二次工业革命期间的实践研究，后来这些实践研究被扩展为发明、制造、及时与控制等理论。1915 年，美国哈佛商学院（Harvard Business School）的肖（Shaw）编写了教科书《市场分销中的一些问题》。尽管书中没有使用"供应链工程"一词，但由于该书对购买原材料、运输产品、定位设施以及分析生

产能力等进行了讨论，并支持"实验室观点"或供应链问题的系统研究，具有"供应链+工程"的特点，可以被看作供应链工程的起源。但供应链工程的真正产生，即逆全球化下以供应链韧性安全为重要取向的供应链工程的产生还是要追溯到世纪变局的当下。

在全球供应链商流、物流、资金流与信息流不断发展的同时，一场改变世界格局、趋势的重大事件也在悄然降临——特朗普当选美国总统，并开始公开进行贸易霸凌。至此，人们开始关注供应链的敏捷性、灵活性和韧性安全。以前企业信奉准时制生产、精益库存，以及全球配置资源等，但在特朗普当上美国总统之后许多没有及时作出改变的企业已陷入经营困境。它昭示出全球化、高关联类供应链的脆弱性，以及逆全球化下以供应链韧性安全为重要取向的供应链工程的产生。

1. 供应链工程：应对世纪变局的客观产物与因应之策

美国的贸易霸凌、制裁断链，以及新冠疫情等公共卫生事件造成的封锁扰乱了全球原材料和成品的流动。美国等有关国家纷纷采取的断供断链措施表明，以成本为中心的全球化供应链网络必须在效率与灵活性、冗余与本地化、收益与风险之间取得平衡，以抵御系统性冲击。为此，以韧性与安全快速适应充满不确定性的环境，以及在此基础上以"四位一体"为重要特征的供应链工程创新就成了这一阶段突出的特征与要求。

2018 年 4 月 16 日，美国对中兴通讯实行制裁。紧接着三天后，《科技日报》以连续三个月的系列报道，深入剖析了当时制约我国工业发展的 35 项"卡脖子"技术。2020 年新冠疫情暴发，我国生产流通面临着巨大冲击，疫情严重冲击了企业的生产经营活动，加之日益严重的中美贸易摩擦，以及核心企业进行供应链整合的动能相对欠缺，使拥有国外上游供应商的企业承受着前所未有的压力。虽然企业所面临的国外供应链冲击大部分可以通过国内供应商替代解决，但仍有 20%～30%短期内无法在国内市场得到完全替代。如果此时再遇上类似于 2021 年苏伊士运河搁浅等事件，则企业供应链将面临生存性挑战。

目前及未来不短的一段时间内各种不确定性将日益增多，全球化供应链面临着巨大的断链风险。由此，客户（需求）资源、数据资源、产品资源、供应资源和技术资源等日趋个性化、碎片化，同时新技术、新趋势日益显现，需要注重新质生产力发展，特别是从超大规模、众多方面、更深层次的成员协同与数据整合上发力。这就需要大胆进行"四位一体"的供应链工程创新与供应链工程师人才培养，特别是注重供应链核心企业的作用发挥，以期实现供应链工程体系的智能化构建、大数据增值服务与供应链工程整合，从而实现跨企业、全程的共商共建共享合作，不断提高供应链韧性与安全水平，实现全社会成本的降低。

因此，现代物流供应链发展的过程就是从第三方物流到供应链不断创新的过程，供应链工程是现代物流与供应链创新的因应之策，能够帮助应对世纪变局。

2. 供应链工程：从供应链管理的"四流合一"到"四位一体"的战略转变

综上所述，供应链工程是应对世纪变局的必然产物。这一概念是对传统"四流合一"（商流、物流、资金流与信息流）供应链管理理念的进一步拓展与深化。在全球化合作盛行的背景下，国内外产业环境相对稳定，小批量、多批次的第三方物流模式得以广泛应用，显著加快了交货速度，大幅压缩了提前期。提前期的缩短意味着供应链对顾客需求的响应更加敏捷，有效缓解了上游企业对顾客需求感知滞后于下游企业的问题，从而显著削减了牛鞭效应。与此同时，第四方物流的出现进一步加强了供应链中各企业之间的联系，通过信息共享机制，有效抑制了需求信息在各个小系统中的放大效应。

供应链管理强调第三方物流与第四方物流的有效协同，并将商流、资金流与信息流深度融合。特别强调建立以真实市场需求信息为驱动的敏捷供应链模式，从而加快对个性化需求的响应速度，进一步弱化牛鞭效应。然而，世纪变局带来的诸多不确定性，如关键装备断供、技术"卡脖子"、合作平台与生态受损等问题，可能使牛鞭效应的弱化成果付诸东流。为应对这些挑战，供应链工程应运而生，将供应链物流、商流、资金流与信息流等业务流程，以及与之密切相关的硬件装备、软件技术和平台生态整合为一体，形成了"四位一体"的供应链工程模式。

供应链工程以供应链系统工程的严格逻辑和精准分析为基础，致力于对整个供应链系统的全面优化、流程再造与管理的深化拓展。它将更好地适应日益复杂的不确定性环境，同时带来显著的社会效益和经济效益。

3. 供应链工程：由供应链业务功能拓展为供应链工程的四大功能

在这种情况下，供应链工程的功能由业务功能或业务流程优化再造，拓展为四大功能，具体包括供应链业务功能、供应链硬件服务功能、供应链软件服务功能与供应链生态支撑功能（见图1-1）。

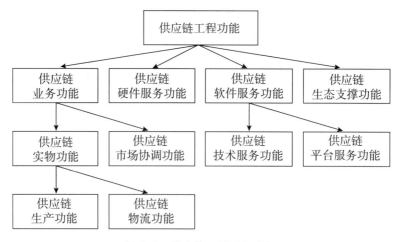

图 1-1　供应链工程四大功能

图 1-1 中的供应链实物功能是指产品的生成，以最低的成本将原材料加工成零部件、半成品、成品并将它们从供应链的一个节点运到另一个节点，即"生产+物流"功能。供应链市场协调功能可对市场需求做出迅速反应，确保以合适的产品在合适的地点和时间满足顾客的需求，核心是适销对路及其有效实现。一般意义上的供应链管理是这两个功能的权衡及综合利用，即反应能力与盈利水平的均衡。

供应链实物功能和市场协调功能会产生不同的成本。实物上的高效（高效的供应链）意味着生产成本、运输成本、库存成本与相关服务成本的最小化。当一种产品的供应超过或者低于需求时就产生了市场反应成本（供应链成本），在第一种情况下，价格被迫下降或者产品必须亏本销售；在第二种情况下，会丧失销售机会，顾客满意度也会下降。供应链市场协调功能就是要对市场需求做出迅速反应，确保以合适的产品在合适的地点和时间来满足顾客的需求，核心是适销对路及其有效实现。

除此之外，供应链工程还涉及由供应链管理叠加工程技术的"供应链管理+"交叉领域。

1.3.3　供应链工程的发展趋势

1. 数智化：数字化、智能化与信任

20 世纪中后期，数字技术开始融入供应链运营，将企业内外的供应链节点紧密连接。随着物联网、大数据、人工智能等技术的快速发展，特别是与新质生产力的结合，供应链工程技术涵盖了全方位连接技术（如无线通信）、语音及全球定位系统（GPS）、语音识别、数码成像、便携式打印、二维码、RFID、实时定位系统（RTLS）、远程管理和安全技术等。供应链数智化是在信息化基础上对供应链工程技术的数字化与智能化的升级。信息化是供应链发展的核心动力，而数字化则是通过物联网感知技术实现了物流数据的自动化采集。数字化带来了海量数据，推动了分布式云计算等大数据技术的应用，促进了数字智能化、智能数字化及数智融合的智慧化——借助机器学习实现智慧决策的发展。

借助海量数据，人工智能和高级分析使供应链能够根据企业战略进行智能预测与自主决策（无须或极少人工干预）。企业可以实时监控供应链状态、预测需求并调整策略，不再被动应对行业变化，从而提高运营效率、降低库存成本、减少浪费。无人机、自动货船等设备能自主完成"最后一公里"配送。生成式人工智能作为人工智能的分支，能够处理更大规模的数据集和更复杂的变量，应用范围广泛，包括确保采购合规性、优化制造流程、处理客户查询业务等，推动数字资产、数字价值、数字信用和数字智能的持续发展。

2. 多级化：多级供应链网络

数字化使供应链信息共享和业务协同范围不断扩大，企业进入可拓展新阶段，具体表现为以下 3 点。

①企业供应链管理范围快速拓展：从库存管理到 MRP（物资需求计划）、MRPⅡ与 ERP（企业资源计划）系统，供应链管理闭环不断扩大，涵盖质量控制、人力资源、客户关系等领域。

②产业供应链的兴起：随着企业业务的全球化发展，内部供应链管理已无法满足高效运营需求，供应链业务外包和专业化供应链服务快速发展。例如，Ariba、Coupa 等采购管理系统提升了采购协同效率，怡业通、震坤行等一站式供应链服务企业崭露头角。

③国家供应链的崛起：供应链安全性与效率的提高离不开国家层面的支持。各国将供应链上升至国家战略高度，推动数字化供应链建设。例如，新加坡政府通过 IMDA 运营的 SGTraDex 平台，促进全国范围内船运商、贸易商间的可信数据共享，提升供应链可见性与可追溯性。

3. "韧安化"：敏捷、韧性与安全

全球经济竞争、地缘政治冲突、气候变化及网络犯罪等因素，使供应链面临数据泄露、延误短缺、声誉损害等风险。企业更加重视海外供应链过长风险，供应链从线性模型向动态网络演变，全球供应链呈现区域化趋势，制造业回流成为重要趋势。企业利用人工智能和机器学习创建动态优化路由，增强系统敏捷性与适应性；通过识别内外部风险、制定缓冲策略、强化风险管理沟通合作，增强供应链的韧性与安全性。协作机器人、智能包装等技术将广泛应用，确保供应链与环境变化有效匹配。

4. 绿色化：可持续、低碳与 ESG（环境、社会和公司治理）

随着消费者对环境和社会责任关注度持续提升，企业必须采用可持续的生产方式。未来，可持续供应链将成为企业竞争的重要领域。企业需要关注供应链中的环境影响、劳工权益和社会责任，确保可持续发展，降低风险、提升声誉并吸引消费者。许多供应链机构设定了碳中和、净零废物和水资源目标。在 ESG 浪潮下，碳排放数据收集成为法律要求。企业需要与供应链合作伙伴协作，实施技术、教育员工、设定目标、衡量影响并报告进展，将 ESG 要求纳入采购决策和绩效管理。

总之，数字化、多级化、韧安化与绿色化是企业必须关注的四大供应链趋势。此外，供应链生态、国家供应链安全及其基础作用正变得日益重要，供应链软硬件垄断与反垄断成为竞争关键。广度、深度与密切度成为供应链工程能力的核心，特别是新质生产力与供应链创新的联动将成为现代供应链创新的重点。

1.4　面向新质生产力的供应链工程

为了应对以上供应链工程的变化，企业需要不断创新和改进供应链管理战略、策略及其实施措施，确保供应链的可持续发展。下面主要就面向新质生产力的供应链工程进行探析。

1.4.1 新质生产力具有中国式现代化的时代性

新质生产力的提出，标志着人类社会发展进入了一个全新的时代，标志着中国式现代化发展的动力源已经确立。新质生产力的提出顺应了历史发展的趋势，具有中国式现代化的时代性，主要体现在专业性、社会性与人民性上。

1. 新质生产力蕴藏着鲜明的专业性

劳动者、劳动资料和劳动对象（下文分别对应劳动力、劳动工具和劳动对象）是推动社会进步的生产力三要素。劳动者经过不断实践和学习，提升了劳动能力和技术水平，创新了生产工具、生产工艺，使生产力质量发生变化。

随着劳动分工变得更加具体，劳动的细化程度越来越高，劳动者已经成为整个社会机体的细胞。例如，在人工智能上，人们通过长期的知识积累逐步实现了从计算机到互联网、CPO、GPO 和 CODA 程序接口的一系列技术迭代应用，使人工智能以前所未有的广度、深度和速度进入人们的生产和生活中，改变了人们的生产和生活方式，形成了新质生产力中最先进、最积极的因素。人工智能技术的研究和发展过程，充分体现了专业的重要性——只有耐得住寂寞，深耕专业，努力思考，大胆探索，积极实践，保持自己专业的先进性和创新性，才能符合新质生产力专业性的核心要求。

"术业有专攻"，社会上的三百六十行，行行都能出状元。新质生产力涵盖的专业性并不仅仅指技术创新，其更广泛的含义是全社会各行各业，包括各个监管部门，各级政府机构的专业服务创新、专业运行管理模式创新、纵向科学技术和横向社会专业服务的高度融合创新，以及中国式现代化的社会经济发展生态创新。

浙江义乌小商品市场的发展过程，就是典型的生产方式、交易模式、服务生态的综合、持续创新，至今该模式仍难以被有效模仿并超越。全球最先进的手机只要设计图纸出来，深圳华强北电子市场就能很快出现该设计图纸的产成品。也正因为如此，美国苹果公司 CEO（首席执行官）库克说："对于苹果供应链来说，没有比中国更重要的地方，或者进一步说，没有比深圳更重要的地方……在这里，一部手机里的 95% 零件可以在 1 小时通勤范围内配齐，全球再难找到第二处这样的地方。"这些实例充分说明科学技术创新是需要创新生态环境的。为此，社会所有非物质性资源部门，特别是负责配置物质性资源的相关协调管理部门都应该有强烈的使命感，主动提高以创新为主导的专业工作意识，都要有魄力去抛升传统增长路径，探索专业前沿，引领社会经济的创新发展。而从供应链硬件设备设施到软件技术平台，再到业务流程与生态综合作用的供应链工程，就为相关物质与非物质性资源部门人员进行广泛交融联动，促进新质生产力发展提供了重要的技术方法、专业载体与协同合作平台。

2. 新质生产力涵盖着强烈的社会性

"有道无术术可求，有术无道止于术。"其中，"道"就是社会发展规律，就是经济发展规律；"术"就是技术、战术。符合新质生产力发展的要求，就必须突破传统经济发展思维模式，突破现有行业和行政的条条框框，突破对企业的现有认知，让生产力在开放、融合、和谐与进步的社会生态条件下发展。

中共中央提出的"国内国际双循环"和"加快建设全国统一大市场"，以及"以新发展理念推进中国式现代化"等，完整体现了新质生产力的社会属性。例如，国务院国资委印发的《关于国有资本投资公司改革有关事项的通知》中提到，经对国有资本投资公司试点改革情况的全面评估，招商局集团、国投集团、华润集团、中国建材和中国宝武 5 家央企正式转为国有资本投资公司。国有资本投资公司的组建，有助于加快国资监管从管企业转向管资本。国务院国资委数据显示，2020 年 19 家国有资本投资公司试点企业营业收入同比增长 6.6%、净利润同比增长 14.3%，大幅超过央企平均水平。在此基础上，2021 年上半年试点企业营业收入和净利润分别同比增长 34.3%和 72.2%。

通过非物质性资源优势整合更广泛、更深层次的社会物质性资源，促进新质生产力高质量发展。举例来说，全球首艘 10 万吨级智慧渔业大型养殖船在山东青岛下水，该船总长 249.9 米、型宽 45 米、型深 21.5 米，载重量 10 万吨，排水量 13 万吨，全船共 15 个养殖舱，养殖水体达 8 万立方米，开展大黄鱼等高端经济鱼类的养殖生产，年产高品质大黄鱼 3700 吨。这是全球设计规模最大、功能最全、实用性和可靠性最强的渔船。未来 5~10 年还将迭代升级船舶与养殖系统，陆续投资建造 50 艘养殖工船，配以 13 艘补给船、油料加注船、综合试验船，形成总吨位超过 1000 万吨的 12 支国际领先、规模最大的深远海养殖船队。该案例充分体现了非物质性资源在配置广泛社会物质性资源方面的作用，同时为移动式海洋养殖业提供了技术创新、管理创新与模式创新范式，有效地改变了商业竞争形态，形成了新的核心竞争力——新质生产力中蕴含的社会性价值。

3. 新质生产力蕴藏着强大的人民性

全民参与是新质生产力发展的基础，以人民为中心是新质生产力发展的核心，因此，新质生产力具有极强的普惠性。习近平总书记在党的二十大报告中指出："人民性是马克思主义的本质属性，党的理论是来自人民、为了人民、造福人民的理论，人民的创造性实践是理论创新的不竭源泉。"人民性是反映人民大众的思想、情感、愿望和利益的一种特性。所以，人民性就其广泛性、相互性而言，带有天然的普惠性特征，全民参与并着眼于人类命运共同体的伟大实践是新质生产力发展的核心动力。

全民参与是新质生产力发展的必要条件。自中华人民共和国成立以来，无论是社会主义建设过程中取得的伟大成就，还是改革开放过程中经济的巨大发展，都是全国人民共同参与的结果。中国式现代化建设更离不开全国人民的积极参与。厚重的中国传统文化和每年超过千万的大学毕业生，是中国式现代化建设的坚实基础，也是推动新质生产力发展的主力军。ChatGPT4.0 技术信息的发布，引起了广大民众的极大兴趣和参与激情。如果将技术领先的算力基础和大模型技术，植入各领域、各行业进行专业技术数据的喂养训练，不仅可以迅速修正原始设计的不足，还可以为新技术的开发和迭代创造有利条件。各行业大量数据的喂养训练会促使大量新知识涌现，形成更加广阔的应用前景。唤醒民众积极参与高科技、高效能、高质量的实践活动，让创新成为工作学习的一部分，让新技术、新发明走进日常生活，即全民参与为产业创新的细化分工提供了全球独一无二的大市场愿景。

中国拥有41个工业大类、207个中类和666个小类，是全世界唯一拥有联合国产业分类中全部工业门类的国家，从而形成了一个行业门类齐全的强大工业体系，能够生产从服装鞋袜到航空航天、从原料矿产到工业母机的一切工业产品，成为世界上唯一的全产业链国家。中国每年还有超过千万大学毕业生走向工作岗位，有大量的学子投入各种科学研究领域，有大批的具有工作经验的一线工程师。由此可见，人民性是新质生产力发展的必要条件。

1.4.2　新质生产力发展与供应链工程服务保障

新质生产力通常指的是基于新技术、新模式和新业态的生产力，如智能制造、数字化转型等。新质生产力是创新起主导作用，摆脱传统经济增长方式、生产力发展路径，具有高科技、高效能、高质量特征，符合新发展理念的先进生产力质态。它由技术革命性突破、生产要素创新性配置、产业深度转型升级而催生，以劳动者、劳动资料、劳动对象及其优化组合的跃升为基本内涵，以全要素生产率大幅提升为核心标志，特点是创新，关键在质优，本质是先进生产力；新质生产力是生产力现代化的具体体现，即新的高水平现代化生产力（新类型、新结构、高技术水平、高质量、高效率、可持续的生产力），是以前没有的新的生产力种类和结构，相比于传统生产力，其技术水平更高、质量更好、效率更高、更可持续。其中，科技创新能够催生新产业、新模式、新动能，是发展新质生产力的核心要素。为此必须加强科技创新，特别是原创性、颠覆性科技创新，加快实现高水平科技自立自强，打好关键核心技术攻坚战，使原创性、颠覆性科技创新成果竞相涌现，培育发展新质生产力的新动能。

以上表述中最关键与本质的有两条，其他都是与之相关的背景、修饰与强调：一是"它由技术革命性突破、生产要素创新性配置、产业深度转型升级而催生"；二是"以劳动者、劳动资料、劳动对象及其优化组合的跃升为基本内涵"。由于技术革命性突破是关键，能够催生生产要素创新性配置与产业深度转型升级；由于产业链供应链创新实现是劳动者、劳动资料、劳动对象及其优化组合的跃升的核心与标志，可以大致得出新质生产力的公式：

$$新质生产力 \approx 科学技术^{革命性突破} \times (劳动力 + 劳动工具 + 劳动对象)^{优化组合} \times 产业链供应链^{创新实现} \tag{1-1}$$

供应链工程与新质生产力之间存在着密切的关系。供应链工程是一门跨学科的专业，旨在通过以供应链业务流程、供应链硬件装备、软件技术、平台生态"四位一体"

的供应链各个环节集成、优化和再造，提高整个供应链系统的效率、灵活性和抗风险性。在供应链工程中，通过运用先进的信息技术、数据分析、物联网等技术手段，实现供应链的数字化、智能化和自动化，从而提高供应链的反应速度、降低库存成本、减少浪费、提高产品质量和客户满意度。这些技术创新和模式创新，正是新质生产力的应有之义与重要体现。同时，供应链工程作为一个涵盖多个领域的综合性工程，发挥着日益重要的作用，主要有以下特点。

①高度集成化：新质生产力需要供应商、制造商、分销商和最终用户等供应链各个环节之间实现高度集成和协同。这可以通过采用先进的信息技术和数字化工具来实现，如物联网、大数据、云计算等。

②智能化管理：新质生产力需要利用人工智能、机器学习等技术，实现供应链的智能化管理。这可以帮助企业更好地预测市场需求、优化生产计划、提高物流效率等，从而提升整个供应链的竞争力。

③灵活性和适应性：新质生产力的供应链需要具备高度的灵活性和适应性，以应对市场变化和不确定性。这可以通过建立弹性供应链和快速响应机制，提高供应链的可追溯性和可预测性等方式来实现。

④绿色和可持续性：新质生产力需要供应链工程注重环保和可持续发展。这包括采用环保材料和工艺、降低能源消耗和减少废物排放、优化物流路线和运输方式等。

由此，可以把公式（1-1）大致改写为：

$$新质生产力 \approx 科学技术^{革命性突破} \times （劳动力+劳动工具+$$
$$劳动对象)^{优化组合} \times 供应链工程^{创新实现} \qquad (1-2)$$

公式（1-2）说明：①供应链工程是新质生产力的有机组成部分。其实质是包括技术创新在内，涉及产品、服务、流程与关系等内容的综合系统创新。②供应链工程为新质生产力发展提供重要支撑。新质生产力发展更加强调分工与合作。对于分工，供应链工程可以通过专业的供应链服务，推动企业非核心业务的外包，提高企业发展新质生产力的便利性、有效性。对于合作，可通过自身的数智化促进新质生产力发展过程中的数据共享、价值挖掘、信用创设与系统利用等，促进新质生产力的协同发展与市场实现；可通过推动供应链工程的数字化、智能化升级，提升创新产业链的协同效率，进而带动供应链企业发展新质生产力的指数级提升，促进价值实现。

1.4.3　以供应链工程推动新质生产力高质量发展

为了以供应链工程推进新质生产力发展，需要采取一系列的措施和策略，包括建立数字化供应链平台、推进信息共享和协同、优化供应链流程、提高供应链人才的素质和能力等。同时，还需要注重与合作伙伴的沟通和合作，共同推动供应链工程的发展和创新。

企业在重视第一利润源（物质资源）、第二利润源（人力资源）和第三利润源

（物流）的同时，在积极寻找第四利润源（供应链）与第五利润源（逆向供应链），还可通过强化供应链工程创新第六利润源。

第四利润源可以概括为依靠供应链信息的集成与共享、建立战略合作伙伴关系、业务外包、流程整合与再造等实现企业利润的增长。"第五利润源"由中国学者郝皓教授及其团队于2015年12月提出。其主要含义是组织通过积极主动的逆向物流管理和全生命周期供应链管理方法，系统整合顺向与逆向供应链实物流、信息流与资金流，达到"减量化、再利用、再循环"的综合效果与新增利润的目的。

由于第四、第五利润源基本上局限在供应链商流、物流、资金流与信息流这些业务流程上，故利用发展新质生产力，特别是利用信息化、数字化与智能化技术等对供应链流程与其密切相关的供应链装备、技术平台与生态，即对供应链工程的业务外包、交融协同进行价值创新，就可以从更宽广、更深入与更密切的角度挖掘出新利润，且这一过程也是对第一、第二、第三、第四与第五利润源进行强化、润化与催化的过程，故通过强化供应链工程，能发展新质生产力并创新第六利润源。

第六利润源包括供应链工程自身的利润源与供应链工程对其他利润源的强化、润化与催化两部分，其路径又衍生表现在通过强化供应链生态工程打破新质生产力发展瓶颈、通过强化供应链软件硬件工程促进新质生产力发展的价值提升、通过强化供应链业务工程促进新质生产力发展的价值实现等方面。

1. 通过强化供应链生态工程打破新质生产力发展瓶颈

影响供应链安全与新质生产力发展的关键是一些核心技术受制于人。比如IC（集成电路）设计最上游的EDA（电子设计自动化）环节是国内芯片产业链最薄弱的环节。为此，必须高度重视建立体制优势与企业行为的融通机制，发挥政府在关键核心技术攻关中的统筹协调与服务保障作用，从供应链生态工程的系统完善上打破新质生产力发展与供应链安全受制于人的瓶颈。

2. 通过强化供应链软件硬件工程促进新质生产力发展的价值提升

通过引入数字化技术，如大数据分析、云计算、物联网等，实现新质生产力供应链的透明化、可视化和智能化，提高新质生产力及其供应链的决策效率和准确性；通过优化新质生产力供应链流程，实现供应链的精益化管理和协同性作业，减少点滴浪费和降低系统成本，提高整个供应链系统的效率和灵活性；通过创新业务模式，如共享经济、定制化生产等，满足新质生产力客户的个性化需求，提高客户满意度和忠诚度，发挥新质生产力供应链的差异化竞争优势；通过加强风险管理，提高新质生产力供应链的韧性和可靠性，减少供应链中断或风险事件对发展新质生产力的影响。

3. 通过强化供应链业务工程促进新质生产力发展的价值实现

供应链安全性、稳定性、灵活性与低成本性是企业新质生产力价值实现的关键所在，为此必须在强化供应链业务工程等方面下功夫。新质生产力发展强调科技创新，同时也非常强调从供应链商流、物流、资金流与信息流等整体升级与整体数字化、智能化上做文章，正如京东做零售从供应链、仓库、快递等相关服务及其标准化上发力一样。也就是说发展新质生产力的企业必须通过自营或外包让供应链工程成为公司生产与产品流通的有机组成部分。随着 AIGC（生成式人工智能）等新一代信息技术在产业领域的应用和发展，企业的数字化转型和智能互联生态得以逐步构建，拓展了供应链价值共创的理念和形式。供应链工程企业可以基于软硬件平台，特别是服务业务流程与未来产业企业等进行资源共享和业务连接，共同创造供应链系统价值。

综上所述，供应链工程与新质生产力之间相互促进、相互依存。通过对供应链工程进行建设和优化，推动新质生产力的发展，实现经济的高质量发展。

1.5 框架体系与主要内容导引

继 2020 年 2 月"供应链管理师"正式成为新职业[①]后，2022 年"供应链工程师"也正式进入大众视野。

供应链工程师是使用相关硬件装备、软件程序、工具与平台数据等供应链工程技术方法，分析、规划、运营和控制供应链系统的专业型（初级）、复合型（中级）或领军型（高级）专门人才。其主要工作内容涉及供应链设备设施、技术平台、业务流程、生态及其整合的研发架构、方法应用、评估控制，以及提出相关问题的协同解决方案等。供应链工程技术与方法是人们在供应链工程技术实践过程中所使用的各种协同方法、程序、规则、技巧的总称，它主要解决"做什么""怎样做"以及"怎样做更好"的问题。

《供应链工程技术与方法》主要按供应链工程的系统思路搭建框架，着重诠释具有供应链工程个性特点的模式模型、战略设计、设施设备、技术平台、系统业务、组织控制与工程支撑等内容，努力用供应链工程技术与方法对供应链管理进行赋能，并对与其密切相关的硬件设施、技术平台与生态保障等进行拓展探析。《供应链工程技术与方法》框架体系如图 1-2 所示。

1.5.1 供应链工程战略匹配

供应链工程是一个新出现的，包含许多子项目的综合系统工程，也称为供应链系统工程。为此，必须对供应链工程概念、相关比较与来龙去脉等进行总体阐述，参见第 1 章供应链工程导论。

供应链工程及其所有分支领域都有研究、开发、设计、施工、生产、操作，以及管理等主要功能要求。其中研究、开发、设计是供应链工程前期必须考虑的供应链工程战略匹配，主要包括：应用数学和自然科学概念、原理与相关方法等探求供应链工

[①] 供应链管理师职业定义：运用供应链管理的方法、工具和技术，从事产品设计、采购、生产、销售、服务等全过程的协同，以控制整个供应链系统的成本并提高准确性、安全性和客户服务水平的人员。

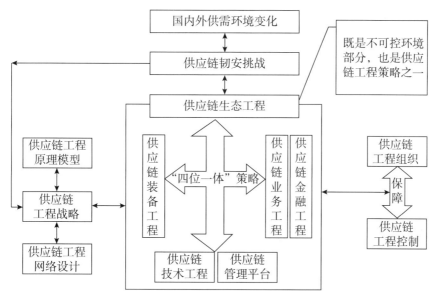

图1-2　《供应链工程技术与方法》框架体系

程原理和模型，能够为供应链工程战略等提供基本理念与法则，参见第2章供应链工程理念；开发主要是解决研究成果应用于实际过程中的各种问题，其核心是谋求与环境相适应，即实行供应链工程战略匹配，参见第3章供应链工程战略；设计主要是根据战略要求，进行供应链工程网络点（节点及选址）、线（物流）、面（结构）、体（系统）的网络设计，参见第4章供应链工程网络设计。

1.5.2　供应链工程策略组合

确定供应链工程战略与网络后，接下来的工作主要涉及施工操作、生产流通与生态支撑等。

1. 施工操作

施工主要包括准备场地、存放材料、选定既经济又安全并能达到质量要求的工作方法、人员和设备；操作主要是管理机器、设备以及动力供应、运输和通信，使各类设备经济可靠地运行。其核心是从战略制胜的角度，对预期的供应链业务流程事先确定好与之相适应的硬件装备与软件技术平台，分别参见第5章供应链装备工程、第6章供应链技术工程与第7章供应链管理平台。

2. 生产流通

主要是从装备与业务相互驱动的角度充分考虑人和经济等因素，选择工厂布局、生产设备、工具、材料、元件和工艺流程，进行原辅材料到产成品的转化、交易与流通等，参见第8章供应链业务工程，以及从供应链业务工程中独立出来的第9章供应链金融工程。

3. 生态支撑

供应链管理越来越重视供应链生态，但主流的供应链管理始终没有把它当作核心内容。而供应链工程则从时间、空间与物种三维系统角度对与供应链软硬件和业务工程内容密切相关的供应链生态工程进行探析，参见第 10 章供应链生态工程。

以上从供应链硬件装备——供应链装备工程、软件技术平台——供应链技术工程与供应链管理平台、供应链业务流程——供应链业务和金融工程、供应链生态——供应链生态工程"四位一体"角度而考虑的策略，共同构成了供应链工程策略组合。

1.5.3 供应链工程流程管理

供应链工程本身就是一个复杂的系统，涉及的要素比较多。对此，本教材按系统思维与模块化要求进行了供应链工程分类，这包括上述供应链工程战略与供应链工程策略，还包括确保这些战略、策略得以良好实施的供应链工程组织（参见第 11 章供应链工程组织）与供应链工程控制（参见第 12 章供应链工程控制）。

供应链工程是一个不断细化的体系。以供应链业务计划为例，它可以进一步细化为供应链计划、采购计划、生产计划、配送计划与退货计划。在此基础上还可以不断地进行细分，如从实施来讲，采购计划又可以分为库存产品采购、订单生产产品采购与订单定制产品采购。从实施结果来讲，库存产品采购又涉及正常产品、维修产品、过剩产品与缺陷产品。而缺陷产品还可以根据缺陷的类型与程度进一步细化（见图 1-3）。

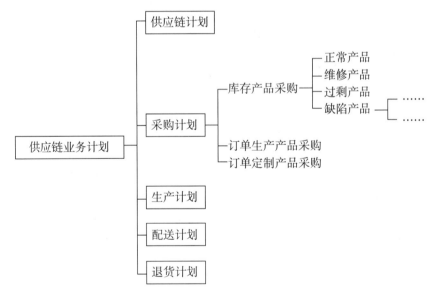

图 1-3　供应链业务计划

这个不断细化的过程就是将一个复杂的系统拆解成日益明确的、确定的小系统或环节的过程。也就是说高阶供应链岗位人员，必须具有非常敏锐的思维洞察力，能从细枝末节中比较准确地判断问题的所在与轻重等，从而把复杂的系统性问题化解成下单、追料、补料、发运、收货等这些简单、具体、明确的作业问题。

从复杂到简单的结构化过程很重要，但真正落地并产生效果还需要以具体的流程为导向。供应链工程流程的输入端是顾客需求或原料，经过生产等一系列的作业活动最终输出有价值的产品与服务。这一过程中需要根据流程的需要对当前职能部门进行整合——明确供应链上多余、重叠甚至是对流程有阻碍作用的环节等，并根据细化落地、闭环收效的要求优化流程。

在不断演变的商业环境中，供应链工程流程不仅是一项基本的业务流程，更是企业竞争优势的关键来源。这一复杂的过程涉及从战略规划到绩效评估的各个环节，每一个环节都会对企业的运营效率和盈利能力产生重大影响。生产与物流运作是供应链工程流程的核心。在这个环节，企业需要协调各个环节的工作，以确保生产流程的高效。通过引进自动化生产线、智能仓储等先进技术，企业可以提高生产效率和降低成本。同时，物流配送网络的优化也是关键，这涉及运输路线的规划、运输方式的合理选择以及配送效率的提高。

然而，供应链协同与整合并不总是一帆风顺的。企业需要跨越组织边界，与供应商、客户以及其他合作伙伴建立紧密的合作关系并共同抵御风险。这需要有一种共赢的思维，通过以共享信息、资源互换、韧性安全等方式的流程优化、再造，实现基于风险可控的供应链工程利益最大化。

第 2 章

供应链工程理念

Chapter 2 : The Concept of Supply Chain Engineering

供应链工程理念是供应链工程战略的核心与统筹要点，要实现这一目标，就必须研究并运用供应链工程基本原理，把供应链工程理念转化为可遵循的供应链工程模型，以及可操作实施的供应链工程战略、策略与举措等。

2.1 供应链工程基本原理

企业实践中通常会遇到这样的问题，供应链中采购成本、生产成本、仓储成本、运输成本、库存成本、缺货成本、质量成本与管理成本中的某单项成本降低，反而使供应链总成本上升。如生产成本的降低，往往会使库存成本增加；生产线临时调产的频率越低，加班的量就越少，生产线的效率就会有所提高，但通常成品库存的储备就要适当增加；购买便宜材料带来的采购成本降低，往往会使质量成本增加；仓储成本降低可能会使缺货成本增加；运输成本降低可能会使库存成本增加；等等。这就好比按住葫芦起来瓢。因此，在实践中落实供应链工程理念至关重要，其核心是要遵循供应链工程系统的基本原理。

基本原理是指一个概念或现象的基础性原则或规律，它是研究和理解概念或现象的起点和基础。基本原理通常基于观察、实验和推理得出，描述了事物运行的基本模式和逻辑，揭示了事物的本质和规律。例如，在哲学中，有整体性原理、层次性原理、开放性原理、目的性原理、突变性原理、稳定性原理、自组织性原理和相似性原理八大基本原理，这些原理被认为是科学研究和理解的起点和基础。

供应链工程基本原理是一系列描述供应链工程运行规律的基础性原则，对于科学研究和理解具有基础性的重要作用。供应链工程基本原理内容广泛，本书主要把它分为供应链工程系统原理、供应链工程信任原理与供应链工程其他原理三类。

2.1.1 供应链工程系统原理

供应链工程系统原理是供应链工程的基本原理之一。供应链工程系统原理认为供应链工程是一个由相互作用、相互依赖的供应链业务流程及其密切相关的供应链硬件装备、软件技术，以及平台生态组成的"四位一体"的有机系统。这种系统特征使供应链具有综合竞争力，超越了单个企业、行业的竞争力，是针对企业—行业—国家更大系统的综合管理模式。

供应链工程系统原理要求企业通过供应链全流程与要素的整合和优化，特别是"四位一体"的供应链工程整合等，实现供应链的高效运作，提高快速反应能力与韧性、安全水平，不断增强企业在市场竞争中的可持续发展能力。

2.1.2 供应链工程信任原理

供应链可以理解为由核心企业发起，通过信息流、物流、资金流的高效整合并基于价值观的沟通，与众多供应商、制造商、分销商、零售商在互相选择中结成的战略合作系统。这种系统特征使得每一个企业不再孤军作战，转而通过分工合作、优势互补、协同作战的战略布局，与众多伙伴企业联结成为一个具有综合竞争力的整体。为此，伙伴间的信任程度至关重要。

关于信任概念，由于其抽象性、结构复杂性与学科归属性，至今仍没有一个统一的定义。但目前达成的共识是：信任的前提是相信对方是诚实的、可信赖的、正直的；信任是交易或交换关系的基础；核心企业之所以能够与众多伙伴企业强强联合、协作共赢，是因为彼此之间相互信任。

供应链工程信任原理概括起来讲，就是没有信任就没有供应链，或者说供应链就是信任链。信任像黏合剂一样，把核心企业与众多伙伴企业黏合成一个完整的供应链，从而能够在分工合作中生产更优质的产品，提供更能满足顾客需求的系统性服务，最终以无可替代的竞争优势称雄于市场。任何不诚信的行为，都有可能破坏彼此之间的信任，造成供应链某个环节的故障，甚至造成整个供应链的解体。每一个供应链成员都应该具有整体意识，并做到诚信可靠。

信任建立在对方能够履行其承诺的基础上。如果一个人或组织能够一贯地履行其职责和承诺，这将极大地增强他人对他的信任感。除此之外，透明度和沟通也是产生信任的核心要素。因为当信息被共享而没有被隐瞒时，人们会感到被尊重和理解，从而增强彼此之间的信任；通过开放和诚实的对话，可以消除误解，加深理解和信任。

信任如此重要，因而需要通过信任文化的塑造来增加供应链的信任度。同时随着区块链等信任技术的产生、运用，以及有关"计算信任"（Computational Trust）概念[①]的提出与运用，如今信任原理已经被广泛应用于互联网、电子商务和人工智能领域，也必将成为供应链工程日益重要的内容。

2.1.3 供应链工程其他原理

1. 资源横向集成原理

该原理认为，在新经济形势下企业需要采用横向思维，而不仅仅依赖传统管理模式和有限资源。该原理强调的是优势资源的横向集成，即供应链各节点企业均以其能够产生竞争优势的资源来参与供应链的资源集成，在供应链中以其优势业务的完成来参与供应链的整体运作。

2. 多赢互惠原理

多赢互惠原理指出，供应链是为适应新竞争环境而形成的利益共同体，各企业通

---

① 1992 年，Marsh 提出了这一概念，并开创性地为信任建立了形式化的数学模型。

过合作谋求共同利益。供应链管理将竞争转向合作，核心企业与上下游企业建立战略伙伴关系，实现多赢互惠。这一协商机制强调供应链内部的合作与竞争，以促进各企业发挥优势，达成共赢。

3. 合作共享原理

合作共享原理强调两个关键概念：合作和共享。合作意味着企业应集中有限资源在核心业务上，而共享则指出供应链合作伴随着管理方法、资源、市场机会、信息、技术和风险的共享。信息共享是基础，准确可靠的信息传递能帮助企业做出正确决策，并避免市场需求信息失真和扭曲放大。

4. 需求驱动原理

需求驱动原理指出，供应链的形成、存在、重构皆基于用户需求，用户需求是信息、产品/服务、资金流的驱动源。在供应链管理下，订单驱动运作：用户需求订单触发商品采购订单，进而推动产品制造、原材料（零部件）采购，最终驱动供应商。这种订单的逐级驱动使供应链能及时响应用户需求，降低库存成本，提高物流速度和库存周转率。

5. 快速响应原理

快速响应原理指出，随着市场竞争的加剧和用户对时间要求的提高，企业必须具备快速反应能力，包括产品开发和生产组织能力，以满足用户个性化需求，赢得竞争。供应链通过快速组合各节点企业流程，积极做出对用户需求变化的响应，快速满足市场需求。

6. 同步运作原理

同步运作原理认为，供应链是由不同企业组成的功能网络，其合作关系至关重要。供应链工程的核心在于各节点企业之间的协调和合作。协调是关键，而准确畅通的信息流是实现供应链同步运作的要点。这确保了各方在各个方面的良好协调，使得整个供应链系统能够协同运作。

7. 动态重构原理

动态重构原理认为，供应链在面对市场机遇和需求时应是可动态重构的。在市场变化时，供应链必须快速响应并进行动态重构。市场机遇、合作伙伴选择、核心资源集成、业务流程重组和敏捷性是关键因素。未来，基于供应链的虚拟企业将成为动态重构的核心。

8. 智能供应链原理

智能供应链是指利用智能化技术实现供应链的自动化、智能化和自适应。该原理强调通过整合物联网、机器学习、自动化等技术，实现供应链的智能化运作，包括预测需求、自动化调度、智能仓储等，以提高供应链的灵活性和效率。

9. 数字化转型原理

随着数字化技术的发展，供应链工程越来越倾向于数字化转型。该原理强调利用物联网、人工智能、大数据分析等现代技术，实现供应链的数字化管理和智能化运作，以提高效率、降低成本、增强竞争力。

10. 可持续发展原理

供应链工程不仅要关注短期利益，还要考虑长期可持续发展。该原理提倡在供应链管理中整合环境、社会和经济因素，采取可持续发展的策略和实践，以减少资源浪费、环境污染，承担相应社会责任。

11. 区块链安全原理

区块链技术在供应链工程中具有重要作用，可以实现信息的安全共享和可追溯。该原理强调利用区块链技术确保供应链数据的安全和可信，防止数据篡改和信息泄露，提高供应链的透明度和信任度。

2.2 供应链工程的基本理念

根据以上所讲的供应链工程基本原理，本书大胆地提出了供应链工程的基本理念——把"四流合一"的供应链业务流程优势拓展为"四位一体"的供应链工程精益敏捷、韧性安全能力，有效降低供应链总成本。

本书提出的这一供应链工程的最新理念是对现行供应链管理理论、马克思主义时空观与现代物种共存理论的整合创新，它包含了辩证唯物论、社会有机体论、历史过程论等，是马克思主义基本原理的重要内容。该理念具有范围越来越大、变化越来越快、结构越来越复杂、影响越来越大等特征，把供应链理论与马克思主义时空观、现代物种共存理论整合为时间、空间与物种的系统观，从而使供应链所涉及时间、空间变化的"二维思想"，转变为集时间、空间与物种于一体的"三维系统观"。它主要包括：从时间维度来讲，满足消费者需求的供应链工程业务流程得到可持续优化；从空间维度来讲，支撑供应链业务流程的供应链工程装备、技术、平台等软硬件的服务得到动态强化；从物种维度来讲，供应链工程业务流程及其服务支撑的供应链生态实现和谐交融。

2.2.1 供应链工程业务流程可持续优化

时间具有绝对的永恒性与相对的有限性。前者主要是指时间不以人的意志为转移，后者主要是指相对于特定的物种群体来讲时间具有生命的有限性。虽然物种的生命有限，但可以通过代代累积来推动事物发展。它要求我们从更广阔的视角来探析供应链工程的战略问题与解决之道；从全生命周期角度来考虑供应链工程项目建设、运营与报废等各阶段的协调对接问题；以"从摇篮到摇篮"的绿色生态理念来事先考虑供应链工程项目报废如何不影响生态环境的问题。尤其要使满足消费者需求的供应链工程业务流程得到可持续优化。

供应链工程业务流程得到可持续优化的关键首先是让供应链直面终端并将关键的客户信息整合到业务经营中。例如，从产品出厂的那一刻起，供应链团队可以"跟踪产品"直到产品为消费者所使用。要体验产品消费的每一个方面，包括投放市场以前商务团队通过对用户进行大量研究，以及为了支持产品配置和分销渠道所做的客户定性或专题小组研究等，为客户需求提供深刻的洞察并匹配解决方案。

其次是敏捷响应供应链客户需求。成本和质量固然重要，但它们并不是客户唯一关心的，与此相关的新服务、灵活关系、供给可靠性等同样重要。企业应把重心从内部客户（包括研发和商业运作）转移到更大的客户生态系统上，以客户为中心的供应链能力将成为公司赢得市场竞争越来越重要的一个组成部分。

2.2.2　供应链工程人本生态的和谐交融

由于人是最活跃的要素以及考虑所有问题的基点与目的，故以上讲的可持续性与合理性，都取决于人与其他物种的和谐相处，以及供应链从源头到最终消费各环节的交互联系与和谐共生状态。特别是产业链供应链中的弱势群体，应获得与其他成员大致平等的地位与收益，获得与其生存发展相适应的契机、能力与生态保障。生态通常指的是生物群落与其环境之间的相互作用关系，包括生物种群之间的相互依赖、竞争和共生等，它是一个复杂的系统，涉及多个物种、环境条件和生态过程。供应链生态则是指围绕供应链运营的所有参与主体与有关影响者共同组成的价值生态网络。这些参与主体包括供应商、制造商、经销商、物流企业、仓储企业、第三方平台、分销商等；有关影响者包括新闻媒体、理论部门、行业协会、邮政银行等服务部门。

目前，实体空间各类基础设施的连接转化，打破了组织、层级、领域、区域等各类边界，并进一步推进形成新的社会性空间和更精细化的社会分工。同时也出现了大数据、人工智能等新技术的伦理空白，如个人数据使用的伦理审查、人工智能的就业替代、算法黑盒和歧视等对以人为本提出了新的要求，因此确保新技术的使用不侵犯人的隐私权、自主权等基本权利，增强数字协商治理能力，形成全民参与、数字协商的数字治理机制至关重要。

欧洲"工业5.0"的标志性特征之一是从技术导向和经济学利益导向转向以人为中心。

除此之外，人与其他物种和谐相处关系中物种的多样性得到可持续的保护，以及一些外来与新增物种的危害风险得到有效一贯的防范等，也很关键。

2.3　供应链工程模型及其选择

供应链工程模型是使供应链工程的相关理念在现代供应链工程管理实践中得到广泛应用与认同的关键工具，它涵盖体系模型、运作模型、计划模型、采购模型、生产模型、渠道模型、物流模型、评估模型和综合模型 9 种不同的模型。

2.3.1 供应链工程模型概述

近年来，SCOR（供应链运作参考）模型、控制塔模型、费歇尔供应链匹配模型和数字化供应链成熟度模型①表现得尤为突出。SCOR 模型通过定义一套全面的指标体系帮助企业优化供应链流程；控制塔模型则集成了数据和决策功能，实现了供应链的实时监控与调整；费歇尔供应链匹配模型强调供应链的策略性配置与协调；而数字化供应链成熟度模型可用于评估企业数字化转型的进展与成效。这些模型的应用不仅提升了供应链的效率和灵活性，还使企业在全球竞争中取得了重要的优势。

2.3.2 供应链工程模型分类（见图 2-1）

由于 SCOR 模型、控制塔模型、费歇尔供应链匹配模型和数字化供应链成熟度模型近年来应用较多，下面将着重对控制塔模型和数字化供应链成熟度模型等进行分析。

1. 控制塔模型

供应链控制塔是一种综合性的管理系统，旨在实现整个供应链的实时可见，对供应链进行协调和优化。它通常通过整合各种信息和数据源，包括供应商、制造商、物流服务提供商、分销商等的信息和数据，以提高供应链的效率和灵活性。

（1）控制塔模型流程

该模型的主要流程通常包括以下 6 个步骤。

①数据采集与整合

在控制塔模型中，首先需要将来自各个供应链环节的数据进行采集和整合。这些数据主要包括供应商信息、库存水平、订单状态、运输跟踪、市场需求等。数据可以来自内部系统如 ERP、WMS，也可以来自外部系统如供应商平台、物流服务提供商。

②数据清洗与标准化

在采集和整合数据后，需要对数据进行清洗和标准化，以确保数据的质量和一致性。这可能涉及处理重复数据、缺失值、错误值等，并将数据转换为统一的格式。

③数据分析与可视化

清洗和标准化后的数据可以用于分析，通过数据分析技术如数据挖掘、预测分析等，控制塔模型可以识别供应链中的关键趋势、问题和机会。同时，数据可视化技术如仪表板、实时监控等可将数据以直观的方式呈现，帮助用户快速理解供应链的状态和性能。

---

① 2023 年，国际电信联盟发布国际标准 "Maturity model of digital supply chain"（ITU-T 4910），中译名为《数字化供应链成熟度模型》。

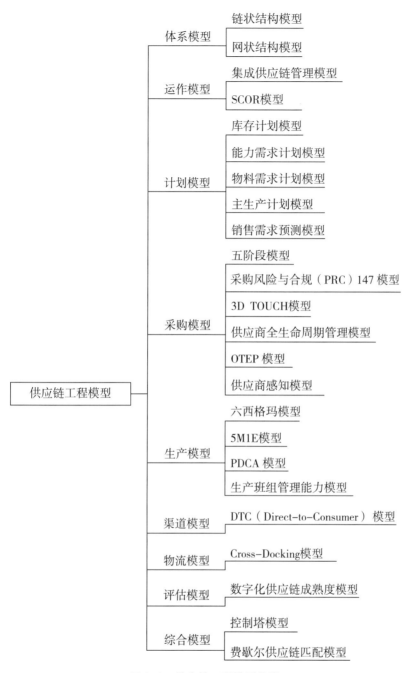

图2-1 供应链工程模型分类

④实时监控与警报

控制塔模型提供实时监控功能，以及对关键指标和事件的警报功能。当出现异常情况时，系统会自动发出警报，通知利益相关者，并支持他们及时采取行动，防止情况进一步恶化。

⑤决策支持与执行

基于数据分析和监控结果，控制塔模型提供决策支持功能，帮助供应链管理者制定和执行相关的决策。这可能涉及调整生产计划、重新安排物流路线、调整库存策略等，以应对供应链的变化和挑战。

⑥持续改进与优化

控制塔模型支持供应链的持续改进和优化。通过对历史数据和绩效指标的分析，可以识别改进的机会，并采取相应的措施来提高供应链的效率、灵活性和可靠性。

（2）控制塔的基本要素

德勤创建了一套构建供应链控制塔从可见性到价值的解决方案，这个解决方案基于德勤提出的三层供应链控制塔的基本要素（见表2-1）。

表2-1　　　　　　　　　　三层供应链控制塔的基本要素

基本要素	主要内容				
应用模块	• 客户之声 • 工厂控制 • 全球贸易和海关 • 生产计划		• 同步计划 • 质量和召回管理 • 客户服务 • 物流		• 寻源和采购 • 技术运营 • 售后管理 • 供应链风险	
技术功能组件	功能组件		技术层			
	• 端到端可见性 • 异常管理 • 场景分析	• 优化的智能响应 • 自动驾驶执行	• 展示 • 决策支持 • 通信	• 分析 • 数据集成和摄取	• 安全和管理 • 数据源	
流程与运营模式	• 能力评估 • 流程设计 • 运营模型设计	• 治理结构 • 沟通策略 • 培训				

①顶层：应用模块

首先，根据优先级和业务挑战确定适用的应用，包括客户之声、工厂控制、全球贸易和海关、生产计划、同步计划、质量和召回管理、客户服务、物流、寻源和采购、技术运营、售后管理、供应链风险。

②中层：技术功能组件

一是功能组件。包括端到端可见性、异常管理、场景分析、优化的智能响应、自动驾驶执行。二是技术层。包括展示、决策支持、通信、分析、数据集成和摄取、安全和管理、数据源。

③底层：流程与运营模式

通过创建流程和塑造运营模式，采用以下方式将解决方案融入业务以维持能力：

能力评估、流程设计、运营模型设计、治理结构、沟通策略、培训。

（3）控制塔的特征功能

①实时可见性

控制塔使整个供应链活动实时可见。通过集成各种数据源和使用先进的分析工具，它可以监测和跟踪库存、订单、运输等关键信息，帮助企业更好地了解供应链活动的状态。

②协调与协作

通过集成不同业务部门和合作伙伴的信息，控制塔促进了各方之间的协作。这有助于减少信息断层和误差，并提高整个供应链的响应速度。

③预测和优化

基于实时数据和先进的分析算法，控制塔可以进行预测分析，帮助企业更好地理解未来的需求和风险，使企业能够做出更明智的决策并通过优化运营来提高效率。

④库存管理

控制塔有助于优化库存水平，避免库存过多或缺货。通过实时监测需求和供应链的其他关键参数，可以提供库存优化的建议，确保在满足需求的同时最小化库存成本。

⑤风险管理

通过实时监测供应链的各个环节，控制塔可以帮助企业及时识别潜在的风险因素，从而采取措施减轻潜在的影响。

⑥响应能力

控制塔使企业能够更迅速地应对市场变化和供应链中的不确定性。它可以通过实时数据为企业提供更灵活的决策支持，以适应快速变化的市场环境。

2. 数字化供应链成熟度模型

数字化供应链成熟度模型是一种评估数字化程度和能力的框架。在供应链管理中，数字化供应链成熟度模型用于评估企业在采用数字技术和信息化方面的成熟水平，以及在数字化转型过程中取得的进展和面对的挑战。这个模型能帮助企业了解其在数字化方面的现状，并提供了一条逐步提高数字化水平的路径。

（1）数字化供应链成熟度模型构成

数字化供应链成熟度模型由评价域和成熟度等级构成，共包含 4 个评价域和 5 个成熟度等级。企业可基于数字化供应链成熟度模型，综合评价数字化供应链水平与能力，或根据业务需求选择若干评价域进行专项评价（见图 2-2）。

（2）数字化供应链成熟度等级

数字化供应链的成熟度等级自低向高可划分为基础起步级（L1）、单元优化级（L2）、集成互联级（L3）、全链贯通级（L4）、生态智能级（L5）。较高的成熟度等级要求应涵盖较低的成熟度等级要求。

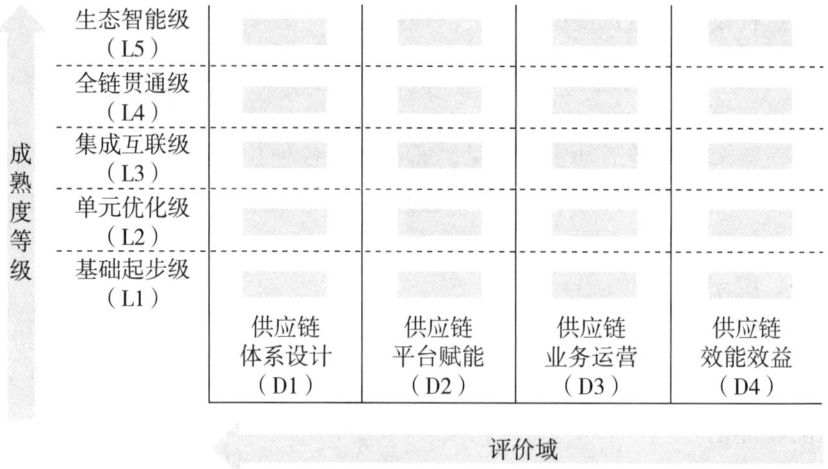

图 2-2　数字化供应链成熟度模型构成

①基础起步级（L1）

应形成从供应商到客户（消费者）业务流、物流、数据流、资金流直线串行的链状供应链体系结构；应围绕供应链部分业务单元，规范应用信息技术和数字化工具；应开展计划、采购、生产、交付、服务等供应链关键业务的规范化管理；供应链体系应在常态下平稳运作。

②单元优化级（L2）

应形成从供应商到客户（消费者）业务流、物流、数据流、资金流呈多源链状的供应链体系结构；应围绕供应链关键业务单元，有效应用信息技术、自动化设备和数字化工具；应实现计划、采购、生产、交付、服务等供应链单一业务单元高效执行和透明可视；供应链体系应在常态下平稳运作并达到预期的价值效益。

③集成互联级（L3）

应形成从供应商到客户（消费者）业务流、物流、数据流、资金流呈多源单链状的供应链体系结构，并在企业内部供应链各节点实现网络化连接；应部署应用支撑企业供应链核心业务集成运作的数字化平台和自动化设备，能实现企业供应链数据端到端集成；应开展计划、采购、生产、交付、服务等供应链业务的一体化协同；供应链体系应能及时控制风险、连续运作并持续创造价值效益。

④全链贯通级（L4）

应形成以客户（消费者）为中心，与供应商、制造商、经销商、服务商等合作伙伴业务流、物流、数据流、资金流多源并行的网状供应链体系结构；应部署和应用支撑供应链全链条业务协同的数字化平台和自动化设备，构建供应链知识库和模型库，具备供应链全链条数据分析建模能力；应开展跨供应链合作伙伴间的业务在线感知、实时分析、动态决策和精准执行业务；供应链体系应在不确定性环境下连续运作、柔性调整并创造附加价值。

⑤生态智能级（L5）

应以客户（消费者）为中心，与供应链合作伙伴和外部利益相关方建立全面业务连接、数据连接、价值连接的供应链生态体系；应部署和应用支撑供应链生态运营的数字化平台和自动化设备，构建供应链生态体系的数字孪生体，实现供应链生态场景数字化、资源模块化和业务智能化；应实现供应链生态合作伙伴之间的业务自感知、自执行、自学习、自优化；供应链生态体系应具备高度的韧性和柔性，能根据内外部环境变化实现自适应调整并持续创造附加价值。

3. 其他相关模型

当谈到供应链管理中的其他相关模型时，会发现有一些模型专注于不同的方面，为优化供应链提供了新路径。以下是一些其他相关的供应链模型。

（1）六西格玛模型

六西格玛是一种追求业务过程改进的方法，通过减少过程中的变异性，提高质量和效率。在供应链中，六西格玛模型被应用于优化各种流程，包括生产、库存管理和交付等。这个模型强调通过数据分析、流程改进和标准化来实现更高效、可靠的供应链运作。

（2）风险管理模型

风险管理模型侧重于识别、评估和应对供应链中的各种风险。这些风险可以包括供应商问题、市场波动、自然灾害等。企业建立有效的风险管理策略，可以更好地预防和减少潜在的供应链中断风险，保障业务的稳健性。

（3）可持续供应链模型

可持续供应链模型关注在供应链运作中遵循社会、环境和经济可持续性的原则。这包括减少碳足迹、强化社会责任、优化资源利用等方面。企业通过实施可持续供应链策略，可以降低对环境的影响，满足消费者对可持续性的需求，并在长期内保持竞争力。

（4）供应链协同模型

供应链协同模型强调在整个供应链中实现协同作业，以提高效率和响应速度。这包括共享信息、合作伙伴关系的建立、协同规划等方面。企业通过协同作业，可以更好地应对市场变化，减少库存水平，并提供更好的客户服务。

每个模型都有其独特的价值，可以根据企业的需求和目标选择合适的模型。这些模型的综合使用有助于建立一个更加强大、灵活和可持续的供应链系统。

2.3.3 供应链工程模型选择

在供应链管理中，选择合适的供应链工程模型对于企业运营效率、灵活性以及竞争力的提升至关重要。表 2-2 是对几种常见供应链工程模型的优缺点以及适用性的综合分析。

表 2-2   供应链工程模型的优缺点及适用性

模型分类	优点	缺点	适用性
SCOR 模型	标准化供应链术语和指标，能提供全球通用的框架	可能无法完全适应某些特殊行业的需求	适合希望建立标准化流程和度量标准的企业
控制塔模型	实时数据集成、协同作业，提高供应链可见性	实施和维护成本较高，需要强大的信息技术支持	适合追求高度协同和可见性的企业，尤其是大型企业
费歇尔供应链匹配模型	强调资源的最佳匹配，能提高生产效率	可能需要复杂的资源规划和调度系统，不适合小规模企业	适合需要高度资源优化的生产型企业
数字化供应链成熟度模型	能评估数字化水平，提供数字化转型的路径规划	需要详细的数据进行分析，可能需要较长时间的实施	适合希望提高数字化水平的企业，特别是面临数字化转型挑战的企业

在选择供应链工程模型时，企业应根据自身业务目标、行业特点和数字化程度进行综合评估。在实施过程中，应灵活运用不同的模型，结合企业的实际情况，最大化地提升供应链管理的效率和企业市场竞争力。

供应链工程模型的选择是一个复杂的决策过程，需要综合考虑多个因素。以下是选择供应链工程模型的具体过程。

①需求分析。分析市场的波动性和不确定性，确定产品的生命周期。了解产品的特点，如是否有季节性、是否有快速变化的技术要求等。

②风险评估。需要评估可能对供应链稳定性产生影响的因素，包括自然灾害、政治环境不稳定等。另外，需要考虑市场变化对需求的影响，以及竞争环境的变化。

③成本分析。分析生产过程中的各个环节的成本，包括原材料、劳动力和制造成本，考虑库存持有成本和订单处理成本。

④技术要求。了解产品所需的技术水平，以及技术的快速演进对供应链的影响。

⑤可持续性考虑。对于关注社会责任履行和环保的企业，实施绿色供应链工程可能更为合适。

⑥客户服务要求。考虑客户对交货周期的要求，以及对服务水平的期望。如果有个性化或定制需求，可以考虑实施敏捷供应链工程。

⑦供应链网络分析。分析供应链的结构，包括供应商、生产商、分销商等的关系，考虑物流和运输对供应链运作的影响。

⑧定量模型和仿真。使用定量模型和仿真技术，通过模拟不同供应链工程的效果，评估其在不同情境下的性能。

⑨专家意见和团队协商。吸纳供应链领域的专家意见，进行团队协商。

⑩综合评估和决策。综合考虑以上因素，为每种供应链工程模型打分，最终做出综合性决策。

第 3 章 ●

供应链工程战略

Chapter 3: Strategy for Supply Chain Engineering

3.1 供应链工程战略概述

3.1.1 供应链工程战略及其作用要求

供应链工程战略是指企业为了实现其总体战略目标，对整个供应链装备、平台、管理与生态等进行长远、总体的谋划，也就是从系统、整体角度，对处于支配地位、起主导作用的供应链工程问题进行系统解决的决策和谋划。具体涉及明确供应链工程系统及顾客需求类型、特点；进行供应链工程目标定位；完善供应链工程战略内容与实施路径；匹配供应链组织、体制创新等保障举措。

供应链工程战略是保障供应链系统整体利益和长远稳定发展，并不断获得新竞争优势的重要管理手段，其目标是通过优化供应链系统资源配置，降低供应链总成本，支撑企业实现经营目标。

3.1.2 供应链工程战略特性

供应链工程战略具有综合性、先进性、国际性与公共公益性等特性。

供应链工程战略的综合性主要表现在供应链工程基本功能、服务功能与延伸拓展功能的齐全性与相互匹配性，以及由此所决定的收入来源的多板块性上；表现在战略要素与层次的系统性、规模性与相互联系性上；表现在供应链商流、物流、资金流与信息流，乃至资本流的有机联系与一体化增值性上；表现在对国内外供应链流程服务与全过程管理的指导约束性上。

供应链工程战略的先进性主要表现在配置与选择的供应链技术装备能够反映当前科学技术先进成果上，即在主要技术性能、自动化程度、结构优化、环境保护、操作条件、现代新技术的应用等方面具有技术上的先进性、时效性，设备运作上的专业性与高效性，以及产品从生产布局到供应链各环节皆具有比较优势、竞争优势或后发优势。

供应链工程战略的国际性主要表现在供应链工程成员在国内外优选的广泛性，战略制定、业务谋划与管理、服务规则与方式的国际对接性，以及国内外客户的满意性上；表现在国内、国际供应链物流主通道的打造、联动利用及其分散风险的成效性上。

供应链工程战略的公共公益性指供应链工程具有现代物流发展的基础性，以及由产业安全、国家经济安全使命所带来的特殊性、重要性、社会责任性与公共福利性等。

3.1.3 供应链工程战略分类

供应链工程战略可以从不同的维度进行分类。实际应用中，企业应根据自身的业务特点和市场环境进行供应链工程战略分类。同时，企业还需要不断调整和优化供应链战略内容，以应对市场变化和相关挑战。

1. 按照供应链的覆盖范围进行分类

①内部供应链工程战略。主要关注企业内部的物流、生产和采购等环节及相关设施、生态的总体协调和优化。

②外部供应链工程战略。涉及企业与供应商、客户之间的合作关系和协同作战，以及相关设施、生态的供应链共商共建共享等。

③全局供应链工程战略。涉及整个产业链，包括供应商、制造商、分销商和最终客户等多个环节供应链软硬件、业务、生态的协同合作。

2. 按照供应链的战略地位进行分类

①推动型供应链工程战略。以科技、生产和制造为核心，注重技术导向、降低成本与提高生产效率等。

②拉动型供应链工程战略。以变化多端的市场需求为导向，强调对客户需求的供应链快速响应和灵活适应。

③混合型供应链工程战略。将推动型和拉动型供应链工程战略综合起来，注重权变策略、供需平衡、持续竞争和战略制胜。

3. 按照供应链的管理模式进行分类

①传统供应链工程战略。采用分散决策、顺序执行的管理方式，协同效率相对较低。

②集成供应链工程战略。通过信息技术手段，实现供应链各环节的协同决策和同步执行。

③智慧供应链工程战略。利用大数据、云计算、物联网等先进技术，实现供应链的智能化管理和决策。

4. 按照供应链的风险程度进行分类

①低风险供应链工程战略。供应链各环节相对稳定，风险较低。

②中风险供应链工程战略。供应链面临较高的不确定性和风险，如原材料价格波动、政治经济环境变化等。

③高风险供应链工程战略。供应链风险极高，需要采取特殊战略，以全面、系统及快速地应对风险。

另外，根据供应链工程所涉及的内容，供应链工程战略还可以分为供应链工程设施战略、供应链工程平台战略、供应链工程管理战略、供应链工程职能战略与供应链工程支撑战略等；按照供应链工程所涉及的成员性质，可分为核心企业供应链工程战略与非核心企业供应链工程战略。其中，供应链工程职能战略涉及产品、运作、市场等基础性职能战略问题，以及财务、人力、信息等支持性战略问题，核心是通过合理组织和配置供应链资源或生产要素以达到最优的运营效果。值得一提的是，本书主要根据解决问题的性质把供应链工程战略分为强链、补链、延链与稳链 4 种（参见 3.3 节）。

3.1.4 供应链工程战略体系

供应链工程战略体系着眼于整个供应链网络的系统性和全局性，它涉及物流、信息流、资金流等多个方面的业务流程优化和管理，还涉及与此密切相关的供应链软硬件设施、技术平台与生态支撑。其核心目标是为企业打造一个高效、稳定、具有弹性的供应链网络，以适应不断变化的市场环境，提升企业的整体运营效率和竞争力。在供应链工程战略体系构建过程中，企业需要对供应商、生产商、物流商、分销商和零售商等各个节点及其服务支撑进行全方位的考虑和协调。

供应链工程战略体系包含战略思维、战略洞察、战略创新、战略实施四个部分，基本涵盖了企业供应链发展过程中的所有战略问题（见图 3-1）。

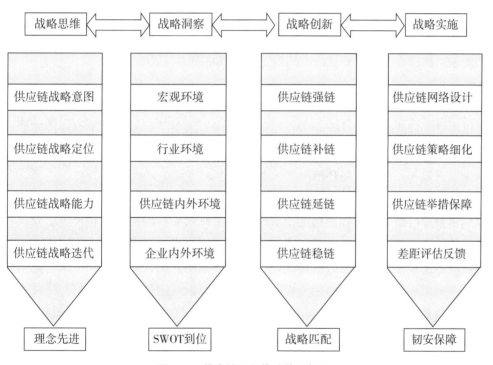

图 3-1 供应链工程战略体系框架

战略思维从认知和心智层面上突破固有模式，是实现迭代更新的理念基础，其核心是从战略角度，确保供应链工程战略理念先进、有效。

战略洞察的关键是进行有效的 SWOT 分析，并生成或制定战略。当有了系统化、结构性的战略洞察后，战略假设、判断、焦点、目标与策略等就会自然形成。战略洞察需要对战略有没有、战略实不实、战略好不好、战略快不快等进行全面分析。

战略创新是传统的"战略规划、生成、制定或创新"部分。之所以强调匹配，是因为战略是在体系化洞察和深刻思考后自然形成的，而不是刻意或服务于某种需要的

"鬼话"，其核心是实行战略匹配，或进行有针对性的供应链强链、补链、延链与稳链。

战略实施包括网络设计、策略细化等。战略洞察与战略实施可从一般的战略书籍，特别是现代供应链管理类书籍中汲取营养。下面主要从个性较强的供应链工程战略思维与战略创新方面进行分述。

3.2 供应链工程战略思维

制定战略需要衡量外部环境中的机会与风险，需要评估企业内部资源的优势与劣势；需要确立长期的发展目标，需要选择能达成目标的手段与方法，即行动方案。从战略这一个决策过程来讲，战略就是战略决策人挣脱"有限理性"限制，拓展思维空间，寻找"满意"战略目标及行动方案的思维过程。这种思维是需要经历大突破、大事件，并在日常过程中注意训练才能形成的，且只有这样才能形成与战略决策相适应的策划型思维、前瞻性思维、超越型思维、无边界思维与数字型理工思维。其核心内容主要包括供应链工程战略意图、战略定位、战略能力与战略迭代。

3.2.1 明确供应链工程战略意图

供应链工程战略意图是企业进行供应链管理的指南。它不仅关乎企业内部的运营效率，更会影响到企业在市场竞争中的地位。一个明确的供应链工程战略意图，能够帮助企业在风起云涌的市场环境中立于不败之地。

供应链工程战略意图是指企业根据市场环境、自身实力和长远规划，制定出的针对供应链管理的总体目标和实施要点。它涵盖了对供应链网络的优化设计、对供应商和合作伙伴的管理策略、对物流运作的精细安排等，发挥着重要的指导与约束作用。只有供应链工程涉及的所有方面都能贯彻明确的战略意图，才能达到一体化的供应链工程整合效果；核心战略意图的关键是根据战略愿景与定位确定战略目标，并进行目标分解与绩效考核（见图3-2）。

制定供应链工程战略目标时，需要在充分明晰内外部环境的基础上，制定具有挑战性、可量化、可操作的目标。这些目标应该像灯塔一样指引着企业前进的方向，彼此之间要和谐地相互呼应，以确保整个供应链工程的航向始终保持一致。

3.2.2 优化供应链工程战略定位

在经济全球化时代，供应链工程已经成为企业获取竞争优势的关键因素。供应链工程战略定位是指按照供应链竞争要求与匹配资源而确定的供应链工程战略方向。例如，供应链工程强链主要是通过增强企业自身的核心竞争力，提高产品质量和服务水平，从而在市场中获得更大的竞争优势；供应链工程补链则是通过与其他企业合作，形成完整的产业链条，从而更好地满足市场需求，提高企业的竞争力。

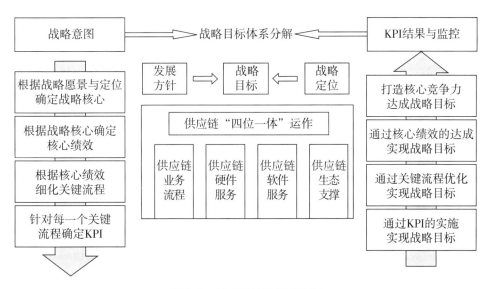

图 3-2 供应链工程战略意图

战略定位不仅意味着确定总体定位、业务重点，还应该包括在业务活动中使用哪些资源来支持业务活动，以及对业务、客户和环境有哪些影响。战略定位应考虑多个因素，包括产品生命周期特征、市场环境、竞争优势、业务需求管理方法及其实施成本、市场份额和价值模型，以及应采取什么样的行动以适应客户所在地区或国家市场环境。

供应链工程战略定位的实现方式多种多样。其中，从核心企业视角考虑的供应链工程主体定位、供应链工程业务定位和供应链工程竞争定位是最常见的 3 种方式。

1. 供应链工程主体定位

从核心企业视角考虑的供应链工程主体定位，主要是核心企业明确自己在供应链中的位置、价值，特别是要努力成为的目标类型。这一定位需要结合深入的市场研究、全面的客户需求、市场趋势以及竞争态势分析等来确定。

以上海合作组织（以下简称"上合组织"）（连云港）国际物流园为例，该物流园围绕国家"一带一路"高质量发展，把自己定位为"一带一路"交会点联动发展的粮食供应链服务商。其基本要义是协同发挥新疆独特的区位优势和向西开放重要窗口作用，全力推动中亚、中东欧与东亚、东南亚等地区和国家经由上合组织（连云港）国际物流园的粮食跨境双向流动；在有效整合、发展粮食储运、贸易、加工与配送等常规性业务的同时，致力于探索新质生产力发展下的粮食跨境电子商务、物流与供应链金融、品牌经营以及 PPP（Public Private Partnership，政府与社会资本合作）业务模式、大数据挖掘与综合运用服务；经由上合组织（连云港）国际物流园全球粮食供应链整合，包括以参股或控股的方式在中亚与中东欧有关国家建立 1~2 个粮食生产、加工基地与港口物流园区等，稳定掌握中国部分进口粮源与物流通道，促进国内外粮食产销区之间的无缝对接，以及"一带一路"国际粮食物流通道体系的构建与完善；有效吸引日本、韩国，中亚国家，以及中国中西部地区企业，以"园中园"形式，合作打造上合组织共用出海口粮食物流仓储基地与粮食安全合作联盟，为中国粮食的供给侧结构性改革与全球粮食供应链增值提供有力支撑，持续推动区域经济与国家粮食安全的联动发展。

在战略定位中，核心企业必须明确自身的核心竞争力所在，这可能包括品牌影响力、技术专长、渠道优势以及生产能力等关键要素。这些核心竞争力不仅决定了企业在供应链中的地位，更是与其他企业建立合作关系的基石。同时，核心企业应积极寻求与其他企业进行战略合作的机会，拓展新的业务领域。通过建立长期稳定的合作关系，与供应商、分销商等共同成长，形成互利共赢的局面。这种合作与共赢的精神有助于提升整个供应链的竞争力，并为各方创造更大的商业价值。

核心企业应注重整个价值链的整合与优化，这涉及与供应商、制造商、分销商及物流服务商等各方的协同合作；核心企业应建立健全风险管理机制，以应对各种潜在风险，如供应商破产、物流中断或自然灾害等。这一机制应能提前预测并妥善应对各种风险，确保供应链的稳定性和可靠性。

在当今社会，可持续发展已成为企业战略定位的关键因素之一。核心企业应将环保理念融入供应链管理，选择环保合规的供应商，采用绿色包装，并减少碳排放等，推动整个供应链的可持续发展。

2. 供应链工程业务定位

供应链工程业务定位至关重要，因为核心企业业务在整个供应链中具有重要地位，并有能力影响供应链其他成员。核心企业是供应链活动的组织者和管理者，承担着物流中心、信息中心和资金周转中心等核心职能。核心企业的业务定位应根据以下4个方面来确定。

①市场需求。核心企业应关注市场需求的变化，并根据市场需求来制定相应的供应链策略。例如，如果市场对产品的质量和环保性能要求更高，核心企业应将更多的资源和精力投入到提高质量和保持环境中去。

②自身优势。核心企业应了解自己的优势和劣势，并利用自己的优势来构建供应链。例如，如果核心企业在物流方面具有优势，那么应将物流作为自己的核心竞争力来构建供应链。

③合作伙伴。核心企业应与合作伙伴建立良好的关系，并根据合作伙伴的能力和资源来调整自己的业务定位。例如，如果有一个供应商在某个特定领域具有很强的技术能力，那么核心企业就可以与其合作，共同研发新产品。

④竞争环境。核心企业应了解竞争对手的情况，并根据竞争环境来确定自己的业务定位。例如，如果竞争对手在价格方面具有优势，核心企业可以采取差异化的策略，通过提供更高质量的产品或服务来获得竞争优势。

上合组织（连云港）国际物流园根据全球粮食供应链竞争与合作的要求，致力于对中亚—环太平洋沿线的粮食商流、物流、信息流、资金流资源进行有效整合，并在此基础上提供集中采购服务、中转储运服务、供应链金融服务、大数据应用服务与营销加工服务等创新增值服务，主要内容包括以下 4 点。

①基本的国内外粮食物流服务。主要包括：政策性与非政策性仓储管理服务；粮食装卸服务，为到达的粮食供应商、转运和采购商等提供各种装卸服务，即火车、船舶与汽车的包散装卸搬运服务；粮食仓储服务，为用户提供原粮、成品与半成品的低温仓储服务；粮食加工服务，为用户提供粮食成品、半成品等加工服务，以及副产品综合利用等服务；粮食配送服务，整合第三方配送企业，为相关成员提供小麦、大豆、玉米、稻谷等原粮，以及糙米等半成品、谷糠等副产品及其综合利用制品的集装箱（集装箱也可以在小规模大米加工企业运作中起临时周转仓的作用）配送服务，以便提高运输效率、降低空载率与运输费用；食品制造与冷链服务；粮食检验检测服务，引入第三方质量检验与计量机构，为相关成员提供全过程的品质检验和计量服务，以保证各种交易的客观公正性。

②国内外粮食交易与融资服务。主要包括：提供原粮、成品、半成品与相关副产品的综合市场交易服务，努力促进国际粮食大市场的形成及相关供应链物流的开展；视有关情况，积极开展现代信息技术条件下的仓单交易、质押融资与集中采购服务。

③国内外粮食供应链信息服务。通过信息技术的应用，整合供应链所有成员的相关信息，为合作伙伴提供物流供应链信息体系对接服务，为入驻物流园的企业提供门户导航服务、商务服务与衍生开发服务等。

④其他服务。经由供应链合作，开展以粮食副产品为原料的饲料加工与生物质能发电等延伸业务；企业可酌情使用没有被充分利用，或没有经营优势的物流设施开展以学习、拓展业务与盈利为目的的设施经营业务。值得一提的是，粮食物流基地尤其要注重与上合组织（连云港）国际物流园开展相匹配的标志性业务，如跨境粮食运输与电子商务、国际粮食物流及供应链融资等创新性、高端性与标准性服务。

综上所述，核心企业在供应链中的业务定位需要综合考虑市场需求、自身优势、合作伙伴和竞争环境等多个因素。只有准确地把握住自己的业务定位，才能在激烈的市场竞争中立于不败之地。

3. 供应链工程竞争定位

供应链工程竞争定位是一个复杂的过程，需要全面考虑供应链的各个环节，并制定相应的竞争战略。以下是一些关键的竞争定位策略。

①成本领先策略。在供应链管理中，成本领先是重要的竞争优势。核心企业应通过优化采购、生产、物流等环节，降低成本，提供更具竞争力的价格。这不仅可以吸引更多客户，还可以提高利润率。

②产品差异化策略。产品差异化是获取竞争优势的关键。核心企业应关注产品或服务的独特性，以满足客户的特殊需求。通过创新和定制化，提供与众不同的产品或

服务。

③市场细分策略。针对不同的客户群体进行市场细分。核心企业应识别并定位目标客户，深入了解其需求和期望，以便提供更精准的产品或服务。专注于特定的细分市场，可以更好地满足客户需求并获得市场份额。

④合作伙伴关系建设。建立和维护与供应商、分销商和其他合作伙伴的良好关系至关重要。通过建立战略联盟和长期合作关系，可以实现成本降低、效率提升和风险共担。这有助于增强整个供应链的竞争力。

⑤技术驱动创新。利用先进的技术对供应链进行持续创新是保持竞争力的关键。这包括采用自动化、物联网、人工智能等先进技术，提升供应链的透明度、效率和灵活性。通过技术驱动创新，可以提升服务水平，满足客户需求，并降低运营成本。

⑥环境可持续性。由于社会对环境问题日益关注，核心企业应采取环保措施，减少对环境的负面影响，并努力打造绿色供应链。这不仅可以吸引环保意识强的客户，还有助于降低环境风险和成本。

总之，在激烈的竞争环境中，供应链工程核心企业需要采取多种策略来获得竞争优势。通过全面考虑成本、产品差异化、市场细分、合作伙伴关系、技术驱动创新、环境可持续性等方面，核心企业可以制定出适合自己的竞争定位策略，以提升供应链的整体竞争力。

3.2.3 赋能供应链工程战略能力

在当前的商业竞争环境中，供应链工程战略能力已成为企业获取持续竞争优势的关键因素。供应链工程战略能力是指企业在制定和执行供应链工程战略过程中所展现出的综合能力。这种能力涉及从需求预测、采购、生产到物流配送等一系列关键环节，每个环节都与企业整体的战略目标紧密相连。它不仅与企业内部的运营管理有关，更同与外部供应商、分销商和其他合作伙伴之间的协同合作有关。

除此之外，供应链工程战略能力还包括以下 5 个方面。

①战略规划能力。指企业具备的前瞻性能力，能够准确洞察市场趋势，制定出符合企业战略目标且适应市场变化的供应链战略。

②供应商管理能力。指企业与供应商建立长期、稳定、互利关系的能力，能够确保供应商按时、高效地提供合格的产品或服务。

③物流管理能力。指企业构建高效物流网络、实现物流信息实时共享的能力，以确保产品快速、准确地送达客户手中。

④信息技术能力。指企业运用先进的信息技术工具，实时监控供应链运作情况，实现各环节协同运作的能力。

⑤协调沟通能力。指企业内部各部门之间以及企业与外部合作伙伴之间有效沟通的能力。

3.2.4　实现供应链工程战略迭代

据美国《财富》杂志报道，中国中小企业的平均寿命仅 2.5 年，集团企业的平均寿命仅 7~8 年，每年倒闭的企业有 100 万家。不仅企业生命周期短，能做大做强的企业更是寥寥无几。而美国大企业平均寿命约 40 年，日本大企业平均寿命约 58 年，美国每年倒闭的企业数量也远远少于中国。解决这个问题的关键是与时俱进地进行战略迭代。

供应链工程战略迭代是指在供应链管理过程中，根据市场环境、客户需求和竞争态势的变化，对既定战略进行持续优化和改进。这要求企业具备高度的市场敏感性和应变能力，以保持供应链的高效、敏捷和竞争力。其内容主要包括以下方面。

①目标设定。在制定供应链工程战略目标时，企业需充分考虑市场趋势、客户需求以及竞争态势，确保目标具有前瞻性和实际可操作性。这些目标应该明确、具体，并能够为企业供应链管理提供清晰的方向。

②数据分析。有效的数据分析是供应链工程战略迭代的关键。企业需要对历史数据、市场数据和竞争数据进行深入挖掘，以洞察市场动态，发现潜在机遇和挑战，为战略制定提供有力支持。

③战略制定。基于目标和数据分析，企业需要制定供应链工程战略，以及细化供应商选择策略、库存管理策略、物流配送策略等。这些策略应具有针对性，能够解决特定问题，并有助于实现整体战略目标。

④实施与监控。在实施供应链工程战略的过程中，企业需要进行严格监控，并定期评估战略执行效果。同时，企业需要及时发现问题并进行调整，预测潜在风险，提前制定应对措施。

⑤迭代优化。供应链工程战略的成功不在于一次性制定完美战略，而在于不断迭代优化。每一次迭代都是对之前策略的审视和改进，也是对未来市场的预判。通过不断迭代，企业能够不断完善供应链体系，提高运营效率。

以一家领先的制造业企业为例，在过去的几年里，该企业面临着市场竞争加剧的压力，为了保持领先地位，决定对供应链进行全面的优化和改进。其制定了详细的供应链战略，明确了优化目标和方法，深入分析了当前的供应链状况，包括供应商管理、生产流程、物流以及与客户的交互方式等状况。通过与供应商的沟通、合作和重新谈判，实现了更稳定的供应和更低的成本。同时，其积极寻找新的供应商，进一步降低了供应链风险。

在战略迭代的过程中，企业不断引入先进的生产技术，以提高生产效率和产品质量，通过投资引入自动化生产线和人工智能技术，实现了生产流程的智能化和自动化。这不仅减少了人工失误，还提高了生产效率，进一步降低了生产成本。

为了更好地管理复杂的物流网络，企业还引入了一套智能物流系统。该系统能够实时追踪货物，预测运输需求，并自动调整运输计划以应对突发状况。通过智能物流系统的应用，企业能够更好地控制物流成本，提高运输效率，确保货物按时到达目的地。

此外，企业还重视客户关系管理，以更好地理解客户需求并提供更好的服务。企业引入了一套客户关系管理系统，通过分析客户数据，更好地预测未来的需求，并提供更加定制化的产品和服务。这不仅能提高客户满意度，还能进一步巩固与客户的合作关系。

在持续监控与改进的过程中，企业不断收集反馈信息，分析供应链的效率和性能，并根据反馈进行必要的调整和改进。这包括进一步优化供应商管理、升级生产技术、改进物流系统等。通过持续的迭代和改进，企业能够更好地应对市场变化和内部需求，保持领先地位并取得更好的业绩。

3.3　供应链工程战略创新

在供应链工程战略规划层面上做出的决策对企业的生存与发展具有非常重要的影响。很多时候，战略决策必须以内外部数据为基础，这些数据的收集、预测与处理等有巨大的不确定性，即决策所需要的数据往往比较缺乏或难以定量、比较，尤其是很难进行有效验证，在这种情况下制定既具有供应链创新特点、又符合供应链匹配要求的战略，即进行供应链工程战略创新是件非常艰难的事情。

3.3.1　供应链工程战略创新与战略匹配

供应链工程战略创新与战略匹配是一个重要的议题，尤其在当今快速变化的市场环境中。供应链是企业运营的重要环节，涉及从采购、生产到物流配送等一系列活动。为了适应不断变化的市场需求和竞争态势，企业需要不断地进行战略创新，并确保这些创新与整体战略相匹配。

供应链创新并不仅仅是引入新技术或新方法，更是一种新的思维方式。在不断变化的商业环境中，只有具备持续创新能力的供应链才能够应对各种挑战，并抓住机遇。供应链创新能够帮助企业获得更高的效率和更好的性能，从而在激烈的市场竞争中脱颖而出。

而供应链工程战略创新则更进一步，它涉及对整个供应链的全面优化和改进。这不仅包括对供应链各个环节的优化，更包括对整个供应链战略的重新思考和定位。通过供应链工程战略创新，企业能够更好地适应外部环境的变化，提高自身的竞争优势。具体来说，供应链工程战略创新可能涉及垂直整合或水平整合等策略。垂直整合可以帮助企业实现对供应链上游和下游环节的掌控，从而更好地协调和管理整个供应链。而水平整合则有助于企业扩大规模和市场份额，提高自身在行业中的影响力。

供应链工程战略匹配，简而言之，是使企业供应链战略与整体战略协同一致。这种协同不仅关乎日常运营效率，更涉及企业的长期发展与市场竞争地位。在现代商业环境下，任何企业的成功都离不开一个高效、敏捷的供应链。只有当企业的供应链战略与其整体战略相辅相成时，才能真正实现供应链的高效运作和企业竞争实力的提升。而对于那些希望在激烈的市场竞争中脱颖而出的企业来说，重视并实现战略匹配无疑是关键的一步，确保供应链战略与企业战略的高度匹配显得尤为重要。

企业战略的核心意义不仅告诉我们在市场中"做什么"，更重要的是它明确了"如何做"和"为何做"。供应链战略作为企业战略的一个重要组成部分，其目标必须与企业整体战略目标保持高度一致。这涉及市场定位、产品差异化、成本控制等多个方面。即通过深入理解企业战略、细致分析供应链、制定明确计划并持续优化，企业能够真正实现供应链战略与整体战略的高度协同，从而在竞争激烈的市场中脱颖而出。下面是一个关于战略匹配的案例，希望有助于更好地理解这个概念。

某知名汽车制造企业，为了在竞争激烈的市场中获得优势，决定重新审视并优化其供应链战略。该企业意识到，面对快速变化的市场需求和日益苛刻的消费者期望，传统的供应链管理方式已经无法满足其发展需求。因此，企业高层决定采取一系列措施，使供应链战略与企业整体发展战略相匹配。

①现状评估与问题识别。该企业先对现有的供应链管理状况进行了深入的分析，找出了存在的各种问题，如供应商选择不够优化、采购流程烦琐、库存管理混乱、物流配送效率低下等。

②明确战略目标。在评估的基础上，企业根据其总体发展战略和市场定位，确立了供应链优化的主要目标，包括提升供应链的敏捷性和灵活性、降低运营成本、提升产品质量和客户满意度等。

③制定实施方案。为了达到这些目标，该企业制定了一套全面的实施方案。这些方案涵盖了供应商的选择与关系管理、采购流程的简化与优化、智能库存管理系统的建设，以及精益生产理念的推行等方面。

④建立合作伙伴关系。在实施过程中，该企业积极与供应商、物流服务商等合作伙伴进行沟通与协作，确保各环节的顺畅配合。通过建立长期、稳定的合作关系，实现了供应链各环节的高效协同。

⑤持续改进与监控。方案实施后，该企业并未停止脚步，而是持续监控供应链的运行状况，定期评估效果，及时调整和优化相关策略。同时，不断吸取行业最佳实践经验，引入先进的供应链管理理念和技术，确保供应链始终保持竞争优势。

供应链工程战略创新并不总是成功的。为了确保创新的成功，企业需要确保这些创新与整体战略相匹配。例如，如果企业的整体战略是追求成本领先，那么供应链工程战略创新应着重于降低成本。相反，如果企业追求的是差异化战略，那么供应链工程战略创新可能主要集中在提高产品质量或加快产品上市上。

此外，匹配并不仅限于企业内部的战略。在许多情况下，企业需要与供应商、客户甚至竞争对手进行合作，以实现更大的战略目标。例如，企业可能需要与供应商合作开发新的零部件或技术，与客户合作开发新的产品或服务，或者与竞争对手合作解决行业问题，如供应中断或需求波动。也就是说，供应链工程战略必须努力与企业整体战略、外部合作竞争要求，以及环境变化等相适应。

供应链工程战略创新与战略匹配是一个复杂的过程，需要综合考虑企业的内部资源、外部环境以及市场趋势。根据现行供应链工程战略创新与战略匹配的实际情况，大致可分为 4 种情况（见图 3-3）。

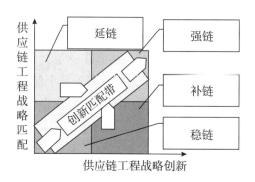

图 3-3 供应链工程战略创新与战略匹配联动

①稳链：战略创新与匹配双稳型。主要是一些关系国计民生的产业供应链，如粮食供应链，由于它服务于满足生存权的粮食安全，不像那些市场导向型的供应链强调战略创新，表现为求稳特征明显的弱供应链战略创新与以不变应万变的保守型供应链战略匹配。

②补链：战略创新与匹配型。往往是创新有余，匹配不足，故供应链创新的重点是从匹配角度对供应链创新中的一些不足进行弥补。例如，赚快钱行业的一些企业进军大农业领域，往往会对农业投资回报特点与繁杂程度，尤其是小农户的多面性、可变性及随意性等缺乏深刻的认识，其应对的效果往往偏差，改进的办法是从匹配角度对战略创新的短板进行持续弥补。

③延链：战略匹配与创新型。长期从事传统行业的企业往往具有较好的战略匹配性，但极可能存在盈利少、发展慢等特点，需要在跨界延链的创新适应性、针对性上下功夫。例如，肽坦生物与农业技术有限公司萃取了鸡身上的胶原蛋白与透明质酸，从农业跨界到了生物产业，该创新呈现出很强的长链性、盈利性、生态性等特点。

④强链：战略创新与匹配双强型。自从华为在 5G 领域异军突起后，美国禁止向华为出口包括 4G/5G 产品、Wi-Fi 6&7、人工智能、高性能计算和云服务等一切产品，要置华为于死地。然而华为绝地反击，没有让美国英特尔和高通等企业的阴谋得逞。对于这种科技含量极高的产业，供应链战略创新与战略匹配都必须强，为此应集中政治、经济、社会的优质资源进行供应链工程强链。

综上可以看出，稳链、补链、延链、强链与供应链工程战略创新和战略匹配是一个综合性的战略框架，旨在在重视供应链工程战略创新与战略匹配的基础上，根据环境要求与企业资源状况制定更有针对性的战略，以合理成本实现供应链工程的战略制胜。

3.3.2 强链：一流供应链工程战略创新匹配

强链，即强化产业链、完善供应链、提升价值链，是一个系统性、综合性、长期性的工程，其内涵不仅包括简单的资源整合与优化，更涉及企业战略、组织架构、运营模式等多个层面的变革，以及强化供应链各个环节，提高其稳定性、可靠性与相互支撑性，特别是增强一流供应链的核心竞争力。其核心是通过一流供应链工程精益化强链、柔性化强链、数字化强链和绿色化强链，提升运营效率，增强核心竞争力，以适应繁杂多变、严峻残酷的市场环境，并实现可持续生存与发展。

①供应链精益化，是一种管理理念，其目的是消除浪费、提高效率、降低成本。通过消除供应链中的浪费环节，优化流程，实现快速响应和低成本运营。

②供应链柔性化是指使供应链具备快速适应变化的能力。这种能力对于应对市场需求波动、产品更新换代、改进生产工艺等非常重要。通过构建灵活的供应链，企业能够更好地应对各种不确定性。

③供应链数字化是指利用先进的信息技术，实现供应链的智能化、可视化和高效化。通过数字化技术，企业能够实时跟踪和监控供应链状态，提高决策效率和准确性。

④供应链绿色化是指在整个供应链中注重环保和可持续发展。企业需要选择环保合规的供应商，优化物流运输方式，减少能源消耗和排放，实现绿色生产和可持续发展。绿色战略强链匹配路径如图3-4所示。

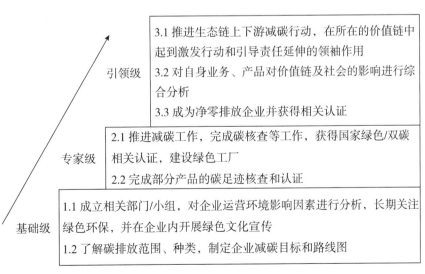

图3-4 绿色战略强链匹配路径

强链工程也注重全球供应链的布局优化及人才培养和引进。在全球化的背景下，拥有强大的全球供应链意味着企业在国际市场上具有更强的竞争力。而优秀的人才是企业持续发展的关键，引进和培养高素质人才，可以为企业注入源源不断的创新活力。政府和企业在此过程中扮演着至关重要的角色。政府需要制定一系列的政策措施，提供财政和金融支持，为企业的创新发展创造良好的外部环境。企业则需要加强内部管理，优化资源配置，确保强链工程的顺利实施。

总的来说，供应链工程强链是一项系统性、全局性的工程，需要政府、企业和社会各界的共同努力。

3.3.3 补链：补短板供应链工程战略匹配

为了改进供应链中的薄弱环节，一项高瞻远瞩的补链战略应运而生，目的在于打造一个稳健、高效且富有弹性的供应链体系。供应链存在的某些缺失环节可能导致供应中断或效率低下。补链即弥补供应链中的不足或空白，也就是针对供应链中的薄弱环节进行有针对性的改进，完善供应链体系。例如，如果供应链中某个环节的产能不足或技术不够先进，就需要寻找新的供应商或升级现有技术，以保持供应链的稳定性和可靠性。补链需要企业深入分析供应链的每一个环节，找出潜在的风险点和不足之处，然后采取有效的措施进行改进。这可能包括提高供应商的质量管理水平、优化物流配送路线、引进先进的仓储技术、寻找新的供应商、开发新的物流渠道或建立新的合作关系等。以下是通过农户结算卡管理系统，有效弥补供应链种植环节短板的案例。

从 2008 年开始，航天信息股份有限公司、常州市粮食局与奔牛镇人民政府等在奔牛镇范围内，联合开展了 RFID 农户结算卡试点项目。农户结算卡管理系统主要包括农户结算卡、手持收购终端设备、台式收购终端设备、中央数据运营平台四部分。农户结算卡是种粮农户持有的可读可写的复合卡，在农户结算卡发行之前，农户的基本信息（包括户主姓名、住址、身份证号、照片等）已被写入卡内，其后的信息读取和写入都采取 RFID 技术实现；手持收购终端设备是粮食经纪人持有的粮食收购终端设备，运用 RFID 技术读取农户结算卡中的农户基本信息，并写入粮食交易的信息（交易的时间、品种、数量、价格）；台式收购终端设备是粮食购销企业（粮库、粮食加工企业等）持有的粮食收购终端设备，同样运用 RFID 技术读取农户结算卡中的农户基本信息，并写入粮食交易的信息（交易的时间、品种、数量、价格）；中央数据运营平台包括数据接收系统、数据交换系统、数据分析系统等，主要对粮食收购终端采集的粮食交易数据进行收集、整理、分析，为农户结算卡管理系统的相关主体实现有效监管、稽核、结算和质量安全追溯等提供依据。该系统的运作流程如图 3-5 所示。

①粮食行政管理部门与商业银行联名发行农户结算卡，并且将已写入农户基本信息的农户结算卡发放到每一户种粮农户家庭中；粮食购销企业向粮食行政管理部门申购台式收购终端设备，粮食经纪人向粮食行政管理部门申购手持收购终端设备。

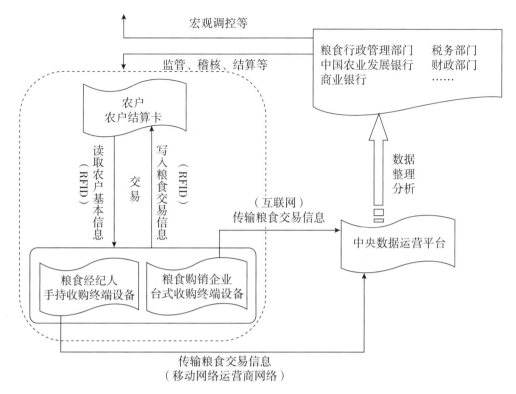

图 3-5　农户结算卡管理系统运作流程

②种粮农户在向粮食购销企业或粮食经纪人销售粮食时，粮食收购终端设备运用 RFID 技术读取农户结算卡中农户的基本信息并写入粮食交易的信息，形成农户基本信息和粮食交易信息对应的新信息并即时传输到中央数据运营平台①。其中，粮食经纪人的手持收购终端设备通过第三方移动网络运营商的网络将信息传送至中央数据运营平台，粮食购销企业的台式收购终端设备通过互联网将信息传送至中央数据运营平台。

③中央数据运营平台对收集的所有商品粮销售信息进行分析处理，掌握不同农户商品粮销售信息，不同粮食收购主体商品粮收购信息，特别是外资粮食收购主体的商品粮收购信息，为国家粮食宏观调控提供准确的数据，也为粮食收购相关机构提供决策基础信息。

④粮食收购相关机构通过数据交换从中央数据运营平台获取有关信息，以有效解决粮食收购中有关监管、稽核、结算等问题。如全面掌握粮食购销状况，规范粮食经纪人行为，财政部门与商业银行进行资金划拨与监管②，中国农业发展银行进行粮食收

---

① 粮食交易信息写入农户结算卡的过程即为信息传输至中央数据运营平台的过程，若数据传输失败则信息写入失败，可重新写入。

② 财政部门从中央数据运营平台获得种粮农户的商品粮销售信息，根据补贴政策计算应该给农户的补贴，通过商业银行将资金存入农户在商业银行的账户中。

购贷款稽核、税务局进行粮食收购进项税抵扣稽核以及财政补贴稽核①等。

通过实际参与和多方调研，笔者认为农户结算卡管理系统是弥补粮食供应链短板的好方法（见表3-1）。

表 3-1 农户结算卡管理系统试用前后相关主体效益对比

相关主体	试用前	试用后
种粮农户	无法按销售商品粮数量和质量进行种粮补贴，农民种粮积极性受打击进而影响增收	能够根据卖粮的数量领取更多的补贴，体现更多的公平性；多产粮、产好粮、多卖粮，就可以多得补贴，促进粮食增产和农民增收；无偿提供结算卡，不增加农民负担
粮食行政管理部门	难以准确获得全社会的商品粮流通数据，难以规范粮食经纪人行为	能获得真实全面的全社会粮食收购数据；能核实粮食经纪人身份，规范粮食经纪人行为；能准确掌握外资粮食购销企业收购粮食的情况；能有效规范粮食流通市场，提高粮食行政管理效率
中国农业发展银行	《粮食收购资金贷款封闭运行管理办法》难以得到全面贯彻落实	提高为粮食购销企业服务的效率和水平；全面准确地监管粮食购销企业贷款的使用情况，保证资金封闭运行管理；降低资金营运成本，提高工作效率；实现资金安全汇划，规避结算风险
税务部门	没有很好的办法解决粮食收购发票虚开虚抵问题	解决了异地粮食收购发票管理问题；可以取消收购发票限额，减少开票工作量；实现对粮食经纪人的税收征管；稽核验证粮食收购企业上报的收购发票进项税抵扣
财政部门	难以实现按销售商品粮数量和质量对种粮农户进行补贴	根据农户销售粮食的品种和数量进行直补；有效监管补贴资金的到位情况，防止补贴资金的截留、克扣等
商业银行	辅助中国农业发展银行对贷款资金进行封闭运行管理和辅助财政部门发放种粮补贴	农户的卖粮资金和财政补贴资金给商业银行带来大量沉淀资金，有利于消化结算卡的成本，同时降低了现金支付的管理成本；结算卡与现有的补贴存折兼容，具有较高的可行性和可操作性
粮食购销企业	企业信息化难以推动，开票工作量大且人工操作易出现差错	降低现金管理成本；减少粮食收购开票的工作量；减少人工记录造成的管理漏洞；降低企业信息化的门槛

注：该表是笔者根据有关调研资料整理而成。其中，农户结算卡管理系统中涉及的相关主体主要有种粮农户、粮食行政管理部门、中国农业发展银行、税务部门、财政部门、商业银行、粮食购销企业。

---

① 农户根据农户结算卡中的商品粮销售数据申领种粮补贴。

农户结算卡管理系统的试用对各主体都产生较大的影响，主要表现在以下方面。

其一，农户结算卡初步试点的效果喜人，能真实反映粮食生产与流通的基本数据，可节省大量清仓查库等费用。试点结果表明，农户结算卡管理系统能准确无误地动态显示粮食收购的时间、地点、品种、品质、价格、进度与买卖对象，并能轻松地推导出试点地区粮食种植的面积、单产等重要数据。例如，当夏粮收购进入高潮时，平台数据显示奔牛镇上报的 150 户种粮大户中，刷卡交易参与率仅为 20%，刷卡交易数量仅占大户上报可售商品粮总量的 11.2%。据此判断，奔牛镇小麦生产可能会面临面积、单产、总量减少的局面，其后的调查结果也证明了这一点。农户结算卡管理系统还能全面监管粮食经纪人的收购时间、地点、价格与库存情况等，实现粮食收储数据共享，为规范扶持粮食经纪人、培育粮食市场多元主体、提高粮食行政管理水平等提供了新的手段，从而大大方便了粮食行政管理部门的精确管理、实时管理，为节省大量的清仓查库费用奠定了技术基础。

其二，农户结算卡管理系统能够客观公正地发挥各种惠农补贴与粮食直补的促进作用，推动粮食安全与农民增收的共赢发展。目前，我国一些地区存在着一定程度的村干部虚报面积骗取粮食补贴等问题，存在着多种惠农补贴难以直接促进农户多种粮、种好粮等问题，严重危害了我国粮食安全，影响了农民增收。由于农户结算卡管理系统能为粮食调控等部门提供全面、客观、实时、真实的售粮对象、时间、地点、品种、等级与价格信息，有效缓解了因数据多头、政出多门而产生的协调问题，从而为实现按粮直补等提供了统一的沟通平台与数据基础，使各种惠农补贴能更好地促进农户增收，保障了国家的粮食安全。

其三，农户结算卡管理系统能够真实可靠地为粮食调控提供及时、准确的动态信息，能大力提高粮食调控的针对性、及时性与有效性。我国粮食收储调控在减缓粮食供给波动影响的同时，暴露出了某种程度的反复、滞后甚至逆向特点。其客观原因是我国粮食调控行为多半是在过剩与短缺的情况下，无奈采取的应急之举，如直接限价与限制收购，具有直接与粗放等特点，副作用大。农户结算卡管理系统以财政补贴为驱动，以物联网运营平台为支撑，具有先进、互联与智能等特点。借助于农户结算卡管理系统，政府有关部门能够自动、及时、准确地获取每个持卡农户的生产与交售粮食数据，能够实现惠农补贴、库存监管、价格调控与安全追溯的一体化管理，从而达到不断提高粮食调控水平等目的。也就是说，农户结算卡管理系统能在复杂情况下反映粮食价格并预测趋势，能真实反映粮食库存品种、数量、结构及其变动情况，这有助于粮食经纪人的管理、粮食监管成本的降低及粮食安全保障水平的提高，进而有助于大力提高粮食调控的针对性、及时性与有效性。

其四，农户结算卡管理系统涵盖面广，有助于形成售前、售中与售后的全方位为农服务体系，增强粮食供应链的竞争力。由于国家粮食安全保障及农民增收的基础在农户，且农户经由种植、交易而达到增产增收的脆弱性明显，如何全方位地打造为农服务体系就成了粮食工作的关键。农户结算卡管理系统所能承载的信息可以拓展到所有农产品的产前、产中与产后三个领域。农户产前领域包括农业机械、化肥、水利、农药地膜等需求信息；农户产中领域包括具体种植与相关服务等需求信息；农户产后领域包括农产品产后加工、储藏、运输、营销及生活消费品等需求信息。依据这些信息，国家有关部门就可以从农产品源头数据的全面抓取与系统运用角度促进售前、售中与售后的全方位为农服务体系建设，增强粮食供应链的适应能力，为有效杜绝现行惠农、强农的管理漏洞等提供有力的信息抓手。

总之，农户结算卡管理系统能为实施相对科学的按售粮数量直补措施与粮食质量安全追溯等提供技术支持，为财政、粮食、供销、农林、发展改革委等部门为农服务的联动配合提供数据支撑，能够较好地弥补粮食供应链种植的短板，值得借鉴推广。

3.3.4 延链：跨界战略匹配

延链指推动产业延伸拓展，延长供应链的上下游链条，拓展市场份额和资源获取渠道，抢占未来产业风口。延链着眼于拓展产业覆盖面和价值端，不断推动重点产业链向上下游延伸，优化产业链结构、提升产业链价值，推动形成新的增长点。与此同时，突出数字赋能，推动数字经济与先进制造业、现代服务业深度融合，支持平台经济、总部经济发展，深化制造业智能化改造、数字化转型，以新动能推动新发展。向上游延伸往往可以获得更优质的原材料或技术，向下游延伸可以开拓更广阔的增值市场。而以下所讲的是有关肽坦生物与农业技术有限公司（以下简称"肽坦公司"）如何构建粮食蛋白转化供应链而实现延链的案例。

肽坦公司是由肽坦全球投资基金（Titan Global Capital Limited）控股投资运营的研发生物技术、抗癌新药、农业技术、新能源、新型医疗材料等技术或产品的全球供应链服务企业。肽坦公司以生物制剂制取为主营业务，立足高端产业，面向生物医药领域，以透明质酸、胶原蛋白、生长因子等生物制剂为主要产品，实现粮食植物蛋白—动物蛋白—生物蛋白—医药蛋白—人体蛋白的全产业链供应链延伸发展，致力于打造世界首屈一指的生物医药企业，并在此基础上利用自身在四川成都与新疆伊犁等地理位置优势，构建从哈萨克斯坦等国到欧美广大市场的粮食蛋白转化供应链（见图3-6）。

1. 产业链供应链前端——饲料粮组织与加工

其核心流程如下：从哈萨克斯坦粮户手中进口小麦，将小麦运输至霍尔果斯口岸边境，经检验检疫后换装放行运至中哈边境合作中心中方与哈方配套区有关仓库，进行分拣、加工、包装，然后以成品饲料的形式配送至四川等地的生态养殖基地。其关键有二：①主要从哈萨克斯坦粮户手中进口小麦。哈萨克斯坦小麦种植为天然生长，无添加剂、无农药残留、无重金属，用该国小麦加工而成的饲料原料（小麦粉）替代玉米，质优价廉、环保低碳、天然有机。②投资兴建中哈边境合作中心中方配套区铁

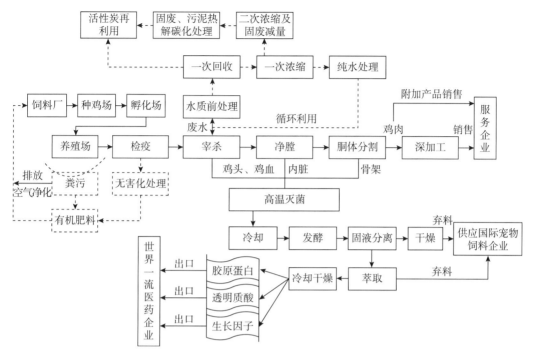

图3-6 肽坦公司粮食供应链物流运作示意

资料来源：肽坦公司。

路专用线。此举能有效降低企业物流成本，同时大幅提高通关效率，解决倒短运输等问题。另外，能为中哈边境合作中心中方与哈方配套区联动整合，以及中哈边境合作中心中方配套区扩围等奠定必要的设施基础。

2. 产业链供应链中游——禽畜养殖与加工

利用先进的养殖技术与有机饲料，进行种蛋孵化、种鸡和肉鸡的养殖；建立自动化电宰加工厂，设立创新平台，实行产销分离，与终端食品品牌建立战略合作关系，提供健康安全绿色的优质蛋白。对养殖场运输过来的活鸡进行检疫、宰杀、净膛、胴体分割，对分割的鸡肉一部分直接进行销售，另一部分进行熟食加工处理销售至肯德基、麦当劳等服务型企业，鸡头、鸡血、内脏、骨架等运送至生物制剂生产基地。

3. 产业链供应链终端——萃取并利用生物制剂

肽坦公司以跨越"医药工农"四个行业实现全产业链发展为愿景，利用核心专利技术"超临界固液气三相二氧化碳萃取技术"，严格按照 GSK 等厂家的审核标准以及 CFDA、CGMP 等国际认证标准，将胶原蛋白、透明质酸做到达国际领先水平的医用级，不断做大、做长与做强产业链。该环节对自动化电宰加工厂分割的鸡头、鸡血、内脏、骨架等进行高温灭菌→冷却→发酵→固液分离→萃取→冷却干燥等操作，提取出胶原蛋白、透明质酸、生长因子等，出口到世界一流的医药企业。其核心是建成生物制剂生产基地，实现年提取 200 吨透明质酸及胶原蛋白肽，运用肽坦公司的专利核心技术链接生物产业，进而推动自身产业链不断延伸，帮助企业做大做强。

4. 逆向产业链供应链——"一尘不染、一点不剩"地物尽其用

肽坦公司对整个生产流程进行封闭化管理，对废弃物的处理做到了"滴水不漏"，对环境做到了"踏雪无痕"。主要包括：①对宰杀环节所产生的废水进行循环利用。先对废水进行水质前处理，然后进行多次回收利用与固废减量处理等。②将未通过检疫环节的肉鸡进行无害化处理，加工成有机肥料，供应给饲料厂。③将肉鸡养殖场所产生的粪污，不可利用部分经过净化后排放，可利用部分进行肥料加工与配送。④提取过程中产生的弃料含有丰富的蛋白质、生长因子等符合动物生长需求的成分，通过干燥加工成副产品供应给皇家、麦富迪等国际宠物饲料企业。

从以上分析中可以看出，肽坦公司借助开展以粮食蛋白转化为重要内容的大健康产业链供应链集成业务，较好地实现了以内生性功能增强为基本特征的粮食产业链供应链延伸拓展，为中国粮食产业做大、做长与做强提供了可供学习参考的创新范式——以高科技拉长粮食蛋白转化的供应链、以大健康做强粮食蛋白转化供应链。有关企业可以在此基础上进行创造性借鉴。

3.3.5 稳链：韧安供应链工程战略匹配

供应链工程中的稳链是指确保产业链供应链的稳定运行，避免各种因素冲击导致供应链断裂。这一概念强调产业链供应链的持续性和稳定性，旨在维护整个生产过程的顺畅进行。在复杂多变的内外环境下，企业应承担起稳链的主导责任，确保产业链供应链稳定运行。稳链的方法包括强化企业主体责任、建立生态联合体、加强上下游协同等。以下是上合组织（连云港）国际物流园粮食物流基地（以下简称"上合园"）通过多元化经营分散风险，从而促进粮食供应链工程稳链的案例。

上合园是中国铁路主骨架、国道主干线和沿海南北水运主通道上的重要节点，公铁水多种运输方式齐备，辐射内陆腹地的港口外部交通网基本形成。它不仅可以承接哈萨克斯坦等上合组织成员国东输出口日本、韩国和东南亚等国家和地区的粮食，还将承接从美国、加拿大和巴西等国家进口的粮食，并将其转运至国内其他省区市等。其规划的重点是通过多种运输方式的综合利用来达到稳链的效果，主要通道如下。

1. 从"一带"到"一路"的西粮东进国际主通道

主要指依托陇海铁路接转哈萨克斯坦等上合组织成员、中东欧一些国家的小麦、玉米、肉类等产品的国际粮食通道。上合园通过徐连铁路接兰新线，连接广大的中西部与中亚、中东欧国家，并通过与京沪线、京九线等铁路干线连接，沟通中国各地，构成中亚、中东欧、中国西北和中原11个省区市至粮食物流基地的西粮流入性通道。

流入性西粮主要包括中亚、中东欧、中国西北和中原11个省区市具有竞争优势且中国东部以及日本、韩国与东南亚等国家和地区需要的小麦、土豆、杂粮及其加工制品，以及各种肉类、酒类与保健品类。主要以大型船舶或定期航班的运输方式，直接或间接地转运至中国的东南部地区，东北亚的日本、韩国和广大的东南亚等国家和地区；利用中国东南地区、日本、韩国—粮食物流基地—中亚欧班列返空集装箱，开展中亚欧小麦等产品的接入、转运等国际粮食业务，不断提高中亚、中欧班列的社会经济效益。

2. 从"一路"到"一带"的东粮西进国际主通道

连云港是连接两大洋（太平洋、大西洋）和三大洲（亚洲、美洲与欧洲）的世界海陆运输节点，拥有承接长三角经济圈和环渤海经济圈的沿海航线优势，以及直接面向环太平洋沿岸国家的远洋航线优势。已经与世界上 160 多个国家和地区、300 多个港口建立了经贸航运关系，可直接从加拿大、美国、阿根廷、巴西、越南等主要粮食输出国进口粮食，并通过陇海线实现"东粮西进"，即把连云港港口上岸的国内外大米、大豆、玉米、小麦及其他粮油产品、加工制品、鱼类等，通过新亚欧大陆桥加工配送至中国中西部与中亚、中东欧地区。

3. 北粮南运粮食大通道

这里的北粮南运粮食大通道，主要指来自大连、锦州等港口南下的大米、玉米、小麦、黄豆、木薯干、肉类等经由连云港港口储运、加工，配送至长三角等地。随着中国粮食生产继续向主产区集中，长三角等粮食主销区和广大的中西部地区产需缺口将进一步扩大，北粮南运格局更加凸显。2007 年国家发展改革委发布的《粮食现代物流发展规划（2006—2015 年）》，对主要跨省粮食物流通道建设起到了积极的推动作用，但离预先确定的目标还有较大差距，特别是铁路散粮车空返等问题难以解决，严重影响了东北粮食的陆路入关，因此，通过连云港港口流入长三角等地的东北粮食将进一步增多。

4. 周边汽车粮食流入流出通道

与粮食物流基地直接相连的公路通道包括连徐高速、疏港东通道、242 省道和 228 国道（原 226 省道）等。其中，连徐高速与连云港市域东西方向相连；疏港东通道与连云港港主体港区紧密相连；242 省道和 228 国道与南北两翼规划港区便利对接，贯通连云港市域南北方向。这些公路通道是周边地区粮食成品、半成品的重要配送通道，贯通了粮食物流基地与连云港市域东西、南北方向，实现了粮食物流基地至连云港市区各地的便捷配送。与此同时，它们与连霍高速等国家主高速公路相连，可以把粮食基地的粮食通过公路疏运至广大的中西部、长三角与山东、河北等地；与长深高速公路相连，向北可连接山东沿海与鲁南地区，向南可连接苏南等长三角地区，从而实现粮食基地与连云港市外原粮、成品、半成品与相关食品的汽车配送。

5. 周边河运粮食流入流出通道

烧香河是粮食基地连接盐河、大运河和长江的三级航道，可以通行 1000 吨级的船只。粮食基地通过烧香河，可与盐河、京杭大运河、连申线、淮河出海航道等国家高等级航道相通，将连云港周边的新沂市、赣榆区、灌云县、灌南县及鲁北、安徽与河南等地的大粮食集聚到粮食基地，通过转运或加工储运等销往周边与长三角粮食主销区。

6. 注重建设具有比较优势的国内外双循环的多式联运服务项目

一是从中亚、中东欧到日韩、东南亚的全程粮食集装箱跨境多式中转、分拨配送，以及"集改散"铁海联运。

二是从中亚、中东欧到中国东南沿海、日韩的空返集装箱顺带捎粮。在开展"种养加"一体化与资金输出、国内外粮食供应链管理的基础上，进一步拓展从中亚、中东欧到中国东南沿海地区以及日本、韩国的全程肉禽集装箱冷链业务。

第 4 章 ●

供应链工程网络设计

Chapter 4 : Network Design for Supply Chain Engineering

4.1 供应链工程网络结构设计

4.1.1 供应链工程网络结构及其类型

1. 供应链工程网络结构的内涵

供应链工程网络结构主要由供应链成员、网络结构变量和供应链工序连接方式3个方面构成。

（1）供应链成员

供应链成员一般指基本成员，即供应链中能进行价值增值活动的自治企业或战略企业单元。相反，供应链支持成员指那些简单地提供资源、知识、设施的供应链成员。应识别供应链成员，确定哪些成员对核心企业以及供应链的发展起决定性作用，以便对它们给予适当关注并合理分配资源，从而降低网络的复杂度，避免网络过于复杂造成混乱。

（2）网络结构变量

供应链网络结构变量一般涉及水平结构变量、垂直结构变量、核心企业在供应链中的水平位置。

水平结构变量是指供应链范围内的层次数目，供应链长则层次多，供应链短则层次少。垂直结构变量是指每一层中供应商或顾客的数目。供应链的组织结构应当围绕核心企业来构建。

（3）供应链工序连接方式

在众多研究中，可以发现不同的结构变量能够合并，增加或减少供应商或顾客的数目将会影响供应链的结构。比如，当一个企业从多源供应商向单源供应商转变时，供应链可能变得越来越窄。另外，开展物流、制造、销售以及产品开发活动可能会增加供应链的长度和宽度，并同样会影响供应链网络中核心企业的位置。

2. 供应链工程网络结构的分类

概括来说，供应链工程网络结构包括链状结构、网状结构和集群式结构，其中，链状结构又包括串行链状结构、并行链状结构，网状结构包括单核网状结构、单核双网结构、多核网状结构和数字化网状结构，集群式结构包括单核集群式结构、多核集群式结构和无核集群式结构。

4.1.2 供应链工程网络结构设计方案

供应链工程网络结构设计就是基于供应链战略要求，综合评价供应链成员及其设施能力，尤其是价值增值能力，确定供应链基本成员，规划供应链工序连接方式，设定合理的网络结构变量，以为供应链业务提供各种高效的应用服务和应用服务组合等。

1. 链状结构

（1）串行链状结构

串行链状供应链是供应链上节点企业以一定的方式和次序串行连接构成的网络结构（见图4-1）。这种结构主要用来对供应链中间过程进行研究。

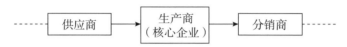

图4-1 串行链状供应链

（2）并行链状结构

串行链状供应链是每一层仅有一个节点企业，而并行链状供应链是核心级一般只有一个核心企业，其他层级有一个以上节点企业，围绕核心企业，上下层企业间并行连接的网络结构（见图4-2）。核心企业往往控制产品的核心技术，或拥有知名品牌，或有极强的研发能力和渠道控制能力，在供应链组建及运行过程中起主导作用。

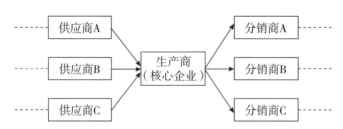

图4-2 并行链状供应链

比如，新能源汽车企业供应链是由上游原材料供应商、中游制造商、下游终端消费市场构成的并行链状供应链（见图4-3）。其中，整车厂是核心企业，其上游供应商包括动力电池、电机及电控系统、传统汽车零部件等一级供应商，锂离子电池、永磁同步电路等二级供应商；下游消费市场包括经销商、客户等几个层级。这些企业通过商流、物流、信息流、资金流等的交流与传递，构成相互依赖的并行链状供应链。

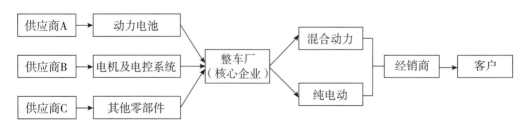

图4-3 新能源汽车企业供应链网络结构

当然，依据供应商整合模式的不同，并行链状供应链又可分为多种结构。以汽车产业为例，汽车企业供应商整合模式主要有三种："金字塔"式结构、合同式结构和复合式结构，从而分别形成了日本"金字塔"式链状结构、欧美合同式链状结构和中国复合式链状结构。

一是"金字塔"式的汽车企业链状结构。日本汽车行业在整车企业带动下，采取从上游向下游的整合方式，使主机厂和零部件供应商都是独立的经济实体，但共同发展的利益机制又把两者联系在一起。企业要从自身出发进行技术更新，引进现代化的流水线生产方式和准时制生产方式（JIT），提高生产效率。根据零部件的重要程度，主机厂将主要零部件单元供应商吸收到第一层次的供应体系内，且通常持有这些企业大于20%的股份，并通过合作竞争逐渐提高一级供应商的技术水平及实力；将技术不强的传统供应商中的劳动密集型企业纳入第二层，由一级供应商管理，它们主要制造更为标准化和商品化的零部件，是一种不紧密的供应商类型。由此形成下请制，每个承包企业只负责少数几种零部件的生产或几道工序的加工，其规模虽然不大，但可以通过资金的密集投入迅速积累专项技术。这种分工协作关系加速了企业间的适度竞争和技术转移，提高了资本使用效率，有力增强了日本汽车行业的活力。

在日本，还有一种独立供应商存在，这些独立供应商如汽车电器配件供应商和汽车空调供应商等，它们通常是制造商发起设立的供应商协会成员，主要为制造商提供定制化产品。有的汽车整车制造商会持有独立供应商企业一定的股权，但股权份额一般不会超过10%，有时也会派员进驻，但通常不会干涉其日常业务。最终形成了"金字塔"式的链状结构。

二是合同式的汽车企业链状结构。第一次世界大战后，美国福特汽车公司率先通过纵向一体化方式令几乎所有的零部件都由公司内部提供。之后又将属于公司内部的零部件企业建设成为独立的利润中心，使主机厂和零部件供应商之间既相互依附又相互独立。20世纪80年代后，美国汽车企业供应链采用了内部整合的JIT，但供应链运行的整体架构和机制没有根本改变。20世纪90年代初开始，又对纵向一体化方式进行重大改革，剥离利润率相对较低、反应缓慢的零部件企业，实施由总公司提出目标要求、供应商自主完成零部件开发设计的合作方式，使零部件自制率下降到50%，供应商与企业签订的供货合同平均周期也由2.4年延长到4.7年，最终实现了长期合作，形成了比较完善的合同式链状供应链。

三是复合式的汽车企业链状结构。国内汽车企业供应链网络形态介于日本和欧美之间，分为内配与外配两种。内配受集团企业支援和重视，呈现日本的多层"金字塔"式链状结构；外配比重较小，呈现欧美的合同式链状结构。

内配网络由总公司统筹管理，形成集团内配套程度较高的供货体系。总公司与所属各事业单位是主从关系，汽车厂与零部件企业之间则是平行关系。总公司鼓励集团内配置，各厂间自行处理相关问题，必要时总公司提供协助，并提倡以"先内后外、由近至远、择优配套"为原则进行集团内协作。因此,一般集团内协作厂家的产品内配率均维持在60%~80%,各厂的内制率也大多在70%以上,可见国内企业的整套主义相当浓厚。而外配网络则是基于成本、资源互相依赖以及降低不确定性等因素,由交易双方在市场交易过程中逐渐形成的。

内配网络采用单轨交易,由一次协作厂逐级管理二次、三次协作企业。这样,中心厂可以调节对协作厂的零部件或原材料需求,进而规划生产企业及采购原材料,并获得准时交货的零部件成本信息。协作厂在整个体系内不仅可以取得较为稳定的订单,也可以得到中心厂在人员培训、技术与管理,甚至财务、原材料上的协助,是一种利益共享的长期分工、交易体制。外配网络采用双轨交易,是一种双层式体系结构,呈现中心厂一群、协作厂一群、协作厂重复交货给多家中心厂的状态。体系成员虽然可以自由进行交易,但仍会考虑到长期合作的信赖关系与默契,因此,交易框架形成了不安全的随时退出模式。

2. 网状结构

(1)单核网状结构

与并行式链状供应链相似,单核网状供应链一般也只有一个核心企业,其他层级一般有一个以上节点企业,且上下层级节点企业间都可以存在供需关系。当然,这些供需关系有强有弱,并在不断变化中(见图4-4)。

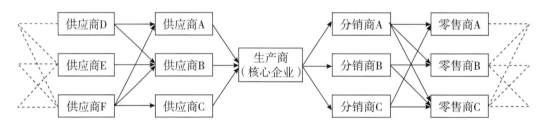

图4-4 单核网状供应链

比如,以农产品批发市场为中心的农产品供应链中,农产品批发市场是核心节点。农产品批发市场通过批发商的集散来主导整个农产品供应链,实现农户和分销商的有效衔接、市场信息的捕捉、供应链各环节信息的对流,从而提高农产品供应链对市场的反应能力(见图4-5)。

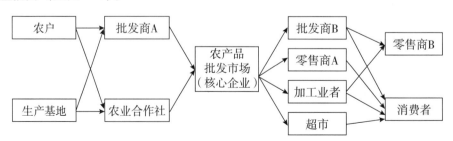

图4-5 以农产品批发市场为中心的单核网状供应链

（2）单核双网结构

单核双网结构是核心企业为应对成本上涨、不确定性风险等，将企业供应链分为两个既相对独立又相互联系的平行网状供应链（见图4-6）。

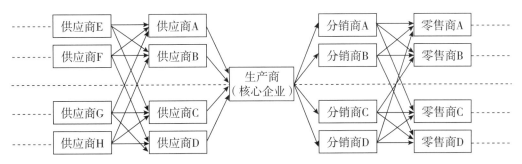

图4-6　单核双网供应链

比如，纺织服装等轻工业产业附加值低，对生产成本非常敏感，且技术复杂程度低，转移起来相对容易。经过多年发展，东南亚已经在服装、鞋帽、箱包等领域形成基本完整的供应链。特别是越南，已成为美国进口鞋类和服装类产品的第二大来源国，耐克超过50%的鞋类产品及30%的服装产品由越南工厂代工。这样，耐克就形成了中国和东南亚两条相对独立的双网供应链结构。

再如，受消费市场、中美贸易摩擦、分散供应链风险等多重因素的影响，电子产品的双网供应链结构也在加速形成。以苹果手机为例，其以中国为中心的供应链正出现"一分为二"的趋势：在中国市场，除核心部件外，全部实现本土化生产；中国之外的市场则依靠在东南亚和南亚新建的供应商。2020年，苹果已开始在越南大规模生产 Airpods。三星的行动更早，自2009年以来，三星已在越南投资建设8家工厂和1个研发中心，仅智能手机每年的产量就已达到1.5亿台，约占全球总产量的一半。

当然，双方更多还是互补关系，如越南很多零部件、原材料还是从中国进口，在越南加工后再出口到欧美等地。

（3）多核网状结构

多核网状供应链中，核心级有多个核心企业，上下层级节点企业间可以存在供需关系（见图4-7）。从广义角度看，网状结构理论上可以涵盖世界上所有的企业组织，对企业的供需关系描述很直观，适合从宏观角度把握企业间的供需关系。

比如，区域农产品供应链模式主要包括以农产品批发市场为中心的农产品供应链模式、以农产品加工龙头企业为中心的农产品供应链模式、以生鲜连锁超市为中心的农产品供应链模式等，核心级包括批发市场、龙头加工企业、农超对接连锁超市等核心企业，形成农产品产业多核网状供应链（见图4-8）。

（4）数字化网状结构

网状数字化供应链是一个基于数字化技术的、集成的、信息和分析数据不断高速

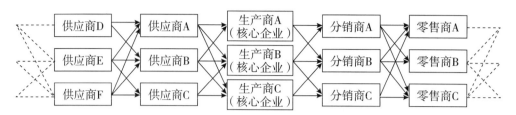

图 4-7　多核网状供应链

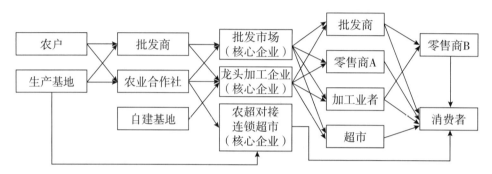

图 4-8　农产品产业多核网状供应链

流动的供应链网络，能更好地进行产品预测性的行为决策，为客户提供更优质的服务。

网状数字化供应链的中心是一个数字化核心，它集成了网状数字化供应链所有的基本功能，并通过协调六种不同的网状数字化供应链能力收集数据，将信息汇集到数字化核心进行存储和分析，进而驱动整个网状数字化供应链减少资源、时间、空间等传统障碍，提高网络效率、降低成本、增加收入（见图 4-9）。

3. 集群式结构

集群式供应链由网状供应链延伸而来，网状供应链基于产业集群和供应链之间的自然内在联系，使产业不断汇聚，企业由点到线、由线到面集合发展形成集群。黎继子（2007）据此提出集群式供应链，将其描述为：在特定产业集群地域中，存在诸多供应商、制造商、批发商、零售商和研发机构，甚至终端客户等组织，它们围绕集群中某种产业或相关产业价值链的不同环节，通过"供应商—客户"契约方式或"信任和承诺"等非契约的方式连接，从而形成一种以本地一体化为基础的供应链结构。Brenner（2006）认为集群式供应链至少包含两大类组织：主体（供应链节点组织）和支撑部门（政府、科研机构等）。

集群式供应链是一个包括核心层、协作层和外部松散层三层的组织结构体系（见图 4-10）。核心层是指在集群式供应链的单链式供应链中起组织和发起作用的主导企业，或者是在整个产业集群中起支柱作用的基础企业，其余企业的生产活动都围绕这些核心企业进行；协作层是指在集群式供应链的单链式供应链中，核心企业外的其他企业，比如在一个单链式供应链中制造企业是核心企业，那么供应企业、批发零售企业就是该供应链的协作层企业；外部松散层指的是处于单链式供应链之外，但存在于

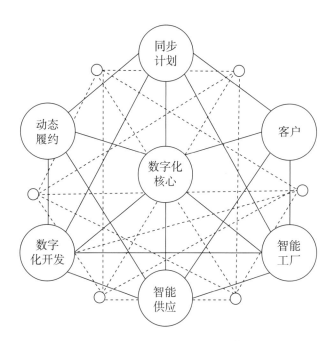

图 4-9　网状数字化供应链①

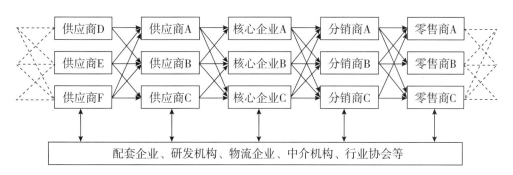

图 4-10　集群式供应链

集群式供应链之中的其他服务和附属产业的企业，比如物流企业（莫惠然，2016）。

根据核心企业的数量，集群式供应链可分为 3 类。

（1）单核型集群式供应链

单核型集群式供应链是指以核心企业的生产流程为主线，其他企业提供配套服务而构成的复杂又相对完整的准网络式供应链系统。单核型集群式供应链的最大特点是整个网络以一个大企业为核心，大企业凭借其自身雄厚的技术实力和卓越品牌优势，掌控整个系统，引领周边中小型企业的发展，同时核心企业需要的相关配套和辅助服务由其他成员企业提供。这些配套和辅助企业在为核心企业生产、加工其所需的零部

①　唐隆基，潘永刚 . 数字化供应链：转型升级路线与价值再造实践［M］. 北京：人民邮电出版社，2021.

件、配件或者提供某种服务的同时，又可以进行相对独立的生产运作，实现自身的发展。这种供应链网络多存在于类似日本丰田公司这种"轴辐式"产业集群中。

（2）多核型集群式供应链

多核型集群式供应链是指由具有业务联系的多个核心企业共同组成的网状供应链系统，是产业集群中最常见的，其特点是在产业集群中存在多个核心企业主导的供应链。在多核型集群式供应链中，供应链的每个环节都存在着多个实力相当的竞争或潜在竞争企业，同一环节中也会存在多个实力相似或对等的核心企业，如美国底特律汽车产业集群（通用、福特、克莱斯勒）中就存在着多核型集群式供应链。

（3）无核型集群式供应链

无核型集群式供应链中不存在起主导作用的核心企业，产业集群内聚集了市场地位相近、与某产业相关的若干企业，这些企业聚集在一起可以实现资源共享与技术互补。这种类型的集群式供应链比较多地出现在知识密集度高的区域内或劳动密集度高、资金密集度低的产业内，如武汉光电子产业集群、杭州软件产业集群等。

4.1.3 供应链工程网络结构设计方案选择

影响供应链工程网络结构设计方案选择的因素很多，包括战略因素、技术因素、政治因素、产品因素、企业文化因素、竞争因素、基础设施因素、宏观经济因素等。这里重点分析前 5 个因素。

1. 战略因素

强调生产成本的企业（如一般消费品企业）往往在成本最低的区位布局生产设施，如美国的一些服装厂往往选择在一些成本较低的国家和地区建厂，然后运输到目标市场售卖。因此，一般供应链网络较长，结构较为复杂。强调反应能力的企业会在目标市场附近布局生产设施，有时甚至不惜以高成本为代价。比如 ZARA 生产设施通常距离市场非常近，能够及时应对用户需求的变化，但这往往会带来较高的生产成本。因此，一般供应链较短，结构较为简洁。

全球化的供应链网络通过在不同国家或地区布局职能设施，来支持其不同战略目标的实现。比如 NIKE 公司在越南等地区可能会布局一些相对经济的服装生产设施，在中国等地区可能就会布局一些售价相对较高的产品的生产设施，从而将企业供应链分为两个既相对独立又相互联系的单核双网供应链。

2. 技术因素

如果生产技术能够带来显著规模经济效益，就应该布局少数大容量的设施，简化供应网络结构，增加分销网络结构复杂性；如果设施建设固定成本低，就应该更多地建立地方性生产设施，以降低运输成本，简化分销网络结构。同时，互联网技术的发展，大大简化了供应链网络结构；而数字化技术的发展，使供应链变成集成的、信息和分析数据不断高速流动的网状数智化供应链网络，从而能更好地进行产品需求预测，更优地服务于客户。

3. 政治因素

企业倾向于将设施布局在政局稳定的国家和经济贸易规则较为完善的国家。同时，受消费市场、去全球化、贸易战、局部战争等多重因素影响，电子等产品的双供应链结构正加速形成。

4. 产品因素

产品的自然属性和社会属性，都对供应链网络结构有重要影响。这里重点分析原材料与成品数量关系对网络结构的影响。

（1）中间品生产企业的客户多于供应商而呈发散状的供应链

物料以大批量的方式存在，经过企业加工转换为中间产品，如石油、化工、造纸和纺织企业，为其他企业提供生产原材料。对于生产中间品的企业来说，客户往往要多于供应商，供应链呈 V 形发散状。

由于企业生产大量的产品会使其业务变得非常复杂，因此 V 形供应链在产品生产过程中的每个阶段都有控制问题。为了满足客户服务需求，需要将库存作为缓冲，这样就会占用大量的资金。这种供应链常常出现在本地业务中而不是全球战略中。V 形供应链结构需要对关键性的内部事项进行合理安排，需要供应链成员制订统一详细的高层计划。

（2）核心企业为满足相对少数客户的需求需要从大量的供应商处采购大量的物料而呈汇聚型的供应链

当核心企业为供应链网络上最终用户服务时，它的业务从本质上来说是由订单和客户驱动的。在制造、组装和总装时，会遇到一个与 V 形供应链相反的问题，即为了满足相对少数的客户需求和客户订单，需要从大量的供应商手中采购大量的物料。这是一种典型的汇聚型的供应链，即 A 形供应链。

像航空工业、汽车工业等企业，是受服务驱动的，它们将精力放在重要装配点的物流同步上。物料需求计划成了这些企业进一步发展的阶梯。市场缩短交货期的压力迫使这些企业寻求更先进的计划系统来解决物料同步问题。它们通常拥有策略性的、由需求量预测决定的公用件、标准件仓库。

这种结构的供应链在接收订单时应考虑供应提前期，并且要保证按期完成，因此关键之处在于精确地计划、分配满足该订单生产所需的物料和能力。另外，为确保供应链的高效运作，必须精准识别关键路径。所有的供应链节点都必须在供应链系统中得到同样细致的关注，这就需要关键路径的供应链成员企业紧密联系与合作。

（3）介于上述两种模式之间的 T 形供应链

T 形供应链企业根据现存的订单确定通用件，并通过使通用件的制造过程标准化来减少复杂程度。这种情形在接近最终用户的行业中普遍存在，如医药保健品、汽车备件、电子产品、食品和饮料等行业；在那些为总装配提供零部件的企业中也同样存在，如为汽车、电子器械和飞机主机厂商提供零部件的企业。这样的企业从与它们的情况相似的供应商企业采购大量的物料，给大量的最终用户和合作伙伴提供构件和套件。

T形供应链是供应链管理中最为复杂的，T形供应链企业往往需要投入大量的资金用于寻找供应链的解决方案，需要尽可能缩短提前期来稳定生产而无须保有大量库存。这种网络将在现在和将来的供应链中面临最复杂的挑战，预测和需求管理总是此类供应链成员企业考虑的一个重点。

显然，与前两类不同的是，在这种供应链结构中多点控制变得很重要，如在哪里生产最好，在哪里开展促销活动，如何降低分销成本等。从控制的角度来说，按相似产品系列进行汇集的办法通常是最容易成功的。解决这种问题的最好方法是减少产品品种和运用先进方法，或是利用先进的计划工具来维护和提升供应链控制水平。

5. 企业文化因素

欧美、日本、中国的企业文化不同，供应链整合的出发点、纽带和手段各异，供应链网络结构也不尽相同。

（1）欧美企业文化：注重个性、契约关系、经济利益

欧美企业以经济利益为出发点、以契约关系为纽带、以市场为手段整合供应链。以欧美汽车制造为例，纵观供应链整合历程，无论是初期的发包，中期的纵向一体化，还是后期的改革，都以利润为中心。因此，欧美形成了合同式的汽车企业链状结构。

（2）日本企业文化：强调共性、体制约束、集体利益

日本企业以集体利益为出发点、以信任为纽带、以合作为手段整合供应链。以日本汽车制造为例，相对于欧美汽车行业，日本的起步很晚，与欧美汽车行业供应链的各个环节比较，当时日本汽车行业无论是在整车厂还是零部件供应商所具有的实力上，都与欧美汽车厂商有很大的差距。因此，日本汽车行业根据当时汽车行业发展的程度进行规划，初期注重主机厂的发展建设，侧重一级零部件供应商与主机厂的供应链建设，在发展到一定程度后，将建设的重点向下强制转移到下一级零部件供应商，通过下一级供应商供应能力的提高来带动供应链整合。日本汽车行业通过以合作为重心的策略建立了比欧美汽车行业更有效的一体化体制。通过下游供应结构与主机厂—核心企业的合作，逐步形成"金字塔"式的汽车企业链状结构。

（3）中国企业文化：既有像欧美一样热情、奔放、自由的企业文化，也有像日本一样保守、严谨、制度化的企业文化

中国的企业文化较为多样，既有类似欧美的企业文化，也有类似日本的企业文化，因而供应链网络形态也介于欧美和日本之间，分为内配与外配两种。内配受集团企业的支援和重视，呈现日本企业的多层"金字塔"式链状结构；外配比重较小，呈现欧美企业的合同式链状结构；内外配网络共同构成复合式的汽车企业链状结构。

4.2　供应链工程网络环节设计

供应链工程网络环节设计是在供应链中将产品从供应商环节移动到顾客环节所采取的措施或步骤。供应链工程网络环节设计通常分两个阶段，一是规划供应链工程网络环节，即决定供应链工程网络中环节的数量及每个环节的作用；二是将总体结构转换为具体的选址，并分析各选址的潜能、产能、需求分配等，即供应链工程网络节点选址。本节重点讨论供应链工程网络环节设计，下一节讲述供应链工程网络节点选址。

4.2.1　供应链工程网络环节设计的评价指标

供应链工程网络环节设计的评价指标包括客户服务水平和服务总成本，即合理的供应链工程网络设计是在维持一定客户服务水平基础上使供应链总成本最小。

1. 客户服务水平

客户服务水平包括响应时间、产品多样性、产品可得性、客户体验、产品上市速度、订单处理可视化、退换货便利性等因素。

响应时间是客户收到订货所需的时间；产品多样性是供应链工程网络能提供的不同产品或产品组合的数量；产品可得性是当客户需要产品时，企业向客户提供足够产品的库存能力；客户体验是客户在与企业或品牌的所有互动中产生的感知和感受的总和；产品上市速度是一个新产品推向市场所需的时间；订单处理可视化是顾客从下单到收货过程中的跟踪订单的能力；退换货便利性是顾客退换不满意商品的难易程度。企业需要依据产品特性、客户需求、行业标准、公司资源、市场环境等确定合理的客户服务水平。

2. 服务总成本

服务总成本包括采购、库存、运输、设施、搬运、信息处理等，各成本间存在效益背反，因此要合理规划设施的数量和规模等，使供应链在维持既定的客户服务水平条件下，供应链服务总成本达到最小化。

4.2.2　供应链工程网络环节设计方案

设计供应链工程网络环节时，必须做出两个关键决策：一是产品是交付到客户手中还是顾客到预定地点取货；二是产品是否需要经过中介来售卖。根据所属行业及上述两个关键问题的回答，企业有以下 6 种供应链网络设计方案，分别为制造商存货加直送、制造商存货加直送及在途并货、分销商存货加承运人交货、分销商存货加到户交货、制造商或分销商存货加客户自提、零售商存货加客户自提。

1. 制造商存货加直送

这种模式下，零售商没有库存，其作用是将收集到的需求信息传递给制造商，商品则直接由制造商发送给需求端（见图 4-11）。这种模式下的绩效特征如表 4-1 所示。像 eBags 和诺德斯特龙这样的在线零售商，采用的就是这种方式，eBags 几乎是不存货的，诺德斯特龙则有一些存货，而对滞销的鞋类商品采用制造商存货加直送的模式，固安捷公司对滞销的产品也采用此种模式。

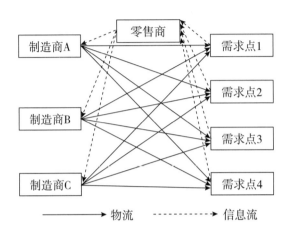

图 4-11　制造商存货加直送网络

表 4-1　　　　　　　　　制造商存货加直送模式的绩效特征

绩效因素	绩效特征
适合的品类	低需求、高价值产品；客户化定制可以在制造商处延迟加工的产品
库存成本	存货整合，库存成本较低
运输成本	小规模长距离运送，运输成本较高
设施成本	存货整合加无中转，设施数量相对较少，设施成本较低
装卸搬运	无中转，减少装卸搬运次数，降低装卸搬运成本
信息	需要整合商流信息，信息基础设施投资相当大
响应时间	长距离运输增加多次信息流转，响应时间一般较长；包含多制造商共同生产的产品时，收货复杂，且响应时间不定
产品多样性	容易实现
产品可得性	容易实现
客户体验	涉及单一供应商时，体验较好；涉及多供应商且分开发货时，体验会下降
产品上市速度	快
订单处理可视化	较困难
退换货便利性	较困难，成本高

2. 制造商存货加直送及在途并货

制造商存货加直送及在途并货模式下，将来自不同地点的订单组合起来，使需求点只接收一次交付（见图4-12）。比如客户定了一台戴尔电脑，索尼发显示器，戴尔发主机，在一个枢纽中心组合，最后一次性交付给需求点。这种模式下的绩效特征如表4-2所示。

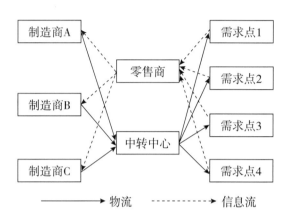

图 4-12　制造商存货加直送及在途并货网络

表 4-2　　　　　　　　　　制造商存货加直送及在途并货模式的绩效特征

绩效因素	绩效特征
适合的品类	高价值、需求不确定的产品，尤其是客户化定制可延迟加工的产品
库存成本	存货整合，库存成本较低
运输成本	较制造商存货加直送模式运输成本稍低
设施成本	增加设施数量，设施成本稍高
装卸搬运	装卸搬运成本较制造商存货加直送模式高；需求点收货成本较低
信息	需要整合商流、物流信息，投资较制造商存货加直送模式稍高
响应时间	与制造商存货加直送模式比，响应时间一般较长
产品多样性	容易实现
产品可得性	容易实现
客户体验	一次交付，比制造商存货加直送模式好
产品上市速度	快
订单处理可视化	较困难
退换货便利性	较困难，成本高

3. 分销商存货加承运人交货

分销商将货物存放在中间仓库，通过包裹承运人将货物运送至最终顾客手中（见图4-13），如亚马逊等便采用这种模式。这种模式下的绩效特征如表4-3所示。

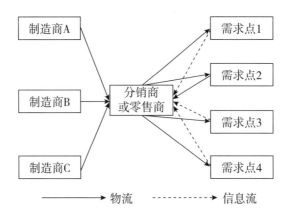

图4-13　分销商存货加承运人交货网络

表4-3　　　　　　　　　　　分销商存货加承运人交货模式的绩效特征

绩效因素	绩效特征
适合的品类	畅销品、慢消品
库存成本	畅销品与制造商存货加直送及在途并货模式成本差别不大；滞销品库存成本非常大
运输成本	成本比制造商存货加直送及在途并货模式低，畅销品降幅最高
设施成本	成本比制造商存货加直送及在途并货模式稍高，对滞销品成本差别很大
装卸搬运	成本比制造商存货加直送及在途并货模式稍高，对滞销品成本差别很大
信息	比制造商存货加直送及在途并货模式简单
响应时间	比制造商存货加直送及在途并货模式快
产品多样性	比制造商存货加直送及在途并货模式低
产品可得性	提供与制造商存货加直送及在途并货模式相同的产品的可得性需要付出更多的成本
客户体验	比制造商存货加直送及在途并货模式好
产品上市速度	比制造商存货加直送及在途并货模式慢
订单处理可视化	比制造商存货加直送及在途并货模式好
退换货便利性	比制造商存货加直送及在途并货模式方便

4. 分销商存货加到户交货

这种模式下，分销商直接将商品送到客户手中（见图4-14）。汽车零配件行业是以分销商存货加到户交货为主导模式的行业。这种模式下的绩效特征如表4-4所示。

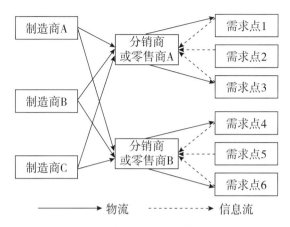

图 4-14　分销商存货加到户交货网络

表 4-4　　　　　　　　　　　　　　分销商存货加到户交货模式的绩效特征

绩效因素	绩效特征
适合的品类	食品杂货、汽车零配件、滞销品等
库存成本	比分销商存货加承运人交货模式高
运输成本	规模效益小，成本非常高
设施成本	成本比零售商存货加客户自提模式低，比前文其他模式高
装卸搬运	成本比零售商存货加客户自提模式低，比前文其他模式高
信息	与分销商存货加承运人交货模式类似
响应时间	非常快，当日达或次日达
产品多样性	比分销商存货加承运人交货模式稍低，比零售商存货加客户自提模式高
产品可得性	比零售商存货加客户自提模式低，比其他模式高
客户体验	非常好，尤其是对体积大的商品
产品上市速度	比分销商存货加承运人交货模式略高
订单处理可视化	难度小，比前三种更易实施
退换货便利性	比零售商存货加客户自提模式困难、费用低，比其他模式更易实施

5. 制造商或分销商存货加客户自提

这种模式下，客户在线或电话下单后，到指定地点提货（见图 4-15），如客户在亚马逊下单后就能通过自提柜的方式提货。这种模式下的绩效特征如表 4-5 所示。

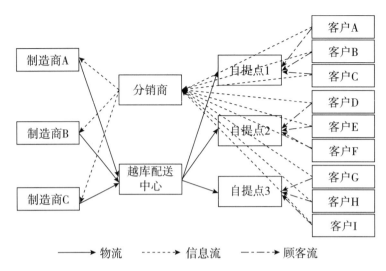

图 4-15　制造商或分销商存货加客户自提网络

表 4-5　　　　　　　　　制造商或分销商存货加客户自提模式的绩效特征

绩效因素	绩效特征
适合的品类	连锁超市、电商产品及畅销品
库存成本	与其他模式相当，取决于库存的位置
运输成本	成本比分销商存货加承运人交货模式低
设施成本	如果新建设施，成本可能很高；利用已有设施，成本较低
装卸搬运	成本增加可能性大
信息	投资相当大
响应时间	与分销商存货加承运人交货模式类似；提货点储存商品可当日交付
产品多样性	与分销商存货加承运人交货模式类似
产品可得性	与分销商存货加承运人交货模式类似
客户体验	比其他模式低；对提货点能力敏感
产品上市速度	与制造商存货加直送及在途并货模式类似
订单处理可视化	困难
退换货便利性	如果提货点能够处理退货，则较便利

6. 零售商存货加客户自提

这是供应链中最传统的方式，客户通过现场购物或者下单方式进行提货，这种模式下的绩效特征如表 4-6 所示。

表 4-6 零售商存货加客户自提模式的绩效特征

绩效因素	绩效特征
适合的品类	连锁超市、电商产品及畅销品
库存成本	成本比其他模式高
运输成本	成本比其他模式高
设施成本	成本比其他模式高
装卸搬运	在线或电话订货，成本增加会相当大
信息	在线或电话订货，需在基础设施上进行一些投资
响应时间	能当日或立即提货
产品多样性	比其他模式低
产品可得性	比其他模式高
客户体验	与客户是否喜欢逛商店相关
产品上市速度	比其他模式慢
订单处理可视化	对于店内购物意义不大，对于在线或电话订货是必需的，但实现起来较困难
退换货便利性	比其他模式容易

以上 6 种供应链工程网络环节设计方案还可以混合使用。

现在的供应链网络结构往往不是单一结构，而是一种混合型网络结构，高需求产品采用零售商存货加客户自提或者零售商存货加送货的模式，常规产品放置在全国中心仓，滞销产品采用制造商存货加直送的模式。当前比较流行的做法是，在全国设立 5 大枢纽中心仓，存储常规货品，滞销的货品通过制造商库存发运，中心仓可对全国订单发货。在销量较大的城市设置城配仓，城配仓存储高动销商品，通过送货上门的方式满足客户的需求。销量特别大的区域设置零售门店，城配仓可作为配送中转站支撑零售门店业务。

4.2.3 供应链工程网络环节设计方案的选择

每种供应链工程网络环节设计方案都有各自的优劣势，在方案选择时，应综合考虑产品特性及供应链战略需求。

1. 供应链工程各网络环节设计方案的绩效特征比较（见表 4-7）

从表 4-7 中可知，距离最终消费者越近，库存集中效应越低，库存成本越高；运输易形成规模经济，运输成本较低；设施数量增加得越多，设施成本越高；网络节点越多，装卸搬运次数越多，装卸搬运成本越高；信息整合需求减弱，则信息设施投资减少；交货距离和订单处理环节减少，则响应时间更短；受货架空间限制，产品多样性和可得性会大大降低；存储环节增加，产品上市速度减慢；能实现一次统一送货，则客户体验较好，订单可视化也更容易实现；仅需退回一个包裹，则客户退货便利性增加。

表 4-7   供应链工程各网络环节设计方案的绩效特征比较[①]

绩效特征	制造商存货加直送	制造商存货加直送及在途并货	分销商存货加承运人交货	分销商存货加到户交货	制造商或分销商存货加客户自提	零售商存货加客户自提
库存成本	1	1	2	3	1	4
运输成本	4	3	2	5	1	1
配送	1	2	5	4	3	2
设施成本	1	2	3	4	5	6
装卸搬运	1	2	3	3	3	5
信息	4	4	3	2	5	1
响应时间	4	4	3	2	4	1
产品多样性	1	1	2	3	1	4
产品可得性	1	1	2	3	1	4
客户体验	4	3	2	1	5	1~5
产品上市速度	1	1	2	3	1	4
订单处理可视化	5	4	3	2	6	1
退换货便利性	5	5	4	2	3	1

注：1 表示绩效最好；6 表示绩效最差。

2. 供应链工程各网络环节设计方案在不同产品特征方面的绩效比较（见表 4-8）

表 4-8   供应链工程各网络环节设计方案在不同产品特征方面的绩效比较[②]

产品特征	制造商存货加直送	制造商存货加直送及在途并货	分销商存货加承运人交货	分销商存货加到户交货	制造商或分销商存货加客户自提	零售商存货加客户自提
高需求产品	非常不合适	较不合适	中性	较合适	较不合适	非常合适
中需求产品	较不合适	中性	较合适	中性	中性	较合适
低需求产品	较合适	中性	较合适	较不合适	较合适	较不合适

---

① 乔普拉，迈因德尔．供应链管理［M］．6 版．陈荣秋，等译．北京：中国人民大学出版社，2017.
② 同①.

续　表

产品特征	制造商存货加直送	制造商存货加直送及在途并货	分销商存货加承运人交货	分销商存货加到户交货	制造商或分销商存货加客户自提	零售商存货加客户自提
非常低需求产品	非常合适	较合适	中性	非常不合适	较合适	非常不合适
产品供应源较多	较不合适	较不合适	非常合适	较合适	中性	较合适
高价格产品	非常合适	较合适	较合适	中性	非常合适	较不合适
快速响应产品	非常不合适	非常不合适	较不合适	较合适	非常不合适	非常合适
高多样性产品	非常合适	中性	较合适	中性	非常合适	较不合适
低顾客付出	较合适	非常合适	非常合适	非常不合适	较合适	非常不合适

　　只有一些小企业才采用单一的供应链网络，多数企业更适合采用多种供应链网络的组合，而如何组合则取决于产品特性及企业的供应链战略。如固安捷基于产品特性与顾客需求，设计了个性化的混合网络。畅销品和应急产品储存在当地，客户根据需要的紧急程度，既可以选择自提，也可以选择送货上门。滞销品一般储存在一个全国的配送中心，能在一两天内送到客户手中。严重滞销的产品则通常采用制造商代发货方式。

4.3　供应链工程网络节点选址

　　供应链工程网络节点选址是指针对新建或扩建设施，运用科学的方法决定设施的地理位置，使之与企业的整体经营运作系统有机结合，以便高效、经济地达到企业的经营目的。

　　网络节点选址是供应链工程网络设计的重要内容之一，也是涉及政治、经济、文化和科技的一个关键而又复杂的问题。特别是大型工业设施的选址，将会影响到社会生产力分布、城镇建设、企业投资等诸多方面。另外，网络节点选址对投产后的生产经营费用、产品和服务质量以及成本都有极大而长久的影响。一旦选择不当，它所带来的不良后果无法通过建成后的局部改进、加强和完善管理等措施来弥补。因此，在进行网络节点选址时，必须充分考虑多方面因素的影响，慎重决策。

4.3.1　供应链工程网络节点选址的任务和意义

1. 网络节点选址的任务

　　网络节点选址是指组织为开拓新市场、提高生产能力或提供更优质的客户服务等而决定建造、扩展或兼并一个物理实体的一种管理活动。根据企业性质的不同，该物理实体的具体形态也不同，对于制造型企业，可能是工厂、办公楼、车间、设备、原材料仓库等形态；对于服务型企业，可能是配送中心、分销中心、零售商店、银行、超市等形态。

2. 网络节点选址的意义

网络节点选址决策是所有企业要共同面对的问题，无论是对于制造业企业还是服务业企业，设施选址对其竞争优势都将产生重要影响。选址决策属于长期战略范畴，它直接影响组织的运作成本、税收及后续投资，不当的选址将会导致成本过高、劳动力缺乏、原材料供应不足，甚至会使企业丧失竞争优势。因此，应该运用科学的方法对设施的地理位置进行决策，使之与企业的整体运作有机结合，以便有效、经济地达到企业的经营目标。科学选址的重要性体现在以下 3 个方面：①网络节点选址影响企业的运营成本，从而影响企业的竞争优势；②网络节点选址影响企业制定后续经营策略；③网络节点选址影响供应链设施设备布置以及投产后的产品和服务质量。选址问题与企业未来息息相关。

网络节点选址常见的错误：①不能客观地对待和科学分析，凭主观意愿作出决定；②对厂（场）址缺乏充分的调查研究和勘察；③忽视不适合设施建设的自然条件、市场条件、运输条件等因素；④缺乏长远考虑，确定的厂（场）址限制了发展。

4.3.2 供应链工程网络节点选址内容

网络节点选址主要包括以下两个层次和两个方面的内容。

1. 两个层次

（1）小型单一设施的选址

小型单一设施的选址就是根据企业的生产纲领或服务目标为一个独立的设施选择最佳位置。为新设施选择位置时，必须考虑到新设施与其他现有设施之间的相互影响作用。如果规划得好，各个设施之间就能相互促进，否则就可能起到负面作用。现实中的设施选址问题是很复杂的。

（2）设施网络中的新址选择

设施网络中的新址选择往往不仅要决定新设施的位置，还必须同时考虑添加新设施后整个网络的工作任务分配的问题，以达到整体运营效果最优的目的。而工作任务的重新分配又会涉及各个设施的最优运营规模或生产能力问题。因此，设施网络中的新址选择至少有 3 个方面必须同时考虑：位置、工作任务重新分配及生产能力。

2. 两个方面

（1）选位

选位即选择什么地区（区域）设置设施或服务网点，在当前全球经济一体化的大趋势下，还要考虑是设置在国内还是国外。

（2）定址

在拟选取的区域内选定一个具体位置建设企业设施或服务网点。

判断选位与定址的决策是否合理，要考虑以下3个方面。①扩张企业当前的设施。当空间足够，且这个地点相对其他地点具有更多的优势，采取这种方案是很明智的。②保留当前设施，同时在其他地方增添新设施。在为了维持市场份额、增强市场竞争力或更好地为顾客服务时，经常采取这种方案。③放弃现有地点，并迁至其他地方。

4.3.3　供应链工程网络节点选址的影响因素

1. 影响网络节点选址地区选择的因素

网络节点选址的地区选择要从宏观的角度考虑，不同类型的设施需要考虑的因素不同。一般情况下，地区选择应主要考虑以下因素。

（1）社会环境条件

一个企业的发展离不开国家和地方的政策支持。在进行地区选择时，要考虑国家的政策导向、产业发展规划以及当地的法律规定、税收政策等情况是否有利于投资。例如，当前我国中西部地区为了承接产业转移，大力开展招商引资活动，对投资的企业有若干年的惠税政策；国内各种工业园区和经济开发区一般在金融税收方面都有优惠政策。在国外建厂时还应注意当地的政治环境是否稳定，是否临近自由贸易区等。

（2）市场条件

市场是企业生存和发展的基础。在进行地区选择时，要充分考虑该地区的市场情况，包括对产品和服务的需求情况、消费水平、运输状况以及与同行业竞争的态势。要分析在相当长的时期内，企业是否有稳定的市场需求以及未来市场可能的变化。

（3）资源条件

企业的运作需要充分的资源供应，在选址时就要充分考虑该地区是否能满足企业对各种资源的需求。资源包括原材料、能源、资金以及人力等。不同类型企业所需要的资源是不同的，如发电厂、造纸厂、化工厂等需要大量的水，应建在水源充足的地区；钢铁企业需要大量的矿石，最好选在接近铁矿的地区。

除物质资源外，还要考虑到人力资源。劳动力的来源、数量以及质量应满足相应类型企业的需要。例如，纺织、服装、餐饮等劳动密集型企业对劳动力的数量要求大，对专业知识要求却不高；而汽车、大型机械、精密仪表、信息技术等技术密集型企业，对劳动力数量和质量均有较高的要求。

由于各地的消费水平不同，工资标准也不同，因此还应该考虑当地工资水平所带来的影响。

（4）基础设施条件

交通道路、网络与通信、动力、燃料管线、废水处理等基础设施对投资成本影响很大，因此在选址时要考虑该地区的基础设施条件，充分利用现有的基础设施，以减少投资成本。另外，很多企业都远离城市，因此还必须考虑企业员工上下班是否方便。在中小城镇，员工上下班时间一般不宜超过30分钟；在大都市，一般不宜超过1小时；

在高原高寒地区步行时间一般不宜超过 15 分钟。

（5）配套供应条件

对于制造业厂商而言，尤其是那些复杂机电产品的制造商，需要众多的零部件厂提供配套供应。因此，厂址所选地区应当有足够多的合格的配套件供应商，以便能够及时获得配套服务，这对降低总成本、追求敏捷制造有着重要的意义。

2. 影响网络节点选址地点选择的因素

在完成设施的地区选择之后，就要在选定的地区内确定该设施的具体地点，一般来说，制造业地点选择要比服务业复杂很多。地点选择应考虑的主要因素如下。

（1）地形地貌条件

设施所选地点要有适宜的地形和一定的场地面积。为了物流运输的安全和方便，一般选择地形较为平坦的地点，这样可以减少复杂的土石方工程。但完全平坦的地点又不利于地面积水的排放，因此场地地势最好能自中心向四周以较小的坡度倾斜。另外，为了满足生产需要，场地的面积应能够将所有工厂和建筑物合理地容纳下来，其中还应包括运输设备行驶空间以及扩建面积。

（2）地质条件

为了满足建筑设计的要求，设施所选地点应该拥有良好的地质条件，如土壤要有足够的地基承载力、地下水位应低于地下建筑物（如地下室、油库等）的基准面，同时厂址地表应高于最高的洪水位。因此，在地点选择过程中，应对所有拟选厂址及其周围区域的地质情况进行深入调查和实际勘测，对该厂址的区域稳定性和工程地质条件作出评价。

（3）占地原则

厂址选择时，应减少对农业用地的占用，尽量利用荒地和劣地，但不应设在有开采价值的矿藏以及开采过后的矿坑上。位于城市或工业区的拟选厂址应与城市或工业区的规划相协调。

（4）施工条件

为了保证施工的顺利进行，选址时要注意调查当地能提供的建筑材料，如矿石、砖、瓦、钢材等，这样可以减少建筑材料的运输费用，降低建设成本。

（5）气候条件

不同地区的风向、风速各不相同，在选址时不仅要考虑到本企业产生的废气对周围环境的影响，也要考虑到其他企业对本企业的影响。厂址应位于住宅区的下风方向，以免厂内排放的废气影响居民。同时厂址不应设在现有或拟建有污染排放工厂的下风区，以免受吹来废气的影响。窝风的盆地会使烟尘不易消散，故厂址不宜选在此处。

为确定方向，可绘制标有该地各个季节里最频繁风向和风速的示意图，根据地区气象台的观察资料，可按 10~20 年的平均数制作该图。

（6）特殊条件

对于那些对气压、湿度、防磁、防辐射等有特殊要求的行业，应该要考虑到周围环境的影响，反之也要考虑其对周围环境的影响。对于那些涉及易燃易爆品的行业，应考虑设定一定的防护距离。

需要指出的是，无论是地区选择还是地点选择，都必须考虑本企业的组织类型与经营战略。服务业应贴近服务对象、邻近社区，从而提升服务水平、增大客流量与业务量，实现企业收入的增加。基于市民生活质量的提升、制造成本的降低和市区规划等因素，制造业正逐渐远离市场。组织类型使服务业与制造业两者的地点选择大相径庭。即便同为制造业，甚至是同类型的制造业，也会因为各自经营战略的差异而选择不同的地点。

综上所述，影响地点选择的因素非常多，要想实现最优的地点选择，就要综合考虑以上各种因素，以实现利益最大化。

4.3.4　供应链工程网络节点选址的步骤

在中国，网络节点选址通常分为四个阶段：准备阶段、地区选择阶段、地点选择阶段和撰写设施选址报告阶段。

1. 准备阶段

准备阶段的主要工作就是根据企业的需求，确定设施选址的期望目标。所需的主要信息如下：①企业生产的产品和生产规模；②企业的运营工作，包括生产、仓储和管理等；③设施的组成，包括作业单位面积估算及特殊要求；④产品计划供应的目标市场及销售渠道；⑤需要的资源要求，包括资源的数量、质量和供应渠道等；⑥企业物流量和运输方式等；⑦产生的废料及其处理方式等；⑧所需人力资源的要求；⑨外部协作条件等。根据上面的信息，列举选址的影响因素，提出这些因素的技术经济指标。

2. 地区选择阶段

在地区选择阶段，先要调查研究、收集资料，如走访主管部门和地区规划部门，征询选址意见，在可供选择的地区对社会、经济、资源、气象、运输和环境等条件进行调查，然后进行分析比较，提出地区选择的初步意见。

3. 地点选择阶段

在地点选择阶段，要对地区内若干地质进行深入调查和实际勘测，查阅当地有关地质、气象、水文、地震等方面的历史统计资料，收集通信、供电、交通运输、给排水等资料，研究运输线路以及公用管线的连接问题，在研究和比较后提出数个候选厂址。

4. 撰写设施选址报告阶段

经过大量的实地勘测和调查研究之后，要撰写相应的设施选址报告。报告中应该清楚地写明所选厂址的具体情况、分析比较结果、推荐理由等，并附有各种图样，以供领导和管理部门决策。为了便于决策者决策，报告应该对设施厂址的每个候选方案作出相应的定性评价和定量评价，并按优先级进行排序。

最终的设施选址报告中一般应包括：①本厂址选择的概况与确立依据（如正式批准文件等）。②拟选择地区的概况及自然条件、社会人文风貌等。③拟建设施的规模及主要技术经济指标，包括工业设施产能，区域位置，计划用地面积，原材料、配套件及产品等的运输方式、运输线路及运输量，设施初步总体布置概况等。④各厂址选择方案的比较，包括对当地自然条件与人文状况的比较、所需资源获取方式上的比较、设施建设费用及未来经营费用的比较、投资经济效益与社会效益的比较和环境影响的比较等。⑤对各厂址选择方案进行综合分析和评估，对各可选方案进行排序。⑥当地政府相关部门的意见，以及社区和社团组织的意见。⑦附件应包括已达成的各项协议文件抄件、厂址区域位置图、交通线路图、设施管线初步走向和设施初步总体布置图等。此外，设施选址报告还应当对当前选址项目的必要性做适当分析说明。

4.3.5　供应链工程网络节点选址的方法

网络节点选址通常可采用定性分析法、定量分析法以及定性和定量相结合的方法。定性分析法包括优缺点比较法、德尔菲分析模型法等。定量分析法包括量本利分析法、线性规划法、重心法、因次分析法等。定性与定量相结合的方法包括加权因素比较法、因素评分法等。本节中我们重点讲解运筹学中的定量分析技术与方法。

由于不同网络结构的经典定量分析方法不尽相同，因此，先按网点层级与数目的多少将供应链网络分成单层一元、多层多元、单层多元三类，再针对不同类别的网络结构讲述经典的运筹学求解方法。

1. 单层一元网络布局

单层一元网络布局是指整个地区就只设立一个网点，这是最简单的一种情况，现实应用不多，但有些多元问题为简化模型和减少计算量，可以转化为一元问题进行处理。模型求解方法以解析方法为主，解析方法通常是指供应链重心法。这种方法通常只考虑运输成本对供应商网点选址的影响，而运输成本是运输需求量、距离及时间的函数，所以解析方法将距离、需求量、时间或三者的结合标注在坐标上，以网点位置为因变量，用代数方法来求解网点的坐标。模型求解方法主要包括重心法、交叉中值模型等。

（1）重心法

重心法将一个经济区域中多个供应点和需求点看成平面上的多个质点，把质点系统的重心作为供应链网点，并建立力学模型。

假设在经济区域内，有 P 个供应点和 M 个需求点，各点的供应量或需求量为 S_i（$i=1, 2, \cdots, M+P$），它们各自的坐标是 (x_i, y_i)（$i=1, 2, \cdots, M+P$）。需要设置一个网点 (x, y)，使总运输费用最小。假设 F 为运输总费用，则：

$$F = \sum_{i=1}^{M+P} C_i S_i d_i \qquad (4-1)$$

其中，C_i、d_i 分别为从供应点或需求点 i 到网点的运输费率和欧式距离。使 F 最小的网点位置，其坐标 (x, y) 必须满足 $\dfrac{\partial F}{\partial x} = 0$ 和 $\dfrac{\partial F}{\partial y} = 0$，解得此方程组：

$$\begin{cases} x = \dfrac{\sum\limits_{i=1}^{M+P} C_i S_i x_i / d_i}{\sum\limits_{i=1}^{M+P} C_i S_i / d_i} \\[4ex] y = \dfrac{\sum\limits_{i=1}^{M+P} C_i S_i y_i / d_i}{\sum\limits_{i=1}^{M+P} C_i S_i / d_i} \end{cases} \qquad (4-2)$$

为解得公式（4-2），先使用公式（4-3）给出一个初始解 (x^0, y^0)，然后用迭代法求解即可，即将 (x^0, y^0) 代入公式（4-2）中得到 (x^1, y^1)，将 (x^1, y^1) 代入公式（4-2）中得到 (x^2, y^2)，反复进行，直至两次迭代结果相同为止，这时即获得最佳的网点 (x^*, y^*)。重心法的缺点是迭代次数较多，计算成本较高，且计算出的精确解结果往往难以实现。

$$\begin{cases} x^0 = \dfrac{\sum\limits_{i=1}^{M+P} C_i S_i x_i}{\sum\limits_{i=1}^{M+P} C_i S_i} \\[4ex] y^0 = \dfrac{\sum\limits_{i=1}^{M+P} C_i S_i y_i}{\sum\limits_{i=1}^{M+P} C_i S_i} \end{cases} \qquad (4-3)$$

例4-1：某汽车公司三个零部件供应商分别位于宁德、上海、北京，整车厂分别位于广州、重庆、长春、柳州、青岛。供应商、整车厂的位置信息、供给或需求信息、运输成本等如表4-9所示。求该公司设置转运中心的最佳位置。

表4-9　　　　　　　　某汽车公司供应商、整车厂的相关信息

供应商/整车厂	位置	供应量或需求量（S_i）/吨	运输成本（C_i）/百元/吨公里	坐标	
				x_i	y_i
供应商	宁德	700	1.50	1050	250
	上海	500	0.95	1000	550
	北京	250	0.85	900	800

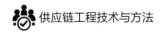

供应商/整车厂	位置	供应量或需求量 (S_i) /吨	运输成本 (C_i) /百元/吨公里	坐标	
				x_i	y_i
整车厂	广州	300	1.50	600	100
	重庆	250	2.00	100	570
	长春	225	2.50	1100	1200
	柳州	175	2.50	250	250
	青岛	150	1.80	950	650

解：转运中心坐标的迭代结果如表 4-10 所示。

表 4-10　　　　　　　　　　　重心法迭代过程

迭代次数	x^k	y^k	总运输成本/百元
0	776.60	501.23	1854550
1	845.28	473.58	1814052
2	875.61	468.49	1806269
3	888.71	468.45	1804782
4	894.31	469.48	1804489
5	896.75	470.53	1804422
⋮	⋮	⋮	⋮
19	899.01	472.93	1804394
20	899.01	472.93	1804394

求得转运中心最佳位置为（899.01，472.93），最低总运输成本为 1804394 百元。

（2）交叉中值模型

选址布局区域范围较大时，供应链节点间的距离通常可用直线距离近似代替，当选址区域范围较小而且区域内道路较规则时，可用折线距离代替。交叉中值模型就是利用城市距离来进行距离计算，确定网点布局的一种模型。其目标函数与公式（4-1）相似，只是距离 d_i 由欧式距离改为折线距离，即 $d_i = |x_i - x_0| + |y_i - y_0|$。则相应的目标函数为：

$$F = \sum_{i=1}^{M+P} C_i S_i (|x_i - x_0| + |y_i - y_0|) \tag{4-4}$$

由于公式（4-4）计算的是城市距离，因此目标函数可以用两个相互独立的部分表示：

$$F = \sum_{i=1}^{M+P} C_i S_i |x_i - x_0| + \sum_{i=1}^{M+P} C_i S_i |y_i - y_0| = F_x + F_y \tag{4-5}$$

$$F_x = \sum_{i=1}^{M+P} C_i S_i |x_i - x_0| = \sum_{x_i \leqslant x_0} C_i S_i (x_0 - x_i) + \sum_{x_i > x_0} C_i S_i (x_i - x_0) \tag{4-6}$$

$$F_y = \sum_{i=1}^{M+P} C_i S_i |y_i - y_0| = \sum_{y_i \leq y_0} C_i S_i (y_0 - y_i) + \sum_{y_i > y_0} C_i S_i (y_i - y_0) \qquad (4-7)$$

也就是说，网点布局问题可以分解为 x 轴上的选址决策和 y 轴上的选址决策。求公式（4-4）的最优解等价于求公式（4-6）和公式（4-7）的最小值，对公式（4-6）和公式（4-7）求导可得公式（4-8）和公式（4-9），即网点布局问题分解为求 x 轴上的权重中值点和 y 轴上的权重中值点。其结果可能是一个点、线或面。

$$\sum_{x_i \leq x_0} C_i S_i = \sum_{x_i > x_0} C_i S_i \qquad (4-8)$$

$$\sum_{y_i \leq y_0} C_i S_i = \sum_{y_i > y_0} C_i S_i \qquad (4-9)$$

例 4-2：用交叉中值模型求解例 4-1。

解：由表 4-11 计算权重的中值，$\bar{w} = 1979$。

对 x 轴坐标按递增顺序排序，得到表 4-11。从重庆依次向下，累加其相应权重直到中值点，再从长春依次向上，累加其相应权重直到中值点。可以看到，从重庆向下开始到青岛，其权重和为 1870，没达到中值 1979，但加上上海权重后，权重和达到 2345，超过了中值点。因此，从重庆向下看，网点 x 轴坐标不会超过上海的 x 轴坐标，即 x 轴方向不会大于 1000。同样，再从长春往上累加权重，到达宁德时权重和约为 1613，没达到中值 1979，但加上上海权重后，权重和约为 2088，超过了中值点。因此，从长春向上看，网点 x 轴坐标不会超过上海。所以，在 x 轴坐标上只能选择一个有效中值点，即上海 x 轴坐标。同理，y 轴坐标也只能选择在上海的 y 轴坐标。

因此，网点的最后选址为（1000，550）。

表 4-11 　　　　　　　　　　　　　　　　**按 x 轴坐标排序的权重**

供应商或 整车厂位置	供应量或需求量 （S_i）/吨	运输成本（C_i）/ 百元/吨公里	坐标		权重 w_i
			x_i	y_i	
重庆	250	2.00	100	570	500
柳州	175	2.50	250	250	437.5
广州	300	1.50	600	100	450
北京	250	0.85	900	800	212.5
青岛	150	1.80	950	650	270
上海	500	0.95	1000	550	475
宁德	700	1.50	1050	250	1050
长春	225	2.50	1100	1200	562.5

2. 多层多元网络布局

多层多元网络布局涉及两个及以上的不同层级，每个层级的网点之间都有明确的差别，如吞吐量大小、覆盖范围、运输成本等，而每个层级又包含多元网点。现实系统中，多层多元网络布局问题较多，可分为网点数目有限制和无限制两种，因为两者只差在一个约束条件上，这里仅考虑无限制情形。

（1）多层多元网络布局问题的数学模型

多层多元网络布局问题的结构如图4-16所示，有 I 个供应点 $i(i = 1, 2, \cdots, I)$，可供应资源量为 s_i；J 个需求点 $j(j = 1, 2, \cdots, J)$，需求量为 r_j；K 个可能的网点备选地址 $k(k = 1, 2, \cdots, K)$。供应商可以通过网点给需求点供货，也可以直接供货。通常备选网点的固定成本、可变成本均已知，求总成本最低的最佳网点布局方案。

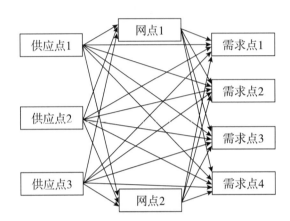

图4-16 多层多元网络布局问题的结构

则多层多元网络布局问题的数学模型如下：

$$\min F = \sum_{i=1}^{I} \sum_{k=1}^{K} c_{ik} x_{ik} + \sum_{k=1}^{K} \sum_{j=1}^{J} c_{kj} y_{kj} + \sum_{i=1}^{I} \sum_{j=1}^{J} c_{ij} z_{ij} + \sum_{k=1}^{K} \left(f_k w_k + c_k \sum_{i=1}^{I} x_{ik} \right) \quad (4-10)$$

$$\sum_{k=1}^{K} x_{ik} + \sum_{j=1}^{J} z_{ij} \leqslant s_i \quad (i = 1, 2, \cdots, I) \quad (4-11)$$

$$\sum_{k=1}^{K} y_{kj} + \sum_{i=1}^{I} z_{ij} \geqslant r_j \quad (j = 1, 2, \cdots, J) \quad (4-12)$$

$$\sum_{i=1}^{I} x_{ik} = \sum_{j=1}^{J} y_{kj} \quad (k = 1, 2, \cdots, K) \quad (4-13)$$

$$\sum_{i=1}^{I} x_{ik} - M w_k \leqslant 0 \quad (4-14)$$

$$w_k = \begin{cases} 1 & k \text{ 点被选中} \\ 0 & k \text{ 点未被选中} \end{cases} \quad (4-15)$$

$$x_{ik}, y_{kj}, z_{ij} \geqslant 0$$

其中，c_{ik}、c_{kj}、c_{ij} 分别为供应点 i 给备选网点 k 供货的单位成本、备选网点 k 给需求点 j 供货的单位成本、供应点 i 给需求点 j 供货的单位成本；x_{ik}、y_{kj}、z_{ij} 分别为供应点 i 给备选网点 k 的供货量、备选网点 k 给需求点 j 的供货量、供应点 i 给需求点 j 的供货量；f_k、c_k、w_k 分别为备选网点 k 的固定成本、可变成本和是否被选中；M 为一个足够大的正数。

式（4-10）为网点布局的总成本，第一、第二、第三项分别为所有供应点 i 给所

有备选网点 k 供货的总成本、所有备选网点 k 给所有需求点 j 供货的总成本、所有供应点 i 给所有需求点 j 供货的总成本；第四项为所有备选网点 k 总的固定成本和可变成本之和。式（4-11）为供应点 i 给所有备选网点 k 和需求点 j 的总供货量不能超过该供应点的可供量；式（4-12）为需求点 j 被所有供应点 i 和所有备选网点 k 供货的总量要大于等于该需求点的需求量；式（4-13）表示每个备选网点 k 调出物资的总量应等于调入物资的总量；式（4-14）表示备选网点 k 被选中，其中转量才能大于零。

（2）运输规划法

为简化问题复杂性，做如下假设：一是不考虑网点的固定成本；二是假设规划区内的总供给等于总需求，或通过增加虚拟需求点转化为平衡的运输问题；三是备选网点均有规模足够大的上限 d_k，则多层多元网络布局问题的数学模型将变为如下形式：

$$\min F = \sum_{i=1}^{I} \sum_{k=1}^{K} (c_{ik} + c_k) x_{ik} + \sum_{k=1}^{K} \sum_{j=1}^{J} c_{kj} y_{kj} + \sum_{i=1}^{I} \sum_{j=1}^{J} c_{ij} z_{ij} \quad (4\text{-}16)$$

$$\sum_{k=1}^{K} x_{ik} + \sum_{j=1}^{J} z_{ij} = s_i \quad (i = 1, 2, \cdots, I) \quad (4\text{-}17)$$

$$\sum_{k=1}^{K} y_{kj} + \sum_{i=1}^{I} z_{ij} = r_j \quad (j = 1, 2, \cdots, J) \quad (4\text{-}18)$$

$$\sum_{i=1}^{I} x_{ik} + x_k = d_k \quad (k = 1, 2, \cdots, K) \quad (4\text{-}19)$$

$$\sum_{j=1}^{J} y_{kj} + x_k = d_k \quad (k = 1, 2, \cdots, K) \quad (4\text{-}20)$$

$$x_{ik}, \ y_{kj}, \ z_{ij} \geqslant 0$$

其中，x_k 为备选网点 k 的闲置能力。此类问题，很容易通过表上作业法求解。

例4-3：某汽车公司的三个零部件供应商分别位于宁德、上海、北京，整车厂分别位于广州、重庆、长春、柳州、青岛。拟定武汉、西安、长沙为备选网点，供应商、整车厂的供给或需求信息、运价系数等如表4-12所示。假设不允许二次中转，求该公司设置网点最佳位置。

表 4-12　　　　　　　　　　某汽车公司供需量及运价系数

	武汉	西安	长沙	广州	重庆	长春	柳州	青岛	供应量/吨
宁德	2	3	2	2	6	7	6	4	700
上海	1	2	1	3	5	6	5	2	500
北京	1	1	2	5	6	4	6	3	250
武汉				1	2	3	2	2	
西安				5	5	6	5	4	
长沙				1	1	3	1	1	
需求量/吨				375	350	300	225	200	

解：假设备选网点的规模上限均为 800 吨中转能力，不同网点之间的运价系数均设置为足够大的正数 M，网点到自己的运价系数为 0。由此得运输规划模型如表 4-13 所示。

表 4-13　　　　　　　　　　某汽车公司运输规划模型

	武汉	西安	长沙	广州	重庆	长春	柳州	青岛	供应量/吨
宁德	2	3	2	2	6	7	6	4	700
上海	1	2	1	3	5	6	5	2	500
北京	1	1	2	5	6	4	6	3	250
武汉	0	M	M	1	2	3	2	2	800
西安	M	0	M	5	5	6	5	4	800
长沙	M	M	0	1	1	3	1	1	800
需求量/吨	800	800	800	375	350	300	225	200	

运用表上作业法求得最优解即最优网络布局方案（见表 4-14）。其中，武汉和长沙选为备选网点，武汉网点规模为 50 吨，从上海进货，向长春供货；长沙网点规模为 575 吨，分别从宁德和上海进货 325 吨和 250 吨，分别向重庆和柳州供货 350 吨和 225 吨。备选网点西安被淘汰。

表 4-14　　　　　　　　　　某汽车公司最优网络布局方案

	武汉	西安	长沙	广州	重庆	长春	柳州	青岛	供应量/吨
宁德			325	375					700
上海	50		250					200	500
北京						250			250
武汉	750					50			800
西安		800							800
长沙			225		350		225		800
需求量/吨	800	800	800	375	350	300	225	200	

3. 单层多元网络布局

（1）单层多元网络布局模型

单层多元网络布局是在一个区域单层网络中设立多个网点，其结构如图 4-17 所示，有 J 个需求点 $j(j = 1，2，\cdots，J)$，需求量为 r_j；K 个可能的网点备选地址 $k(k = 1，2，\cdots，K)$，可供应资源量为 s_k。通常备选网点的固定成本、可变成本均已知，求总成本最低的最佳网点布局方案。

则单层多元网络布局问题的数学模型如下：

$$\min F = \sum_{k=1}^{K} \sum_{j=1}^{J} c_{kj} y_{kj} + \sum_{k=1}^{K} (f_k w_k + c_k w_k s_k) \tag{4-21}$$

$$\sum_{k=1}^{K} y_{kj} \geqslant r_j \quad (j = 1，2，\cdots，J) \tag{4-22}$$

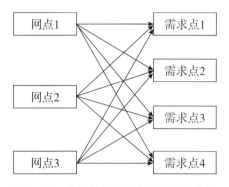

图 4-17　单层多元网络布局问题的结构

$$\sum_{j=1}^{J} y_{kj} \leqslant s_k w_k \quad (k = 1, 2, \cdots, K) \tag{4-23}$$

$$w_k = \begin{cases} 1 & k \text{ 点被选中} \\ 0 & k \text{ 点未被选中} \end{cases} \tag{4-24}$$

$$y_{kj} \geqslant 0$$

其中，c_{kj} 为备选网点 k 给需求点 j 供货的单位成本；y_{kj} 为备选网点 k 给需求点 j 的供货量；f_k、c_k、s_k、w_k 分别为备选网点 k 的固定成本、可变成本、可供给量和是否被选中。

式（4-21）为网点布局的总成本，第一项为所有备选网点 k 给所有需求点 j 供货的总成本；第二项为所有备选网点 k 总的固定成本和可变成本之和。式（4-22）为需求点 j 被所有备选网点 k 供货的总量要大于等于该需求点的需求量。式（4-23）表示每个备选网点 k 调出物资的总量应小于等于其物资可供量。

（2）单层多元网络布局模型求解方法

单层多元网络布局模型求解方法包括运输规划法、CFLP 法、保莫法、鲍摩-瓦尔夫（Baumol-Wolfe）模型等，下面重点介绍 CFLP 法。

CFLP（Capacitated Facility Location Problem）模型多用于研究有容量限制的多设施选址问题。其问题描述如下：有 I 个地区的用户，每个用户的需求量已知。其中拟建立 J 个中转中心，候选地有 K 个，问题是如何从 K 个候选地中选择 J 个地点作为中转中心，使供应链网络总费用最小。用 CFLP 法的数学模型将其变为如下形式：

$$\min F = \sum_{k=1}^{K} \sum_{i=1}^{I} c_{ki} x_{ki} + \sum_{k=1}^{K} f_k w_k \tag{4-25}$$

$$\sum_{k=1}^{K} x_{ki} = r_i \quad (i = 1, 2, \cdots, I) \tag{4-26}$$

$$\sum_{k=1}^{K} w_k \leqslant J \tag{4-27}$$

$$\sum_{i=1}^{I} x_{ki} - q_k w_k \leqslant 0 \quad (k = 1, 2, \cdots, K) \tag{4-28}$$

$$w_k = \begin{cases} 1 & k \text{ 点被选中} \\ 0 & k \text{ 点未被选中} \end{cases} \tag{4-29}$$

$$x_{ki} \geq 0$$

其中，q_k 为第 k 个备选网点的容量；式（4-25）包含备选网点向各需求点供货的供货成本和备选网点的固定成本；式（4-27）表示被选网点个数小于 J 个。

假定某计划区域内备选的 K 个网点已确定，则运用 CFLP 法的求解有以下 4 个步骤。

①给出网点选址初始方案。一般通过定性分析，依据备选网点的中转能力、物资需求分布等进行选择。设初始选定网点为 $\{D_j^0\}$ $(j = 1, 2, \cdots, J)$。

②确定各网点的供货范围。基于以下数学模型，使用运输规划法确定各网点的初始供货范围，形成若干个供货子系统：

$$\min F = \sum_{k=1}^{K} \sum_{i=1}^{I} c_{ki} x_{ki} \tag{4-30}$$

$$\sum_{k=1}^{K} x_{ki} = r_i \quad (i = 1, 2, \cdots, I) \tag{4-31}$$

$$\sum_{i=1}^{I} x_{ki} - q_k \leq 0 \quad (k = 1, 2, \cdots, K) \tag{4-32}$$

$$x_{ki} \geq 0$$

③寻找网点选址新方案。在各供货子系统中，将每个节点都作为备选网点，按式（4-33）计算子系统的区域总费用：

$$F_{jm} = \sum_{i \in I_j} c_{mi} x_{mi} + f_{jm} \quad (j = 1, 2, \cdots, J; \ i \in I_j) \tag{4-33}$$

其中，F_{jm} 为第 j 个供货子系统中第 m 个节点被选为网点时该子系统的总成本。

我们要找到各供货子系统内使子系统费用最低的网点设置点，即满足式（4-34）的网点地址 D_j^1，则对所有子系统可得到新的网点选址方案 $\{D_j^1\}$ $(j = 1, 2, \cdots, J)$。

$$F_j = \min\{F_{jm}\} (j = 1, 2, \cdots, J) \tag{4-34}$$

④方案对比。对比新旧方案的总成本，如果 $F^1 = F^0$，则 $\{D_j^1\}$ 为满意的网点布局；否则重复步骤②③④，直至相邻两个新旧方案完全相同为止。

例 4-4：某整车厂的供应链网络结构如图 4-18 所示，共有 11 个需求点，圆圈内的数字为各节点的需求量，连接边的数字为运价系数。需要在 11 个需求点位置选取 3 个点作为网点。假设各网点的最大规模为 1200 吨，每个网点的固定成本为 100 元。

解：由题意可知，该区域内网点备选地址为 11 个。

首先，根据分析，选定北京、武汉、广州组成初始方案，$D^0 = \{北京, 武汉, 广州\}$。

其次，以北京、武汉、广州为供货点，供货量均为 1200 吨。供货点到各需求点的运价系数可由最短路径模型求得，则运输规划模型如表 4-15 所示。

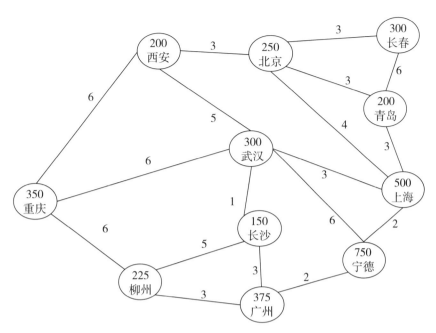

图 4-18　某整车厂的供应链网络结构（单位：吨）

表 4-15　　　　　　　　　　运输规划模型（1）

	宁德	上海	北京	武汉	西安	长沙	广州	重庆	长春	柳州	青岛	供应量/吨
北京	6	4	0	7	3	8	8	9	3	11	3	1200
武汉	5	3	7	0	5	1	4	6	10	6	6	1200
广州	2	4	8	4	9	3	0	9	11	3	7	1200
需求量/吨	750	500	250	300	200	150	375	350	300	225	200	

使用表上作业法求得运输规划最优解，如表 4-16 所示。则各供货子系统的客户集合为：

$$I_1^0 = \{ 北京，宁德，上海，西安，长春，青岛 \}$$
$$I_2^0 = \{ 武汉，上海，长沙，重庆 \}$$
$$I_3^0 = \{ 宁德，广州，柳州 \}$$

表 4-16　　　　　　　　　　运输规划模型（2）

	宁德	上海	北京	武汉	西安	长沙	广州	重庆	长春	柳州	青岛	供应量/吨
北京	150	100	250		200				300		200	1200
武汉		400		300		150		350				1200
广州	600						375			225		1200
需求量/吨	750	500	250	300	200	150	375	350	300	225	200	

再次，寻找各子系统中使子系统总费用最小的网点选址。

对子系统 I_1^0，如果选北京为该子系统的网点位置，则：

$$F_{1北京} = \sum_{i \in I_j} c_{北京i} x_{北京i} + f_{1北京} = 3500 （元）$$

同理，依次选取子系统 I_1^0 中其他城市为网点位置并计算相应总成本，结果如表 4-17 所示。可见，在子系统 I_1^0 中将网点选址在北京时总成本最小。

表 4-17　　　　　　　　　子系统 I_1^0 中各选址方案总成本　　　　　　　　　单位：元

$F_{1北京}$	$F_{1宁德}$	$F_{1上海}$	$F_{1西安}$	$F_{1长春}$	$F_{1青岛}$	$\min F_1$
3500	7300	5500	5900	5300	4900	3500

同理，可以计算子系统 I_2^0 和 I_3^0 的备选网点位置分别为武汉和宁德（或广州），于是有 $D^1 = \{北京，武汉，宁德(或广州)\}$。

最后，如果选择 $D^1 = \{北京，武汉，广州\}$，与 D^0 相同，说明不能继续改进，最终方案为 $\{北京，武汉，广州\}$，此时的 $F = 9025$（元）。如果选择 $D^1 = \{北京，武汉，宁德\}$，与 D^0 不同，重复②③④步骤。

假设我们选择了 $D^1 = \{北京，武汉，宁德\}$，第二次迭代新方案仍为 $D^2 = \{北京，武汉，宁德\}$，与 D^1 方案相同，则循环结束。此时的 $F = 8425$（元）。

4.4 供应链工程物流网络设计

4.4.1 供应链工程物流网络设计概述

供应链工程物流网络设计是在供应链工程网络环节设计与网络节点选址基础上，确定产品从供应商到需求点的物流网络结构，包括使用什么类型的物流节点、节点的数量与位置、分派给各节点的产品和客户、产品在节点之间的运输方案等。这需要考虑节点规划和线路规划两个方面，节点规划是确定各种节点的类型、数量、地理位置；线路规划是确定合适的运输方式和运输路线。

节点和线路的相互关系、相对配置，以及结构、组成、联系方式的不同，形成了不同的物流网络。物流的全部活动是在线上和节点上进行的。物流线路上的活动是靠节点组织和联系的，离开了节点，物流线路的活动必然陷入瘫痪。因此，要根据线路和节点的不同功能，进行有效的分工和协调，形成统一、一体化的运作系统，以保障物流系统输出的最大化。

供应链工程物流网络设计对供应链绩效有重要影响，合理的规划和设计有助于以较低的供应链总成本达到理想的客户服务水平。设计供应链工程物流网络需要考虑三个基本问题：一是运输是直运还是通过中间点，二是中间点储存货物还是仅作为越库运输点，三是每条物流线路只供应一个目的地还是供应多个目的地。由此构成直运网络、基于巡回运送的直运网络等多种物流网络结构类型。

1. 单一中心站纯轴辐式网络

单一中心站纯轴辐式网络由一个转运中心和多个站点组成。站点为收发货点，采用小型车辆短途运输方式实现末端收货或配送。站点与转运中心连接，采用大批量运输的干线运输方式。站与站之间的货物通过转运中心转运（见图 4-19）。单一中心站纯轴辐式网络模式的绩效特征如表 4-18 所示。

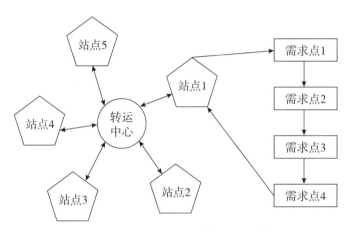

图 4-19　单一中心站纯轴辐式网络结构

表 4-18　　　　　　　　　　单一中心站纯轴辐式网络模式的绩效特征

绩效因素	绩效特征
适用情况	一般适用于区域性服务
运输成本	干线运输易形成规模经济
设施成本	比单一中心站直运模式稍高
响应时间	比单一中心站直运模式稍短
辐射范围	辐射范围小

2. 单一中心站复合轴辐式网络

单一中心站复合轴辐式网络是单一中心站纯轴辐式网络的扩展，其货物的运输除通过转运中心转运外，也可以直接由送货站点直运至收货站点，特别是站点间货运量达到整车时，可以有效缩短运输时间、降低运输成本（见图 4-20）。单一中心站复合轴辐式网络模式的绩效特征如表 4-19 所示。

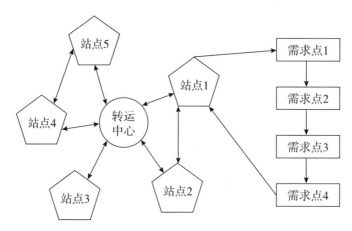

图 4-20　单一中心站复合轴辐式网络结构

表 4-19　　　　　　　　　　单一中心站复合轴辐式网络模式的绩效特征

绩效因素	绩效特征
适用情况	站点间货运量达到整车时
运输成本	比单一中心站纯轴辐式网络低
设施成本	与单一中心站纯轴辐式网络类似
响应时间	比单一中心站纯轴辐式网络短
辐射范围	与单一中心站纯轴辐式网络类似

3. 多中心站单一分派轴辐式网络

多中心站单一分派轴辐式网络中有多个转运中心，但每个站点只与唯一的转运中心连接，所有站点间的收发货必须通过转运中心处理（见图 4-21）。多中心站单一分派轴辐式网络模式的绩效特征如表 4-20 所示。

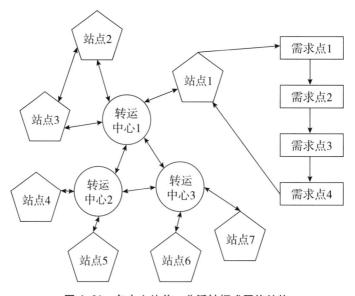

图 4-21　多中心站单一分派轴辐式网络结构

表 4-20 多中心站单一分派轴辐式网络模式的绩效特征

绩效因素	绩效特征
适用情况	跨区域联运服务
环节	比前两种模式多
运输成本	中心站间、中心站与站点间易形成规模经济
设施成本	比前两种模式高
响应时间	比前两种模式慢
可扩展性	比前两种模式好
辐射范围	范围广

4. 多中心站联合分派轴辐式网络

多中心站联合分派轴辐式网络允许站点与多个转运中心相连，收发货可以根据实际情况选择与其连接的转运中心，从而提高整个网络的转运效率，缩短运输时间，降低物流成本（见图 4-22）。多中心站联合分派轴辐式网络模式的绩效特征如表 4-21 所示。

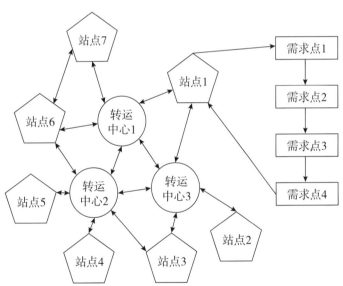

图 4-22 多中心站联合分派轴辐式网络结构

表 4-21 多中心站联合分派轴辐式网络模式的绩效特征

绩效因素	绩效特征
适用情况	与多中心站单一分派轴辐式网络模式类似
环节	比多中心站单一分派轴辐式网络模式稍少
运输成本	比多中心站单一分派轴辐式网络模式低

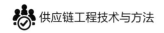

绩效因素	绩效特征
设施成本	与多中心站单一分派轴辐式网络模式类似
响应时间	比多中心站单一分派轴辐式网络模式快
客户体验	比多中心站单一分派轴辐式网络模式好
可扩展性	与多中心站单一分派轴辐式网络模式类似
辐射范围	与多中心站单一分派轴辐式网络模式类似

4.4.2　供应链工程直运网络设计

1. 内涵与绩效特征

通过直运网络，所有货物直接从供应商运送到需求地（见图4-23）。直运网络中，每次运送的线路都是固定的，供应链管理者只需要基于运输费用和库存费用最优，确定运输批量和运输方式。直运网络模式的绩效特征如表4-22所示。

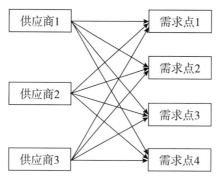

图4-23　直运网络结构

表4-22　　　　　　　　　　　直运网络模式的绩效特征

绩效因素	绩效特征
适用情况	需求点需求量非常大
环节	无须中转，环节少
运输成本	运输规模接近车辆最大装载量则成本较低；否则成本很高
设施成本	很低
响应时间	较短
客户体验	供应商增多，客户体验会下降
可扩展性	业务范围扩大，效率将大幅下降
辐射范围	辐射范围有限，不适宜大范围的供应链物流网络
典型案例	得宝（Tempo）

2. 求解方法

从每个供应商角度进行决策，直运网络模式可看作典型的点点间最短路径问题，主要方法包括 Dijkstra（狄克斯特拉）算法、逐次逼近算法、Floyd（弗洛伊德）算法等。本书重点介绍一下 Dijkstra 算法。

Dijkstra 算法的迭代过程如下。①先选定一个根节点，并选定一个数组，先确定未遍历前的初始距离，把距离最短的邻接节点选定为中间节点，并标记访问过；再开始往下遍历，挨个访问那个中间节点的邻接节点。计算出根节点到中间节点加中间节点到新邻接节点的距离，并将其作为新距离；然后对比新距离和旧距离，如果新距离短，则用新距离替换掉旧距离，否则不变。②一轮访问结束后，从未标记的节点中选定距离最短的作为中间节点，继续往下访问。若都标记过，则算法结束。

例 4-5：某整车厂的直运网络结构如图 4-24 所示，假设长春为零部件供应商所在地，其他 10 个城市为零部件需求地，圆圈内的数字为各节点的需求量，连接线上的数字为运输里程，求长春直运到各需求点的最短路径。

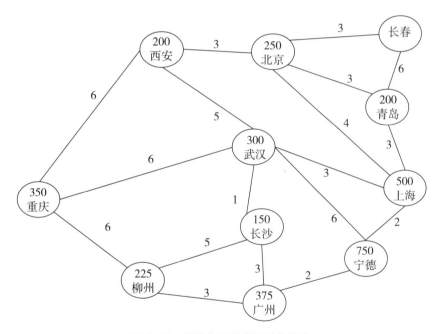

图 4-24 某整车厂的直运网络结构

解：由图 4-24 可得各节点间的距离矩阵（见表 4-23）。其中，inf 表示两个节点没有直接连接。

利用 Dijkstra 算法的迭代过程，可得供应点长春向各需求点送货时的路径及最短运输距离（见表 4-24）。

表 4-23　　　　　　　　　某整车厂各节点间的距离

	武汉	西安	北京	长春	青岛	上海	宁德	长沙	广州	柳州	重庆
武汉	0	5	inf	inf	inf	<u>3</u>	<u>6</u>	<u>1</u>	inf	inf	<u>6</u>
西安	<u>5</u>	0	3	inf	inf	inf	inf	inf	inf	inf	6
北京	inf	3	0	3	3	4	inf	inf	inf	inf	inf
长春	inf	inf	3	0	6	inf	inf	inf	inf	inf	inf
青岛	inf	inf	3	6	0	3	inf	inf	inf	inf	inf
上海	3	inf	4	inf	3	0	2	inf	inf	inf	inf
宁德	6	inf	inf	inf	inf	2	0	inf	2	inf	inf
长沙	1	inf	inf	inf	inf	inf	inf	0	3	5	inf
广州	inf	inf	inf	inf	inf	inf	2	3	0	3	inf
柳州	inf	inf	inf	inf	inf	inf	inf	5	3	0	6
重庆	6	6	inf	inf	inf	inf	inf	inf	inf	6	0

表 4-24　　　　　　　供应点长春向各需求点送货时的路径及运输距离

路径编号	1	2	3	4	5	6	7	8	9	10
路径	北京	青岛	北京	北京	北京	北京	北京	北京	北京	北京
		西安	上海	上海	上海	上海	上海	西安	西安	上海
				宁德	武汉	宁德	武汉	重庆	重庆	宁德
					广州	长沙				广州
										柳州
路径距离	3	6	6	7	9	10	11	11	12	14

4.4.3　基于巡回运送的直运网络设计

1. 内涵与绩效特征

巡回运送是一辆车从一个供应商拣货送至多个需求地［见图 4-25（a）］，或从多个供应商拣货送至一个需求地［见图 4-25（b）］。在巡回运送直运模式中，供应链管理者需要对每次巡回运送的路径进行规划。基于巡回运送的直运网络模式的绩效特征如表 4-25 所示。

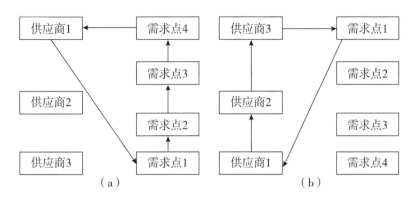

图 4-25　基于巡回运送的直运网络结构

表 4-25	基于巡回运送的直运网络模式的绩效特征
绩效因素	绩效特征
适用情况	各需求点需求量非常小
环节	比直运网络模式多
运输成本	供应商或需求点空间上接近，运输成本显著降低
设施成本	与直运网络模式一样
响应时间	可能比直运网络模式稍短
客户体验	比直运网络模式好
典型案例	菲多利（Frito-Lay）、丰田（Toyota）

2. 求解方法

基于巡回运送的直运网络模式是典型的 VRP 问题（车辆路径问题），属于 NP-Hard 问题（非确定性多项式困难问题），求解方法主要有精确式算法、启发式算法、元启发式算法、机器学习算法等。

精确式算法适用于结构简单的小规模 VRP 问题，主要包括分支定界法、整数线性规划法和动态规划法等。

与精确式算法相比，启发式算法发展于仿生学，以寻求最优的可行解为目标，能够解决大规模的 VRP 问题，主要有节约法、改进节约法和插入检测法等。

元启发式算法相较于启发式算法，通过更加全面和彻底的搜索过程，使解的优良性有了较大提高，主要有禁忌搜索算法、模拟退火算法、遗传算法、蚁群算法、粒子群搜索算法、混合算法等。

机器学习算法包括很多，如聚类分析、深度学习等。随着环境的动态性和信息的未知性，通过机器学习的方式，对未知环境进行训练式探索，是一种较好的求解方法。

这里重点介绍一下常用的节约里程法。

VRP 问题的数学模型如下：

$$\min F = \sum_{k=1}^{n+1} \sum_{i=0}^{n} \sum_{j=0}^{n} c_{ij} x_{ijk} \tag{4-35}$$

$$\sum_{i=0}^{n} x_{ijk} = \sum_{m=0}^{n} x_{jmk+1} \quad (k = 1,\ 2,\ \cdots,\ n;\ j = 1,\ 2,\ \cdots,\ n,\ i \neq j,\ j \neq k) \quad (4\text{-}36)$$

$$\sum_{j=0}^{n} \sum_{k=1}^{n+1} x_{ijk} = 1 \quad (i = 1,\ 2,\ \cdots,\ n) \quad (4\text{-}37)$$

$$\sum_{i=1}^{n} q_i x_{ijk} \leqslant Q \quad (i = 1,\ 2,\ \cdots,\ n) \quad (4\text{-}38)$$

$$x_{ijk} = \begin{cases} 1 & i-j \ 作为巡回路线中的\ r\ 段行程存在 \\ 0 & i-j \ 作为巡回路线中的\ r\ 段行程不存在 \end{cases} \quad (4\text{-}39)$$

其中，c_{ij} 为各点之间的距离，x_{ijk} 表示 $i-j$ 路线为某巡回路线中第 r 段行程，q_i 为需求点 i 的需求量；公式（4-35）表示总行程最短，公式（4-36）表示巡回路线不间断，公式（4-37）用以保证发货汽车离开一个点，只能到另一个点，且各点在巡回路线上只出现一次；公式（4-38）用以保证一次巡回路线服务的需求点总需求量不大于汽车额定载荷。

节约里程法迭代步骤如下。

①假定载重量最小的汽车有无限台，对每一个需求点派一台车送货，得到一个初始可行方案。

②计算需求点两两组合进行送货时可节约的里程数，计算公式为：

$$\Delta c_{ij} = c_{0i} + c_{0j} - c_{ij} \quad (4\text{-}40)$$

③对方案进行修订。计算出节约里程数后，按从大到小顺序依次将某些需求点连接到巡回路线中，并考虑汽车额定载荷和台数限制。反复修正，直至没有可连接的用户为止。

例4-6：某整车厂由武汉向 10 个需求点供货，圆圈内的数字为各节点的需求量，连接线上的数字为运输里程（见图 4-26）。假设汽车额定载荷量为 1300，可调度汽车台数为 4 台，如何进行巡回运送才能使总的运输里程最短？

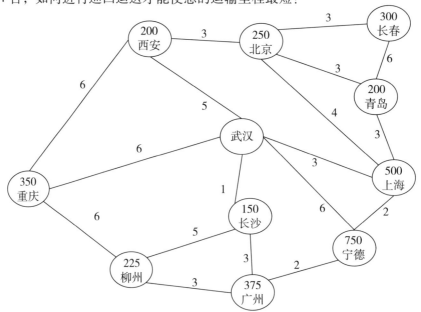

图 4-26 某整车厂基于巡回运送的直运网络

解：根据图 4-26 可计算各节点间最短距离（见表 4-26）。

表 4-26　　　　　　　　　　某整车厂各节点间的距离

	武汉	西安	北京	长春	青岛	上海	宁德	长沙	广州	柳州	重庆
武汉	0	5	7	10	6	3	5	1	4	6	6
西安	5	0	3	6	6	7	9	6	9	11	6
北京	7	3	0	3	3	4	6	8	8	11	9
长春	10	6	3	0	6	7	9	11	11	14	12
青岛	6	6	3	6	0	3	5	7	7	10	12
上海	3	7	4	7	3	0	2	4	4	7	9
宁德	5	9	6	9	5	2	0	5	2	5	11
长沙	1	6	8	11	7	4	5	0	3	5	7
广州	4	9	8	11	7	4	2	3	0	3	9
柳州	6	11	11	14	10	7	5	5	3	0	6
重庆	6	6	9	12	12	9	11	7	9	6	0

根据公式（4-40）计算两两节点组合的节约里程，结果如表 4-27 所示。

表 4-27　　　　　　　　　　　　　节约里程

	西安	北京	长春	青岛	上海	宁德	长沙	广州	柳州
北京	9	0	0	0	0	0	0	0	0
长春	9	14	0	0	0	0	0	0	0
青岛	5	10	10	0	0	0	0	0	0
上海	1	6	6	6	0	0	0	0	0
宁德	1	6	6	6	6	0	0	0	0
长沙	0	0	0	0	0	1	0	0	0
广州	0	3	3	3	3	7	2	0	0
柳州	0	2	2	2	2	6	2	7	0
重庆	5	4	4	0	0	0	0	1	6

根据节约里程法迭代步骤，可得最优配送方案（见表 4-28）。

表 4-28   最优配送方案

路线 1	武汉	青岛	长春	北京	西安	武汉
路线 2	武汉	长沙	广州	宁德	武汉	
路线 3	武汉	重庆	柳州	上海	武汉	

　　因此，路线 1、路线 2、路线 3 的行程分别为 23、12、22，载重量分别为 950、1275、1075。

第 5 章

供应链装备工程

Chapter 5 : Supply Chain Equipment Engineering

5.1 供应链装备工程概述

5.1.1 供应链装备工程概念

作为供应链工程的重要组成部分之一，供应链装备工程是指企业从供应链整体出发，根据自身业务开展的需要，布局供应链生产、流通与消费服务设施，设计供应链装备作业系统，并配置所需设备设施，以低成本、高效率、好服务达到提高企业和社会综合效益目的的技术经济及管理活动。

5.1.2 供应链装备工程原则

供应链装备的配置必须根据整个供应链系统的成本目标、服务水平和质量进行综合考虑。

1. 合理地配置装备

（1）合理选择系统

在选择供应链装备系统时要考虑系统目标和实际情况。一般情况下，对于作业量很大，特别是重、大货物，启动频繁、重复、节拍短促而有规律的作业，适宜采用机械化系统；对于作业效率、精度要求高，或影响人体健康、有危险的作业，适宜采用自动化系统。

（2）合理选用设备

设备的先进程度和数量要以适用为主，使设备性能满足系统要求，以保证设备被充分利用，防止闲置浪费，因此要对设备的选用进行科学规划。要认真研究、分析设备需求种类、配置状况、技术状态，制定切实可行的配置方案，并进行科学合理的选用，充分发挥设备的效能。

（3）集成化与配套使用

在供应链装备系统中，不仅要注意设备单机的选择，更要注重整个系统各环节的衔接和设备之间的合理匹配。如果设备之间不匹配，不仅不能充分发挥设备的效能，还会在经济上造成很大的浪费。

2. 注重供应链系统运作的快速性、及时性、准确性和经济性

合理利用设备，以最低的成本提供高效、优质的服务，是打造供应链持久竞争优势的关键。客户对不同产品的购买在时间要求上有所不同，为保证生产需要，有时需要生产系统快速地供应生产所用的材料，这对设备提出了更高的要求，要求其快速、及时、准确、经济地产出货物并运送到指定场所。

快速性是为了满足生产和用户需要，以最短的时间将物料运送到指定场所。为了保证速度，需要合理配置设备，广泛应用现代化的供应链装备。

及时性要求按照生产进度合理运用设备，把物料及时送到指定场所。无论是生产企业内各车间工序间物料的流动，还是企业外各种物料的流动，都要根据生产的需要及时完成，否则生产就会受到影响。这就要求设备随时处于良好状态，能随时工作。

准确性要求在仓储、运输、搬运过程中确保设备可靠、安全，防止因设备的故障造成货物损坏、丢失。对设备进行科学管理，是保证设备、货物安全的前提。

经济性是在完成一定的生产或物流任务的前提下，最大限度地发挥设备的功能，达到消耗最少、费用最低的效果。

3. 选用标准化的器具和设备

在供应链系统中，采用标准化的设备和器具，不仅可以降低设备和器具的购置和管理费用，还可以提高作业的机械化水平，以及整个系统的效率和经济效益。特别是选用标准化集装单元器具，有利于搬运、装卸、储存作业的统一化和设施设备的充分利用。

4. 注重设备的灵活性和适应性

在供应链系统中，所采用的设备应能适应各种不同环境、任务和实际应用的需求，应满足使用方便、符合人体工程学原理等要求，设备的使用和操作要符合简单、易掌握和不易出错等要求。

5. 充分利用空间

利用有效的空间进行作业，如架空布置的悬挂输送机、立体库、梁式起重机、高层货架等，使用托盘和集装箱进行堆垛、向空中发展。这样可减少占地面积，提高土地利用率，充分利用空间。

6. 减少人力搬运

从人机工作特点来看，有些地方还需要人力搬运，但要尽量减少人力搬运，减少人员步行距离，减少弯腰的搬运作业。例如，可用手推车减少人力搬运工作量，可用升降台减少弯腰搬运作业工作量。应尽量减少搬运、装卸的距离和次数，减少作业人员上下作业、弯腰的次数以及人力码垛的发生频次。

5.1.3 供应链装备工程框架体系

供应链装备工程主要包括设施结构系统设计、供应链装备布置、供应链装备作业和储存系统运营等。其中，设施结构系统设计是对结构系统、暖通空调系统、建筑围护系统、电气照明系统、通信系统、安全系统和给排水系统等设施进行协调设计；供应链装备布置是对建筑物、机器、设备、运输通道、场地，按照物流、人流、信息流的合理需要，做出有机安排；供应链装备作业和储存系统运营是对供应链装备作业的路线、运量、搬运方法和设备、储存场地等做出合理安排与实施控制。

5.2 供应链装备分类

供应链装备是指进行各项供应链活动所需的场地、建筑物、器具、电子机械设备等可供长期使用、在较长的使用时间内基本保持原有实物形态的各种物质资料和建筑。它包括各类建筑物、装卸站台等基础设施，也包括传送带、叉车等机械装备。设施通常被认为是生产系统或服务系统运行所需的有形固定资产。在设施内，人、物料、机器被集合在一起，以实现一个规定的目标。例如，对于制造工厂来说，设施就是指所占的土地、建筑物、生产及生产辅助设备、公用设施等，投入各种原材料、零配件和辅助材料后，能产出各种产品以投放市场；对于以餐饮业为代表的服务业而言，设施包括土地、店铺、餐饮炊事设施等，投入食品和服务人员后，能使顾客得到满意的餐饮服务。为了实现供应链系统整体目标，如以最低的成本、用最少的自然资源来制造产品或提供服务，设施必须经过恰当的规划、设计和管理。

供应链装备门类众多、品种复杂且型号规格多，功能各异。它们是供应链运作的技术基础，也是供应链运作的具体实施工作单元。

供应链装备的分类方式有多种。根据供应链装备的服务对象，可分为自营装备和公共装备。自营装备的服务对象为企业自身，如企业自有叉车、仓库、生产线等；而公共装备则是为社会企业提供服务的，如租赁性叉车、营业性仓库、公共物流园区等。根据供应链装备所完成作业的类型，还可将其分为输送设备、分拣设备、起重机械、工业用车辆、集装化设备和自动化立体仓库等。

5.2.1 输送设备

输送设备一般指沿一定的输送线路连续输送物料的机械设备，一般用于零散物料的短距离运输以及生产线的在制品流动。

输送设备的形式、构造和工作原理多种多样，按安装方式可以分为固定式输送设备和移动设备；按结构形式可以分为辊式、链式、轮式、胶带式、滑板式及悬挂式等。

常见输送设备使用的承载装置主要有输送带、链条、刮板、辊道、螺旋、悬挂挂钩和提升料斗等。各种承载装置适用的物料类型和场合如表5-1所示。

表5-1 各种承载装置适用的物料类型和场合

承载装置	适用物料类型	适用场合
输送带	重量较轻的件货或散粒物料	短距离水平移动
链条（链板）	重量较重的件货	短距离水平移动
刮板（埋刮板）	散粒物料	短距离水平移动

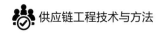

续　表

承载装置	适用物料类型	适用场合
辊道	厢式货物或形状规则的件货	短距离水平移动
螺旋	散粒或粒状货物	水平或竖直移动
悬挂挂钩	可悬挂的件货	按一定空间曲线移动
提升料斗	散粒、粉状货物或小块货物	垂直提升

在选用输送设备时，要考虑的主要技术参数有生产率、输送速度、充填系数、输送长度和提升高度等。

1. 生产率

生产率是指输送设备在单位时间内输送货物的重量，是反映输送设备工作性能的主要指标，它的大小取决于输送机承载件上每米长度所载物料的重量和工作速度。

2. 输送速度

输送速度是指输送物料的运行速度。与输送速度有关的术语包括带速、链速和主轴转速等。其中，带速是指输送带或牵引带在被输送货物前进方向上的运行速度，链速是指牵引链在被输送货物前进方向上的运行速度，主轴转速是指传动滚筒转轴或传动链轮轴的速度。

3. 充填系数

充填系数是表征输送设备的承载件被散货或件货填满程度的系数。

4. 输送长度

输送长度是输送设备装货点和卸货点之间的展开距离。

5. 提升高度

提升高度是物料在竖直方向上获得提升的高度。

除此之外，输送设备的技术参数还有安全系数、制动时间、启动时间、电动机功率、轴功率等。

5.2.2　分拣设备

分拣是指将物品按品种、出入库先后顺序进行分门别类堆放的作业。这项工作可以通过人工的方式完成，也可以用自动化设备进行处理。

1. 自动分拣系统的主要组成

自动分拣系统一般由控制装置、分类装置、输送装置及分拣道口组成。

（1）控制装置

控制装置的作用是识别、接收和处理分拣信号，根据分拣信号的要求指示分类装置、输送装置对物品按物品品种、送达地点或货主的类别进行自动分类作业。

（2）分类装置

分类装置的作用是根据控制装置发出的分拣指令，使物品改变在输送装置上的运行方向而进入其他输送机或分拣道口。

（3）输送装置

输送装置的主要组成部分是输送带或输送机，其主要作用是使待分拣物品鱼贯通过控制装置、分类装置，再沿控制系统规定线路输送。

（4）分拣道口

分拣道口是指已分拣物品脱离主输送机（或主输送带）进入集货区域的通道，一般由输送带、滚筒等组成。

以上4部分装置通过计算机网络连接在一起，配合人工控制及相应的人工处理环节构成了一个完整的自动分拣系统。

2. 自动分拣系统的类型

（1）堆块式分拣系统

堆块式分拣系统由链板式输送机和具有独特形状的滑块在链板间左右滑动进行物品分拣的堆块等组成。其优点和性能参数如下：①可适应各种不同大小、重量、形状的物品；②分拣时轻柔、准确；③可向左、右两侧分拣，占地空间小；④分拣时所需物品间隙小，分拣能力高达18000个/小时；⑤机身长，最长达110米，出口多。

（2）交叉带式分拣系统

交叉带式分拣系统由主驱动带式输送机和载有小型带式输送机的台车连接在一起。其优点和性能参数如下：①适宜分拣各类小件物品，如食品、化妆品和衣物等；②分拣出口多，可向左、右两侧分拣；③分拣能力一般达6000~7700个/小时。大型交叉带式分拣系统一般应用于机场行李分拣和安检系统。

（3）斜导轮式分拣机

转动着的斜导轮，在平行排列的主窄幅输送带间隙中浮上、下降，达到物品分拣的目的。其优点和性能参数如下：①对物品冲击力小，分拣轻柔；②分拣快速准确；③适用于各类商品，主要是硬纸箱、塑料箱等平底面物品；④分拣出口数量多。

（4）轨道台车式分拣系统

被分拣的物品放置在沿轨道运行的小车托盘上，到达分拣口时，台车托盘倾斜30°，将物品分拣到指定目的地。其优点和性能参数如下：①可三维立体布局，适宜作业工程需要；②可靠耐用，易维修保养；③适用于大批量产品的分拣，如报纸捆、米袋等。

5.2.3 起重机械

1. 起重机械

起重机械是指用来升降、装卸和搬移物料或货物的机械设备。

（1）起重机械的分类

从功能上进行区分，起重机械可分为以下4类。

①成件包装货物的起重机械。成件包装货物一般是指怕湿、怕晒、需要在仓库内存放并且多用棚车转运的货物，如日用百货、食品、香烟等。包装方式有箱装、筐装、桶装、袋装和捆装等。该类货物一般使用叉车配以托盘进行装卸。

②长、大、笨重货物的起重机械。长、大、笨重货物主要包括大型机电设备、钢材、混凝土构件、原木和大型储藏罐等，通常采用轨行式起重机和自行式起重机两种装卸。轨行式起重机有龙门式起重机、桥式起重机和轨道起重机，适用于货场、仓库和码头等货物吞吐量大且位置比较确定的场合。自行式起重机有汽车起重机、轮胎起重机和履带起重机，适用于运量不大但作业地点经常变化的场合。

③散装货物的起重机械。散装货物通常是指成堆搬运、不计件的货物，如煤炭、矿石等，一般采用抓斗起重机、装卸机、链斗装车机等装卸。

④集装箱货物起重机械。小型集装箱一般选用内燃叉车或蓄电池叉车进行装卸作业，大型集装箱一般采用龙门式起重机或旋转起重机进行装卸作业，还可以采用集装箱跨运车、集装箱牵引车、集装箱搬运车来进行运输。

（2）起重机械的技术性能指标

起重机械的主要技术性能指标有起重量、幅度、起升高度、工作速度、生产率等。

①起重量。起重量是指起重机械正常工作时允许起升的最大重量。

②幅度。幅度（或外伸距）是指起重机械吊具伸出起重支点以外的水平距离。

③起升高度。起升高度是指起重机械能将额定起重量起升的最大竖直距离。

④工作速度。工作速度包括起升、变幅、回转和运行4个机构的速度。起升速度是起重机械起升额定重量时，货物匀速上升的速度；变幅速度是吊具改变幅度时水平方向移动的速度；回转速度是回转机构在匀速转动时每分钟回转的圈数；运行速度是起重机械匀速运行或行驶的速度。

⑤生产率。生产率是单位时间内起重机械吊运货物的总吨数，是反映起重机械工作能力的综合指标。

（3）起重机械的经济性能指标

在选用起重机械时，不仅要考虑技术性能指标，还应有一些经济性能指标来衡量。主要的经济性能指标有比功率、比重量等。

①比功率。比功率表示起重机械在单位起重量下所消耗的能量多少，通常用比功率系数表示，该系数越小，经济性能越好。

②比重量。比重量表示起重机械在单位载荷力矩之下机器所需的自重，通常用比重量系数表示，该系数越小，经济性能越好。

2. 轻小型起重设备

轻小型起重设备包括千斤顶、起重葫芦和卷扬机等，具有轻小简便、使用方便的特点，适用于流动性和临时性的作业。

5.2.4 工业用车辆

（1）叉车

叉车是装卸搬运机械中应用最为广泛的一种，由自行的轮胎底盘和能竖直升降、前后倾斜的货叉、门架等组成，主要用于件货的装卸和搬运。叉车按其动力装置不同，分为内燃叉车和蓄电池叉车；按其结构和用途不同，分为平衡重式、插腿式、前移式、侧叉式、跨车以及其他特种叉车等。

叉车的主要技术参数有：额定起重量、载荷中心距、最大起升高度、满载最高行驶速度、满载最大爬坡度等。其中，额定起重量是指门架处于竖直位置、货物重心位于载荷中心距范围以内时，允许叉车举起的最大货物质量。载荷中心距是指叉车在确保纵向稳定的前提下，设计规定的额定起重量的标准货物重心到货叉竖直段前臂之间的距离。最大起升高度是指叉车在平坦坚实的路面上，在满载、门架直立的条件下，将货物提升到最高位置时，货叉水平段的上表面距地面的垂直距离。

（2）自动导引搬运车

自动导引搬运车（AGV），是指具有电磁或光学导引装置，能够按照预定的导引路线行走，具有运行和停车装置、安全保护装置以及具有各种移载能力的运输车，是重要的搬运设备。它能在计算机的监控下，按路径规划和作业要求较为精确地行走并停靠到指定地点，完成一系列作业。

自动导引搬运车以轮式移动为特征，具有行动快捷、工作效率高、结构简单、可控性强和安全性好等优势，不受场地、道路和空间的限制。

自动导引搬运车的导引方式可分为直接坐标导引、电磁导引、磁带导引、光学导引、激光导引、惯性导航、GPS 导航和自动导引等。

5.2.5 集装化设备

集装是指将许多单件物品，通过一定的技术措施组合成尺寸规格相同、重量相近的大型标准化的组合体。集装单元化是指以集装单元来组织物资的装卸、搬运、存储和运输等物流活动的作业方式。

集装系统是由货物单元、集装化设备与器具、装卸搬运设备和输送设备等组成，能高效、快速地为物流业服务的系统。

集装化设备是指用集装单元化的形式进行存储、运输、装卸和搬运等作业的物流设备与器具，主要有托盘、集装箱、周转箱、柔性集装带、集装网络、集装罐、集装筒和货捆等，下面主要介绍前3种。

1. 托盘

（1）托盘的概念

国家标准中将托盘定义为用于集装、堆放、搬运和运输的放置作为单元负荷的货物和制品的水平平台装置。托盘由可以承载若干物品的负荷面和叉车插口构成。托盘可以使物资以集装单元化的形式进行装卸、搬运、存储、运输等，极大地提高了作业效率。托盘还可以和叉车等物流设备配合使用，形成功能强大的物流单元化作业系统。

托盘是最基本的集装单元。随着产品在生产企业、物流企业、零售企业和用户之间流通，托盘的使用贯穿了从原材料生产到产品销售的供应链全过程。采用托盘可以显著减少产品的物流操作损耗率，包括减少对产品的污染和在搬运过程中的损耗。

（2）托盘的分类

为了与不同的作业环境相适应，托盘具有多种形式，按照不同的分类标准可以将托盘分为以下形式。

①按照托盘的基本结构可以将托盘分为平托盘、滑板托盘、带有上部结构的托盘（如可拆卸电力线缆托盘）等。

②按照托盘的使用情况可以将托盘分为一次性使用托盘、反复使用托盘、管内托盘、可交换托盘以及共用托盘等。

③按照托盘的构成材料可以将托盘分为木托盘、塑料托盘、金属托盘、纸托盘以及复合材料托盘等。

（3）托盘的特点

①机械化程度高。在使用过程中，托盘需要与叉车以及堆垛起重机等装卸搬运设备配合使用，以减轻人工操作的劳动强度。

②操作效率高。利用托盘可以同时完成批量货物的集装、堆放、搬运和运输操作，极大地提高操作效率。

③操作方便。相对于集装箱，托盘自重小，在装卸、运输作业中的劳动强度较低，无效运输及装卸比集装箱要少。货物装盘后可采用捆扎、紧包等技术处理，易机械化，使用简便。托盘在使用中也有一定的弊端，主要是托盘需要与专门的物流设备配合使用，而且对货物的保护性比较差，不能露天存放，自身还要占用一定的存储空间。国家标准《联运通用平托盘主要尺寸及公差》（GB/T 2934—2007），将联运托盘的平面尺寸定为1200毫米×1000毫米和1100毫米×1100毫米两种。

2. 集装箱

集装箱是能装载包装货或无包装货进行运输，并便于机械设备进行装卸搬运的一种集装化运输工具。按用途分类，集装箱可分为通用集装箱、散货集装箱、冷藏集装箱、开顶集装箱、框架集装箱和罐式集装箱等。

3. 周转箱

周转箱是指以聚烯烃塑料为原料，采用注塑成型方法生产的塑料物流箱。周转箱是物流作业场所常用的一种集装器具，具有耐酸、耐碱、耐油污，无毒无味，承载强度大等特点，适宜盛放机械零部件、电子元件、日用商品、生熟商品等各种各样的物品，而且使用方便、周转便捷、堆放整齐、清洁卫生、便于管理。周转箱广泛用于机械、汽车、家电、轻工、电子、食品等行业，适用于工商企业物流中的运输、配送、储存、流通加工等各个环节，可以反复周转使用。周转箱可与多种物流容器和工位器具配合，用于各类仓库、生产现场等各种场合，既有利于实现物流容器的通用化、一体化管理，又有利于生产企业及流通企业完善现代化物流管理。

（1）周转箱的类型

按照外形结构，周转箱可分为通用型、折叠型和斜插型等类型。

①通用型周转箱

通用型周转箱的四面箱壁与底面相互垂直。箱底面外围四边的尺寸与箱口内沿四边的尺寸一致，小于箱外壁的尺寸，因而在箱底上方构成堆垛凸台，以便周转堆垛时将上层箱的箱底卡入底层箱的箱口内，形成较紧密的配合，保证堆垛稳定可靠，即使在小倾角偏斜时也不会滑垛。通用型周转箱也称为可堆式周转箱，在实际运用中可以多层堆垛相同规格或具有相同模数关系的周转箱。一般不带盖的周转箱满载时可堆叠 7~8 层，带盖的可堆叠 5 层。通用型周转箱箱盖的形式有扣盖和翻盖等类型。箱壁外侧一般都设有加强筋，以提高周转箱的装载能力，并减少箱壁的变形。周转箱的短边两侧设有把手，以便于人工搬运。

②折叠型周转箱

折叠型周转箱的四面壁板可以折叠放平，以便于空箱堆垛或回空运输时将周转箱折叠堆垛，减少所占用的空间，提高仓库和运输工具的有效空间利用率。

③斜插型周转箱

斜插型周转箱的四面箱壁与箱底面之间具有一定的倾斜角度，形成上大下小的倒梯形结构，便于空箱堆垛时上层箱可以插入底层箱内，减少所占用的空间，提高仓库和运输工具的有效空间利用率。

（2）周转箱的规格尺寸与重量

根据中国包装行业标准《塑料物流周转箱》（BB/T 0043—2007）的规定，标准规格的周转箱规格尺寸（长×宽）优先系列为 600 毫米×400 毫米、400 毫米×300 毫米、300 毫米×200 毫米；高度优先系列为 120 毫米、160 毫米、230 毫米、290 毫米、340 毫米。标准规格周转箱的设计载重量一般为 70 千克。

5.2.6 自动化立体仓库

现代仓库一般由储存货物的货架、运输传送设施、出入库房的输送管道和设备以及消防设施、管理用房等组成，是物流系统的基础设施。仓库的主要分类标准和类型如表 5-2 所示。

表 5-2   仓库的主要分类标准和类型

序号	分类标准	类型
1	储存物品的特性	普通仓库、冷藏仓库、恒温仓库、危险品仓库、水上仓库、气调仓库及特种仓库
2	仓库建筑形式	单层仓库、多层仓库、立体仓库、简易仓库及罐装仓库
3	仓库适用范围	自用仓库、公共仓库、营业仓库及出口监管仓库
4	仓库功能	集货中心、分货中心、转运中心、加工中心、储备调节中心、配送中心及物流中心
5	仓库在物品流通中所起的作用	采购供应仓库、批发仓库、零售仓库、储备仓库、中转仓库、加工仓库及保税仓库

自动化立体仓库作为现代仓库的代表，一般是指采用几层、十几层乃至几十层高的货架储存单元货物，用相应的作业设备进行货物入库和出库作业的仓库。它一般由高层货架、巷道堆垛机、输送机、控制系统和计算机管理系统等构成，可以在计算机系统控制下完成单元货物的自动存取作业。

自动化立体仓库通常有以下 4 种分类方法。

1. 按建筑形式分类

按照建筑形式，自动化立体仓库可分为整体式和分离式两种类型。整体式自动化立体仓库的货架与仓库建筑物构成一个不可分割的整体，货架不仅承受货物载荷，还要承受建筑物屋顶和墙侧壁的载荷。这种仓库重量轻，整体性好，抗震能力强。分离式自动化立体仓库的货架和建筑物是独立的，适用于利用原有建筑物作为库房，或者在厂房和仓库内单建一个高货架的场合。

2. 按仓库高度分类

按仓库高度不同，自动化立体仓库可以分为高层（大于 12 米）、中层（5~12 米）和低层（小于 5 米）自动化立体仓库。

3. 按货架的形式分类

按库内货架形式的不同，自动化立体仓库可以分为单元货格式货架仓库、贯通式货架仓库、水平旋转式货架仓库和垂直旋转式货架仓库。其中，单元货格式货架仓库是应用最为广泛的一种仓库。这种仓库的特点是货架沿仓库的宽度方向分为若干排，每两排货架为一组，其间有一条巷道；每排货架沿仓库纵长方向分为若干列，沿垂直方向分为若干层，从而形成大量货格，用以储存货物。货物是以集装单元的形式储存在立体仓库中的。

4. 按仓库的作业方式分类

按仓库的作业方式，自动化立体仓库可以分为单元式仓库和拣选式仓库。

①单元式仓库。出入库作业都以货物单元（托盘或货箱）为单位，中途不拆散，所用设备为叉车或带伸缩货叉的巷道堆垛机等。

②拣选式仓库。根据提货单的要求从货物单元（或货格）中拣选一部分出库。其拣选方式可分为两种：一种方式是拣选人员在拣选式堆垛机到货格前，从货格中拣选所需数量的货物出库，这种方式叫人到货前拣选；另一种方式是将存有所需货物的托盘或货箱用堆垛机搬运至拣选区，拣选人员按出库提货单的要求拣出所需的货物，然后再将剩余的货物送回原址，这种方式叫货到人处拣选。

5.3 供应链装备布置

供应链装备布置是指根据企业的经营目标和生产规模，在给定的空间场所内，按照企业的运作需求，对供应链系统内物流、人流和信息流进行分析，将人员、设备和物料等所需的空间做最适当的分配和最有效的组合，以实现期望目标。所谓给定的空间场所，可以是一个工厂、一个车间、一座百货大楼、一座写字楼或一家餐馆等。

供应链装备布置在供应链系统设计中占有重要地位，历来备受重视。以工厂布置为例，它的好坏直接影响整个系统的物流、信息流、生产能力、生产率、生产成本以及生产安全。不同的工厂布置，在施工费用上可能相差无几，但对生产运营的影响会有很大的不同，优良的平面布置可以使物流搬运费用减少 10% ~ 30%。

5.3.1 供应链装备布置问题与目标及原则

1. 供应链装备布置问题

（1）服务系统的供应链装备布置问题

对于新服务系统的开发，需要通过提出以下问题来判断供应链装备布置的依据是否正确。

①现有系统的空间是否过大？

②现有空间是否过于昂贵？

③建筑物是否在合适的位置？

④一个新的布置会如何影响组织和服务？

⑤办公室的工作过于集中还是分散？

⑥办公室的结构能否支持工作规划？

⑦供应链装备布置和公司的形象协调吗？

一个服务设施的布置，必须实现以下目标：

①将建筑物或楼层内不必要的人员流动降到最低限度。

②设施内应提供必要的私人联系场所。

③为建筑物内的人员提供安全与保密服务。

④和建筑法规相适应。

此外，服务系统的供应链装备布置要比制造系统更多地考虑美学的问题。因为服务系统的顾客必须参与服务过程，所以一个愉快、舒适、宜人的环境十分重要。同时，服务系统的布置最终必须与企业形象相协调。

（2）制造系统的供应链装备布置问题

制造系统和服务系统在供应链装备布置方面所考虑问题的侧重点不同。在制造系统的供应链装备布置中，主要考虑的是将供应链装备作业成本降至最低，为职工提供安全的工作场所和便于管理人员的监管等。制造系统的供应链装备布置要达到以下目的。

①使原材料、零件、工具、在制品及最终成品的运输成本最低。

②人员来往交通流动方便、轻松。

③鼓舞职工士气，严肃风纪。

④将个人工伤、事故和损失降至最低。

⑤提供监控和面对面交谈的场所。

制造系统中的供应链装备不仅有机器设备、工作地，还有仓储空间、清洗室、工具间、实验室、办公室、休息区域、员工服务设施等。

（3）其他相关问题

①制造系统应包括的经济活动单元。这个问题取决于企业的产品、工艺设计要求、企业规模、企业的生产专业化水平与协作化水平等多种因素。反过来，经济活动单元的构成又在很大程度上影响生产率。

②每个单元的空间大小。每个单元应规划合适的空间，空间太小就可能会影响到生产率和工作人员的活动，有时甚至会引起人身事故；空间太大是一种浪费，会增加物流距离，同样也会影响生产率。

③每个单元的空间形状。每个单元的空间大小、形状以及应包含哪些单元，这几个问题实际上相互关联。一个加工单元应包含几台机器？这几台机器应如何排列？会占用多大空间？这些问题都需要综合考虑。

④每个单元在设施范围内的位置。这个问题应有两个含义：单元的绝对位置与相对位置。有时，几个单元的绝对位置变了，但相对位置没变。相对位置的重要意义在于它关系到供应链装备作业路线是否合理，是否减少了物流强度与时间，以及管理和通信是否便利。此外，如果单元对内部相对位置影响不大，应考虑与外部的联系，如将有出入口的单元设置于靠近通道的位置。

2. 供应链装备布置的目标及原则

一个设施是一个有机的整体，由相互关联的子系统组成，因此必须将设施系统自身的问题及其解决目标作为整个规划设计活动的中心。供应链装备布置的总目标是使人力、财力、物力和人流、物流、信息流得到最合理、最经济、最有效的配置和安排，即要确保规划的企业能以最小的投入获取最大的效益。典型的目标如下：①简化加工过程；②有效地利用设备、空间、能源和人力资源；③最大限度地减少供应链装备作业；④缩短生产周期；⑤力求投资最低；⑥为职工提供方便、舒适、安全和卫生的工作条件。这些目标之间往往存在冲突，必须选用恰当的指标对每一个方案进行综合评价，才能达到总体目标的最优化。

无论是在制造型企业还是在服务型企业，供应链装备布置与企业业务之间都形成了相互驱动的紧密关系。供应链装备是企业开展业务的物质基础，提供服务或生产产品是企业布局设施、购买设备的前提条件和目的。企业开拓新的业务需要配置新的设施、设备，新的设施、设备也会带给企业尝试发展新业务或生产新产品的机会。

除此之外，供应链装备布置还应遵循以下原则。

①减少或消除不必要的作业。这是提高企业生产率和降低消耗的有效方法之一。只有在时间上缩短生产周期，空间上减少占地，流程上减少停留、搬运和库存，才能保证投入的资金最少、生产成本最低。

②将流动的观点作为供应链装备布置的出发点，并贯穿于规划设计的始终，因为生产系统的有效运行依赖人流、物流、信息流的合理规划。

③运用系统的概念，用系统分析的方法实现系统的整体优化。

④重视人的因素，运用人机工程理论进行综合设计。要考虑环境因素（包括空间大小、通道配置、色彩、照明、温度、湿度、噪声等）对人的工作效率和身心健康的影响。

⑤供应链装备布置是从宏观到微观，又从微观到宏观的反复迭代、并行设计的过程，要先进行总体布置方案设计，再进行详细布置；而详细布置又要反馈到总体布置方案中，对总体布置方案进行修正。

总之，供应链装备布置要综合考虑各种相关因素，对生产系统或服务系统进行分析、规划、设计，使系统资源得到合理的配置。

5.3.2　供应链装备作业空间计算

在供应链装备布置中，最难确定的是设施内的空间需求，设施设备布置的时间跨度一般是 5~10 年，但是未来有很多不确定因素，如技术进步、产品转型、需求变化和组织变化等，因而要预测真正的空间需求就很困难。因此，合理地进行需求的基础数据调查和预测非常重要。例如，在确定仓储作业的空间需求时，要考虑到库存水平、存储单位、存储方法和策略、物流设备需求、建筑条件和人员需求等。

此外，现代制造技术下制造、存储和办公的空间需求减少，主要原因包括：①产品以更小的批量和集装单元配送到使用点；②在使用点设置分散化的存储区；③库存保有量更少；④采用更高效的布置安排方式；⑤企业规模变小；⑥共享式办公室和通信技术的采用等。

在制造设施和办公环境中，空间需求的确定要先从单个工作站开始，工作站的空间需求包括设备、物料和人员的空间；然后才是由工作站集合而成的部门的空间需求。

1. 设备空间

设备空间包括以下几项：①设备本身所占的空间；②机器行程空间；③日常维护空间；④大修服务空间。

设备的相关数据一般可以在设备说明书中找到，主要的信息包括：①机器制造商和机器类型；②机器型号和序列号；③机器安全停车位置；④地面负荷需要；⑤到最大行程点的静止高度；⑥最大竖向行程；⑦最大向右行程；⑧最大向左行程；⑨到最大行程点的静止深度；⑩接近操作者方向的最大行程；⑪远离操作者方向的最大行程；⑫日常维护需求和面积；⑬大修需求及面积。

2. 物料空间

工作站内物料空间包括以下几项：①来料的接收和存储空间；②在制品的接收和存储空间；③待发料的存储和发送空间；④废料和切屑的存储与发送空间；⑤工模夹具和维修保养用物料空间。其中，①②③④均取决于集装单元尺寸及物料在机器间的流动状况，要注意考虑取放过程是否需要一定的空间；⑤则取决于机器型号。

3. 人员空间

工作站内人员空间包括以下几项：①操作者空间；②供应链装备作业空间；③操作者进出空间。操作者空间和供应链装备作业空间设计取决于工艺方法的设计；操作者进出空间需求主要表现为操作者在工作站内安全行走的通道需求；对操作者的作业应当进行动作研究和人因研究以确定工艺方法。

人员空间设计通常遵循以下原则：①应使操作者取放物料时尽量不行走，尽量不进行长距离或不方便的伸臂动作；②应当使操作者的工作既有效果又有效率；③应尽量减少手工的供应链装备作业；④应使操作者安全、舒适，减少疲劳。

操作者进出空间可参照以下设计：①行走通过静止物体时最小需要 0.8 米宽的通道；②在静止物体和运行的机床间至少需要 0.9 米宽的通道；③在两台运行的机床间行走至少需要 1.1 米宽的通道。实施前应提供布置示意图，最好模拟操作者实施任务、改换设置、保养设备和打扫等工作场景，保证空间分配足够。

4. 部门空间

部门空间并不是各个工作站面积的简单相加，因为模具、设备维护、保洁用品、存储区、操作者、零配件、看板和信息识别交流板等可能是共享的。此外，每个部门还需要内部供应链装备作业的空间。因此，部门空间包括部门内所有工作站的空间和服务需求空间，如模具、设备维护大修、存储区等和部门内的通道所占用的空间。其中，部门内的通道在工作站的摆放方式和供应链装备作业系统没有确定下来之前可采用经验估算值。

通道用于人员、设备和机械通行，通道的宽度必须适应其用途，在设施中的位置应有利于流动。通道在设施面积中占有较大的比例，必须仔细设计。如果通道规划过窄，则会导致设施拥挤，易造成安全问题；而通道过宽，又会造成空间浪费，所以应当在考虑通道的流量和类型后再确定其宽度。表5-3给出了不同流动类型的推荐通道宽度参考值。

表5-3   不同流动类型的推荐通道宽度参考值

流动类型	通道宽度/米	流动类型	通道宽度/米
拖车	3.6	1吨叉车	2.7
3吨叉车	3.4	窄通道叉车	1.8
2吨叉车	3.0	手推车	1.5
单向人行道	1.0	双向人行道	1.5

通道设计应注意以下事项：①通道应当尽量避免曲线、急转弯和非直角相交；②通道应当是直线的，并通向大门；③应尽量避免沿墙布置通道，除非通道用于进出设施；④应考虑柱间距，柱子应位于通道的边界，而不能挡在中间。

此外，在设施设备布置中，建议计算通道占总场地的面积比，需要把这个数据按年度记录绘制，目标是尽量缩小这个百分比。缩小百分比的措施有：①用前叉车代替普通叉车，减少通道弯曲半径；②使用驶入式货架或托盘货架，可以将对应的通道面积减少一半。

除以上4种空间需求外，目视管理的空间需求对供应链装备布置也会产生一定的影响。目视管理是一种以公开化和视觉化显示为特征的管理方式，在现代制造系统中相关的目视管理工具被广泛应用，其主要内容包括以下几个方面。

①标示、整理和定置管理。整洁的环境有助于团队开展工作、开会和查看工作进度，以及发布和张贴产品及生产的各种信息，检查物料和工模夹具是否在正确的位置。

②目视文档。包括公差要求、工作指令、机器操作指令、自检指令、检查方法、工厂布置图和平面指示图等。

③目视生产、维护、库存和质量管理。包括生产进度墙报、看板、自助维护指示板、机器故障警示灯、仪表指示板、进度过程控制方法图板和问题记录板等。

④工作绩效度量。

⑤对进度状况的跟踪和改进的目视显示。

为了有效利用空间，设施设备布置人员需要利用墙壁和通道等空间尽量显示更多的信息，并合理分配物料、模具、清洁保养工具和员工会议室等专用空间。

5.3.3 基于SLP法的供应链装备布置

系统布置设计（SLP）是一种条理性很强，将物流分析与作业单位相互关系密切程度分析相结合，求得合理布置的方法。

1. 作业单位分析

在SLP法中，将研究工厂布置问题的依据和切入点归纳为5个基本要素——P、Q、

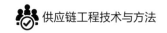

R、S 和 T。在系统布置设计开始时，应收集 P、Q、R、S、T 的原始资料，同时需要对作业单位划分情况进行分析，通过分解与合并，得到最佳的作业单位划分状况，并计算出相应的作业单位面积。

（1）P（产品或材料）

P 是指待布置工厂将要生产的商品、原材料或者加工的零件和成品等。产品或材料的信息由生产规模和产品设计确定，包括项目、种类、型号、零件号、材料和产品特征等。这一要素影响着设施的组成及其各作业单位间的相互关系、生产设备的类型和供应链装备作业的方式等方面。

（2）Q（数量或产量）

Q 是指所生产、供应或使用的商品量或服务的工作量。数量或产量信息由生产规模和产品设计确定，用件数、重量、体积或销售的价值表示。这一要素影响着设施规模、设备数量、运输量和建筑物面积等方面。

（3）R（生产路线或工艺过程）

这一要素是工艺过程设计的成果，可用工艺路线卡、工艺过程图和设备表等表示。它影响着各作业单位之间的关系、供应链装备作业路线、仓库及堆放地的位置等方面。

（4）S（辅助服务部门）

除生产外的所有作业单位统称为辅助服务部门，包括工具、维修、动力、收货、发运、办公室、食堂和厕卫等。这些部门是生产的支持系统，有时辅助服务部门的总面积大于生产部门所占的面积，在布置设计时必须给予足够重视。

（5）T（时间或时间安排）

T 是指在什么时候、用多长时间生产出产品，包括各工序的操作时间以及更换批量的次数。在工艺过程设计中，根据时间因素可以求出设备的数量、需要的面积和人员数量，平衡各工序的生产能力。

P、Q 两个基本要素是一切其他特征或条件的基础。只有在充分调查研究上述各要素并取得全面、准确的各项原始数据的基础上，通过绘制各种表格、数学和图形模型，有条理地进行分析和计算，才能最终求得供应链装备布置的最佳方案。一是 P-Q 分析，确定设备布置形式。产品品种的多少和产量的高低直接决定了设备布置的形式。二是划分作业单位。在 P、Q、R、S、T 和 P-Q 等信息分析的基础上，结合企业的管理方式和经营目标，合理划分作业单位。在一般情况下，工厂都是由多个生产部门、管理部门、仓储部门及辅助服务部门等组成的。在进行工厂总体布置时，作业单位是指车间、科室一级的部门。每个作业单位承担着明确的任务，作业单位之间既相互独立又相互联系，共同为企业整体利益服务。三是计算作业单位面积。各作业单位所需占地面积与 P、Q、R、S、T、P-Q、搬运方式等有关。

2. 作业单位相互关系分析

在供应链装备布置中，各设施的相对位置由设施间的相互关系决定。针对某些以生产流程为主的工厂，物料移动是工艺过程的主要部分，如对于一般的制造厂，物流分析是布置设计中最重要的方面；对某些辅助服务部门或某些物流量较小的工厂，各作业单位之间的非物流关系对布置设计更为重要。因此，需要综合考虑作业单位之间的物流和非物流的相互关系。

（1）物流分析

物流分析主要是确定物流对象在物流作业过程中每个作业单元之间移动的最有效顺序以及移动的强度和数量。物流量的计算取决于产品、生产规模、工艺和搬运方式等因素。

对于产量（Q）很大而产品（P）的种类比较少的制造系统，采用标准符号绘制工艺流程图，并制定从至表来统计具体物流量大小。从至表中的"行"表示作业单元之间物流的源头，"列"表示物流的目的地，行列交叉点表示从源头到目的地的物流量（见表5-4）。

表 5-4   从至表

从/至	作业单元 1	作业单元 2	……	作业单元 n
作业单元 1				
作业单元 2				
……				
作业单元 n				

由于直接分析大量物流数据比较困难，也无必要，SLP 法将物流强度转化为 5 个等级，分别用符号 A、E、I、O、U 表示，分别对应超高物流强度、特高物流强度、较大物流强度、一般物流强度和可忽略搬运 5 种物流状况，按其物流路线占比或承担的物流量占比来确定（见表5-5）。

表 5-5   物流强度等级划分

物流强度等级	符号	物流路线占比/%	承担物流量占比/%
超高物流强度	A	10	40
特高物流强度	E	20	30
较大物流强度	I	30	20
一般物流强度	O	40	10
可忽略搬运	U	—	—

（2）非物流分析

当物流状况对企业的生产有重大影响时，物流分析就是工厂布置的重要依据。但也不能忽视非物流因素的影响，尤其当物流对生产影响不大或没有固定物流时，工厂布置就应当考虑非物流因素对各作业单位间相互关系的影响。不同企业的作业单位的位置不同，作业单位间相互关系的影响因素也不一样。作业单位间相互关系密切程度的典型影响因素如下：①物流；②工作流程；③作业性质相似；④使用相同的设备；⑤使用同一场地；⑥使用相同的文件档案；⑦使用相同的设施；⑧使用同一组人员；⑨工作联系频繁程度；⑩监督和管理是否方便；⑪噪声、振动、烟尘、易燃易爆危险物品的影响；⑫服务的频繁和紧急程度。每个项目中重点考虑的因素不应超过 10 个。作业单位间相互关系等级划分为 A、E、I、O、U、X 6 个等级。作业单位间相互关系等级及表示方法如表 5-6 所示。

表 5-6　　　　　　　　　作业单位间相互关系等级及表示方法

符号	等级	标识颜色	标识线型	占比/%
A	绝对重要	红色	4 条平行线	2~5
E	特别重要	橙色或黄色	3 条平行线	3~10
I	重要	绿色	2 条平行线	5~15
O	一般	蓝色	1 条直线	10~25
U	不重要	无色	—	25~60
X	禁止	褐色	折线	—

作业单位间基准相互关系示例如表 5-7 所示。

表 5-7　　　　　　　　　作业单位间基准相互关系示例

符号	作业单位对	密切程度的理由
A	钢材库和剪切区域	搬运物料的数量等类似的搬运问题
E	接待和参观者停车处	方便、安全
I	仓储部门和财会部门	报表运送、安全、方便
O	废物回收和工具室	共用相同设备
U	技术部门和发运	不常联系
X	焊接和油漆	灰尘、火灾

3. 作业单元综合相互关系分析

在大多数工厂中，各作业单位之间既有物流关系也有非物流关系，因此，在 SLP 法中，要将作业单位间物流的相互关系与非物流的相互关系进行合并，求出合成的相互关系——综合相互关系，然后从各作业单位间的相互关系出发，实现各作业单位的合理布置。综合过程按以下步骤进行。

①确定物流关系与非物流关系的相对重要性。一般来说，物流与非物流关系之比应介于 1：3~3：1。在实际布局中，一般相对重要性的比值 $m:n$ 取 3：1、2：1、1：1、1：2、1：3 几个值。

②将关系的密切程度等级量化。一般取 A = 4、E = 3、I = 2、O = 1、U = 0、X = -1。

③计算两个作业单位之间综合相互关系的量化值。设两个作业单位分别为 i 和 j，

其综合相互关系的值为 TR_{ij}，物流相互关系等级为 MR_{ij}，非物流的相互关系等级为 NR_{ij}，则作业单位 i 和 j 之间的综合相互关系值为：

$$TR_{ij} = mMR_{ij} + nNR_{ij}$$

④综合相互关系等级划分。对 TR_{ij} 进行等级划分，建立作业单位综合相互关系图。根据递减 TR_{ij} 值再将关系等级划分为 A、E、I、O、U、X 6 个等级。综合相互关系等级与划分的一般比重如表 5-8 所示。

表 5-8　　　　　　　　　　　　综合相互关系等级与划分的一般比重

符号	等级	作业单位对比重/%
A	绝对重要	1~3
E	特别重要	2~5
I	重要	3~8
O	一般	5~15
U	不重要	20~85
X	禁止	—

需要说明的是，将物流与非物流相互关系进行合并时，应注意 X 级关系等级的处理，任何一级物流等级与 X 级非物流关系等级合并时，不应超过 O 级。对于某些不希望靠近的作业单位之间的相互关系，可以定为 XX 级。

⑤经过调整，建立综合相互关系图。

4. 作业单位位置与空间关系的确定

在进行布局设计以确定位置时，应先按综合相互关系图中级别高低顺序确定不同级别作业单位的位置，关系级别高的作业单位之间距离近，关系级别低的作业单位之间距离远，而同一级别的作业单位按综合相互关系分值高低来进行布局。作业单位综合相互关系分值高的应处于中间位置，分值低的应处于边缘位置。

在 SLP 法中，采用线型图"试错"来生成空间关系图。在绘制线型布局图时，先将 A、E 级关系的作业单位放进布局图中，同级别的关系用相同长度的线段表示。经过调整，使 E 级关系的线段长度约为 A 级关系的 2 倍。随后，按同样的规则布局 I 级关系。若作业单位比较多，线段比较混乱，则可不必画出 O 级关系，但 X 级关系必须表示出来。调整各作业单位的位置，以满足相关关系要求。

作业单位空间关系的确定与工厂厂房的平面形状及建筑空间几何形状相关。各作业单位的占地面积由设备占地面积、物流模式、人员活动场地等因素决定，将各个单位填入布局图中，生成空间关系图。

在 SLP 法中直接生成的空间关系图只是理想情况下的布局方案。在实际设计中，还需要考虑场址条件和周围情况，建筑物特征、容积率，绿地与环境保护空间的比例及限制，人员需要、搬运方法、资金等实际限制条件，以及各种修改意见，通过调整修正得到多种可行的布局方案,然后对调整修正得到的多个可行的布局方案进行综合评价,最后在综合评价的基础上,选择一个最优的布局优化方案,绘制空间关系图。

5.3.4 典型的生产型部门供应链装备布置

供应链装备布置过程中要确定生产型部门怎么划分,各生产型部门究竟包含哪些设施。生产型部门布置是工厂布置中一个非常重要的问题,其供应链装备布置方式直接影响产品的生产率、质量、成本、安全以及生产管理的有效性。根据经验,生产车间内设备布置的典型方式有四种:按工艺布置、按产品布置、按固定工位布置和按成组生产布置。

1. 按工艺布置

这种布置方式适合产品品种很多,但每种产量较少,且具有类似生产工艺流程的制造业企业。因此,这种布置方式被广泛用于多品种、小批量的生产方式。这种供应链装备布置又称为机群布置或功能布置,是一种将相似设备或功能相近设备集中布置的布置形式,如按车床组、磨床组等分区(见图5-1)。由于同一类设备集中在一起,可以提高这类设备的利用率,但对某零部件来说,则使生产路线和物流距离变长。按工艺布置的优缺点如表5-9所示。

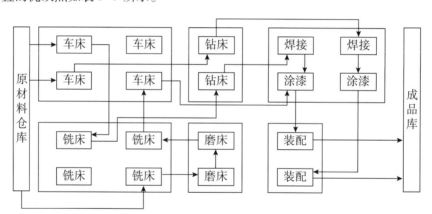

图5-1 按工艺布置示意

表5-9   按工艺布置的优缺点

优点	缺点
①机器利用率高,可减少设备数量; ②便于调用设备; ③设备和人员的柔性程度高,便于调整产品品种和数量; ④设备投资相对较少; ⑤操作人员作业多样化,能提高工人的工作兴趣和职业满足感	①由于流程较长,搬运路线不确定且运费高; ②生产计划与控制较复杂; ③生产周期长; ④库存量相对较大; ⑤由于操作人员从事多种作业,需要较高的技术等级

2. 按产品布置

在这种布置方式下，设备完全按照某产品及其零部件的生产工艺过程来排列，主要用于少品种、大批量的生产方式（见图5-2）。这种布置最大限度地缩短了供应链装备作业的距离。当然在这种生产方式中，某一部分出了问题就会影响全局。按产品布置的优缺点如表5-10所示。

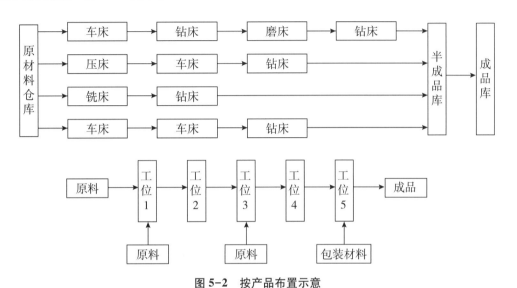

图5-2　按产品布置示意

表 5-10　　　　　　　　　　　　按产品布置的优缺点

优点	缺点
①布置符合工艺过程，物流顺畅； ②上下工序衔接顺畅，存放量少； ③生产周期短； ④供应链装备作业工作量少； ⑤可做到作业专业化，对工人的技能要求不高，易于培训； ⑥生产计划简单，便于控制； ⑦可使用专用设备和机械化、自动化搬运方法	①设备发生故障时将引起整条生产线的中断； ②产品设计变化将引起布置的重大调整； ③生产线速度取决于瓶颈机器； ④投资较大，在生产线上可能有的机器负荷不满； ⑤生产线上重复作业，易使工人感到单调乏味，产生厌倦感； ⑥维修和保养费用高

3. 按固定工位布置

这种布置方式主要用于大型或特大型产品的生产，这类产品不易移动，如船舶制造、大功率内燃机车和飞机的总装备等（见图5-3）。在制造过程中，产品被固定在一个位置上，所需设备、人员和物料均围绕产品布置。按固定工位布置的优缺点如表5-11所示。

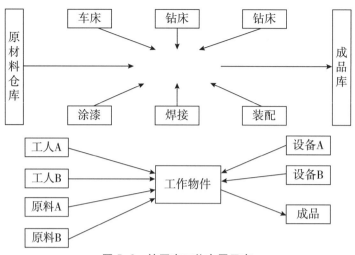

图 5-3　按固定工位布置示意

表 5-11　　　　　　　　　　　按固定工位布置的优缺点

优点	缺点
①物料移动少； ②当采用班组方式时，可提高作业连续性； ③提高质量，因为班组可以完成全部作业； ④柔性高，可适应产品和产量的变化	①人员和设备的移动增加； ②设备需要重复配备； ③工人需要较高的技能； ④会增加面积和工序间储存量； ⑤生产计划需要加强控制和协调

4. 按成组生产布置

这种布置方式主要用于产品品种较多、每种产品的产量又是中等规模的生产。成组生产布置将工件按其外形与加工工艺的相似性进行编码分组，同组零部件用相似的工艺过程进行加工，同时将设备成组布置，即把使用频率高的机器群按工艺过程顺序布置，组合成成组制造单元，整个生产系统由数个成组制造单元构成。这种布置方式提高了设备的利用率，总体上缩短了物流路线，但也加大了生产管理的难度。按成组生产布置的优缺点如表 5-12 所示。

表 5-12　　　　　　　　　　　按成组生产布置的优缺点

优点	缺点
①由于产品成组，设备利用率较高； ②流程通顺，运输距离较短，搬运量少； ③有利于发挥班组合作精神； ④有利于提升工人的作业技能； ⑤缩短生产准备时间； ⑥兼有按产品布置和按工艺布置的优点	①需要较高的生产控制水平以平衡各单元之间的生产流程； ②如果单元之间流程不平衡，则需要中间储存，增加了单元之间的供应链装备作业量； ③班组成员需要掌握所有作业技能； ④减少使用专用设备的机会； ⑤兼有按产品布置和按工艺布置的缺点

划分部门、确定加工工作站的归属是一项综合性的工作，应当采用系统的方法，仔细研究每种产品及其零部件，确定其所用工作站在部门划分时的最佳归属。表5-13总结出了部门划分和工作站归属的基本原则。

表 5-13   部门划分和工作站归属的基本原则

产品特性	划分部门类型	工作站归属
标准化产品，需求量大且稳定	产品型部门	生产此产品的所有工作站
体积大、难以移动且需求较少	物料固定型部门	生产此产品的所有工作站和产品暂存区
可归入相似零件族，并可用工作站群来生产	产品族型部门	生产此产品族的所有工作站
以上皆不是	工艺型部门	将相同、相近的工作站划分在一起

通过产品—产量（P-Q）分析，可以确定设备布置形式，图5-4直观反映了P-Q与设备布置形式之间的关系。P-Q分析步骤如下：第一步，将各种产品、材料或有关生产项目分组归类。第二步，统计或计算每一组（类）的产品数量。需要说明的是，产量的计算单位应该反映出生产过程的重复性，如件数、重量或体积等。

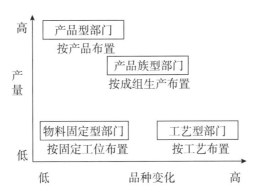

图 5-4 产品产量和品种变化的布置分类

在制造型企业中，除生产型部门外一般还包括辅助型、管理型和服务型部门，涉及质量控制、维修、现场管理、餐饮服务、卫生服务等。辅助型和管理型部门的组成一般由企业的组织结构、运营管理和各单位的作业关系决定，而服务型部门则由管理层对员工的关心程度和投入期望所决定。一般来说，这些部门常按工艺型部门处理，因为它们都是将相似作业集中在一定区域内进行的。

采用现代制造技术的企业组织是将生产、辅助、管理和服务各种类型部门结合起来而形成的综合的连贯型部门。例如，生产某零件族的专门制造单元内也包括相应的辅助、管理和服务功能，涉及维修、质量控制、物料管理、工程管理、采购等。

5.3.5 服务型供应链装备布置

1. 服务型供应链装备布置与生产型供应链装备布置比较（见表 5-14）

表 5-14　　　　　　服务型供应链装备布置与生产型供应链装备布置比较

服务型供应链装备布置特点	生产型供应链装备布置特点
①一目了然的服务流程； ②有足够的供顾客等待时使用的设施； ③拥有足够的服务窗口和明确的进出口； ④部门的安排和商品摆放合理，顾客能轻易看到商家想让顾客看到的东西； ⑤休息区和服务区面积均衡； ⑥人流和物流最少，物品摆放有序； ⑦面积利用充分	①直线型流动，回溯最少； ②生产时间可以预先估计； ③在制品少； ④开放的车间，人人可以看到车间生产的情况，瓶颈操作可被控制； ⑤工作地之间距离较近； ⑥物料的搬运和储存有序； ⑦没有不必要的供应链装备作业； ⑧易于根据条件的变化进行调整

2. 服务型供应链装备布置的主要决策内容

服务型供应链装备布置不仅要根据服务类型和服务特点确定其平面或立体的位置，还要确定相应服务流程、服务方式和移动路线，主要包括以下决策内容。

（1）服务类型需要的空间、形状与位置

影响企业服务单位构成的要素主要包括以下 4 点。

①企业的产品和服务。企业的产品和服务从根本上决定了企业运作单位的构成，具体来讲，与服务品种、服务特点、服务类型有密切关系。

②企业的规模。企业的规模是指企业劳动力、生产资料和产品服务集中的程度，如员工人数、资产总值、服务产值等。企业规模越大，需要布置的工作单位就越多。

③企业服务的专业化和协作化水平。服务的专业化是指服务部门中根据服务的不同过程而划分的各业务部分，这个划分过程就是专业化过程。服务专业化的形式不同，相应的工作单位也不同。企业的协作化水平也会影响工作单位的数量和类型。协作化水平越高，企业内部的服务单位就越少。

④企业的服务水平。企业的服务水平主要是指服务水平对企业运作单位构成的影响。若企业拥有较高的服务水平，则运作单位就要布置紧密。

（2）供应链装备布置的要求、原则和类型

供应链装备布置是企业运作的物质要素的有机组合，这种组合的合理性和有效性对运作系统功能的实现、效率和效益有着决定性的影响。因此，供应链装备布置必须从系统分析入手，统筹兼顾、全面规划、合理部署，讲究整体的最优效果。为此，先要明确供应链装备布置的要求和基本原则，正确选择供应链装备布置类型是至关重要的前提和保证条件。供应链装备布置的基本要求主要有以下 8 点。

①符合服务流程的要求。供应链装备布置是为了服务流程的顺利进行，因此，供应链装备布置的首要要求就是能够满足服务的运作过程要求。

②尽可能使员工的移动距离最短。员工的移动距离越短，工作效率就会越高。

③供应链装备布置应尽可能紧凑合理，有效利用面积。布置紧凑不仅可以减少移动距离，还可以节约用地，减少工作量，降低基建投资费用。

④保证工作和生活的环境和质量。供应链装备布置中必须考虑防火、防盗、防爆、防毒等安全文明的生产要求，工作地要有足够的照明和通风条件，减少噪声和振动，为员工创造一个良好的工作环境，保护员工的身心健康。同时，要注意供应链装备布置的美观性和艺术性，做好绿化工作。

⑤合理划分区域，便于服务运作单位之间的联系、协作和管理等。

⑥充分利用外部环境的便利条件，如供水、供电和公用设施等。

⑦要具有可扩展性，以满足再布置的需要。

⑧注意与周围环境的协调。在大型写字楼区这一点需要特别注意，以为企业树立良好的形象。

3. 零售服务业供应链装备布置

（1）零售服务业的布置方式

零售服务业（如商店、银行、饭店等）布置的目标是使店铺每平方米的净收益达到最大。零售服务业的布置方式应从以下 3 个方面进行考虑。

①环境条件。环境条件是指背景特征，如噪声、音乐、照明、温度等。环境条件会影响顾客对服务的满意程度、顾客的停留时间以及顾客的花费，也会影响员工的表现和态度。

②空间布置以及功能。空间布置需要实现两个重要功能：设计出顾客的行走路径以及将商品分组摆放。行走路径设计的目的是给顾客提供一条路径，使他们尽可能看到更多的商品，并沿着这条路径按需要程度安排各项服务。路径中的通道数量和宽度也非常重要，因为它们会对服务便利性和服务流的方向产生影响。

③标志和装饰品的布置。标志和装饰品等是零售服务业中表示某种意义的标示物。对于需要被识别的位置或者区域，应合理地设置标示物。

（2）零售服务业供应链装备的布置形式

零售服务业供应链装备布置主要有以下 3 种形式。

①网格式。网格式布置以矩阵网格方式安排柜台，通道都是平行的，适合自选购物方式，容易控制客流量。网格式布置能有效利用销售空间，创造整洁的环境，并能简化购物活动。

②自由式。自由式布置采用不同形状和大小的柜台（货架）展示。自由式布置的主要优点是能营造一种轻松、愉快的购物气氛，能够鼓励顾客更长时间地逗留，使顾

客更容易冲动性购买商品。但是自由式布置的空间利用率不高，若规划不好还可能会产生安全问题。

③精品店式。精品店式布置将商品划分为一系列相对独立的购物区，每一块区域都有自己的主题，就像在一个大店里布置一系列专卖店一样。精品店式布置的优点是能为顾客提供一个独特的购物环境。

4. 供应链装备布置流程

（1）确定所有作业单位之间的相互关系

在设施范围内明确作业单位是否有相互作用，以及如何相互作用，或者是如何支持其他作业单位的。这些活动是如何进行的，要分析出定性和定量的关系。

（2）确定所有作业单位的空间需求

在计算每一个作业单位的空间需求时，要考虑所有设备、物料和人员的需求。

（3）设计备选方案

基于以上信息，生成多种不同的设计方案。备选的设施设备布置方案包括备选的设施选址和设施设计两个方面。设施设计的备选方案应包括备选的布置设计、结构设计、供应链装备作业和存储系统设计。根据具体情况的不同，可将设施选址决策和设施设计决策分开考虑。

（4）评价备选方案

评价设施设备布置的备选方案是指在同一标准下，给不同的方案打分。对每一种方案，应确定所涉及的目标因素，并评价这些因素是否会影响以及如何影响设施设备及其运作。

（5）选择优选设计方案

选择设施设备布置方案时，要确定哪一个方案更有利于实现企业经营目标。在大多数情况下，成本并不是唯一的主要考虑因素。

（6）设计方案的实施

①设施设备布置方案的实施。一旦规划方案选定后，就要在设施实际建造或区域布置之前完成相当数量的规划工作。实施过程的监控、运行准备、运行和调试等也是方案实施阶段要做的工作。

②设施设备布置的维护和调整。随着对设施设备新要求的提出，总体设施设备布置方案必须进行相应的修改。例如，针对节能新措施的修改、新供应链装备作业设施上市后的改进、产品品种或产品设计的改变都会带来物流路线的修改，而这些也会要求设施设备布置方案做出相应的调整。

③设施设备目标的重新确定。应验证设施设备生产的产品或提供的服务是否能够满足指定指标的要求，并且在以后可能对设施设备进行的调整和改造中都要再考虑这些指标。

持续改进的设施设备布置流程如图5-5所示。

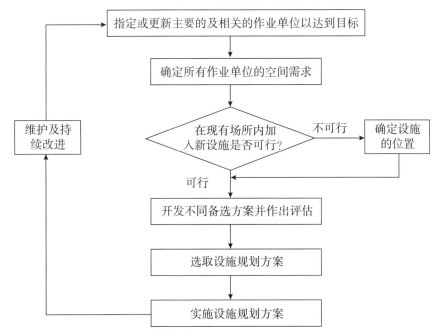

图 5-5　持续改进的设施设备布置流程

5.4　供应链设施内物料搬运作业

物料搬运是一种辅助生产过程，是制造业企业生产过程中重要的组成部分，在工序之间、车间之间和工厂之间的物料流动中扮演着重要角色。

物料搬运简单来说就是指运用各种动力和搬运机械将物料保质、保量、及时、安全、经济、高效地搬离并运到指定地点。物料搬运是设施规划的重要组成部分，物料搬运系统的改变将影响设施布局，同样，设施布局的改变也会影响物料搬运系统。

5.4.1　物料搬运作业活动

物料搬运的主要活动有物料的移动、存储、保护和控制。对这些活动的管理不仅需要科学测量和规划，还需要利用搬运设备、系统以及科学的方法等来实现。

1. 移动

移动是物料搬运最直接的表现形式，对任何物料进行移动的前提都是了解物料的物理性质和化学性质，如物料的尺寸、质量和运输条件等，以及对其移动路径和幅度进行定性分析。

2. 存储

存储是操作工序之间直接的缓冲，缓冲是为了更为高效地利用生产设备和员工，并为下一步的生产提供充足的物料。存储不仅要考虑物料的物理性质和化学性质，还需要考虑建筑的实际情况，如楼板的承载能力、建筑的空间和立柱的干扰等。

3. 保护

保护是为了使物料不发生破损或者丢失，通常的方法是对物料进行包扎和装箱。有时候，还将物料的信息输入信息防范系统，防止错搬、漏搬和不按顺序加工生产。

4. 控制

控制就是对物料的位置、顺序和数量等方面进行有效控制。控制是所有活动中最为抽象和重要的，要想实现合理和适度控制，就要做好系统设计，并不断提高企业的管理水平和员工的素质，营造良好的企业文化。

5.4.2 物料搬运作业指标

物料搬运有 4 个作业指标：移动量、空间量、速率和搬运量。

1. 移动量

移动量表示物料空间位置的变化，通常不用位移而用路程表示，其主要原则就是移动的安全原则和最短路程原则，安全原则又最为重要。它是由搬运物料设备的类型和物料性质决定的，单位物料运输费用可以由其算得。移动量还具有直观性、度量性和连续性，它是作业指标中最基础、最重要的量。

2. 空间量

空间量表示物料搬运的空间，与存储和移动搬运设备所需空间、物料自身排序和所占空间有关。

3. 速率

速率表示物料通过物料搬运设备移动的速率，反映了物料流通的效率，是衡量物料搬运系统优劣的重要指标。

4. 搬运量

搬运量表示物料搬运设备搬运的能力，它与很多方面有较密切的关系，如搬运设备的额定载荷、路线的设置、设施布局及工人的熟练度等。

5.4.3 物料搬运作业的特点

物料搬运作业主要有以下 3 个特点。

1. 物料搬运是附属性的活动

物料搬运的目的与物流的其他环节密不可分，不是为了搬运而搬运，因此与其他环节相比，物料搬运具有伴随产生的特点。又如转运、储存和包装等环节，一般都以物料的装卸搬运为起点和终点，因此它又具有起终性的特点。

2. 物料搬运是保障性的活动

物料搬运保障了生产中其他环节活动的顺利进行，其他生产活动都需要以物料搬运为保障。物料搬运过程不消耗原材料，不排放废弃物，不大量占用企业资金。

3. 物料搬运是衔接性的活动

任何其他物流活动都是以物料搬运来衔接的，所以物料搬运往往会成为整个物流的"瓶颈"，是物流各功能之间形成高效和紧密衔接的关键。

5.4.4 物料搬运作业的方法及选择

物料搬运作业的方法是指在对物料搬运需求分析的基础上，对物料搬运路线、搬运设备和搬运单元进行选择和设计。

1. 物料搬运路线选择

物料搬运路线根据物料移动方式的不同，可划分为两种不同的运行体系：一是不同物料由起点直接向终点移动，称为直达类；二是对不同区域的各类物料进行统一，使统一的设备根据一定的路线移动，对物料进行装卸搬运，称为间接移动类，包括通渠类和中心转运类两种（见图 5-6）。

（a）直达类　　　　（b）通渠类　　　　（c）中心转运类

图 5-6　物料搬运路线的类型

（1）直达类

这是指物料由起点到终点在最短的路径上移动，适用于物料流程密度较高，并且移动距离短或适中的情况。

（2）通渠类

这是指物料在事先设定的路线上移动并到达目的地，而其他相关的不同物料都能共同使用这条路线来完成物料搬运过程，适用于搬运密度不高、距离中等或者较长，且布置不规则甚至呈扩散状态的物料。

（3）中心转运类

这是指物料由起点至终点要经由中间转运站加以分类和搬运，然后才到达目的地，适用于物流量较小且距离中等或者较远时的物料搬运。

2. 物料搬运设备选择

企业在选择物料搬运设备时，应先明确加工工艺的需要和流程设计的要求，根据生产产品批量明确各阶段需要搬运物料的特性和搬运量，然后进行搬运方式的选择。影响物料搬运设备选择的因素有：①物料性质，包括形状、是否易损坏、危险性等；②搬运能力；③搬运距离；④搬运频率；⑤安全要素；⑥适应柔性；⑦环保影响。

第 6 章

供应链技术工程

Chapter 6 : Supply Chain Technology Engineering

6.1 供应链技术工程概述

6.1.1 供应链技术工程的相关概念

供应链技术是指供应链工程活动中所采用的自然科学与社会科学方面的理论、方法，以及设施、设备、装置与工艺的总称，包括硬技术和软技术两个方面。供应链硬技术是指组织供应链工程活动所涉及的各种机械设备、运输工具、站场设施及服务于供应链工程的电子计算机、通信网络设备等方面的技术。供应链软技术是指组成高效率的供应链系统而使用的系统工程技术、价值工程技术、物流技术、协同技术、协调技术、智慧化技术等。

本章重点讲述智慧供应链技术，即智慧供应链的可视化、可感知、可调节技术（见表6-1）。其中，可视化技术好比智慧供应链的眼睛，能实现供应链四流及其互动匹配关系的可视化，包括智能制造、物联网、云计算、数字孪生、区块链、人工智能等。可感知技术好比智慧供应链的大脑，根据供应链各种可视化数据进行快速决策，包括人工智能、生成式AI、数字孪生等。可调节技术好比智慧供应链的身体，根据感知决策快速响应和调整供应链体系，以适应市场条件的变化，包括人工智能、智能制造、物联网等。

表6-1　　　　　　　　智慧供应链技术

	可视化技术	可感知技术	可调节技术
3D打印			√
5G	√		√
工业机器人	√	√	√
物联网	√	√	√
人工智能	√	√	√
生成式AI	√	√	√
云计算	√	√	
区块链	√	√	
数字孪生	√	√	√

智慧供应链技术工程基于智慧供应链战略，遵循战略匹配、专长协同、柔性化、跨越鸿沟四大原则，专注于供应链工程全生命周期的智慧化管理，利用智慧供应链技术，实现供应链上下游智慧协同，做到供应链全面可视、快速感知、动态调节，以应对市场需求的快速变化。

6.1.2 供应链技术工程原则

打造智慧供应链的核心之一是打造强大的数智供应链技术的应用能力。只有技术的应用围绕以下 4 个原则展开，才能实现供应链的智慧协同。

1. 战略匹配原则

供应链技术工程设计应和智慧供应链战略规划保持一致，在供应链战略规划指导下进行，这种做法有助于提升供应链技术工程规划的前瞻性和持续发展能力。

2. 专长协同原则

可视化技术实现供应链端到端数据的全面捕捉，可感知技术通过供应链指标体系感知问题并通过 AI 等做决策，可调节技术可驱动供应链执行系统进行动态调节，这些技术各自发挥其所长，相互匹配协同，才能真正实现供应链智慧协同。

3. 柔性化原则

参照云平台分布式架构打造柔性供应链技术应用体系，兼顾定制与效率，快速配合完成供应链工程体系的搭建和部署，以应对海量碎片化需求带来的不确定性，实现供应链工程体系的动态调整。

4. 跨越鸿沟原则

通过数字孪生等技术实现供应链资源与要素的数字化、在线化、物联网化，通过 AIoT（人工智能物联网）实现物理网络与虚拟网络的连接，通过数据平台实现运营数据的标准化和贯通化，通过算法平台实现智能化决策，通过供应链控制塔实现供应链的可视、可控和可靠运行，进而以数字保障跨越数字鸿沟。

6.1.3 供应链技术工程框架体系

图 6-1 是供应链技术工程的应用框架。其中，供应链要素层是供应链上一切需要可视化的资源和要素，如智能制造设备等，实现可视化最好的办法是将供应链全面数字化（通过数字孪生、物联网等技术）和云化（通过云计算、边缘计算等技术）。

AIoT 平台实现了供应链与实体世界的连接，形成智慧物联网络，数据平台打破供应链信息孤岛，通过数据集成实现数据贯通。

供应链算法与仿真平台集成一系列可被调用的算法与仿真模型，用于辅助实现供应链的智能发现、智能决策，并通过物联网技术、互联网技术进行智能执行、智能监控、智能反馈等。

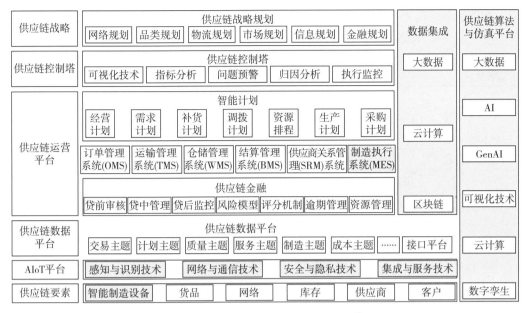

图6-1　供应链技术工程的应用框架①

6.2　供应链智能制造技术的应用

6.2.1　智能制造技术的内涵

1. 智能制造的定义

根据《智能制造发展规划（2016—2020 年）》，智能制造是基于新一代信息技术与先进制造技术深度融合，贯穿设计、生产、管理、服务等制造活动的各个环节，具有自感知、自学习、自决策、自执行、自适应等功能的新型生产方式。

智能制造的特点包括以智能工厂为基础、以关键制造环节智能化为中心、以端到端数据流为支撑、以网络互联为载体等。这种模式能够有效缩短产品研发周期，提高生产效率和产品质量，降低运营成本和资源消耗，同时推动基于互联网的众创、众包、众筹等新兴业态和新模式的发展。

2. 智能制造系统的架构

智能制造系统是基于智能制造技术，综合应用人工智能、信息技术、自动化技术、制造技术、并行工程、生命科学、现代管理技术以及系统工程理论，以满足国际标准化和互换性要求的综合性系统。这个综合性系统使制造系统中的经营决策、产品设计、生产规划、制造装配和质量保证等各子系统各自实现智能化的网络集成，成为高度自动化的制造系统。

---

① 施云．智慧供应链架构：从商业到技术［M］．北京：机械工业出版社，2022.

智能制造系统由智能计划层、智能设计层、智能执行层、智能监控层、智能设备层、智能服务层构成（见表6-2）。

表6-2 智能制造系统的架构

层次	核心技术
智能计划层	ERP、CRM、SCM、SCP
智能设计层	CAD、CAM、CAE、CIMS（计算机集成制造系统）、AI
智能执行层	MES
智能监控层	智能监视层：SCADA、HMI、实时数据库服务器等 智能控制层：可编程的控制设备如PLC、DCS、IPC等，以及其他专用控制器等
智能设备层	智能感知、控制设备：传感器、变送器、执行器、RTU、条码、射频识别等 制造设备：数控机床、工业机器人、AGV、智能仓储、3D打印等
智能服务层	服务状态感知技术：识别技术、定位系统 服务信息传输技术：工业互联网、物联网、5G 服务管理技术：可视化技术、CRM、PLM、PDM 信息安全技术：服务器自主可控、IT核心设备安全可靠 协同服务技术：设备协作、资源共享、协同创新 服务社会化技术：Web 4.0、云计算 算法平台：AI、大数据、边缘计算、云计算

（1）智能计划层

智能计划层实现面向企业的经营管理，如接收订单、建立基本生产计划、确定库存等级，以及保证原料及时到达正确的生产地点和远程运维管理等。ERP、客户关系管理（CRM）、供应链管理（SCM）、供应链计划（SCP）等管理软件在该层运行。

（2）智能设计层

智能设计层用智能化的设计手段和先进的数据交互信息系统来模拟人类的思维活动，从而使计算机能够更多、更好地承担设计过程中的各种复杂任务，不断地根据市场需求设计多种方案，从而获得最优的设计成果和效益。计算机辅助设计（CAD）、计算机辅助制造（CAM）、计算机辅助工程（CAE）等在该层运行。

（3）智能执行层

智能执行层负责将来自ERP系统的生产管理信息进行细化和分解，同时将智能计划层发出的操作指令传递至智能监控层。在此过程中，它还采集设备和仪表的状态数据，以实现对底层设备运行状态的实时监控。通过分析、计算和处理这些数据，智能执行层能够有效地整合智能监控层与信息系统，并及时将生产状态反馈给智能计划层。这一流程中，制造执行系统（MES）发挥着关键作用。

（4）智能监控层

在生产制造过程中，智能监控层功能的实现主要涵盖监视和控制两个方面。根据不同的功能，该层可进一步细分为监视层和控制层。监视层负责可视化的数据采集和监控，主要包括数据采集与监视控制（SCADA）系统、人机接口（HMI）以及实时数据库服务器等组件。而控制层则由多种可编程控制设备构成，如可编程逻辑控制器（PLC）、分布式控制系统（DCS）、工业计算机（IPC）及其他专用控制器等。

（5）智能设备层

智能设备层实现面向生产制造过程的传感和执行，包括各种传感器、变送器、执行器、远程终端设备（RTU）、条码、射频识别，以及数控机床、工业机器人、AGV、智能仓储等制造设备。

（6）智能服务层

智能服务层是将互联网、大数据、智能计算等新一代信息技术应用到产品全生命周期及制造服务各环节，实现制造服务的全方位智能化管控与优化。产品数据管理（PDM）、产品生命周期管理（PLM）等在该层运行。

6.2.2　3D打印技术的应用

1. 技术应用流程

在汽车制造领域，3D打印技术的应用流程主要分为模型设计、材料准备、工艺选择、3D打印、加工处理等。

（1）模型设计

3D打印机的数据来源主要包括两种：数据库中的原始模型和实物扫描。在调用原始数据时，各项参数通常较为精确，适用于已有模型的构建，用户可以在此基础上直接进行参数调整和材料替换。而对于实物扫描，由于可能存在细节问题且内部结构难以有效捕捉，因此通常采用手工建模与实物扫描相结合的方法，以便利用特定的网络形态进行等效计算，从而减少工作步骤。同时，在考虑零件弹性系数的情况下，可以通过拟合建立等效方程，并利用系统方程进行求解。

（2）材料准备

依据所选的设计模型及其特征，准备相应的打印材料，如塑料、金属、陶瓷等。在工艺选择环节，需结合零部件需求，选择合适的3D打印工艺，如熔融沉积制造（FDM）、选择性激光熔化（SLM）等。

（3）3D打印

通过3D打印机将设计出的模型制造成实体零部件，主要分切片和打印两个步骤。切片是将三维数字模型进行离散化处理，沿某一轴向将其分割为一系列二维层面，从而生成相应的二维平面信息。这一方法使3D打印能够基于不同的工艺要求，有序且连续地加工出每个薄层。在打印过程中，应加强参数控制，形成技术闭环，以进行动态调节并实现全自动化的启动与关闭，从而有效掌控整体生产流程，降低工作难度。

（4）加工处理（打印后处理）

需要对实体模型进行二次加工处理，如去除支撑结构、表面处理等，以获得更好的外观和使用性能，使零件表面更加光滑。在质量检测环节，需要对打印出的零部件进行质量检测，确保其尺寸精度、形状精度和材料性能都符合设计要求。在装配和测试环节，要将打印出的零部件装配到汽车上，进行性能测试和路试，保证其能够满足汽车的使用需求。

以汽车造型设计制作过程为例，在设计过程中，先要选择合适的三维建模软件如 UG 等，以制作汽车造型的三维实体模型。完成建模后，模型文件格式为 PRT，需要将其转换为 STL 格式，这样才能将设计参数导入 3D 打印机软件中。接下来，在 3D 打印机软件中对模型进行调整，包括大小和方向，随后将模型分层并添加支撑结构。然后，准备进行熔融沉积成型，选择合适的打印设备和模型参数，打印材料采用 PLA 塑性丝状材料，依据 FDM 系统的工作原理逐层进行沉积。最后，打印完成后去除支撑材料，同时因模型表面较为粗糙，需要进行打磨和抛光，以获得光滑且符合要求的 3D 打印汽车造型实体模型。

2. 可能应用场景

（1）汽车研发阶段

研发阶段是汽车机械制造的基础环节，主要涉及汽车原型制作（包括汽车外形、内部结构等）、功能测试、成本效益分析等方面。利用 3D 打印相关技术原理及特点，可以提高汽车研发效率。

①原型制作。主要根据设计图纸对汽车的外形、内部结构和动力总成进行复刻，制作出汽车原型，并将其作为测试与优化的依据。这一流程旨在提高研发效率，缩短设计验证时间，并最小化设计错误的成本。例如，兰博基尼曾利用 3D 打印技术打造跑车的发动机引擎管道，并成功地在短时间内完成了复杂几何结构的制作。

②功能测试。能保障设计原型具备目标性能及较高的可靠性。在此过程中，可以利用 3D 打印技术制作汽车的功能测试模型，比如汽车的内饰、座椅、车门等部件。同时，3D 打印技术可以用于制作汽车的结构分析模型。应用 3D 打印技术制作汽车的内部结构，进而进行结构分析，可以优化汽车的性能，提高汽车的安全性。

③成本效益分析。比如，从材料资源的角度来看，汽车机械制造中所使用的材料通常为金属件，虽然热塑性塑料也能满足相应的强度要求，但无法满足测试要求。若在测试环节直接使用金属材料，则会造成一定的资源浪费。应用 3D 打印技术，能够通过添加增强剂改变材料性能，使塑料件能够替代金属件。

（2）汽车制造阶段

3D 打印技术在汽车制造中具有重要的应用价值，能够制造出形状复杂、精度高的零部件，如电动动力总成壳体、发动机支架、底盘部件和汽车内饰、外饰等。

①电动动力总成壳体。2020 年，保时捷利用 3D 打印技术成功制造了首个完整的电

动动力总成壳体，从而实现了更轻、更强和更紧凑的设计。采用选择性激光熔融工艺生产的发动机与变速箱部件能通过严格的质量和压力测试，表明该技术在传统消费类产品的制造中具有良好的适用性和替代潜力。

②发动机支架。可借助选择性激光熔融工艺进行打印生产，制造高效能热交换器，以加快生产速度，保障生产质量及产品性能。

③底盘部件。2017年，德国大众布加迪采用3D打印技术制造的钛合金制动钳通过了强度测试，在整个卡钳的重量仅为2.9千克的同时，具备每毫米承受125千克高压的优异性能，具有强度大、重量轻的优点。这种钛合金材料卡钳的成功制造在汽车零部件3D打印应用史上具有里程碑式的意义。

④汽车内饰。利用3D打印技术可制造仪表板、控制屏幕、定制化汽车座椅等，能够极大地降低汽车生产能耗。应用3D打印技术可以更有效地实现个性化座椅的定制，进而设计出符合人体工程学要求的不同硬度的座椅，以提升舒适性、透气性和支撑效果。例如，2018年通用汽车使用Autodesk打印出了不锈钢座椅，不仅使支架强度提升了20%，还减轻了40%的重量，并将原本的8个零件整合为1个。此外，2020年，保时捷为其跑车设计的全桶式座椅采用了夹层结构，外观和布局与赛车座椅相似。与传统座椅相比，这款座椅提供了更佳的支撑刚性和包裹性，其独特的内部结构使重量显著降低，为用户带来了更出色的驾乘体验。

⑤打印汽车外饰。3D打印技术在汽车外饰设计与制造领域展现出显著优势，能降低生产成本、简化工艺流程以及提高生产效率等，已在汽车灯具、挡泥板、车标和前后保险杠等外饰件的生产制造中广泛应用。以汽车前大灯为例，先利用UG建模软件依据设计参数构建立体数据模型。然后选用光敏树脂材料，模拟从橡胶到透明材料等的材料特性，并通过混合不同类型的树脂增强材料性能。随后，将设计参数数据转换为适合PolyJet 3D打印机的格式，并设置设备的相关参数，包括尺寸、构造范围、打印精度及层厚等。最后，开始打印。在打印过程中，整个流程分为前处理、制作和后处理三个阶段。前处理阶段主要通过将CAD模型转为STL文件，优化小型三角面片以提高模型精度。制作阶段确定3D打印位置并自动添加支撑结构，根据预设参数进行打印。后处理阶段则涉及移除支撑材料，以满足模型的精确度要求。3D打印技术在汽车外饰领域的应用不仅提高了生产效率，还拓宽了设计与材料的可能性（韦学军，2022）。

（3）汽车装配阶段

在汽车装配阶段，3D打印技术主要适用于制造辅助工具的高性能材料，以应对复杂的环境并优化装配流程，使制造成本得到有效控制，提高生产速度。同时，3D打印技术还有助于优化生产装配工具，通过与AFP（自动纤维铺放）技术相结合，从而为装配机器人制造轻便且坚固的夹持器，实现装配速度、精度的大幅提升。此外，在汽车装配阶段，3D打印技术还可以用于汽车改装，打印出定制的车身部件，或者座椅、方向盘等内饰部件，以满足车主的个性化需求。

（4）汽车零部件维修与替换阶段

在汽车制造领域，零部件的维修与替换是不可避免的问题，也是 3D 打印技术的主要应用方向之一，包括定制特殊零件、修复破损或磨损零件等。

①在定制零件方面，3D 打印技术可以快速、低成本地生产出定制零件，以满足特定车型或零部件的需求。例如，汽车制造商可以使用 3D 打印技术制作原型零件，进行性能测试和优化。维修人员则可以使用 3D 打印技术制作替换零件，以满足特定车辆的维修需求。限量版及高端车型的零部件库存稀少，甚至已绝版，3D 打印技术为解决这一问题提供了有效方案。该技术使大众甲壳虫 1960 款等经典车型的绝版零件得以复刻，满足了多样化和稀缺车型在零部件补充和维修上的需求。这不仅能够降低相关零部件的采购成本，还能缩短维修所需时间，从而有效遏制汽车行业内的垄断现象。

②在修复破损、磨损零件方面，维修人员可以使用 3D 打印技术制作一个与破损零件完全匹配的新零件，进而用这个新零件替换破损的零件。这可以保证零件的性能和可靠性，同时能节省更换整个部件的成本。

③在轻量化设计方面，3D 打印技术可被用于生产轻量化的汽车零部件，以减少汽车质量，提高燃油效率和性能。此外，可以利用 3D 打印技术制作具有复杂形状和结构的零部件，如涡轮增压器、排气系统部件等。

④在汽车维修工具领域，针对易损耗、价格昂贵但使用频率低的工具，以及需要定制的维修工具，汽车售后服务商借助 3D 打印技术，能够有效降低库存需求，从而避免缺乏适用工具的情况。这一方法不仅显著降低了维修成本，还缩短了维修周期。

3. 选择依据

3D 打印技术根据生产的产品或使用的材料类型，大致可分为 7 种：材料挤出、还原聚合、粉床融合、材料喷射、黏合剂喷射、定向能沉积、片材层压。表 6-3 为各 3D 打印技术的相关特征。

表 6-3   各 3D 打印技术的相关特征

项目	类型	特征
包含的 子类型	材料挤出	熔融沉积制造、建筑 3D 打印、微型 3D 打印、生物 3D 打印
	还原聚合	立体光固化成型（SLA）、液晶显示器（LCD）、数字光处理（DLP）、微立体光固化成型（μSLA）等
	粉床融合	选择性激光烧结（SLS）、激光粉末床熔融（LPBF）、电子束熔化（EBM）
	材料喷射	材料喷射（MJ）、纳米粒子喷射（NPJ）
	黏合剂喷射	金属黏合剂喷射、聚合物黏合剂喷射、砂黏合剂喷射
	定向能沉积	粉末激光能量沉积、线弧增材制造（WAAM）、线电子束能量沉积、冷喷涂
	片材层压	层压物体制造（LOM）、超声波固结（UC）

续　表

项目	类型	特征
使用材料	材料挤出	塑料、金属、食品、混凝土等
	还原聚合	光聚合物树脂（可浇注、透明、工业、生物相容性等）
	粉床融合	塑料粉末、金属粉末、陶瓷粉末
	材料喷射	光敏树脂（标准、浇注、透明、耐高温）、蜡
	黏合剂喷射	沙子、聚合物、金属、陶瓷等
	定向能沉积	各种金属，线材和粉末形式
	片材层压	纸张、聚合物和片状金属
尺寸精度	材料挤出	±0.5%（下限为±0.5毫米）
	还原聚合	±0.5%（下限为 ±0.15 毫米或 5 纳米，使用 μSLA）
	粉床融合	±0.3%（下限为±0.3毫米）
	材料喷射	±0.1毫米
	黏合剂喷射	±0.2毫米（金属）或±0.3毫米（沙子）
	定向能沉积	±0.1毫米
	片材层压	±0.1毫米
常见应用	材料挤出	原型、电气外壳、形状和配合测试、夹具、熔模铸造模型、房屋等
	还原聚合	注塑模状聚合物原型和最终用途部件、珠宝铸造、牙科应用、消费品
	粉床融合	功能部件、复杂管道（空心设计）、小批量部件生产
	材料喷射	全彩产品原型、类似注塑模具的原型、低运行注塑模具、医疗模型、时装
	黏合剂喷射	功能性金属零件、全彩模型、砂铸件和模具
	定向能沉积	修复高端汽车/航空航天部件、功能原型和最终部件
	片材层压	非功能原型、多色打印、铸模
优势	材料挤出	成本最低的 3D 打印方法，材料范围广
	还原聚合	表面光滑，精细度高
	粉床融合	出色的机械性能、复杂的几何形状
	材料喷射	带纹理的表面光洁度良好、全彩和多种材料可用
	黏合剂喷射	低成本、构建体积大、功能性金属部件、出色的色彩再现、快速打印速度、无支撑设计灵活性
	定向能沉积	高堆积率，能够向现有组件添加金属
	片材层压	可以快速生产，复合打印
缺点	材料挤出	通常材料性能较低（强度、耐用性等），尺寸精度不高
	还原聚合	材料成本高，打印速度较慢

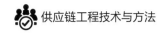

项目	类型	特征
缺点	粉床融合	机器成本较高，通常是高成本材料，建造速度较慢
	材料喷射	材料有限，不适合要求精密的机械零件，成本高于用于视觉目的的其他树脂技术
	黏合剂喷射	对金属来说是一个多步骤的过程，聚合物部件不耐用
	定向能沉积	由于无法制作支撑结构而无法制作复杂的形状，通常表面光洁度和精度较差
	片材层压	精度低，浪费多，部分零件需要后期制作

6.2.3　5G 技术应用

5G 技术作为现代科技的重要推动力，结合 AI、大数据等技术，可以推动供应链飞速发展。以农业供应链为例，说明 5G 技术如何精准助农。

1. 可能应用场景

（1）农业智慧化生产

①农业无人机闭环飞控

无人机在农业领域的应用涵盖了资源调查、精确喷药、水稻直播、作物产量预测、农业测绘和成熟度分析等方面，具有较强的数据采集能力，对飞行控制的时延要求较高。在 5G 网络的支持下，无人机可以高效地回传采集的数据。结合 5G 和人工智能等前沿技术，能够实时分析和处理无人机数据，从而评估作业效果，推动低时延的无人机闭环飞控系统的实现。

②数字种植

一是智能施肥施药。5G 网络能够高效连接密集部署的传感器设备，结合人工智能技术处理由高清摄像头采集的影像数据。同时，它还支持远程或自动精准管理农业机器人等设施。依托人工智能构建的数字模型，可对气象环境和作物生长趋势进行预测分析，从而有助于优化化肥和农药的使用，降低农业面源污染，实现农业的数字化和智能化。

二是智能环境调控。在农作物种植过程中，农业数字采集站被设立于田间，通过传感器和摄像头等设备收集空气温湿度、土壤酸碱度、肥力和光照等数据。借助 5G 技术，这些信息能快速、稳定地传输至云端，并利用分析模型调控各类设备，如喷灌、滴灌、加温及补光等，从而为农作物的生长创造更优越的环境条件。

三是智能病虫害防控（中农富通农业园区运营创新研究院，2022）。针对农作物病虫害生态防控需求，通过远程拍照式巡航无人机拍摄、远程视频监控系统监控、手机App（应用程序）拍照识别等方式，5G 病虫害识别模型/智能决策系统可通过终端设备提取图像数据，利用5G将数据自动上传至边缘云或中心云服务器。通过云端图像信息库及AI分析功能，实时分析田间农作物的病虫害情况，自动诊断识别病虫害，结合病虫害知识库及专家系统可实现专家远程咨询诊断，对病虫害、灾害进行预防，对种植进行科学的指导。

四是智能灾情预警。智能报警技术通过大数据、物联网和5G等先进技术，对前端传感器收集的数据进行建模和预警分析。当作物生长环境或气象数据达到或超过设定的预警阈值时，系统将自动向监控中心或农业管理人员发送报警信息。针对接收到的报警，监控中心或农业管理人员将根据具体情况发布相应的处理任务或直接进行干预。

③工厂化育苗

在农作物育苗过程中，利用数字化技术可以实现植株个体生长状态的动态监测，并远程控制各类育苗设备。在5G技术的支持下，借助3D机器视觉技术高效采集植株的三维图像，并构建以植株特征为核心的三维模型。通过人工智能的应用，能够准确评估植株的生长状态，及时调整育苗环境，从而促进农作物苗株的健康生长。

④农业机器人管控

农业机器人根据视觉识别技术，对植物进行识别、定位，然后进行种植、采摘、管理维护等工作。5G技术可为农业机器人带来三方面提升：一是机器人接受系统指令速度更快，响应更精准；二是可接入的机器人数量增加，能提高系统可靠性；三是延展性更高，结合虚拟或增强现实技术，能开发更多功能。

（2）农业精准化经营

①产能调配

特定区域的农产品总产量在很大程度上受到种植面积的影响，同时市场的供需关系也会对农产品的单价和农业经营收益产生重要作用。结合大数据与3S技术①，我们可以有效获取并分析农作物的种植面积等相关数据，从而对区域农产品的总量和上市周期进行预测。基于对市场需求的客观预测，合理调配农业产能，避免出现部分地区农产品的供需失衡现象。

②食品溯源

为了确保食品的质量与安全，必须加快建立食品溯源体系，全面收集农业生产与流通各环节的真实数据。可以利用标识解析技术构建农产品的标识解析码，并通过物联网技术将生产与流通数据上传到区块链。这样，食品溯源平台能够为生产者、中间商和消费者等各方主体提供支持，实现农产品全生命周期数据的实时追溯。

③绿色农业

基于大数据和5G等技术，可以实现对海量生产经营数据的实时采集与传输，并借助人工智能高效进行数据处理和分析。这有利于合理利用土地、肥料和药物等生产资

---

① 3S技术指地理信息系统（GIS）、遥感（RS）和全球定位系统（GPS）。

源，推动绿色农业的发展，为农业经营活动提供切实有效的指导。

④农产品营销

通过引入5G技术与农业物联网，农产品营销模式得以变革与创新，显著提升了营销效益。5G技术的应用为农产品直播创造了良好的条件，使消费者可以方便地了解农产品的种植过程，全面掌握化肥和农药的使用情况。这种透明度不仅增强了消费者对农产品生产过程的信任，消除了他们的疑虑，也有效地促进了生产与消费之间的衔接，进而增加了销售额。

（3）农业全方位服务

①农业科技服务

为了解决农业从业者技术能力不足和线下培训困难的问题，可以利用农业物联网与5G技术构建线上学习平台。该平台应根据地区农业生产情况及从业者的实际需求，合理规划和设计培训课程，从而有效提升农业技术培训的效果。此外，农事指导的主要任务是协助解决农业生产中的各种难题。在人工智能和5G等技术的支持下，从业者可以将问题的照片或视频上传至系统平台，由系统或农业专家进行诊断并提出解决方案，以应对复杂的农业挑战。

②农业金融服务

种植主体在获取金融服务时常面临产权地块划分的难题。通过结合土地确权数据与3S技术，可以实现对产权地块的数字化处理，同时分析地块及农作物的种类与生长状况。这一方法为开展保险、抵押贷款等金融业务提供了有力支持。

2. 土壤状况检测应用

结合物联网技术，基于5G的农田土壤状况检测采集系统分为感知层、网络层、云平台层和应用层，下面分别说明其软硬件需求。

（1）硬件结构

在农田土壤状态检测中，通常需要监测土壤的肥力（如氮、磷、钾的含量）及墒情（如导电率、湿度和pH值等），因此，必须配备相应的肥力和墒情传感器。由于大规模农田在肥力和墒情上常出现不均匀分布的情况，在使用移动式检测系统进行数据采集时，需要将采集数据与地理位置相匹配，以便在未来的精准施肥中，根据不同位置的土壤肥力需求添加相应数量的肥料。因此，采集时的位置信息尤为重要。一方面这有助于后续了解田块的实际状况，另一方面这也符合无人装置的导航需求。移动式检测系统可通过视频记录采样点状态，以满足未来的导航需求。在对大面积农田进行检测时，会产生大量数据，这为后续研究提供了支持。然而，常规检测系统主机的数据存储和处理能力往往有限，因此可以采用无线传输技术将实时采集的数据上传至云端服务器。根据这些需求，农田土壤状态检测采集系统的硬件可分为以下5个模块。

①墒情数据采集模块。可采用威海精讯畅通电子科技有限公司的土壤综合传感器和氮磷钾传感器，这些传感器具备高精度和稳定性，同时成本低廉，能即插即用和有

效测量多种类型的土壤。

②视频监测模块。可采用海康威视的摄像头，它具有较大的影像视野和较高的分辨率，还具有一定的防水效果，工作温度为-40~60℃。

③地理位置定位模块。可以使用思大 GPS 定位器作为接收装置，通过 RS232 串口与嵌入式工控机进行通信。嵌入式工控机负责解析来自 GPS 通信端口的 NMEA-0183 ASCⅡ协议格式数据，其水平定位精度可达到 2.0 米。

④检测采集主机。可选用 GITSTAR（集特）12.1 英寸工业平板电脑 PPC-1201 国产嵌入式工控触摸一体机，它可适应高温、高湿、强电磁干扰的工作环境，具备防尘、防水、抗干扰特点，具备高可靠性和稳定性，具有较高集成度，将各功能模块、显示屏及中控处理器集成在一起，便于接线、安装、移动作业。

⑤远程数据传输模块。5G 技术在传输速度、通信距离和安全性方面显著优于 Wi-Fi、Bluetooth（蓝牙）和 ZigBee（紫蜂）等无线技术，能够有效地将农田现场采集的数据传输至远程服务器或终端用户，实现信息共享。

（2）软件结构

基于 5G 农田土壤状况检测采集系统可采用 MVC（模型—视图—控制器）架构模型，其中，模型是土壤水分含量、pH 值、氮磷钾等采集参数；视图为用户界面，代表数据可视化参数的动态显示；控制器负责数据采集过程的控制、远程数据发送和接收控制。

①参数采集。以工控机通过串口采集土壤肥力传感器数据为例，一个循环采集的过程包括：工控机通过 RS485 串口发送询问帧，传感器在接收到请求后返回应答帧，其中包含相应的氮、磷、钾的 16 进制数值。解析完数据后，界面将被刷新，工控机随即发送新的请求包，从而实现数据的持续采集。

②GPS 数据采集。系统通过 RS232 串口与 GPS 接收器通信，解析 GPS 通信端口传来的 NEMA-0183 ASCⅡ协议格式数据，包括以下 6 种接口协议：GPGGA、GPGSA、GPGSV、GPRMC、GPGLL、GPVTG。根据系统功能需求，为了获取经纬度、高度、信号强度和速度等信息，主要关注 GPGGA 语句即可。提取 GPGGA 语句中的关键信息即可满足系统的定位和导航需求。

③视频采集。通过调用海康威视摄像头相关 API（应用程序编程接口）函数，可实现初始化环境、登录、播放和录像功能。例如，通过调用 NET_DVR_Init()，对海康威视接口进行初始化，调用 NET_DVR_Login_V30 进行登录，调用 NET_DVR_RealPlay_V30() 函数进行播放预览等。

④数据远程传输。采集系统利用 5G 模块与远程用户建立连接。整个过程首先通过 WSAStartup() 函数进行初始化。初始化完成后，远程主机设备向系统发送连接请求。具体来说，远端设备先提交注册信息，若注册成功，则进一步发送 SIM（用户识别卡）卡号，以此作为设备的身份标识。完成上述步骤后，设备便可开始传输采集的数据。

6.2.4 工业机器人应用

1. 可能应用场景

工业机器人有灵活度高、工作高效的优势，并且在汽车喷漆和涂胶、装配、车体焊接、零部件搬运、汽车检测、机械加工方面有广泛的应用，能极大地促进汽车智能制造行业的发展。

（1）喷漆和涂胶

在汽车制造行业中，喷涂作业广泛应用于车身及零部件的处理上。通过工业机器人结合自动化程序，可以有效保证喷涂的均匀性，并形成快速喷涂的应用模式，以满足质量标准的要求。常见的喷涂机器人主要分为液压喷涂机器人和电动喷涂机器人。以 PR11 型喷漆机器人为例，该机器人采用计算机闭环系统，并配备电液伺服驱动和多关节控制模式，实现了机、电、液的协调控制。其中，重复位置精度控制是关键性能指标。

（2）装配

工业机器人在多种工作环境中展现出广泛的适应性，能够根据具体任务需求制定相应的应用方案。以汽车制造行业为例，该行业涉及大量零部件且对装配精度要求极高，因此，专业的装配机器人可依照标准流程实现精准装配。例如，在车座电池、汽车车灯及车窗等组件的装配过程中，必须满足特定的专业要求。

此外，工业机器人能够显著提高小型零部件的装配精准性，确保操作符合实际业务需求和标准化要求。传感器的应用在此过程中起到了关键作用，它能协助装配机器人完成灵活操作，实现高效的精准装配。常用的传感器主要包括以下 3 种：视觉传感器，用于零件或工件的位置补偿，能够实时判断和确认零件，确保装配工作满足规范要求，达到良好的处理效果；触觉和接近传感器，安装在固定端，能有效修正位置误差，配合相应的控制模式，能最大限度地避免碰撞发生；力传感器，安装在工业机器人的腕部，能够实时检测和分析腕部受力情况，尤其在精密装配中，检测结果为提升整体作业质量提供了依据。

（3）车体焊接

在制造行业中，经常使用点焊技术和弧焊技术，工业机器人在这两种技术的应用中起到了关键作用。

①采用工业机器人可以显著提升点焊的效率与质量。由于汽车制造流程复杂，每辆汽车通常有超过 4000 个焊接点，若依赖人工完成，不仅消耗大量人力资源，还会增加时间成本。若借助工业机器人，能够精准控制点焊过程。在设定合理的焊接参数后，工业机器人按指令在指定区域进行作业。这种方式不仅提高了操作效率，还有助于提升整体制造质量，减少人工操作可能带来的工作失误。

②弧焊的精确性和可控性同样可以得到显著改善。弧焊机器人根据操作人员设定

的工作路径开展作业,为汽车制造中的焊接过程提供可靠保障。与人工焊接相比,工业机器人在弧焊环节的应用可以大幅提升作业的精准度和可控性。

(4)零部件搬运

①提高大件物品搬运的效率和降低成本。在汽车制造业中,自动化机床通常较为笨重,机床工件的装卸及汽车零部件的组装难度较高,人工操作在高强度条件下难以做到精准。在设置合适参数的情况下,工业机器人能够抓取匹配的零部件,并在不损伤其本体的前提下,完成精准移动,从而提升搬运和处理效率,减少零部件的损耗及生产成本。

②实现精准高效的搬运。根据汽车生产的实际需求,工业机器人可以依据工件的形态和重量来优化工作指令。例如,在搬运较重的配件时,操作人员可向工业机器人输入针对性的工作指令,同时运用计算机进行数据分析,并结合相关算法调整位移速度,从而精确计算实际位移,节省操作时间并提高工业机器人的工作效率。对于较轻的配件,操作人员应使用另一套指令,以确保工业机器人在更快的速度范围内有效完成部件的移位与处理。

(5)汽车检测

在智能制造行业,建立规范而科学的检测机制至关重要。只有实施全过程检测、分析和评估模式,才能保证制造水平达到预期,从而降低安全隐患。

首先,出厂前的实时验收不可或缺。可以从汽车的控制功能入手,对相关控制指令的操作元件进行质量验收,同时评估其操作管理的合理性、科学性和规范性,确保按照既定要求落实控制,以便逐步推进自动控制处理等环节。通常,通过碰撞测试来完成控制功能的评估,工业机器人在碰撞后能够分析汽车所受外力,从而更好地评估汽车的安全性。

其次,运行时的实时检测同样重要。在大数据技术不断发展的今天,信息的汇总与处理已成为汽车制造行业的关键问题。图像传感器能够从宏观层面对汽车的运行过程进行监控和处理。一旦汽车内部遭受冲击,状态信息会直接传输到图像传感器位置。汽车将相应模块汇集的图像信息发送至检验机器人的信息中心,由此进行数据输入与分析,以及时根据问题调整策略,确保汽车在出厂前的安全性符合规范。

(6)机械加工

工业机器人能够高效地执行一些简单的机械加工任务。在程序中输入相关作业参数后,工业机器人便能按照标准化流程展开工作,从而确保加工过程的规范性和有效性。此外,水切割机器人和激光加工机器人等技术也在不断进步。将这些现代加工方法与工业机器人结合,能够优化制造流程,提升作业的科学性和合理性,进而提升工作效率。

2. 选择依据

工业机器人的选择主要考虑以下 9 个参数。

（1）应用场合

要评估工业机器人的应用场合及制程。如果应用制程需要在人工旁边由机器协同完成，特别是在需要经常变换工位或移位移线的情况下，以及配合新型力矩感应器的场合中，协作型机器人（Cobots）应该是一个很好的选项；如果想寻找一个紧凑型的取放料机器人，水平关节型机器人（Scara）可以被选择；如果是针对小型物件的快速取放的场合，并联机器人（Delta）最适合。

（2）有效负载

有效负载是指工业机器人在其工作空间内所能够搬运的最大负荷。若希望工业机器人完成目标工件的搬运任务，需要综合考虑工件的重量及工业机器人手爪的额外重量。此外，工业机器人负载能力的分布曲线也至关重要，因为在不同的距离位置，其实际负载能力可能会有所不同。因此，在设计工业机器人搬运系统时，应特别关注这些因素。

（3）自由度（轴数）

工业机器人配置的轴数与其自由度密切相关。在一些简单的应用场景中，如从一条皮带线取放物品，4 轴机器人往往已足够应对。然而，若在空间狭小且需要进行复杂扭转和旋转的情况下，6 轴或 7 轴机器人则更为理想。选取轴数通常取决于具体的应用需求。在成本允许的情况下，轴数越多，工业机器人的灵活性越强，且有助于未来对工业机器人的重复利用和改造，以适应不同的工作任务，避免出现轴数不足的问题。

（4）最大作动范围

最大作动范围包括最大垂直高度和最大水平作动距离。生产工业机器人的企业会给出相应机器人的作动范围图，由此可以判断，该机器人是否适合于特定的应用场景。考察工业机器人的水平运动范围时，需注意工业机器人在近身及后方的一片非工作区域。

（5）重复精度

重复精度在不同应用场合中的要求各不相同。它指的是工业机器人每次执行相同工作任务时，能够准确到达指定位置的能力。一般而言，工业机器人的重复精度通常在 ±0.05mm 到 ±0.02mm 之间，部分情况下甚至可以达到更高精度。例如，在组装电子线路板时，机器人需要具备极高的重复精度；而对于较为粗糙的工序，如打包和码垛等，对重复精度的要求则相对宽松。此外，组装工程中工业机器人重复精度的选型还与各环节的尺寸和公差传递相关，包括物料的定位精度及工件在治具中的重复定位精度。该精度指标通常用"±"符号表示。需要注意的是，由于工业机器人的运动轨迹并非线性，而是在三维空间中，实际的运动重复点可能存在于一个以公差半径为半径的球形区域内。随着机器视觉技术的不断进步，运动补偿功能的引入将减少工业机器人对来料精度的依赖，从而提升整体组装精度。

（6）速度

这个参数取决于完成作业循环需要的时间。规格表中会列明该型号工业机器人的最大速度，考虑到从一个点到另一个点的加减速，实际运行的速度将在 0 和最大速度之间，这项参数单位通常以"度/秒"表示，有的工业机器人制造商也会在说明书中标注工业机器人的最大加速度。

（7）本体重量

工业机器人本体重量是设计工业机器人单元时的一个重要因素。如果工业机器人必须安装在一个定制的机台，甚至是导轨上，需要知道它的重量来设计相应的支撑结构。

（8）刹车和转动惯量

在某些工业机器人中，所有轴均配备刹车，其他型号则并非如此。为了确保工作区中的位置精确且具有可重复性，必须配备足够数量的刹车。此外，当发生意外断电时，不配备刹车的负重工业机器人不会自动锁定，这可能导致意外风险。另外，某些工业机器人制造商还提供转动惯量参数，这是增强安全性的重要因素。在工业机器人执行任务时，需要一定的扭矩以确保正确操作，因此应核查各轴所能承受的最大扭矩是否满足要求。如果选型不当，工业机器人可能面临由于超载而停机的风险。

（9）防护等级

根据工业机器人的工作环境，选择相应的防护等级标准尤为重要。不少制造商针对不同应用场景，开发了具有不同 IP（防护等级）的机械手产品系列。例如，用于食品、医药、医疗器械生产或易燃易爆环境中的工业机器人，其所需的 IP 等级将有所不同。一般而言，标准防护等级为 IP 40，而在油雾环境下需要达到 IP 67，清洁标准通常要求达到 ISO 3 级。

6.3 供应链物联网技术应用

物联网技术可以将物理设备、传感器、信息系统等连接在一起，实现设备之间的智能交互和数据共享，这为供应链管理带来了全新的机遇。下面以汽车供应链为例，说明物联网技术在供应链中的应用。

6.3.1 物联网系统应用框架

物联网系统应用框架包括感知层、传输层和应用层（见图6-2）。

1. 框架说明

感知层主要利用 EPC（电子产品编码）网络对汽车供应链中的大量数据进行识别和采集，为信息共享与管理奠定基础；应用层则针对用户的实际需求，实现数据分析、查询和决策等；中间的传输层则负责连接感知层与应用层，促进数据的有效交换。

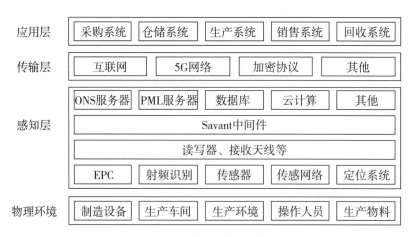

图6-2 物联网系统应用框架

（1）感知层

感知层可以分为三个层次。第一层由必需的物理设备构成，所有在供应链中流通的物品，包括零部件、包装材料和运输工具，都配备具有唯一识别性的EPC。此外，供应链的物流活动场所，如仓库的出入口、大门系统、生产线、仓库货架和运输车辆等，都安装有RFID读写器及接收天线。第二层，读写器工作范围内，射频标签发送射频信号，中间件实时接收标签信息，并将数据传递给服务器。第三层，本地服务器接收中间件传来的EPC标识码，并通过ONS服务器查找对应的PML服务器，以获取传感器节点的具体物品信息，并将数据存入数据库。通过数据分析和云计算，结合应用层的信息传输，实现对物品的有效控制。

尽管上述内容主要讨论了基于RFID的身份识别技术，实际上物联网还包括温度、压力、振动等传感器、条形码识别设备以及光学和智能摄像设备等多种硬件。这些设备共同实现产品生产过程或质量检测的智能感知。例如，在汽车零件制造过程中，边缘侧的温度、压力和振动传感器可以收集生产数据，而RFID标签和条形码读码器则用于采集产品ID（编码）及其生产和质量数据。摄像机和光学系统等检测设备则承担着生产质量数据的"传感器"角色，从而完成生产及质量过程的身份确认和数据收集（曹彬等，2023）。因此，尽管本书主要探讨RFID标签在汽车供应链中的应用设计，但实际上，它需要与传感器和光学等技术协同配合，才能有效收集必要的过程和状态数据。

（2）传输层

传输层作为连接感知层与应用层的关键环节，负责上下层之间的数据传递与信息共享。特别是在远程传输场景中，汽车供应链的物流传输体系依托现有网络，构成了一个包括移动通信网、互联网、卫星通信网及其他专用网络的综合网络结构。该体系有效连接车载终端、移动电脑等设备，实现感知数据的无障碍、安全、可靠传输。

（3）应用层

在汽车物流供应链管理中，物联网技术在应用层扮演着至关重要的角色。包括整车制造商、供应商、经销商、第三方物流公司以及个人用户等在内的参与主体，通过多种系统如采购与供应物流管理系统、零部件仓储管理系统、生产物流管理系统、整车销售物流管理系统和备件物流管理系统等，有效管理和查询与汽车供应链物流相关的信息，具体的操作需要依赖物联网终端来实现。

2. EPC 网络工作流程

EPC 网络是物联网系统的重要组成部分，其作用是在全球互联网基础上实现信息管理和信息流通，构成全球的"实物互联网"。

基于 EPC 标签物品的自动识别及数据处理过程：首先，当 EPC 标签物品进入读写器的识别范围时，读写器会自动捕获标签的 EPC 编码，并将其数据发送至 Savant 中间件。其次，Savant 服务器根据标签数据标准，将比特流数据转换为 URI 格式，并传递给本地 ONS 解析器。再次，本地 ONS 解析器将 URI 转换为域名形式，并进行查询，ONS 服务器返回包括一个或多个相关服务 URI 的查询记录。然后，本地 ONS 解析器从返回的记录中提取指向 PML 服务器的 IP 地址，并传递给本地 EPC 中间件服务器。最后，通过联系目标 EPCIS 服务器，获取所需的 EPC 匹配产品信息，并由 EPC 中间件复制所需的产品文件，传递给系统应用程序（见图 6-3）。这一过程可能涉及 EPC 中间件、第三方应用及 PML 服务器共同存储自动识别的数据。

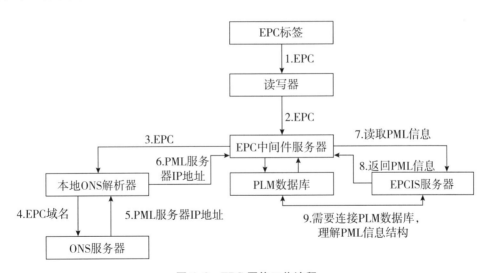

图6-3 EPC 网络工作流程

6.3.2 物联网系统应用设计

1. 采购供应流程设计

采购供应流程设计主要包括高效采购与市场快速响应策略。

①在采购环节上，供应商对所有物品进行标签化，并对其物理属性信息按照 EPC 编码赋予标签。当物品备货发运并抵达时，采购双方可利用 RFID 读写器扫描物品，从而快速自动采集相关信息，并生成发货单和收货单。这一过程确保在入库时，信息系统能与实物信息进行核对，以判定物品是否合格。此外，结合信息系统与识别技术，实时追踪采购订单的完成情况，从而帮助制造商更好地安排生产。

②市场响应的快速性同样至关重要。在销售终端安装读写器，能够在顾客购买商品时获取销售信息或订单数据，反映市场需求。同时，制造商生产线上的读写器实时记录消耗情况，显示零配件的使用状态；供应商仓库中的读写器则提供原材料的库存信息。通过综合分析生产线消耗、市场需求及库存信息，供应商能够及时进行市场需求分析与科学预测，进而有效促进供应商与制造商之间的协同计划，并精准制定补货策略。

2. 零部件仓储管理流程设计

①快速精准的出入作业。在仓库的入口处安装感应器，同时在货物出入口配置 RFID 门式读写器，实现货物出入库操作的自动化。当货物经过时，系统会自动识别并匹配库位、货物信息、库管员及所用工具，保障每次操作的高效与精准，以提升工作效率。

②快速准确的货物定位。通过在固定货架和特定位置上设置电子标签来标定存储位置。当货物放置在货架上时，读写器会读取相应的位置信息并写入货物标签。信息被记录后，地方服务器会更新数据库，调整货物位置状态，实现库存数据的动态管理。位置信息与物品一一对应，仓库管理人员在查询和寻找物品时，既迅速又准确。

③便利高效的智能盘点。利用物联网技术，借助智能盘点车或手持式读写器进行巡检盘点。盘点过程中，设备在仓库内自动读取货架或托盘上的货物信息，完成后生成盘点报表并上传至系统数据库，与现有数据进行对比。更为先进的技术可在每个货架上设置读写器与监控装置，实现实时清点。所有设备通过无线连接来获取信息，自动导入数据库，前台设备接收系统的控制信息，提升了管理的智能化水平。

3. 生产流程设计

每个工位均配置有读写器和电子动态显示屏，所有零配件都装有可识别的电子标签。当零部件到达某个工位时，读写器会自动读取 RFID 标签数据，并在电子动态显示屏上实时展示工序流程、物料信息、产品质量及加工要求等内容。现场工作人员可以通过电子动态显示屏快速了解当前操作，并根据系统提示完成零配件加工。随后，读写器会将该工序的生产信息写入零件的电子标签，并通过网络上传至中央电脑系统，实现对现场运作状态的实时监控。

通过对生产线实时数据的收集，系统能够及时发现异常情况。当出现偏差时，系统会自动分析并提供合理的解决方案。同时，对加工工序的控制加强了对原材料零配件的质量管理。利用 RFID 技术，系统能够识别混装设备中的零配件，若材料规格不符合生产要求，将自动报警并暂停生产线，以防止错误生产。此外，完成每个工序后，系统会自动识别和分拣半成品，仅允许检验合格的半成品进入下一个加工环节，从根本上防止不合格产品流入市场。通过对各环节次品率的分析，可以精确定位次品高发环节，为生产工序的改进提供依据。

4. 整车销售流程设计

整车下线入库后，制造商将车辆的型号、颜色、配置、生产批次及制造日期等信息以 EPC 编码的形式记录到 RFID 标签上。同时，在整车储存中心和运输途中的各个节点进出口处均安装有读写设备。从整车出库开始至最终销售商交付用户的整个过程中，车辆的 RFID 数据会被连续读取，实现全程追踪。

当车辆从制造中心出发时，借助 EPC 和 RFID 设备，汽车制造商向销售商发送整车到达信息。在运输过程中，利用 GPS 对每辆车的位置进行实时跟踪，以便在发生异常时及时处理。此外，还可以据此预测每辆运输车辆的到达和返回日期，以制定相应的销售策略，确保车辆顺利销售。当汽车销售给用户时，各地的销售商将利用 RFID 设备和 EPC 网络把销售相关信息反馈给制造商。这些最终买家信息将为整车制造企业的产品策略制定提供宝贵参考。

5. 备件物流流程设计

①备件运输跟踪管理。在货车装载备件后，通过 GPS 定位车辆，并将位置信息实时更新至车载 PDA（掌上电脑），以实现跟踪管理。同时，利用读写器扫描货物上的 RFID 标签，自动采集备件的状态、位置及装卸信息。这些运输车辆的跟踪数据及货物信息通过无线网络与调度中心的计算机系统连接，运输状态可在 GIS 电子地图上直观显示，从而提升调度中心对运输车辆的管理和调控能力。

②备件库存控制。运用物联网技术，维修站可以实时收集备件需求。信息系统对需求进行分析和预测，以便提早进行采购。此外，各地区的备件库存可实施实时调度，仓库之间可互相调配和补充库存。当库存不足时，系统会及时向整车厂发送备件订货单。

③备件维修管理。当维修站接到顾客的维修申请后，维修人员可借助物联网终端进行初步诊断。通过读取损坏备件上的 EPC 标签，维修人员能够了解车辆的维修历史，从而迅速、准确地进行故障诊断，并从自动诊断平台的故障维修方案库中选择最佳解决方案。同时，系统智能匹配具备相关技能的维修人员，确保维修效率。维修师通过读取备件 EPC 信息，可以快速找到合适的配件，加快维修过程。在每次维修之后，需要记录备件信息、故障情况及解决方案，并生成故障检修报告，存储于自动诊断平台以供后续查询。借助物联网技术对车辆和备件的维修记录进行管理，有助于分析产品质量及生命周期状况，便于整车制造企业进行技术改进。

6. 环保检测及能源管理

RFID、水质传感器、空气监测传感器等与环保设备的融合可以实现生产过程的各种污染源与污染治理环节关键指标的实时监控，而且可通过智能化的数据报警，及时发现排污异常，并停止相应的生产过程，防止突发性环境污染事故发生。

6.4 供应链数智化技术应用

数智技术即数字技术和智能技术，包括云计算、大数据技术、物联网、区块链、5G通信等数字技术，也包括以智能机器人、图像和语言识别、自然语言处理、机器学习、神经网络为代表的智能技术。数智技术可高效打通供应链的各环节，有效调动价值链环节的各种资源，实现智慧供应链的连接性、可视性、敏捷性和集成化、智能化、短链化。

6.4.1 人工智能技术应用

人工智能是一种使计算机和机器能够模拟人类智能的技术。

弱人工智能是经过训练并专注于执行特定任务的人工智能。当前，我们周围的大部分人工智能都属于弱人工智能。但弱人工智能一点也不弱，它能支持非常强大的应用程序，如苹果的 Siri、亚马逊的 Alexa、IBM 的 watson 和自动驾驶汽车系统。

强人工智能由通用人工智能（AGI）和超人工智能（ASI）组成。通用人工智能是人工智能的一种理论形式，若运用到实践中，将具有与人类相同的智能，它会有自我意识，有能力解决问题、学习和规划未来。超人工智能也称为超智能，具有超越人脑的智力和能力。虽然强人工智能仍然完全是理论性的，目前还没有强人工智能实际使用的例子，但这并不意味着人工智能研究人员没有在进行探索。

1. AI 技术应用框架

AIoT（人工智能物联网）融合了 AI 技术和 IoT（物联网）技术，通过物联网产生、收集来自不同维度的、海量的数据存储于云端、边缘端，再通过 AI 分析，实现万物数据化、万物智联化。例如，在汽车供应链中，利用 AIoT 数据采集和分析，实时检测和分析汽车供应链各项指标和数据，并结合人工智能算法和机器学习技术，快速识别问题并提供解决方案，从而实现汽车供应链的自动优化和调整。

汽车供应链 AI 应用框架包括数据采集、数据存储与处理、数据物联、数据挖掘、数据可视化、运维管理等模块。

（1）数据采集模块

该模块针对不同数据源，执行数据采集、加工、ETL（提取、转换和加载）、抓取和清洗等步骤。数据采集既可以依赖传感器、条码等设备实时捕获供应链中的各种数据，如速度、质量、温度和湿度等，为后续的数据分析和决策打下基础；也可以通过接入外部数据实现直接存储和分析。

（2）数据存储与处理模块

在完成数据采集后，数据被存储在基于 Hadoop（分布式系统基础架构）的大数据平台上。Hadoop 的分布式 HDFS 文件系统可存储大量文件，并支持 MapReduce[1] 并行处理和 YARN（另一种资源协调者）资源调度。基于 Hadoop 体系，文件系统可利用 HBase[2] 实现非结构化数据存储，利用 Hive[3] 进行结构化数据存储，并使用 Redis（远程字典服务）集群提供缓存。为处理庞大的存储数据，文件系统采用批处理和流处理方式进行数据挖掘与分析，批处理框架可选用 Spark[4]，流处理可使用 Flink[5]、Storm[6]、Kafka[7] 及 Spark Streaming[8]。同时，数据管控平台的支持也十分重要，包括主数据治理、元数据管理、数据质量管理、数据标准管理及数据安全管理等模块，以保障数据的安全调度与管理。

（3）数据物联模块

该模块依托工业以太网、蓝牙、OPC UA（开放式产品通信统一架构）和 CAT（计算机辅助翻译）等技术，通过数据库或数据湖形式实现数据互联，推动了设备、系统和部门之间的链接与协同，促进了信息共享和协作。

（4）数据挖掘模块

数据挖掘层利用数据挖掘、机器学习、深度学习和即时查询等技术对数据进行分析，以提取有价值的信息。

（5）数据可视化模块

此层可开发或利用相关可视化 BI（商业智能）工具，如 Tableau 和 Power BI，将数据转化为图表、管理驾驶舱等形式，并增加可视化交互功能，便于用户进行数据分析和决策。

（6）运维管理模块

该层通过 Zookeeper、Nagios 等监控工具对大数据平台进行监控、调优和容灾管理，以确保平台的稳定性和可靠性。

这些模块在 AI 应用框架中互相配合，共同实现对汽车供应链数据的全方位管理和利用，为企业的供应链管理和决策提供有力的支持。

2. 可能应用场景

（1）需求分析

通过对市场数据、社交媒体信息以及用户行为的分析，企业能够深入洞察用户需求、消费趋势及竞争态势，从而揭示市场潜在需求、新兴趋势及消费者偏好。这为产品设计与开发提供了重要的指导和决策依据。此外，企业还能够了解产品改进空间和

---

① MapReduce 是一种用于大规模数据集并行运算的编程模型。
② HBase 是一个分布式的、面向列的开源数据库。
③ Hive 是基于 Hadoop 的数据仓库基础架构。
④ Spark 一般指 Apache Spark，是专为大规模数据处理而设计的快速通用的计算引擎。
⑤ Flink 一般指 Apache Flink，是一个开源的流处理框架，主要用于分布式、高性能、高可用的数据流处理。
⑥ Storm 是一款免费且开源的 Web Service 测试工具。
⑦ Kafka 是由 Apache 软件基金会开发的一个开源流处理平台。
⑧ Spark Streaming 是 Spark 核心 API 的一个扩展，可以实现高吞吐量的、具备容错机制的实时流数据的处理。

潜在问题，从而优化产品设计与功能，提高产品质量和用户体验。

（2）智能设计

①智能网络规划。制约供应链网络设计的因素众多，这些因素对供应链成本、服务时效、库存管控和客户体验影响深远。为了消除影响，智能网络规划需要依靠 AI 等算法进行动态规划，通过因素的变化模拟结果的变化，协助管理者作出相应的决策。

②汽车概念设计。在汽车概念设计中，利用机器学习与大数据分析等人工智能技术对汽车设计需求与趋势进行预测，可为设计师开展汽车概念设计提供更多的灵感与参考。而且在制定概念设计方案的过程中，可以利用人工智能技术进行评估与优化处理，增强概念设计的可行性与创新性。例如，丰田研究所推出新的生成式人工智能，将其应用在汽车概念设计中，可以为设计师提供所需的输入信息，将工程约束整合到设计师的创作中，以优化汽车空气动力学性能，提高设计师的设计效率与质量。

③汽车具体设计。在设计结构和部件时，通常借助 CAD、CAE 等软件辅助设计车身结构、零部件等。应用人工智能技术智能识别设计图中的缺陷与待修改内容，并及时进行修正处理，能提高设计效率与质量。在可靠性设计方面，人工智能技术可以通过对大量历史数据的学习，帮助汽车设计师分析和识别各种因素对汽车可靠性的影响，从而提高汽车的可靠性和安全性（姚芳等，2023）。

④优化设计方案。在优化材料和结构方面，人工智能技术可以模拟和分析材料和结构的特性，从而帮助设计师选择最优材料和结构，并且可以提前预测材料和结构的损坏情况，从而减少生产过程中的损失（姚芳等，2023）。设计方案验证阶段，可以将人工智能技术与虚拟现实技术相结合，对设计方案进行可视化与仿真模拟处理，直观了解汽车外观、内饰与性能等方面的设计是否合理，以优化设计方案，提高汽车性能与安全性。

（3）智能采购

智能采购包括采购计划智能管理、供应商智能管理、采购合同智能管理、采购成本智能管理和采购绩效智能管理等。这里重点介绍利用大数据与人工智能技术，实现市场研究、主体分析、价格追踪的智能采购功能。

①实时分析市场态势。利用大数据技术跟踪市场波动，通过企业数量、市场份额及企业规模之间的关系，洞察市场结构，并自动判断当前及未来一段时间内供应商的竞争态势、市场竞争类型及市场特征。在完全竞争市场中，强调选择优秀和强大的供应商；在寡头垄断市场中，则要在确保产品质量的同时增加供应商数量，以降低供应链断裂的风险，同时要监控价格趋势，警惕恶意抬价行为。

②动态更新供应商画像。通过应用大数据分布式算法，整合供应商在供应链各环节的多维信息，形成供应商能力画像。在采购初评阶段，进行合格性审查，从而构建体现供应商产品研发与生产能力的产品实力指标；在采购详评阶段，横向比较各供应商在技术、商务和价格等方面的差异，以整合技术竞争能力、商务竞争能力以及报价行为等要素。在采购结束后，及时跟踪收集中标供应商在生产制造、安装调试、物资供应

及运行维护等环节的反馈信息，持续迭代更新供应商画像，以丰富针对性采购策略。

③采购价格的跟踪与预警。定期监测市场价格在长期、中期及短期的波动情况，利用智能算法确定合理的价格波动区间。同时，追踪不同批次的采购价格变化，并根据价格波动建立分级预警机制。当价格波动达到设定阈值时，自动触发不同等级的预警，从而依据规则调整策略，形成价格追踪及负反馈机制。

（4）生产线自动化

①在冲压生产线中应用人工智能技术对车身框架或零部件进行搬运。由于汽车车身框架较大，依靠人工搬运费时费力，而依托人工智能技术，AI 机器人可以连续性开展装卸、搬运等工作，不仅效率高，而且零部件受损率低。例如，上汽大众的冲压车间采用 APS（高级计划与排程系统）技术对冲压计划进行自动化排布，从而达到优化冲压生产库存和提高生产效率的目的。

②人工智能技术在焊接生产线中的应用。在焊接车间，应用到的主要焊接技术为点焊、弧焊等，工艺相对复杂，而且工作量较大，成本较高。对此，汽车制造企业通常会在自动化技术应用的基础上结合人工智能技术实现工艺流程的优化与人机协同，从而提高生产效率。在点焊工作中，工作人员只需要对 AI 机器人点焊参数与运行轨迹等进行设置，即可实现自动点焊处理；在弧焊工作中，工作人员需要将智能传感器安装到 AI 机器人相应部位，设置弧焊指令，AI 机器人即可自动完成焊接工作。例如，奥利汽车在焊接工序中使用 AI 机器人进行点焊处理，开发出利用人工智能技术进行质量控制的系统，AI 机器人可以一边完成点焊工作，一边进行点焊质量检查。工作人员只需要识别 AI 机器人报告的"可能异常"情况，与过去人工采用超声波设备手动检查每辆车的点焊工作相比，这种工作方式极大地提高了工作效率。

③人工智能技术在涂装生产线中的应用。使用 AI 机器人完成涂装工作，不仅可以确保涂料均匀喷洒在车身上，还可以保障工作人员安全。在涂装过程中，只需要对喷涂机器人参数进行设置，如喷涂厚度、喷涂车型等，这样做能够有效减少不必要的涂料浪费。例如，上汽大众在油漆车间采用 120JPH 全新环保工艺，将智能制造与环保工艺结合起来，有效降低了换色时油漆与溶剂的损耗。

④人工智能技术在组装生产线中的应用。汽车组装过程复杂且精细，车辆控制电路、仪表盘、底盘等对组装工艺的要求较高，采用人工组装方式不仅费时费力，还容易出现组装差错。而使用 AI 机器人，可对各种零部件进行快速组装，确保汽车装配更加精准。工作人员只需要将各种传感器设备，如视觉传感器、触觉与听觉传感器等安装到 AI 机器人的相应位置，即可通过各种传感器快速、精准识别零部件，并完成各种组装工序。例如，上汽大众在组装车间采用高精度视觉系统，实现了柔性仪表板全自动安装与头道密封条全自动安装。

（5）智能品质控制与缺陷检测

①智能质量检验。在冲压车间，利用人工智能技术对每个冲压件表面质量进行检

验，可有效提高产品质量的稳定性与生产效率；在焊接车间，可利用 AI 机器人对焊接设备的参数、运动轨迹进行分析，引导机械臂进行焊接处理，在焊接完成之后同步识别焊接质量，并且可以通过人工智能技术优化焊接操作流程，提高焊接精度；在涂装车间，可以利用人工智能技术检测车身表面的油漆喷涂效果，及时识别质量缺陷，降低不必要的维护成本。

②智能缺陷检测。首先，可利用机器视觉与深度学习技术，自动识别与检测汽车零部件与生产过程中存在的缺陷与问题。例如，可以利用图像识别技术自动识别零部件大小、形状、位置等参数，检测零部件表面缺陷与瑕疵。其次，在汽车生产过程中，操作人员可以借助人工智能技术分析声音信号，快速精准识别出异常声音与噪声，及时检测出生产线上存在的问题。最后，可利用机器视觉技术、红外线技术、图像识别技术等对汽车零部件进行自动化检测与排查，确保汽车产品质量与安全。同时，在汽车生产线上各个设备与系统运行中，可以利用人工智能技术对各种参数进行互联与共享，实现对生产线运行全过程的监控。

（6）智能配送路由和末端管理

①识别模糊信息。在配送阶段，通常消费者提供的地址不精确，有很多错误和模糊地带，则需要通过 AI 来自动识别客户的实际目的地，确保准确投递。

②路由规划。在配送阶段，配送人员需要实时了解每个线路的运能情况，资源需求和储备情况，以提前做好应对，避免异常发生。在异常发生的时候，需要 AI 给出最优补救方案。

③末端管理。末端站点和自提柜布置、末端派送资源调度是影响作业质量和效率的关键因素，可通过 AI 辅助管理人员甚至取代管理人员做出决策。

（7）智慧运营管理

①实时监控与预警。大数据分析能够帮助企业实时监测运营中的关键指标与绩效。通过收集和解析实时数据，企业能够及时掌握生产进度、库存状况和设备运转情况等重要信息。基于大数据的实时监控，企业可以迅速识别潜在问题与异常，并及时采取应对措施，以提高运营的灵活性和响应速度。

②提升运营效率。大数据分析能为企业揭示运营过程中的难点和改进空间，进而提升效率。通过对生产、供应链及人力资源数据的分析，企业能够发现生产中的低效环节和资源浪费，并实施相应的优化策略。此外，大数据还支持企业在生产计划与调度方面的优化，从而提高资源和产能的利用率。

③费用控制与成本优化。通过分析采购、运输和设备运行数据，企业能够深入了解运营中的成本结构和费用分布。基于大数据的分析结果，企业可以制定更为有效的采购、物流及设备维护策略，以降低运营成本，增强竞争优势和盈利能力。

（8）智慧营销

①个性化营销。通过大数据分析客户的购买记录、浏览行为及偏好信息，企业能

够深入了解客户的兴趣与需求，从而实施个性化营销策略。利用大数据，企业可以向客户推荐定制化的产品和服务，增加其购买意愿与满意度。此外，大数据分析还能帮助企业预测客户行为，提前识别需求变化，以提供更精准的服务。

②实时客户服务。大数据分析支持企业为客户提供实时服务。通过监测客户的交互数据、社交媒体信息和在线反馈信息，企业可以迅速识别客户问题并快速响应。这种方式有助于建立智能化的客户服务系统，从而提供全天候支持，提升客户满意度与忠诚度。

③客户洞察与细分。借助大数据分析，企业可以深入了解客户行为及偏好，进行客户细分与目标定位。分析结果揭示了不同客户群体的消费习惯、需求和购买能力，企业据此可制定针对性的市场营销策略，并为不同客户群体制定定价策略，提供个性化的产品推荐和服务体验，从而提高客户满意度和忠诚度。

3. 基于聚类树的订单分批

AI算法的分类方式多种多样，可以根据不同的学习机制、功能用途以及模型结构进行划分。其中，按照任务或应用领域可分为分类算法（决策树、SVM、神经网络）、回归算法（线性回归、多项式回归）、聚类算法（K-means、DBSCAN）、关联规则学习（Apriori、FP-Growth）、自然语言处理（词嵌入、BERT、Transformer）、计算机视觉（CNN用于图像分类、目标检测、语义分割等）等。这些算法在供应链工程中有着广泛的应用，如分类算法、聚类算法、关联规则学习等在订单分批中应用较多。这里重点介绍聚类树在订单分批中的应用。

（1）订单分批问题描述

订单分批是在一段时间内有 m 张订单 O_i（$i=1$，2，$\cdots$，m）需要进行拣选作业，每一张订单都包含有若干种货物，第 t 张订单的待拣货物数为 q_t，体积为 v_t。每种货物在配送中心的存储位置为（a，b）（横坐标 a 表示待拣货物所在的货位列号，纵坐标 b 表示待拣货物所在的货位行号），按照一定的规律将 m 张订单 O_i（$i=1$，2，$\cdots$，m）分成若干批次，使分批后的订单拣选作业行走路径最短。

（2）订单分批问题假设

对订单分批问题模型的假设如下：①每一张订单至少包含一种货物，同时要保证每一张订单的完整性，不能将订单分割打乱；②同一批次的订单能够在一次拣选作业中拣选完毕，不存在因存货不足和拣货车容纳体积不够而出现额外作业的情况；③拣货车的容纳体积为 V；④不存在货物不足和作业过程中订单插队的状况；⑤作业人员对配送中心的平面布局非常熟悉；⑥忽略货架的高度因素。

（3）模型构建

目标函数如下：

$$\max Z = \sum_{s \in S} d_s x_s \tag{6-1}$$

其中，Z 表示分批后所有批次的总相似程度；S 表示分批后所有批次的集合；s 为分批后的每一个批次且 $s \in S$；d_s 表示分批后每一个批次的相似程度；x_s 为决策变量，取值为 0 或 1，当 $x_s = 0$ 时表示第 s 批次没有被选中，当 $x_s = 1$ 时表示第 s 批次被选中。

约束条件为：

$$\sum_{t=1}^{k} v_t a_{ts} \leqslant V \tag{6-2}$$

$$\sum_{s \in S} a_{ts} x_s = 1 \quad (t = 1, 2, \cdots, n) \tag{6-3}$$

$$x_s = \begin{cases} 1 & \text{第 } s \text{ 批次被选中} \\ 0 & \text{第 } s \text{ 批次没被选中} \end{cases} \tag{6-4}$$

$$a_{ts} = \begin{cases} 1 & \text{订单 } t \text{ 被分配到第 } s \text{ 批次中} \\ 0 & \text{订单 } t \text{ 没被分配到第 } s \text{ 批次中} \end{cases} \tag{6-5}$$

公式（6-2）为拣货车容纳体积约束，v_t 为第 t 张订单上的货物数量 q_t 的体积，V 为拣货车的容积；公式（6-3）表示每一个订单只能被选中分配到一个批次中。

（4）算法构建

算法构建步骤如下：

①计算系统聚类算法分析的 m 个对象两两之间的距离 d_{ij}，距离矩阵记作 $\boldsymbol{D} = (d_{ij})$；

②构造 m 个类，并且每一个类中只存在 1 个对象；

③将距离最近的两个类合并成一个新类，并删除原有的两个类；

④计算合并成的新类与其他各类之间的距离；

⑤按步骤③与步骤④的方法继续合并，直到合并类的个数为 1；

⑥画出系统分析聚类树。

（5）算例

考虑 7 个订单问题，$m = 7$，订单具体信息如表 6-4 所示。

表 6-4　　　　　　　　　　　　待分批订单信息

订单	货品 1		货品 2		货品 3		货品 4		货品 5		货品 6	
	货架	货位	货架	货位	货架	货位	货架	货位	货架	货位	货架	货位
A	5	24	7	13								
B	1	15	3	13	3	8	7	28				
C	2	24	4	12	6	9	7	12				
D	2	13	3	21	3	28	5	29	7	20		
E	1	9										
F	1	23	3	18	6	28						
G	1	6	3	10	4	28	7	19	7	2	3	25

第一步，计算订单间的距离。

将订单的重心作为这张订单的整体特征，则重心的坐标即这张订单的特征坐标，这样每一个订单都拥有了一个特征坐标，然后对这些订单的特征坐标进行系统聚类算法分析。7 张订单重心的欧式距离（矩阵 DD）如表 6-5 所示。

表 6-5 待分批订单间的距离（1）

		A	B	C	D	E	F	G
DD	A							
	B	3.54						
	C	4.43	2.15					
	D	4.21	6.22	7.99				
	E	10.74	7.43	6.45	13.54			
	F	5.23	7.00	8.86	1.04	14.19		
	G	3.95	1.20	0.95	7.20	6.78	8.04	

第二步，合并距离最近的两类。

这里，采用最短距离法合并类。聚类开始前一共存在 7 类，根据距离矩阵 DD 可知，$DD(G, C) = 0.95$ 为最短距离，因此，将 G 与 C 合并为一类 $G_8 = \{G, C\}$，其中，G_8 为合并后的类别名称。然后，利用式 $DD(G_8, q) = \min\{DD(C, q), DD(G, q)\}$，计算 G_8 与 A、B、D、E、F 之间的距离，其中 $q = A$、B、D、E、F。则它们之间的距离为：

$DD(G_8, A) = \min\{DD(C, A), DD(G, A)\} = \min\{4.43, 3.95\} = 3.95$；

$DD(G_8, B) = \min\{DD(C, B), DD(G, B)\} = \min\{2.15, 1.20\} = 1.20$；

$DD(G_8, D) = \min\{DD(C, D), DD(G, D)\} = \min\{7.99, 7.20\} = 7.20$；

$DD(G_8, E) = \min\{DD(C, E), DD(G, E)\} = \min\{6.45, 6.78\} = 6.45$；

$DD(G_8, F) = \min\{DD(C, F), DD(G, F)\} = \min\{8.86, 8.04\} = 8.04$。

在表 6-5 中，去掉已合并的订单 G 与 C，加入新生成的订单 G_8，最后形成的矩阵如表 6-6 所示。

表 6-6 待分批订单间的距离（2）

		A	B	D	E	F	H
DD	A						
	B	3.54					
	D	4.21	6.22				
	E	10.74	7.43	13.54			
	F	5.23	7.00	1.04	14.19		
	H	3.95	1.20	7.20	6.45	8.04	

从表6-6可知，$DD\ (F,\ D)=1.04$ 为最短距离，将 F 与 D 合并为一类 G_9，$\{F,\ D\}$，然后再计算 G_9 与 A、B、E 之间的距离。如此往复，将所有订单合成一个类别，形成如图6-4所示的聚类树。

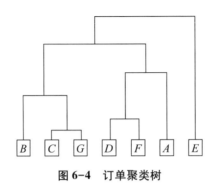

图6-4　订单聚类树

如果分为3批拣货，则 $C_1=\{A,\ D,\ F\}$、$C_2=\{B,\ C,\ G\}$、$C_3=\{E\}$。当然，分批结果要满足每个簇的订单总体积不超过分拣车的容积。

6.4.2　云计算技术应用

数字时代，云计算等数字技术迅速成为汽车制造行业的生产新要素，在促进车联网、自动驾驶、汽车移动服务快速普及的同时，使传统汽车行业发生了翻天覆地的变化。

1. 可能的应用前景

（1）汽车云生态

人们对汽车的关注已从车辆性能差异化向车载数字化服务与移动互联差异化转变，这助推了自动驾驶、车载咨询娱乐、数字化服务的发展。同时，数字服务革新周期较短，易过期。汽车制造商应将数字服务设计与汽车设计分离，以实现更好的数字服务开发。因此，借鉴苹果生态，将汽车生态分为硬件生态和软件生态，底层连接中枢为虚拟化云计算平台（cCloud）。各汽车制造商生产的汽车实体构成汽车的硬件生态，软件生态为提供各种数字服务的App。cCloud是汽车行业的车载数字化服务平台，是面向应用程序开发的协作生态系统平台，由SMAC（社交、移动、分析和云端）生态系统的标准化、可扩展性、完善的处理能力和连接性作为支持和后盾，为汽车制造商数字化服务转型提供了广阔天地。

①实现敏捷协同开发。cCloud云平台上，汽车制造商可以自行设计数字服务App，云计算带来的敏捷开发性能和基于使用付费的可扩展性能帮汽车制造商更快速响应顾客需求，缩短开发周期。汽车制造商也可与外部合作伙伴合作完成，云端平台在保证整个流程清晰可控的同时，能实现与合作伙伴更快捷、经济的无缝协作。还可由第三方应用程序开发商遵循SMAC生态标准进行开发，供用户下载使用。

②实现数字服务转型。数字服务转型方面，云计算将在两个方面起到作用：一是将云端、移动、分析、社交技术进行整合，提供经济、快速、规模化平台，发展数据分析及开发业务。二是在数字化服务产业链上，整车厂将更有效地参与协作和灵活开发业务。例如，沃尔沃提供全方位互联驾驶云方案，提供泊车点发现、停车费支付、新餐厅发现、音乐无缝享受、移动设备导航设置、维基百科周围环境了解等云服务。

③实现数字维保与升级。随着车联网技术的不断成熟，汽车数字维护将通过数字链接，甚至是社交媒体实现问题自动诊断并通过远程连接修复。数字升级将实现自动远程下载、更新软件，提升汽车驾驶性能，拓展电子应用范围，保留汽车再出售价值。汽车制造商如需在已出售的所有汽车上安装远程数字化下载和升级系统，相关数据和连接性能的管控工作可由云解决方案统揽完成。

（2）车云网

为了支持一些资源密集型应用程序，车辆需要和邻近的 RSU（路侧单元）合作共享计算和存储资源，从而产生一个拥有更多资源的本地云。这种将车联网与云计算相结合的技术叫车云网。车云网包括本地云和中心云，与边缘计算相似的是本地云，但是本地云的资源除本地服务器之外，还包括车载设备的计算资源，这部分资源是随着车辆数量发生变化的。

一是车云网的架构。目前主流的车云网呈现"端—管—云"三层架构。

"端"层面主要负责各种数据的采集和一些较为简单的数据分析处理，比如通过环境传感器、智能手机传感器、车内传感器等采集的信息，监测驾驶员健康状况和情绪状态，预测驾驶员的驾驶行为。车辆上的车载单元包括雷达、GPS 等，能够将位置信息保存到云存储，当传感器采集到数据，则可以将这些数据发送到云端进行存储或者作为云平台中驾驶员健康状况感知或者环境感知等类型应用的数据输入。

"管"层面也称为通信层，主要包括两个部分，即车与车之间的无线通信和车与路边基础设施之间的无线通信。如果驾驶员发现周边车辆存在突然变道、超速行驶等异常行为，就会将那些车辆的位置、速度、行驶方向等信息通过紧急告警消息的形式发送给周围车辆及云端。

"云"层面内部由应用层、基础设施层、平台层三部分构成，其中应用层主要包括各种类型的应用和服务，比如油耗反馈、驾驶员行为感知、健康感知、环境感知等实时业务，以及网络即服务、存储即服务、计算即服务、信息即服务等主流业务；基础设施层主要包括云计算和云存储，云存储部分主要是存储车辆终端所采集的数据，而云计算部分用来执行数据处理和分析的任务；平台层为用户提供开发、测试、部署和管理应用程序所需的环境和工具。

二是可能应用场景。首先是自动驾驶。自动驾驶需要大量的信息和密集的计算，随着车云网的发展，许多任务实际上都可以交由车辆云和路侧云处理，而无须借助远端的互联网云。其次是交通管理。车辆采集所有的传感数据，通过车辆云允许车辆之间交换路径选择、拥堵和交通警报等信息，帮助车辆规划最佳的路线，实现自组织和自适应交通管理。最后是实时移动视频。实时移动视频需要大量的时间来进行数据传输。而在车云网下，充分地利用附近的车载云和路侧云来获取云服务，则可以大大减少传输的时延，进而保证实时性应用的服务质量。

2. 汽车云计算故障分析

这里探讨了一个简单的自动分析预警场景，揭示了如何在自动驾驶场景中高效地进行云资源管理和内容共享，主要分为以下4个步骤。

①云资源的发现。假设车辆 V1 作为云领导者，自组织成车辆计算云，以实现自动驾驶应用。该应用需要获取三条路段的图像，以提升环境感知的准确性，但 V1 仅能覆盖其中一条路段。为此，云领导者通过发送 RREQ（路由请求）消息，在合适的位置招募其他车辆和路边单元，以提供必要的感知资源如摄像头。

②云的形成。在收到包含资源信息的 RREP（路由回复）响应后，云领导者选择两个云成员（如车辆 V2 和公路摄像头 RC1）并构建新的云。在此阶段，云领导者将任务分配给云成员并收集结果。随后，云领导者指派云成员拍摄两个路段的图像，并收集数据。

③内容的发布与共享。在汇总来自云成员的图像后，云领导者处理这些图像，生成可以在整个网络中发布的新内容。V1 利用这些内容支持其自动驾驶功能。同时，云领导者要求其他车辆将内容存储起来，以便在云计算环境中重复使用。经过一段时间，车辆 V6 和 V7 开始执行自动驾驶任务，它们通过广播 RREQ 消息来请求所需内容。一旦匹配成功，车辆 V4 可以直接将内容传输给 V6 和 V7，无须再次联系 V1。

④云的维护。云领导者可能会接收到来自云成员的离开通知。此时，云领导者会在发出的 RREP 的节点中选择一个具备足够资源的替代成员，以完成原本分配给刚离开云成员的任务。云领导者重新分配任务并更新云的状态。当云领导者决定不再使用该云时，会向云成员 V2 和 RC1 发送云解散通知。

6.4.3 生成式 AI 技术应用

GenAI（生成式人工智能）是指基于生成对抗网络（GAN）、大型预训练模型等人工智能技术，通过对已有数据进行学习和模式识别，以适当的泛化能力生成相关内容的技术。它继承了专业生产内容和用户生成内容的优点，并充分发挥技术优势，打造了全新的数字内容生成与交互形态。

GenAI 技术的核心思想是利用人工智能算法生成具有一定创意和质量的内容。例如，通过输入关键词、描述或样本，GenAI 可以生成与之相匹配的文章、图像、音频、视频等（见表6-7）。

1. 智慧运营

（1）自主洞察式需求预测

GenAI 自动分析大型历史销售数据集、市场趋势和其他变量，具备一定的洞察力，

表 6-7   **GenAI 的应用前景和能力**

序号	文本	视频	图像	编码	音乐	语言应用	3D
1	市场内容	视频生成	艺术和设计	代码生成	作曲	文本到语音	3D 物体建模
2	电子邮件	编辑	市场插图	重构和优化	设计音效	虚拟助理	建筑可视化
3	创意写作	游戏开发	照片编辑	漏洞检测和修复	编排和配器	声音克隆	角色动画
4	翻译	摘要制作	产品设计和原型制作	测试	混业和混搭	语音合成	工业设计
5	法律与技术文本	增强现实与虚拟现实	时尚和服装	代码格式化	创建虚拟音乐	有声读物生产	游戏环境
6	新闻文章和摘要	视频延伸	数据可视化	—	—	个性化语音接口	—

资料来源：运筹 OR 帷幄微信公众号，《生成式人工智能将为物流供应链带来哪些变化？》。

能更快、更准地创建实时需求模型，以有效满足客户需求。达美乐在英国和爱尔兰使用微软 Dynamics 365 进行需求预测，提高了需求预测的质量，改善了客户体验并确保及时交付产品。

（2）动态计划生产

GenAI 引入动态规划，根据客户变化、生产能力、资源可用性和订单优先级等因素实时计划生产和调度。与需求预测功能类似，GenAI 可以有效地制订生产计划、安排顺序和分配资源，以最大限度地减少瓶颈并提高生产效率。

（3）预测性风险管理

GenAI 自主地分析历史数据、市场状况、天气情况和地缘政治事件等数据源，以识别潜在的供应链风险，即在风险发生之前进行预测，使企业能够主动制订强大的应急计划。例如，GenAI 可以根据需要提示生成风险评估、场景模拟和缓解策略，以帮助规划人员主动管理和规避风险。如果供应链规划模型中的生成式人工智能检测到高风险，它可以模拟对供应路线的影响，还会给出替代采购或库存搬迁的建议，以减少延误。

2. 智慧采购

（1）自主洞察式供应商管理

GenAI 自主分析供应商通信和数据点，更快、更准获取信息，实时支持、监控和分析供应商互动情况，不断学习，从而实现动态化供应商管理，改善与供应商的关系。

（2）动态化采购决策

GenAI 不断学习和分析广泛的供应商绩效、能力、定价和风险状况等数据，并生成见解来支持供应商动态优选。

（3）自动辅助合约处理

GenAI通过自动从合同中提取关键信息并生成摘要或见解来辅助合同分析；审查和比较合同条款，识别风险并帮助确保合规性；通过提供数据驱动的建议来支持合同谈判和续签。

3. 智慧制造

（1）可持续产品设计

GenAI可以帮助设计新材料产品或重新设计包装以减少资源浪费，或者可以为当前产品重新规划供应链，以尽量减少从原材料获取、供应商采购到制造和分销过程对环境的影响。

（2）预测性维护

通过学习工厂车间机器收集的数据，GenAI可以创建新的维护计划，与设备可能发生故障的时间相关联。这使得制造商能够在必要时调整维护计划，减少停机时间和成本，同时延长设备的使用寿命。

（3）动态材料科学与工程

GenAI不断学习新的材料特性数据并迭代出不同的组合数据，发现新材料并优化现有材料，以开发出更高效、可持续或更耐用的材料。

4. 智慧物流

（1）动态全球贸易优化

不断学习关税、海关法规、贸易协定和运输成本等新数据，动态建议最有效和最具成本效益的贸易路线规划和策略。这有助于企业建立复杂的国际贸易网络，并确保合规性，同时最大限度地降低成本。

（2）动态物流网络设计

不断学习仓库位置、运输线路和需求模式等新数据，动态优化物流网络设计，生成最有效的配置，以缩短交货时间、降低成本并提高服务水平。

（3）动态仓库布局优化

GenAI可以通过分析影响运营效率的多个因素来优化仓库布局。GenAI可以动态调整布局，按尺寸或字母顺序排列产品。例如，亚马逊通过GenAI识别最常被访问的物品，并将它们放置在靠近包装站的位置。

（4）动态"最后一公里"路径优化

对于物流运营来说，主要挑战之一就是实时路线规划。GenAI可以根据交通状况、天气和送货优先级等不断变化的因素，不断更新和优化送货或取货路线。这可以提高效率、降低油耗并提高客户满意度。

5. 解决人员短缺问题

（1）提升业务能力

①加速员工成长。应用GenAI可以降低对员工培训时间和工作经验的要求。更重

要的是，GenAI 可以增强员工的能力，支持个人学习和发展。

②提高员工生产力。GenAI 可用于创建所需篇幅、风格和语气的文档；可以对文章、电子邮件、网页等进行概述；可以翻译、解释、验证并生成程序代码等。

③增强客户体验。生成式人工智能模型可以根据企业的标准操作程序、业务流程、工作流程和软件文档进行调整，然后可以使用情境化的相关信息来响应用户的查询。并通过用户反馈，学习、迭代提供高度个性化的体验。例如，它可以提供专门针对客户偏好定制的产品推荐；根据客户对初始建议的反应，它可以完善未来交互的流程。

（2）提升决策能力

①简化决策过程。供应链经理可以使用生成式人工智能模型来提出澄清问题、请求额外数据、更好地了解影响因素，并查看类似场景中决策的历史表现，使供应链经理在决策之前的尽职调查过程变得更快、更容易。

②提升变革能力。可以将基于 GenAI 的学习和开发系统与 GenAI 驱动的辅助决策相结合，帮助各层管理者加速解决各种变革管理问题。

③专注增值决策。基于底层数据和模型，GenAI 可以分析大量结构化和非结构化数据，自动生成各种场景，并根据呈现的选项提供建议。这大大减少了供应链经理目前所做的非增值工作，使他们能够花更多时间做出数据驱动的决策并更快地响应市场变化。

6.5 供应链区块链技术应用

区块链是分布式网络、加密技术、智能合约等多种技术集成的新型数据库软件，具有数据透明、不易篡改、可追溯的特点，有望解决供应链的信任和安全问题，重构供应链体系。

6.5.1 基于区块链的汽车供应链

汽车供应链是一个复杂的网络，层级结构复杂，数据多样，主体间的联系紧密。同时，汽车供应链也存在数据安全、信息孤岛、信息不灵通等问题。区块链技术可保证数据不可篡改、不可伪造，实现链上数据完全透明，以搭建更加安全、协同的汽车供应链，全面提升汽车全产业链的价值。

区块链在汽车供应链中的应用贯穿生产、消费全过程，包括数据安全、后市场应用、身份识别、汽车贸易、汽车保险及保养等（王国文，2022）。

1. 区块链+数据安全

汽车供应链中，零部件代码是每个零部件的唯一身份识别代码。区块链可以建立可靠的信任机制，将唯一的身份识别代码加密后写入区块链，这个代码和所有流动的过程在整车厂和供应链伙伴之间通过安全可信的区块链账本实现共享。由此，基于区块链的全程溯源体系可以跟踪零部件从原生产厂家到整车厂再到终端客户的全过程。分布式账本技术能防止数据被操纵和篡改，确认了零部件身份，每个部件、每个动作、每次移动均被完整地记录在区块链上，彻底将假冒伪劣行为排除在供应链之外。

同时，多重区块链系统可同时处理整车厂、供应商每天产生的海量数据。第一条区块链记录车辆零部件的提单，第二条区块链记录在制造过程中形成的质量检验过程，第三条区块链记录每辆车从初始装配到完成总装的在制品工作进程。智能合约可以嵌入制造过程，并在制造过程中的某个阶段自动释放采购订单。合同自动释放和执行，使供应链上所有参与者受益，大幅提高供应链交易效率，加快库存流转。

2. 区块链+车辆交易与支付结算

区块链可以记录车辆状况、事故情况、损坏情况、保养情况、零部件修理及更换情况等信息，提供一个可以完整可靠的信息资源平台，再结合智能合约，大大简化车辆在个人、企业所有者之间的交易过户流程，提高车辆交易效率。

区块链技术也能保障充电、停车、保险等消费过程的安全支付。比如，客户充电之后，系统自动触发智能合约，完成交易结算，客户账户自动向充电站支付。同样，区块链技术可用于停车场的月租结算、汽车保险结算，以及其他汽车消费。

车内支付可能是未来的一个发展趋势，有些整车厂已公布采用车内支付系统的计划。车载钱包可以帮助车主在车内解决所有交易问题。比如，将一系列 App 嵌入车载导航系统，车主就可以进行预订酒店、购买电影票等消费结算。区块链技术可以保证消费者把钱付给应该收到款项的人。

3. 区块链+汽车保险

区块链技术也能在汽车保险上发挥巨大价值。存储在区块链上的数据，可以基于司机的驾驶习惯而不是驾驶历史让保险公司建立个性化的保单，实现更加灵活的理赔管理。车载传感器可以采集司机的加速、刹车等驾驶行为，记录车辆速度、里程、位置信息等，这些信息被实时写入区块链，保险公司可以在需要的时候调取。这就形成了保险的"黑匣子"或"远距离传送保险"。

通过区块链记录驾驶人信息，还有助于加快保险理赔流程。针对特定交通事故设置的特殊规则，可以通过基于区块链的智能合约实现控制，一旦发生事故，系统就会自动为保险公司提供关联信息。这类信息具有不可篡改的安全性，让理赔变得更容易。

4. 区块链+汽车金融

基于区块链，汽车供应链各级供应商不仅能有效且快速地传递各种信息，包括合同信息、供货发票信息、服务物流信息等，还能确保整个贸易活动的真实性。此外，各级供应商拿到整车厂的应付凭证后，通常会通过金融机构来将手中的应收账款转变成支付各种费用的资金。而区块链的价值传递性，将核心企业的信用传递给上游各级供应商。金融机构可在区块链上查找到各级供应商的融资申请，还能追溯到源头融资凭证，进而根据自身的风险评估，为各级供应商提供相应的资金服务，降低供应商融资成本。

此外，智能合约能有效预防拖欠账款现象的发生，即当核心企业兑现了它的商业承诺，就可以触发区块链上的智能合约，从而将该凭证链条下的所有资金按照规则，清算到各个企业、金融机构的账户中。

5. 区块链+整车物流

根据《中国物流与区块链融合创新应用蓝皮书》的调查，区块链在物流领域的应用主要围绕4个方向：流程优化、物流追踪、物流征信和物流金融。这些应用涵盖了结算对账、商品溯源、冷链运输、电子发票、供应链金融以及资产证券化等多个重要领域（姚文鹏，2020）。

在流程优化方面，区块链结合电子签名技术，实现了单据流转与签收的全程上链，确保了无纸化操作，信息流与单据流高度融合。在计费对账环节，账单及异常调账等关键信息均通过区块链记录，并利用智能合约完成自动对账。

在物流追踪方面，区块链与物联网技术的结合，使商品生产、加工、运输和销售的全过程实现了透明和可追溯。区块链能保证数据的真实性，而物联网则能确保数据在收集过程中的可靠性。

在物流征信方面，区块链储存可信的交易数据，如服务评分、配送时效及权威机构背书等，有助于将以往的物流数据进行整合，配合行业标准进行信用评级，为参与者提供更准确的信用评估信息。

物流金融应用依托区块链所提供的征信评级、应收账款和资产等信息，核实真实的贸易背景，帮助金融机构完善中小型企业的KYC（了解你的客户）画像，从而降低金融风险，解决中小型企业融资难题。

通过流程优化、物流追踪、物流征信和物流金融4个方面的应用，区块链技术旨在整合商流、物流、信息流和资金流，解决商品所有权转移过程中各主体之间的信任问题。

6.5.2 基于区块链的农产品供应链

农产品供应链关系到人类的生存和生活质量，区块链的应用可以更加精准地解决农产品溯源问题，保障农产品安全与质量，提高农产品生产、流通效率，带给用户和上下游企业更好的服务。

1. 系统架构

第一，应用层，主要指基于区块链的农产品供应链溯源系统的Web（网络）终端应用软件。该软件利用Hyperledger Fabric等平台进行开发，功能包括数据采集、信息录入、查询、展示和质检认证，从而实现对农产品信息的全面溯源。第二，合约层，包括各种算法机制、脚本代码及智能合约。当区块链节点提交交易时，在满足预设条件的情况下，智能合约将自动执行，实现交易处理和信息上链。第三，共识层，采用共识算法对各节点进行部署和验证，确保分布式账本中数据的一致性和同步更新。第四，网络层，涉及身份验证、节点配置规则以及智能合约通过网络传输和存储信息的相关规定。第五，数据层，由区块、数据库及云计算等组成，用于实现数据存储。第六，采集层，依靠传感器、摄像头、RFID 和物联网自动控制终端等，对农产品产业链的环境信息进行感知和采集。通过物联网设备的自动化采集，保证信息的完整性和准确性。通过以上 6 个层面的设计，系统能够有效提升农产品供应链的透明度和可追溯性。

2. 基于区块链的农产品供应链系统设计

下面主要从应用层、合约层、共识层等 5 个层面进行设计。

（1）应用层设计

应用层为用户提供了一系列功能，包括注册、权限管理、农产品溯源信息的上传与查询、交易管理以及物流管理等。供应链的参与者可以通过应用层上传和查询与自身相关的农产品溯源信息并进行交易。消费者则可通过购买农产品，利用包装上的溯源码查询所有相关的溯源信息。监管部门在整个体系中拥有最高权限，能够通过溯源码获取任何农产品的完整溯源信息，从而及时发现供应链中存在的问题。

具体应用场景与 6.5.1 类似，不再赘述。

（2）合约层设计

①索引设计

合约层设计的核心任务之一是建立存储字段，以便对世界状态数据库进行读写操作。世界状态数据库用于保存数据的最新状态。在 Hyperledger Fabric 中，用户可以选择将 LevelDB 或 CouchDB 作为世界状态数据库，默认情况下采用 LevelDB。LevelDB 是一种键值对（Key-Value，简称 KV）数据库，其中每个键都与一个唯一的值相对应，从而实现高效的数据存储与检索。

例如，农户存储字段可包含农户信息、农户与农作物信息、农作物信息、农作物状态信息、农作物出售信息、农作物物流订单信息等。每种信息都由相应的 KV 组成，如农作物信息的 Key 是农作物 ID，Value 是农作物的具体信息。用户可以根据农作物 ID 对农作物信息进行读写操作。

②方法设计

每个组织都需要设计不同的方法，以完成不同的合约功能。例如，农户可能需要 Init 方法实现初始化，Invoke 方法将交易分发给不同的逻辑，crops 方法存储农户的农作物信息；UpdateCrops 方法更新农户的农作物信息，cropsSales 方法完成农作物销售，logistics 方法存储从农户到农产品制造商的物流信息等。

以农作物 crops 方法为例，其方法设计如下：

输入：农户 ID、农作物 ID、农作物信息；

输出：添加农作物信息成功与否；

伪代码：if 农作物 ID 已存在　then

return "农作物 ID 已存在，无法添加信息"

else

调用 PutState（农户索引 1，农作物数据）添加农作物信息

return "添加成功"

③部署

首先，利用 Golang 语言编写智能合约代码，并将其打包成链码包（chaincode package），随后上传至 Hyperledger Fabric 网络的某个 Peer 节点。其次，在该 Peer 节点上安装链码包，以便于网络内的应用。再次，网络中的一个或多个组织需批准链码定义，从而在网络中实现链码的实例化。最后，在一个或多个 Peer 节点上对链码进行实例化，指定链码的名称、版本号及初始参数，以便在网络中进行使用。完成上述步骤后，可以通过 CLI 命令调用链码，执行其定义的业务逻辑。

（3）共识层设计

在合约层的设计中，自动执行的条件需要事先设定。当节点提交交易时，系统先验证节点身份，以确保其具有上传数据的权限。确认后，数据将送往共识节点，进行标准符合性判断。最终，经共识节点的共识算法处理的交易信息将被写入区块，并将交易状态传递给所有节点。

在此过程中，共识机制的选择至关重要。目前，常见的共识机制包括工作量证明、权益证明、委托权益证明和实用拜占庭容错等。这些机制可相互结合，以满足特定要求。每种算法各有其优缺点及适用场景，具体选择如表 6-8 所示。

表 6-8　主要共识机制的性能

性能	PoW	PoS	DPos	PBFT
交易吞吐量	低	低	高	高
延时	高	高	低	较低
可扩展性	好	好	较好	差
中心化	去中心化	去中心化	弱中心化	弱中心化
安全威胁	算力集中	币龄攻击	候选人作弊	节点作弊

以 PBFT 算法为例，其共识过程可以分为背书、排序、验证三个步骤。

①背书

客户端向区块链发送交易请求后，区块链网络中的背书节点会对该请求进行有效性验证，并对验证结果进行签名（即背书）。随后，背书节点将验证结果和背书信息返回给客户端。由于区块链网络中可能存在多个背书节点，客户端所发送的交易必须获得超过一定数量的背书节点认可，才能视为有效。

②排序

在区块链网络中，当客户端提出的交易请求获得大多数背书节点的验证通过后，客户端会将该请求连同背书节点的检查结果和签名一并发送至排序服务节点。排序服务节点在接收到这些已背书的交易请求后，会对交易进行排序，并打包生成区块，随后将新生成的区块广播至网络中的提交节点。鉴于客户端在一定时间内可能会提交多笔交易请求，排序节点通过对交易进行有序排列，确保所有节点账本中交易顺序的一致性，从而维护了网络的整体一致性。

③验证

提交节点先会检查排序服务节点发送过来的区块，区块中的交易数据必须保持背书合法的状态，检查通过后才会保存到本地的账本中，否则交易不会被保存到本地账本中。

（4）数据层设计

数据层设计有多种思路，这里介绍其中三种。

①分布式账本存储模式

所有用户的信息、每位用户上传的农产品相关数据以及用户之间的农产品交易记录都会被储存在分布式账本中，这样供应链的各个参与者就能够通过该账本实现信息共享。在 Fabric 中，账本由区块链和世界状态两个部分构成。区块链记录了所有交易中 Key 与 Value 值变化的历史，而世界状态数据库则保存了每个 Key 对应的最新 Value 值。通过调用链码，用户可以对账本中的数据进行存储和查询操作。若需获取数据的当前状态，仅需访问世界状态；若需查看历史数据，则可查询区块链。

②"区块链+数据库"模式

农产品供应链中涉及大量的溯源数据，如果全部上传到区块链网络，就会增加区块传递数量，达不到理想的传输速率。因此，可采用"区块链+数据库"的存储模式，每个节点都配置双数据库存储模式，且能够利用智能合约进行数据交互。其中，农产品供应链环节的数据可存放于传统的关系型数据库中，将源文件的哈希值上链，每种交易形成区块，经各节点达成共识后记入账本。智能合约通过数据库结构体来记录溯源信息，实现双数据库协同模式。

③"云+边+区块链"模式

该模式结合了云存储库、边存储库和类区块链账本。云计算提供了高可用性和可扩展性的计算及存储资源，支持大规模的数据分析与决策。例如，云端服务器能够处理大量农产品数据，包括品种、产地、质量、运输和销售等信息，以帮助决策者作出更为精准的选择。为了解决数据存储与监管问题，采用了区块链分布式账本技术。考虑到数据容量的限制，实际文件存储在边缘节点，而文件内容的哈希值则保存在云端的区块链中。此外，为满足文件查询需求，引入了 CouchDB 等数据存储与搜索引擎。

（5）采集层设计

该层由多种智能传感器、射频识别器与 GPS 定位器等物联网设备组成，这些设备的核心是区块链技术，旨在将物联网与产品研发过程进行整合。通过智能传感器，实时记录农产品的生产环境、存储状态、生产过程及运输过程，为远程电子合同的签署提供一个可靠的基础框架。这一系统实现了信息的高效采集，并将这些信息上传至数据库。这些设备或者包含区块链客户端的智能合约地址，或者通过服务发现进行识别。

3. 技术平台的选择及环境设置与部署

（1）选择

区块链主流技术平台的主要特点如表6-9所示。每个平台都有适用的领域和特有的共识算法，可参照选择。

表6-9　　　　　　　　区块链主流技术平台的主要特点

平台	适用场景	共识算法	语言	智能合约	交易效率
Bitcoin	公有链	PoW	C++	不支持	低
Ethereum	公有链/联盟链	PoW/PoS	Go	支持	中
EOS	公有链	BEF-DPOS	C++	支持	高
Hyperledger Fabric	联盟链	兼容多种共识算法	Go	支持	高

（2）环境设置与部署

以Hyperledger Fabric为例，说明系统开发的环境设置与部署。

第一，环境设置。Fabric网络基于Docker容器技术，因此其环境部署要求安装Docker和Docker Compose。通过Docker，Fabric应用及其依赖包可以容器化，随后部署到Linux系统中。在Fabric中，每个节点都运行在独立的Docker容器内。后台应用、数据库应用、区块链节点和智能合约分别对应相应的Docker容器，确保各自独立运行。这种架构不仅提升了系统的灵活性，还优化了资源的管理与利用。

第二，集群部署。在环境设置完成后，接下来需要部署区块链集群。溯源系统涉及农产品供应链中的多方用户，这些用户来自不同的组织，每个组织下设一个或多个区块链节点。为此，我们将部署包含农户、农产品制造商、物流公司和农产品经销商4个组织，每个组织设有一个Peer节点。与此同时，还需部署3个Orderer节点。应先修改crypto-config.yaml配置文件，以生成组织结构及其身份证书信息。这些证书用于代表组织中提供节点服务的成员，并在各实体之间通过签名验证身份。接着，生成初始区块，根据configtx.yaml文件中的FourOrgsOrdererGenesis模板进行修改，以生成Orderer服务对应通道的初始区块文件。

第三，生成应用通道的配置信息。根据configtx.yaml中的FourOrgsChannel模板创建新建通道的配置交易文件，确保该模板包含4个组织的相关信息。随后，生成锚节点配置更新文件，同样基于configtx.yaml中的FourOrgsChannel模板，为每个组织生成对应的锚节点更新配置，并确认正确指定组织名称。

第四，通过 Docker Compose 工具启动 Fabric 网络，实现节点容器的管理。只需修改相应的配置文件，即可完成各节点的设定。这些配置文件涵盖了网络中所有节点的信息，包括 3 个 Orderer 节点、4 个 Peer 节点及 1 个客户端。

6.5.3 基于区块链的供应链金融理论与实践

区块链技术在供应链金融中的应用显著提高了供应链的透明度、效率和安全性，降低了融资成本，增强了风险管理能力，从而推动了供应链金融的创新和发展。

1. 区块链技术赋能供应链金融

区块链与供应链金融的融合形成了一种全新的分布式供应链金融模式，解决了传统供应链金融模式中以核心企业为主的供应链过短问题，使较长的供应链无法提供优质服务所产生的一系列信任问题得到了有效解决，大大提高了供应链的效率。其特点主要体现在以下 7 个方面。

①数据透明性和不可篡改性。区块链技术能通过其分布式账本的特性，确保数据的透明性和不可篡改性。这意味着在供应链金融中，所有交易记录都是公开的；并且一旦记录，就无法被修改。这为供应链中的各方提供了一个可靠的数据来源，降低了各合作方面临的信息不对称和欺诈的风险。

②智能合约。区块链上的智能合约能够自动执行合同条款，减少人工操作，提高整体的效率。在供应链金融中，智能合约可适用于自动处理应收账款、支付条款等，确保合同的自动执行，降低违约的风险。

③信用传递。区块链技术可帮助实现信用的传递。在供应链中，核心企业的信用可通过区块链平台传递给其供应商，甚至是多级供应商。这使得中小企业获得融资更容易，因为它们的信用得到了核心企业背书。

④风险管理。区块链技术提供了一个实时监控供应链活动的平台，使金融机构能够更好地评估和管理风险。依靠分析链上的数据，金融机构可以更准确地预测供应链中的风险点，从而做出更明智的信贷决策。

⑤融资效率。区块链技术可以简化供应链金融的融资流程。通过自动化的数据处理和智能合约，可以减少中间环节，加快资金流转速度，降低融资成本。

⑥监管合规。区块链技术可以帮助企业更好地遵守监管要求。所有交易记录都在链上，便于监管机构进行审计和合规检查，同时也为企业提供了透明的合规记录。

⑦跨境支付。在国际贸易中，区块链技术可以简化跨境支付流程，降低交易成本，提高支付效率，这对于供应链金融尤为重要，因为它涉及全球范围内的资金流动。

2. 基于区块链技术的供应链金融应用

近年来，区块链技术在供应链金融领域的应用备受关注。利用区块链，供应链金融相关企业能够建立相互信任的合作关系，高效地实现数字化转型，创新供应链金融模式，从而实现智能化和自动化操作；此外，企业还能更好地协调发展，应对市场变化与风险（朱瑞，2023；左光宇等，2023）。

区块链技术在供应链金融中的应用主要有以下 6 种。

（1）区块链增信

区块链技术的智能合约、私钥等特有的数据结构，以及区块链去中心化的特性，使供应链中的交易数据能够被完整且真实地记录。这一特性对于解决供应链金融中的信用问题具有重要意义。

在信用评价方面，区块链为供应链金融信用机构的构建提供了有效的技术支持，解决了信用治理能力不足的问题，并降低了金融机构在风险管理中的成本。

在信用分享方面，区块链技术为分布式信用机制的建立奠定了基础，突破了传统中心化征信体系的局限，能够有效促进信用分享，从而降低供应链金融服务提供者面临的政策、经营、市场及信贷等多重风险。

（2）基于实物资产数字化的采购融资模式

借助区块链技术，可以有效实现供应链上下游企业之间的信任传递与风险共担。该模式的核心在于实物资产的数字化，企业通过区块链能够对其实物资产（如存货、原材料等）进行数字化处理，生成唯一的数字资产标识。数字资产可在区块链上灵活交易，以实现其最优利用和价值最大化。区块链的去中心化和不可篡改性确保了数字资产的真实性和可靠性。在此框架下，企业应将实物资产进行数字化处理并上传至供应链融资平台。采购商可以通过该平台实时进行融资和还款，并利用智能合约来自动管理风险。

此外，引入保险机制可以进一步降低风险，保险公司为数字化采购融资提供信用保险，确保采购商的合法权益。在风险事件发生时，保险公司能够迅速介入以维护各方利益。同时，区块链技术提升了融资过程的透明度和可追溯性，降低了融资风险，推动了融资的可持续发展。

（3）基于核心企业信用的应付账款"拆转融"模式

在这种模式下，核心企业基于自身信用，运用区块链技术将供应链中的应付账款转化为金融工具，以实现拆分、流转和融资。具体而言，核心企业将应付账款打包成数字资产，并在区块链上发行数字债券，以帮助供应链中的中小企业进行融资。然而，目前区块链技术在供应链金融应用中面临的主要挑战是信任和安全问题。为解决这些问题，可以引入智能合约，以增强交易的可追溯性和不可篡改性，从而降低交易风险，促进供应链上下游企业的合作与共赢。虽然基于区块链的供应链金融模式尚处于探索阶段，但仍需克服技术和制度上的障碍。例如，必须完善区块链相关法律法规和监管制度，以确保交易的合法性与安全性。同时，还需加强对区块链技术的应用研究与创新，以增强其在供应链金融中的适用性和稳定性。

（4）基于区块链技术的动产质押融资模式

在这一融资模式中，企业可将其动产如存货和原材料作为质押物以申请融资。区块链技术能有效保障质押物的真实性和企业的所有权，并全面记录融资交易的全过程，确保信息的公开与透明。同时，智能合约可以自动执行融资交易，从而降低成本和风险。

基于区块链的动产质押融资流程包括以下5个步骤：①企业在区块链平台上登记质押物，并生成唯一标识符。②企业向金融机构申请融资，金融机构利用区块链技术验证质押物的真实性、有效性及其价值。③根据确认的质押物价值和企业融资需求，金融机构确定融资额度和利率，并签署智能合约。④智能合约自动执行融资交易，资金转入企业账户，并将质押物的所有权转移至金融机构。⑤企业在还款期限内归还款项，金融机构在收到还款后，通过智能合约将质押物的所有权返回给企业。

基于区块链的动产质押融资模式在实际应用中虽然面临着技术安全和法律监管的挑战，但通过加强技术研发与政策支持，可以促进其安全合规地发展。

（5）基于区块链技术的跨境支付和结算模式

基于区块链技术的跨境支付和结算模式为供应链金融的跨境业务提供了更便捷、高效且安全的服务。

①区块链的去中心化网络结构减少了中介机构的介入，从而降低了成本，提高了效率。同时，区块链的不可篡改性保护了隐私，使交易各方的信息安全得到保障，增强了交易过程的可靠性。

②这种跨境支付和结算模式能够实现实时结算，确保交易确认后资金即时到账，提升了企业的资金周转效率，并降低了资金占用成本。此外，此模式支持多种货币交易，有效规避了汇率波动的风险，并可自动进行跨境支付预结算，减少人为操作带来的错误与风险。

③基于区块链的跨境支付和结算模式显著提升了交易的透明性与可追溯性，企业能够实时查询交易状态和相关信息，进一步提高了交易的安全性和效率。

（6）基于区块链技术的物流金融模式

基于区块链技术的物流金融模式有效解决了传统物流金融中的多种问题，显著提升了物流金融的效率与安全性。

①该模式能够实现物流信息与资金的实时匹配，进而提高融资效率，同时保证信息的真实性与可追溯性，有效防止信息造假和欺诈行为。

②区块链的去中心化信任机制增强了供应链上下游企业之间的信任与合作。智能合约的应用优化了企业之间的自动化流程，从而提升了供应链的整体效率和可靠性。

③通过实时监控和预警，该模式提升了物流金融的风险管理能力。去中心化的风险管理机制有助于降低风险集中度，防范系统性风险。

④区块链技术推动了物流信息的实时匹配与共享，促进了物流行业的转型升级。同时，该技术还强化了物流企业与金融机构之间的深度合作，能进一步促进物流行业的发展。

6.6 数字孪生技术应用

数字孪生是充分利用物理模型、传感器更新、运行历史等数据，集成多学科、多物理量、多尺度、多概率的仿真过程，在虚拟空间中完成映射，从而反映相对应的实体装备的全生命周期过程，实现智慧供应链战略重构和运营模式再造。

6.6.1 数字孪生与智能制造

1. 应用框架

数字孪生在智能制造领域中的应用体系如图6-5所示（周涵婷，2022；智东西，2020）。

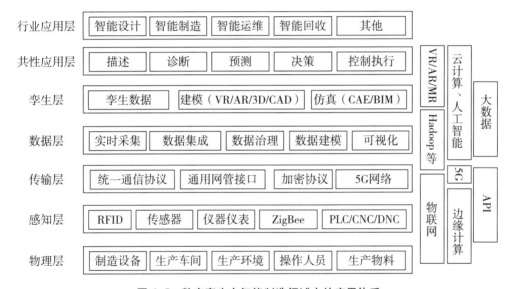

图6-5 数字孪生在智能制造领域中的应用体系

在物理层，涉及制造现场的各类实体，包括制造设备、生产车间、生产环境、操作人员等。这一层面涵盖了不同的应用场景，并行生产任务、多个车间、协同模块以及干扰因素。

感知层主要利用RFID、传感器等设备，进行环境信息的采集和存储，以实现智能制造系统对外部环境的感知。

在传输层，采用统一的通信协议和通用网管接口，确保数据的无障碍传输。同时，通过一致性端到端的加密协议，保障大量数据的实时安全传输和共享。

数据层则聚焦实时采集、数据治理与建模及可视化等，以解决数据多源性、异构性、海量性和实时性特征所带来的问题。

在孪生层，包含与物理对象相对应的虚拟对象，涉及孪生数据、建模及仿真。孪生数据来源于感知层，其实时性、完整性、可靠性和安全性是构建可信高保值模型的基础。建模方面则应用 VR、AR、3D、CAD 等技术制作孪生模型，包括几何模型、物理模型、行为模型及规则模型，从而实现对物理实体在多物理场、多尺度和多时空下的状态、行为和功能进行模拟。仿真业务不仅构建物理对象的数字化模型，还基于当前状态运用物理规律与机制，对其未来状态进行计算、分析和预测。

共性应用层是数字孪生的价值主张，即通过提供有助于整体理解、最佳决策、有效行动的信息，来改变实体事物或业务。数字孪生的数据集成方法（描述）提供了更可靠、更全面的洞察力（诊断），从而更有效预测未来状态（预测），以实现更快、更高质量的决策（决策），并创建相应的动作（控制执行）。

行业应用层涵盖了智能设计、智能制造、智能运维和智能回收等的全生命周期过程，提供了一系列应用服务，包括需求设计、设计验证、状态监测、过程控制、预测性维护、质量溯源以及逆向物流和再制造等。通过垂直化的专业软件和平台服务，能够提供标准化的服务范式，有效应对数字孪生应用中的挑战，并通过模块化、通用化和协同化的方式，逐步打破"算不快"的局限。

2. 数字孪生平台、软件、技术的选择

（1）感知层

感知层作为物联网的终端部分，主要包括芯片、传感器等设备，负责数据的采集和传输。其中，芯片是物联网终端的核心组件，而传感器则在物联网市场中占据重要地位。边缘计算技术的应用使数据处理能够更接近数据源，通过在边缘侧进行数据采集、清理、加工和汇聚，从而显著降低延迟，减轻网络传输负担，这已成为物联网硬件发展的一个重要趋势。监控设备能够捕捉图像信息，结合强大的边缘计算能力，在人脸识别和设备监控等领域展现出广泛的应用潜力。感知层设备主要供应商如表 6-10 所示。

表 6-10　　　　　　　　　　　　感知层设备主要供应商

类型		厂商
芯片	通信芯片	广域：高通、ASR、海思、中星微、紫光展锐等； 局域：新岸线、芯科科技等
	AI 芯片	英特尔、地平线、寒武纪、平头哥、英伟达、AMD 等
	控制芯片	TEXAS、复旦微电子、英飞凌等
传感器		博世、霍尼韦尔、汉威科技、士兰微电子、欧姆龙等
边缘计算设备		英特尔、戴尔、ARM、华为、HBC、爱立信、思科、研华科技、施耐德、特斯联等
监控设备		海康威视、大华等

（2）仿真分析层

仿真软件包括工业仿真软件和复杂系统（交通和物流等）仿真软件。工业仿真软件主要指 CAE 软件。目前，中国 CAE 软件市场完全被外资产品占据，以安世亚太为代表的国产 CAE 软件，还无法达到国外一线产品的水平。

CAE 按其研究的物理场，可分为通用型和专用型（见表 6-11）。

表 6-11　　　　　　　　　　　　CAE 软件分类

类别		典型代表	说明	特点及用途
通用型	结构	ANSYS、Nastran、Abaqus	结构强度仿真分析	通用性较强，适用范围广，可对多种类型产品的物理力学性能进行仿真、评价和优化
	流场	FLUENT、CFX	三维流场仿真分析	
	电磁	ANSYS、ANSOFT	电磁场仿真分析	
专用型	机械	ADAMS、Motion、Simpack、RecurDyn	运动学和动力学仿真分析	专业性较强，能对特定类型的产品提供较好的性能分析、预测、设计优化等
	控制	Matlab、Simulink、EASY5	控制系统仿真分析	
	一维流体	AMESim、Flowmaster	一维流体仿真分析	
	电气	Saber、Simplorer、E3	电气系统仿真分析	

资料来源：智研咨询-产业研究，《一文读懂 2023 年 CAE 软件行业现状及前景：数字孪生结合 CAE 市场前景广阔》。

在选择 CAE 软件时，需要考虑以下 7 个关键因素。

①适用性。根据行业和应用需求选择合适的软件，如对于机械制造行业，SolidWorks 或 CATIA 可能是更好的选择。

②易用性。软件的易用性对于提高工作效率至关重要。用户选择具有直观界面和丰富学习资源的软件，可以快速上手。

③技术和产品支持。良好的技术支持和产品文档对于解决使用中的问题和提高工作效率至关重要，选择能够提供及时响应和技术支持的供应商可以获得更好的使用体验。

④成本效益。根据预算和实际需求，选择性价比最高的解决方案。

⑤集成与开放性。考虑软件的集成能力和开放性对于实现与其他系统的无缝对接至关重要，选择能够与其他 CAD/CAM/CAE 系统良好集成的软件可以大大提高工作效率。

⑥行业认可。选择在相关行业中受到广泛认可的软件可以提高企业的可信度和竞争力，了解软件的知名用户和成功案例可以帮助企业做出更好的决策。

⑦可扩展性。随着业务和技术的发展，软件的扩展能力会变得越发重要，选择能够随着企业的需求变化而升级的软件可以确保长期的投资回报。

表 6-12 为部分 CAE 软件核心功能评价。

表 6-12 部分 CAE 软件核心功能评价

功能	ANSYS	Abaqus	ADINA	Marc
接触问题	4	1	3	2
结构优化能力	4	1	2	3
耦合分析能力	2	4	1	3
流体分析能力	1	4	2	3
菜单建模能力	2	1	1	4
编程建模能力	1，APDL 高级编程，易用	可编辑输入模型文件参数	Adina-in 不能设置变量参数	Python 不好用
结构网络划分方便性	2	1	3	4
性价比	3	2	1	4
是否有教学版	有，<2000 节点	无	有，900 节点	无

注：数字表示相应功能强弱排序，如对于接触问题，ABAQUS 软件最强，序号为 1。

（3）模型构建层

建模业务是指为用户提供数据获取和建立数字化模型的服务，建模技术是数字化的核心技术，如测绘扫描、几何建模、网格剖分、系统建模、流程建模、组织建模等技术。其中，测绘扫描技术主要由国有测绘企业主导市场，高德和百度的成功主要由于其拥有庞大的用户群体和广泛的市场应用。但国内测绘软件能力较弱，仍以采购国外泰瑞的 PhotoMesh、本特利的 ContextCapture 和街景工厂的 Street Factory 等软件为主。

3D 设计软件众多，这里仅就 3D Max、SolidWorks 和 Rhino 进行对比分析（见表 6-13）。

表 6-13 部分 3D 软件的优缺点比较

名称	应用领域	优点	缺点
3D Max	游戏、建筑动画	学习资源丰富、插件多样化、上手容易、真实渲染效果好	插件管理繁杂、稳定性下降、高配置需求、模型精度略显不足
SolidWorks	机械结构、电气、电子	Windows 环境友好、全动感用户界面、草图绘制灵活、特征建立和零件控制强大、工程图自动生成、格式兼容性强	曲面造型能力有限，主要用于工业设计领域，应用领域较为局限，知识门槛较高
Rhino	三维动画制作、工业制造、科学研究、机械设计	硬件要求低、插件增强功能、操作简单易懂、兼容性强、应用领域广泛	模型修改无参数化流程，存在破面问题，四边面构建限制

（4）共性应用层

数字孪生的构建与应用依赖于软件定义工具和平台的支持。这类平台的优势在于其系统架构能够基于统一的数据源，实现产品全生命周期的管理，进而推动数据驱动的产品管理流程。同时，它能够打通不同行业和应用，并支持其他模型通过 API 接入。因此，在选择软件时，需关注其核心功能、主要特征和可用性。

①核心功能。包括实时监控运营、系统分析产品从概念到生命周期结束的整个过程、与现有系统和平台广泛集成、根据实时和历史数据进行预测、模拟真实条件进行测试。

②主要特征。包括基于物理的建模功能确保数字孪生的行为与现实世界的行为紧密匹配，同时考虑到物理约束和定律；同步数据流可使现实世界资产的变化立即反映在数字孪生中，反之亦然；版本控制能跟踪一段时间内对数字孪生所做的所有迭代和更改；场景测试允许用户测试不同的场景；远程监控使用户能够从任何位置检查资产或操作。

③可用性。包括直观的仪表板、拖放功能、基于角色的访问、拥有集成的学习库或培训计划、响应迅速的客户支持等。

表 6-14 列举了代表性数字孪生平台软件的优缺点。

表 6-14　　　　　　　　　　代表性数字孪生平台软件的优缺点

平台	优点	缺点
Cintoo Cloud	具备出色的点云数据处理能力，支持与 Autodesk 等平台无缝集成，内置自动化功能以提升工作效率，支持 AI 应用	新手用户学习曲线较陡，部分用户可能需要更多定制化选项，对于无须点云数据的项目显得过于复杂
Dassault SIMULIA	提供强大的多物理场仿真能力，覆盖全面的产品生命周期管理，与达索系列工具深度集成	对于简单项目可能功能过剩，学习难度较高，许可模式可能不适合所有企业类型
Altair SmartWorks	集成先进的自适应 IoT 分析算法，支持全面的 CAD 工具集成，适用于多种应用场景	初学者可能感到功能繁杂，需要专门培训才能充分发挥其潜力，对小型企业来说可能存在成本压力
AVEVA	提供覆盖产品全生命周期的综合工具集，支持与主流 ERP 和生产工具集成，基于精准数据支持决策	功能全面，导致学习曲线较陡；部分功能对小型企业来说可能冗余，需要定期更新以保持与工业技术的兼容性
ANSYS Twin Builder	提供强大的 API 集成能力，支持高度可配置的界面，特别适合汽车行业应用	对新手用户不够友好，性价比有待提升，部分用户可能认为界面设计复杂

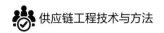

平台	优点	缺点
GE Digital Twin	提供制造业设备性能监控的定制功能，支持制造过程的精细化分析，与 Microsoft 等平台深度集成	新手用户上手难度较大，需要强大的基础设施支持，部分功能对小型企业可能不必要
Azure Digital Twins	提供先进的物理建模能力，支持与 Predix 全面集成，实时数据分析支持快速决策	功能复杂度较高，部分集成需要专业技术支持，云计费模式可能导致成本结构复杂
Siemens Digital Twin	提供全面的产品生命周期管理能力，用户界面友好易用，支持广泛的系统集成	对初创企业或小型团队可能成本较高，部分功能需要专门培训，整体解决方案成本较高

（5）支撑技术层

①云计算。表 6-15 是国内主要 IoT 云平台性能对比，可供参考选择。

表 6-15　　　　　国内主要 IoT 云平台性能对比

性能	阿里云	腾讯云	华为云	电信 AEP	百度云
协议支持	MQTT,HTTPS,CoAP,LoRa	MQTT,CoAP,LoRa	MQTT,HTTPS,LWM2M/CoAP	MQTT,TCP,T-Link,LWM2M, HTTP,CoAP,JT/T808 \ Modbus	MQTT,HTTPS,CoAP
设备端 SDK	C,Android,NodeJS,Java,Python,iOS	C,Android,Java	C,Java,C#	C	C,Android
云端 SDK	Java,Python,PHP,C#. NET,Go,Node. js	Java,Python,PHP,C#. NET,Go,Node. js	Java,Python,C#. NET	Java	Java
开发文档	丰富	丰富	一般	弱	弱
最佳实践	丰富	有	弱	—	3 种

续　表

性能	阿里云	腾讯云	华为云	电信 AEP	百度云
数据上行	有	有	有	有	有
指令下行	有	有	有	有	有
规则引擎	9 种	2 种	4 种	3 种	3 种
物模型	有	有	有	有	有
标签管理	有	有	有	有	有
设备分发	有	—	有	—	—
设备影子	有	—	有	—	—
实时监控	有	有	有	—	—
模拟器	有	—	—	—	—
在线调试	有	有	—	—	—
日志分析	全量设备，默认开启 7 天，可转永久	最长 7 天	单设备，手动开启，最长 3 天	单设备，手动开启，最长 1 天	弱
运维告警	丰富	有	弱	弱	—
固件升级	丰富	有	有	弱	—
数据分析	有	有	有	—	有
应用开放	IoT Studio	腾讯连连	Studio	—	有

资料来源：AIoT 科技物语，《2020 年国内大厂 IoT 物联网平台横向对比报告》。

②人工智能。ICT（信息与通信技术）企业、研究机构与行业协会提供的算力算法支持，成为工业智能重要支撑（见表6-16）。

表 6-16　　　　　　　　　　　　AI 关键技术研发组织

类别	代表组织
知识图谱算法	谷歌、阿里、美国加利福尼亚大学、美国华盛顿州立大学、美国卡耐基梅隆大学、法国蒙彼利埃大学、清华大学、中国科学院、浙江大学等
深度学习芯片	英伟达、AMD、英特尔、亚马逊、微软、赛灵思、莱迪思等
深度学习编译器	微软、Facebook（脸书）、英特尔、谷歌、亚马逊等
深度学习框架	谷歌、亚马逊、微软、Facebook、苹果、Skymind（思凯迈）、腾讯、百度、加拿大蒙特利尔大学、美国加利福尼亚大学伯克利分校等
可解释性、前沿理论算法	谷歌、微软、美国斯坦福大学、美国麻省理工学院、以色列理工学院、清华大学、南京大学、中国科学院自动化研究所等
标准或通用技术	OMG（对象管理组织）、Khronos Group（科纳斯组织）等
装备／自动化集成创新	西门子、新松、ABB（阿西布朗勃法瑞）、KUKA（库卡）、Autodesk（欧特克）、富士康等

③边缘计算。接入场景和需求的不同驱动连接与边缘计算平台划分为商业物联和工业物联两大阵营，并形成相对集聚的市场发展特点（见表6-17）。

表6-17 边缘计算主要研发组织

类别	代表组织
商业物联	ALYA、华为、思科等
工业物联	西门子、Kepware、红狮控制、研华科技、树根互联、特斯联等

④安全技术。在物联网网络安全上，人们越来越关注设备、通信和数据的安全保障，这包括设备与远程系统间的通信加密与认证、设备保护、固件的安全升级、威胁监测与防御以及数据存储的安全性。为此，物联网厂家需要建立全面的安全防范机制，同时要求IoT基础设施供应商加强基础设施的安全防护。目前，提供物联网安全服务的公司包括微软Azure、赛门铁克和英特尔等。

6.6.2 数字孪生与智慧仓储

智慧仓储是指通过信息技术手段和物流管理系统的应用，实现仓储物流的全面自动化、信息化、智能化和高效化。

1. 体系框架

基于数字孪生的智慧仓储体系框架包括物理实体层、孪生虚拟层、数据中心、服务支持层、应用服务层（见图6-6）。

物理实体层是物理场景中的实体，全要素互联的仓库、货物、设备、人员、环境等实体要素以及各要素间的逻辑关系构成了数字孪生应用实现的基础。通过AGV自带的传感器，在环境中布置二维码路块、定位基站、射频识别装置、激光雷达等各类感知设备以实现系统资源的互联互通与数据采集。物理实体层内的设备在实际运行过程中，通过上述相关数据的采集，执行各物理实体在仓储作业中的实际功能。

孪生虚拟层由虚拟模型和逻辑模型组成。虚拟模型是对物理实体层内环境、各个实体设备的仿真建模，以完成孪生虚拟层对物理实体的可视化映射。虚拟模型包括几何、物理模型，几何模型描述物理实体的规格尺寸以及装配关系，与物理实体具有良好的空间一致性，可以通过SolidWords、3D Max等建模软件创建；物理模型用于描述材料、温度分布等相关属性。逻辑模型是对物理实体层的组成、结构、运行过程的虚拟化进行逻辑表达，实现虚拟模型对物理实体系统的虚拟运行，以帮助仓储管理者优化仓储运营、规划和调整仓储布局、减少仓储成本等，从而提高仓储管理水平和效率。虚拟仓储也可以与物理仓储实时连接，通过传感器等设备将物理仓储的信息反馈到虚拟仓储中，使虚拟仓储能够更加准确地反映物理仓储的状态和运营情况。

数据中心对物理实体层采集到的实时及历史数据，孪生虚拟层内虚拟模型的虚拟运行数据，服务支持层的任务、规划、预测等数据进行存储和传输，为系统提供虚实

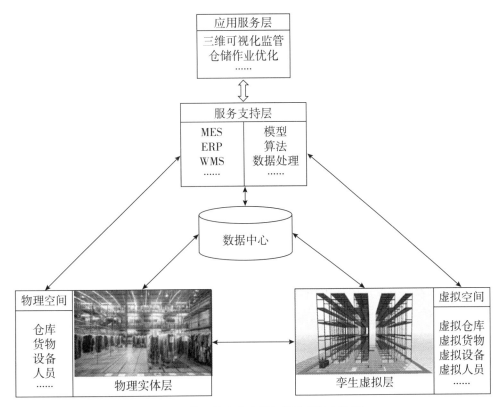

图 6-6　基于数字孪生的智慧仓储体系框架

映射及数据支持。

服务支持层是用于封装所有算法、数据和结果等功能的服务,以软件、App 等形式供有需求的客户使用。它可以屏蔽制造资源和能力的异构性,提高资源的利用率,并且优化业务流程,促进智慧仓储的实现。同时,以相应的交互在终端给企业提供如资源可视化管理、运行过程监控等服务,并通过统一的数据接口完成与 ERP、WMS 等企业信息系统的紧密集成。

应用服务层是指基于孪生数据服务系统提供的数据和分析结果,对实体仓储进行管理和优化的服务。这些服务可以包括实时监测、调度优化、预测分析等,以实现仓储管理的智能化。

2. 执行流程

这里以 AGV 路径规划为例,说明基于数字孪生的 AGV 路径规划执行流程。

①数据中心将订单数据传输至服务支持层,服务支持层根据订单数据生成相应任务,包括拣货任务、补货任务等,相应任务转化为路径规划任务数据,任务数据传输到虚拟系统进行后续操作,并在数据中心存储。

②服务支持层根据任务数据和实时运行数据生成路径规划方案,并生成路径规划指令传输至物理实体层和孪生虚拟层。

③孪生虚拟层借助虚拟模型，虚拟运行路径规划方案；根据虚拟运行结果，生成虚拟数据传输至服务支持层，跳到⑤。

④孪生虚拟层根据传感器采集到的实时运行数据，进行虚拟模型的实时调整。

⑤物理实体层读取服务支持层下达的路径规划指令，AGV 根据指令执行实际路径规划任务，传感器采集到的实时运行数据传输至服务支持层和孪生虚拟层。

⑥服务支持层对来自孪生虚拟层的虚拟数据和来自物理实体层的实施运行数据进行监控。若数据异常，对异常进行判断生成判定数据，将异常数据和判定数据传输至数据中心；若数据无异常，重复④⑤⑥，直至 AGV 路径规划任务实际执行完成。

⑦数据中心将异常数据和判定数据发送至孪生虚拟系统进行模型更新，再次生成虚拟运行数据，返回⑤。

3. 构建流程

以 AGV 路径规划为例，说明基于数字孪生的智慧仓储系统构建流程。这里重在说明构建流程，不用太在意所使用的软件和技术。当然，使用的软件和技术不同，构建细节不尽相同，构建的复杂度也大相径庭。

（1）AGV 虚拟模型构建

①AGV 参数获得。AGV 最重要的零件是直流减速电机和舵机，要获得它们详细的参数规格，包括尺寸、转速等，要将这些数据作为 AGV 数字孪生模型中孪生数据中的静态数据。同时，还要知道 AGV 整体的尺寸规格及整体结构，以便于正确地构建 AGV 的几何模型。

②AGV 几何模型构建。先用 SolidWorks 等软件对 AGV 的直流减速电机、舵机、轮胎等零部件依次建模，再根据各部分的位置及运动关系进行装配，建立 AGV 的 3D 几何模型。

③AGV 模型的轻量化及加载。将构建完成的 3D 几何模型导入 3D Max 软件，通过减面等优化操作，在保留细节的同时有效减少 AGV 模型的冗余，实现轻量化处理。进行材质和纹理的渲染，通过关节的绑定测试模型的运动行为，最后将模型导入 FlexSim。

（2）仓储环境建模

基于 FlexSim 的 A* 导航模块构建仓储环境的三维空间，包括 A* 导航器、网格、发生器、吸收器和若干货架等，再加上由 3D Max 导入的 AGV 模型。

（3）孪生互动机制

FlexSim 与 AGV 的数字孪生交互主要运用 Modbus 通信协议。在 FlexSim 内置的 Emulation 模块中建立 Modbus TCP Connection 链接，通过仿真模型运行，在控制器中利用 PCL 程序获取数据，并通过网口进行传输，发出指令给 AGV 执行率先定义的路径规划指令。

AGV 通常自带激光雷达、超声波传感器、磁力传感器、视觉传感器、霍尔传感器（一种可用来测量电机旋转运动角度和速度的传感器）等传感器，它们可实时检测 AGV

的位置和行驶状态。这些信息回传至 FlexSim 模型，通过 Emulation 中的触发机制完成 FlexSim 模型实时数据交互，实现 FlexSim 与 AGV 数字孪生场景的运用。

6.6.3 数字孪生与智慧农业

数字孪生技术与农业的深度融合将为农业数字化转型升级提供新动能。

1. 智慧栽培

面向育种的农业数字孪生系统通过全面深度感知植株的点云、光谱及图像数据，以及整合高通量植物表型平台的作业信息，能够实现对植物表型性状的实时解析和表型平台的智能控制，这为精准鉴定植物表型及高效评估种质资源提供了及时、准确、稳定的技术支持。这种植物表型高通量获取技术与模型计算工具的快速融合，有助于为农民提供有效的栽培管理措施指导。同时，整合了 5G 和边缘计算等先进技术的智能机器人，具备自动采集和智能分析植物表型数据的能力，这使无人农场的规模化稳定运行成为现实。在田间，杂草的精准识别技术快速进步，大幅提升了锄草机器人的自动识别和精确作业能力。此外，将基于机器视觉和光谱的害虫鉴别技术与知识模型相结合，进一步推动了精准施药技术在大田农业生产中的应用。

2. 智慧生产

利用物联网技术实现农场生产系统的数字化镜像，并依托数字农场系统进行多源异构数据的智能分析。在此基础上，通过孪生数据支持未来情景的智能决策，进一步依赖数字农场机器人实现决策的自动化执行。这四个环节紧密相连，形成反馈闭环，从而实现了作物生产系统的物理实体与虚拟模型之间的全面、持续的映射与交互。基于此，可以构建虚实一体、迭代优化的运行模式，以虚拟控制增强实际操作的智能化，从而实现环境及水肥的智能调控，以及苗期、采收、分级等过程的智慧管理，最终达到提升全要素生产效率的目标（白延虎等，2023）。

例如，阿里巴巴达摩院 XR 实验室实现了虚实联动的农业采摘机器人案例。该案例通过对果园和果树进行三维建模，构建出整个果园的高精度虚拟模型，采摘机器人可以在虚拟世界中进行运动规划方案设定，设定结果会映射到物理世界的采摘机器人大脑中，完成采摘机器人的自动采摘工作，降低果园管理成本（陈枫等，2022）。

3. 智慧物流

（1）智慧仓库

通过精确模拟仓储货位、仓库空间结构及相关设施设备，结合温度、湿度、气味等智能传感器，构建一个实时数据传输的系统。该系统能够对仓库的虚拟资源进行全面映射，包括每个货架、货位、库存数量及存储产品质量，还可以调节仓库的环境参数，如温度和湿度，以保证良好的储存条件。

基于仓库的进出库数据及现有库存统计信息，结合历史库存数据和其他供应链环节的相关数据，可对市场波动进行分析，从而实现自动补货和出库决策的模拟。这一过程将为仓储方案的优化设计和仓库布局规划等提供支持。

数字孪生模型能够有效监测和评估农产品的仓储质量，确保出库的产品符合质量要求。同时，货位管理有助于精确盘点库存数量，并将生鲜农产品的市场价格、需求与历史数据相结合，模拟合理的库存水平，从而确保仓储的合理性。

（2）智慧运输

构建针对车辆运输的数字孪生模型，通过采集车辆信息、运输路线和货物信息，为装车方案设计和运输路线规划提供支持。运输过程中，利用多种技术实现对农产品配送车辆的实时定位和动态追踪。通过智能感控器和数据检测设备，传输车辆与农产品的相关信息，以确保农产品质量得到有效监控。这些监控信息被反馈至数字孪生系统中。

数字孪生系统能够自动模拟农产品运输中可能遇到的各种情况，从而制定合理的装车方案。此外，它还能根据配送订单进行运输路线的优化规划。通过传感器和视频图像采集设备，实时传输数据以支持智能决策，确保在运输过程中对产品质量的监管，同时也对车辆状态进行反馈，从而有效降低损耗。

4. 智慧溯源

农产品溯源过程中引入数字孪生与区块链技术，以更加真实的场景和更加多元的表现形式向消费者展示可信的产品生产和流通全过程，大大降低农产品质量信息的获取成本，使消费者对农产品的种植、生产、加工、流通等各环节都有更为清晰的认知，实现产品从采摘到快递到家的全程可信可控。

6.7 案例：海尔智家智能制造供应链转型

海尔智家股份有限公司（以下简称"海尔智家"）智能制造转型经历了数字化制造、网络化制造和智能化制造三个阶段。

1. 数字化制造阶段

2005—2011 年是智能制造转型萌芽期。海尔智家通过数字化技术实现了制造系统数据流和业务流的关联，同时凭借互联网平台，实现了与用户之间的连接和互动，即"互联网+制造"。2005 年，海尔智家开始推行"人单合一"模式，以用户为中心的理念得以贯彻。2006 年，海尔智家推出了网络家庭平台，为大规模定制转型铺平了道路。2009 年，海尔智家搭建开放式创新服务平台 HOPE，并加大研发创新的力度。2010 年推出"日日顺"物流系统，为顾客提供高效的物流服务。

2. 网络化制造阶段

2012—2016 年是智能制造转型前期。2014 年，在沈阳建立了海尔智家的第一个互联网工厂，真正实现了"用户造"。同年发布"U+"云平台，对平台数据进行监测分析，并根据同步反馈改进不足。2015 年，海尔智家创建"三店合一"（OSO）社群交互平台"顺逛",进入社交电商时代。随后,海尔智家建立"众创汇"智家定制平台,针对用户需求量身定制面向智慧家庭领域的多种解决方案。2016 年,海尔智家并购了通用电气家电,努力打造完整的互联工程体系。

3. 智能化制造阶段

2017 年,海尔智家发布全球首个基于互联网工厂模式构建的智能制造云平台 COSMO,为国内制造业厂商提供大规模定制服务,促进各种制造业企业向智能制造转型。2018 年,海尔智家获得了德国工业 4.0 金奖。2019 年,海尔智家开启生态品牌战略阶段,建设智慧住居、产业互联网和大健康三大主业,布局高端品牌、场景品牌与生态品牌,实现了资源和能力的协同共享。2020 年,海尔智家发布了全球首个场景品牌"三翼鸟",可为用户不断迭代和定制衣食住娱行的"新居住"体验。

第 7 章 •

供应链管理平台

Chapter 7 : Supply Chain Management Platform

7.1 供应链管理平台概述

平台是指允许多个最终用户交易的双边（多边）市场。随着互联网技术的推广，平台被普遍地认为是促进生产者和消费者进行价值互动的结构。服务平台是平台服务供应链的核心，为两类用户（即提供商和客户）提供交易场所和基础设施，它极大地减少了中间商的数量，提升了运营效率；同时，集成各个功能性服务提供商向客户提供服务，并创造两者间的核心互动。其中，平台服务供应链是一种以服务平台为核心，以功能性服务提供商—服务平台—客户为基本结构的柔性化服务供应链。

供应链平台是指通过信息技术手段，整合、管理和优化供应链中的各个环节，形成供应链管理协同、高效和透明的服务市场。供应链平台颠覆了传统供应链的运作以及互动模式，产生了许多热门话题，并引发了学术界以及实业界的广泛讨论。目前对平台供应链的研究主要集中在合作竞争、供应链金融模型、服务质量管理、风险管理以及可持续运营管理等方面。

供应链管理平台由顶至底构建了一个多层次架构，包括供应链战略架构、供应链控制平台、供应链运营平台、供应链驱动平台、供应链基础设施与供应链生态平台（见图7-1）。供应链战略架构为供应链指明方向。供应链控制塔提供了一个多层次、可视化的操作面板，包含数据展示和分析功能。供应链运营平台负责执行智慧化的业务流程，与驱动平台紧密配合。供应链驱动平台由数据平台、AIoT平台和算法与仿真

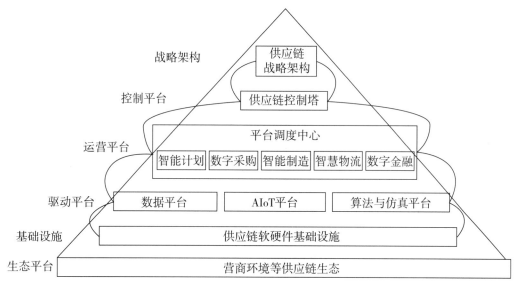

图7-1　供应链管理平台架构

平台组成，实现信息流通、物联网连接和智能决策。供应链基础设施与供应链生态平台是供应链数字化的基础与服务保障，包括工厂、仓库等实体资源，以及营商环境、区域治理与文化等服务支撑。供应链各个平台相互关联，共同实现供应链的高效、智能化运作。

鉴于供应链战略、供应链设施与生态有专门章节论述，以下主要就供应链运营、驱动与控制平台进行阐述。

7.2 供应链运营平台

供应链运营平台通常包括但不限于智能计划、数字采购、智能制造、智慧物流、数字金融。供应链运营平台通过一个或多个彼此关联的平台调度中心进行端到端流程的串联及调度管理。

7.2.1 智能计划

智能计划分成战略计划和运营计划两部分（见图7-2）。

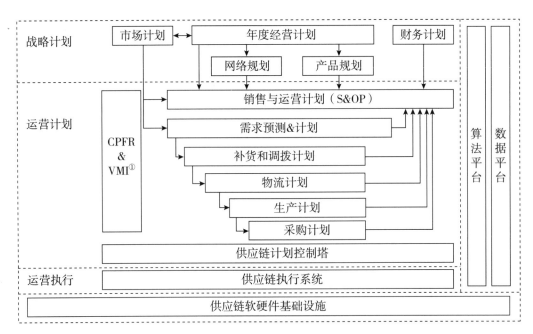

图 7-2　智能计划体系

战略计划的核心是年度经营计划，用于确定公司最高管理层的年度经营目标，需要协调年度财务计划、市场计划、网络规划和产品规划。

---

① CPFR译为协同式供应链管理库存，也叫协同规划、预测与补货；VMI译为供应商管理库存。

运营计划周期短，通常以月、周为周期，甚至是天、小时，其核心是 S&OP 和 CP-FR。S&OP 起到承上启下的作用，向上承接了年度经营计划的目标，向下贯通了需求预测和需求计划、补货和调拨计划、物流计划、生产计划、采购计划，从而实现内部计划的一致性。CPFR 和 VMI 用于实现与核心客户及核心供应商在计划、预测、补货上的协同，确保外部计划的一致性。

运营计划最后下发到运营执行层，为了确保计划从战略到运营再到执行的可靠性，一体化智能计划体系中构建了供应链计划控制塔。它是多层次供应链控制枢纽的一部分，主要用于监控计划的准确性、从计划到执行的效果，对存在问题的部分进行归因分析，并生成指导意见，用于人工或系统对计划进行修订。

一体化智能计划体系连接了算法平台和数据平台，算法平台为体系提供了可被调用的算法模型以及算力支持，数据平台主要用于外部数据集成和内部数据统一。

7.2.2 数字采购

数字采购主要分为采购端产品管理和供应端产品管理（见图 7-3）。采购端产品管理主要从采购战略管理和采购运作管理两个层面进行。

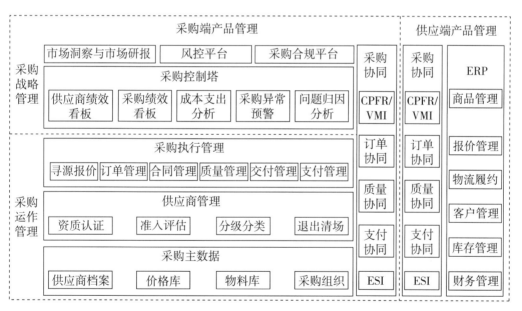

图 7-3 数字采购体系

采购战略管理的核心目标是为公司提供最大化的价值增值。前瞻市场洞察帮助企业了解技术发展趋势，预测供需关系变化，并对市场风险进行预判。采购控制塔属于多层供应链控制塔的一部分，包括供应商绩效看板、采购绩效看板、成本支出分析、采购异常预警、问题归因分析等模块。它与自动化采购执行模块互通，实现采购过程的可视和可控管理。

采购运作管理的核心目标是质量保证、成本控制和交付确定。它包含多个流程，如寻源报价、订单管理、合同管理等。这部分基本上可通过产品化的方式由系统自动或辅以人工进行处理。

7.2.3 智能制造

智能制造系统是由需求驱动的网络化制造系统，可以根据需求的变化做动态调整。"需求驱动"是面向供应链的产品设计和产品生命周期管理，以及从客户需求驱动的计划和订单系统。"网络化"意味着工厂与工厂形成工厂群组，甚至是机器和机器组成设备群组，无论是工厂、机器还是人，都是智能制造体系中可被调用的资源要素。"动态调整"是将人、机、料、法、环等各种要素根据需求进行动态智能调整。

智能制造系统包括智能制造控制塔、制造执行系统、企业资产管理系统、仓储管理系统和运输管理系统组成（见图7-4）。它与研发管理、需求管理、流程管理、项目管理等架构在统一的供应链运营平台基础层之上。

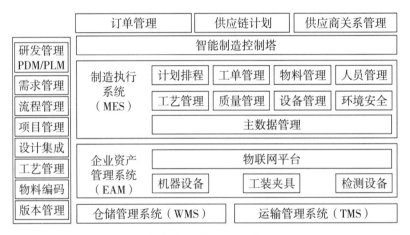

图7-4 智能制造系统

制造执行系统（MES）是通过信息传递对从订单下达到产品完成的整个生产过程进行优化管理。当工厂发生实时事件时，MES能够对此及时做出反应并出具报告，并用当前的准确数据进行指导和处理。MES还通过双向的直接通信在企业内部和整个产品供应链中提供有关产品行为的关键任务信息。可见，MES需要与计划层和控制层进行信息交互，通过企业的连续信息流来实现企业信息的全集成，并能实时收集生产过程中的数据，做出相应分析和处理，从而对整个车间制造过程进行优化。

7.2.4 智慧物流

智慧物流体系包括智慧物流控制塔、分析预警、业务管理和操作管理等（见图7-5）。智慧物流控制塔属于多层供应链控制塔的一部分，包括承运商绩效看板、流通加工绩效看板、报价分析、园区状态预警、车辆在途异常预警、管理预警、问题归因分析等模块。它与分析预警、业务管理、操作管理模块互通，共同实现对物流过程的可视和可控管理。

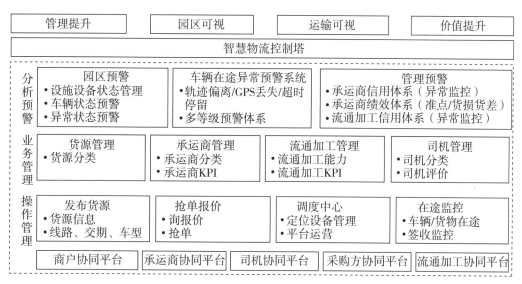

图 7-5　智慧物流体系

7.2.5　数字金融

数字金融体系是围绕供应链中的真实交易，通过第三方为交易环节注入资金，并提供风险控制、物流管理、信息管理等相关联的服务，从而驱动交易中的实物流、信息流、资金流循环增值与效率提升。它由基础平台、金融产品、运营平台三部分构成（见图 7-6）。

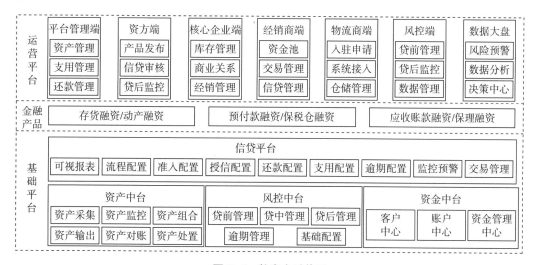

图 7-6　数字金融体系

基础平台从资产、资金、风控、信贷四个方面构建了数字供应链金融的底层基础能力，这些能力可以根据上层的金融产品、业务运营要求进行组合配置，以确保业务的灵活性和平台的风险可控性。

金融产品分为存货融资、预付款融资、应收账款融资。结合业务以及客户的要求，平台能够将这三类产品进一步分层分类，以解决方案的方式对内对外进行输出。

运营平台由多个端面组成，它能够在某个具体的金融产品下形成具体的操作界面。

在数字金融平台中，最为关键的部分是金融风险控制能力，它主要由贷前、贷中、贷后及逾期管理等组成。其风控模型是建立在数据驱动基础上的，贷前通过接入各类数据平台，扫描客户信用情况，多维度评估借贷风险；贷中进行定期复查监控，通过大数据扫描供应链网络上存在的风险；贷后根据市场价格的波动动态评估质押品的价值等。

7.2.6　京东商城供应链运营平台模式分析

京东商城通过一体化的供应链管理，集聚更多上游品牌商和供应商，并借助规模效应推动产业链与供应链实现效益最大化；致力于打造诚信、繁荣、共赢的 B2C 网络零售生态系统，发展持续化供应链能力，以高效、高度标准化的供应链支撑系统为基础，形成规模效应。物流作为关键支撑，京东商城将其发展置于首要位置，通过建立全国范围的物流中心和配送站，优化仓储物流后台，缩短供应链流程，降低运营成本。自建物流不仅提升了用户服务水平，更重要的是增强了对物流的控制力，实现了物流、资金流、商品流、信息流的紧密结合，提高了作业效率，降低了资金占用率。

下面对京东商城供应链运营平台管理进行分析。

（1）采购环节

京东商城利用包含 RFID、EPC、GIS、云计算等多种物联网技术的先进系统对特定区域进行发散分析，以深入了解客户的地域分布、密度以及订单情况等，并依据这些数据提前预测各区域产品销售情况，进而制订备货计划和商品分配策略。

物联网技术的应用使得京东商城能够将总体产品销售预测细化到各个区域，并根据销售前端传来的详细信息，做出更为合理的采购决策。举例来说，在京东商城成熟的 3C 数码市场领域，其产品平均库存周转率较高，因此京东采购人员会进行频繁采购，同时供应商可以在开放平台的后台即时查看产品销售情况以及时补货。这一环节中，物联网技术降低了客户下单时缺货的可能性，提升了客户的消费体验。

从成本管理的角度来看，物联网技术有助于采购人员做出更为合理的采购决策，提高产品库存周转率，促进产品在仓库中的合理分配，从而节约采购成本、库存成本和物流成本。此外，与供应商建立直接联系使供应商可以自行补货，进一步降低了交易的谈判成本、协调成本和信息成本。

（2）仓储环节

京东商城采用 RFID 技术、EPC 库存取货技术、库存盘点技术以及智能货架技术，实现了仓库的自动化管理。其仓库分为收货区、仓储区和出库区，采用 EPC 和 RFID 技术对商品进行唯一身份识别，并通过 PDA 设备将商品信息与系统进行关联，实现上架入库和取货无须核对商品名称。根据历史数据，京东商城将相关度高的商品摆放在一起，提高订单处理效率，并在促销季节根据网站商品促销调整库存位置以节约取货时间。其仓储系统管理包括入库管理、库存位置管理和出库管理，负责出入库扫描、更新 EPC 信息和确定商品储存位置。物联网仓储管理技术的运用实现了库存信息及时更新及仓库内可视化管理，提升了服务水平，提高了发/退货的正确率，增强了补货的及时性，进而提高了客户满意度。从成本管理角度看，这些技术最大化地提高了仓储空间利用率，减少了库存，降低了存储成本，并实现了自动化管理，节约了劳动力和库存空间，减少了供应链中的损耗。

（3）分拣环节

京东商城同样应用的是 RFID、EPC 等技术。首先通过 ERP 系统确定订单所需商品发货库房，然后自动查询到商品在仓库中的位置，并将信息自动发送到库房管理人员随身携带的 PDA 上。工作人员在分拣货物完毕后，将货物放在对应的周转箱上并传送到复核扫描平台，确认无误后，打印发票清单，送到发货区域准备进行运输。物联网技术的运用实现了商品的快速分拣，有助于提高分拣效率；而商品的快速分拣又有助于快速发货，减少顾客的等待时间，顾客能更早享受商品的价值。从成本管理角度分析，这些技术的应用提高了商品分拣的自动化程度，少量的分拣人员即可高效完成工作，大幅提高了工作效率，节约了大量的人工成本。

（4）运输配送环节

京东商城主要应用的是 GIS，这种技术的应用是物联网技术应用的典型实例。京东商城通过和一家地图服务商合作，将后台系统和该公司全球定位系统进行关联，实现了可视化物流。京东商城在运送的包裹上和运货车辆上均装有 EPC 标签，当包裹出库时将通过 RFID 技术进行扫描并和运送车辆关联起来；当货车在路上行驶时，其位置信息将通过全球定位系统即时反馈到后台系统，并在网站地图上显示出来。京东商城的 GIS 可以使物流管理人员在系统后台即时查看物流运行状况；同时，车辆位置信息、停驻时间、包裹分配时间、配送员和客户交接时间都会形成海量原始数据。京东商城物流管理人员通过大量分析这些数据，做出更合理的人员安排计划，优化配送流程，缩短配送时间。另外，该系统还可以使用户即时查询商品运输信息，提高了用户对商品的实体感知程度。从成本管理角度分析，该技术的使用优化了京东商城自身的配送计划，在相当大程度上降低了在电子商务企业总成本中占有极大比重的运输用人成本。

7.3 供应链驱动平台

7.3.1 供应链数据平台

数据平台是以处理海量数据存储、计算及流数据实时计算等场景为主的一套基础设施，其通过统一建设的数据公共层，实现数据统一、身份统一、数据服务统一（见图 7-7）。其中，底层是大数据计算与存储平台。然后通过数据中台标准化建立的供应链统一的元数据集层，将各业务系统的全域/全量数据接入元数据集层。在此基础上，根据供应链业务属性进行抽象、融合以及标准化，形成并建立明细数据表层，也叫公共数据中心。明细数据表层内的数据根据不同的领域进行划分，但都是标准化的数据，为数据的横向打通打下基础。在数据表层之上，构建数据服务层，即常用的数据宽表，如质量管理数据宽表、计划管理数据宽表、库存管理数据宽表等。在数据宽表中，可以进一步定义数据的标准化指标体系，如库存周转率、缺货率、破损率等，从而确保业务运营使用统一的数据语言进行业务管理。

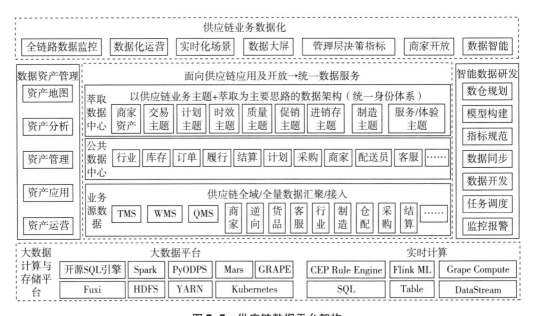

图 7-7　供应链数据平台架构

经过以上步骤产生的数据服务可以面向供应链的应用统一开放，这些应用包括数据大屏、管理决策系统等数据决策类应用，也包括计划系统、物流系统、生产系统等供应链运营系统。

为更好进行数据管理，数据中台采用标准化的数据资产管理、数据研发管理、数据安全管理、数据治理运营等统一的标准框架及工具，确保供应链数据中台的数据能像其他中台一样，在集团内部打通和使用。

7.3.2　AIoT 平台

AIoT 平台融合了 AI 技术和 IoT 技术，通过物联网产生、收集来自不同维度的海量数据存储于云端、边缘端，再通过大数据分析及更高形式的人工智能，实现万物数据化、万物智联化，从而建立不同智能终端设备之间、不同系统平台之间、不同应用场景之间互融互通的智能化生态体系。

　　一个开放化的 AIoT 平台通常有四层：感知层、传输层、平台层和解决方案层（见图 7-8）。感知层用于感知、获取和测量供应链物理世界如机器、设备等的相关信息，并将其转化为可用信号。传输层为互联网设备提供通信接口和标准化通信解决方案。平台层是提供基于云技术的系统集成平台，能够实现设备的连接、控制和云端智能化管理。解决方案层通过 AI 增值服务，提供能源管理、安全管理、产品追溯、生产考核等各类面向应用的解决方案。

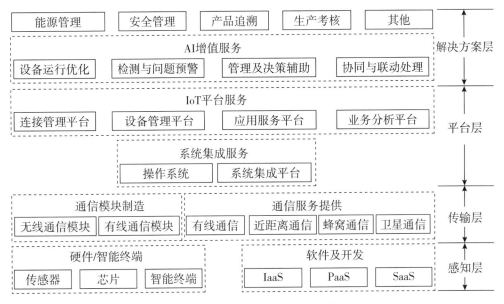

图 7-8　开放化的 AIoT 平台架构

7.3.3　算法与仿真平台

　　算法与仿真平台是根据企业供应链应用场景提前搭建好仿真平台，在平台内预设一些模型和算法，用来支持通用及定制化算法模型的开发和沉淀。实际使用时，该平台可以帮用户快速发现、设置、调整模型算法参数，并对模型算法进行选择和比较，为企业供应链应用场景提供模型算法支持。

　　算法与仿真平台分为数据层、模型层、流程配置层、场景层（见图 7-9）。数据层主要涉及概念仿真的数据源管理、数据生成、数据校验及指标管理，它可以打通和集成外部数据来源。模型层主要是概念仿真的代理管理、算法策略配置等，它可以调用算法平台的模型算法。流程配置层是按步骤搭建仿真的实验室，包括输入输出方式设置、环境配置、策略配置、运行方式设置、结果分析方式设置等。场景层是为某一具体的业务场景搭建的仿真实验室，也是仿真用户可以看到并操作的解决方案端面，它可以帮助用户快速对业务场景进行仿真。

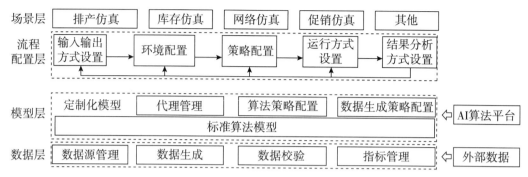

图 7-9　算法与仿真平台架构

7.4　供应链控制平台

7.4.1　供应链控制平台架构

供应链控制塔无法独立存在，它是智慧供应链的上层建筑。向上，供应链控制塔承接了智慧供应链的战略架构，能够进行数据洞察、指标分析、风险预警和归因分析等。向下，通过供应链的运营平台调度中心或直接下发指令给供应链运营平台的各系统，如智能计划系统、数字采购系统、智能制造系统、智慧物流系统等，驱动这些系统做出动作，解决问题。这是供应链控制平台的第三层，其架构如图 7-10 所示。

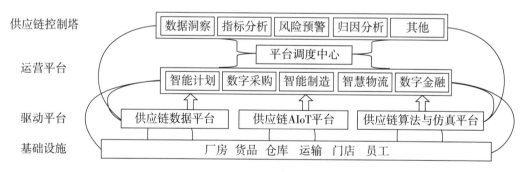

图 7-10　供应链控制平台架构

供应链控制平台的第二层由供应链的数据平台、AIoT 平台、算法与仿真平台支撑。由数据出发，结合算法做出归因分析和决策，下发到运营平台执行，执行后形成新的数据并返回到供应链控制塔进行对比。如此循环往复，推进供应链指标的改善和提升。

供应链控制平台的底层是供应链上的各种基础设施和供应链生态资源。供应链控制塔不直接与这一层进行连接，而是通过运营平台和驱动平台与基础设施和生态资源进行关联。事实上，智慧供应链的最终目的是通过卓越的供应链运营来调度各种供应链资源，以达到资源的最优配置，发挥资源的最优效用，而供应链控制塔就是对全局运营进行监督控制的平台。

7.4.2 供应链平台运维控制

建立供应链平台的运维管理体系至关重要，以确保系统持续稳定、安全运行。以下是供应链平台运维管理的 8 个关键方面。

1. 监控与警报

配置监控系统来监测关键指标，如服务器负载、数据库性能、网络流量等。设置警报规则以及相应的响应计划，确保在出现问题时能够及时采取行动。

2. 故障排除与问题解决

建立故障排除流程，包括问题识别、定位、修复和验证。建立包含问题解决方案的知识库，以记录和共享解决问题的经验。

3. 性能优化

定期进行系统性能分析，识别瓶颈并进行优化，以确保系统能够满足业务需求。针对数据库、网络和应用程序等不同层面进行优化，提高系统的响应速度和吞吐量。

4. 安全管理

实施安全策略，包括访问控制、身份验证、数据加密等，确保系统数据和用户信息的安全性。定期进行安全审计和漏洞扫描，及时修补系统中的安全漏洞。

5. 备份与恢复

建立完整的备份和恢复策略，包括数据备份、系统镜像备份等，以防止数据丢失和系统灾难。定期进行备份测试和灾难恢复演练，验证备份的完整性和可用性。

6. 版本控制与变更管理

使用版本控制系统管理应用程序代码和配置文件，确保对系统的变更进行跟踪和控制。实施变更管理流程，包括变更请求、评审、测试和发布，以降低变更带来的风险。

7. 容量规划与扩展

定期进行容量规划，预测系统资源的需求和使用情况，确保系统能够满足未来业务增长的需求。根据需求制订扩展计划，包括硬件扩展、云资源扩展等，以保证系统的可扩展性和可靠性。

8. 持续改进

定期进行运维流程和性能评估，识别改进点并制订改进计划。制定持续改进的目标，鼓励团队成员参与并提出改进建议，以不断提高运维效率和质量。实际运维管理需要根据具体的平台架构、业务需求和团队规模进行定制化。

7.4.3 供应链平台运维控制数字化转型

人工智能的应用正在加速供应链的数字化平台重构，驱动"云端+边缘"智能平台的构建与升级，并强化供应链上下游的信息透明和跨界的信息共享。平台升级将形成边缘智能与云端智能的互补共生，进而推动信息同步、智能挖掘与应用场景创新，加速实现全链条的透明可视化与协同响应。与此同时，人工智能对供应链的渗透，对全场景自动化和边缘智能平台的适应能力提出了更高要求，也面临着信息安全、价格歧视和算法合谋等多项挑战。

1. 平台升级

在数字化转型不断加速的背景下，大数据、云计算、物联网等技术已在供应链领域得到广泛运用。然而，随着人工智能与物联网结合带来的大规模连接扩展和数据增长，网络带宽容量和成本的局限性造成了数据传输与响应延迟、安全性受损等一系列问题，使单凭云平台的远程服务器和集中式计算无法满足万物互联应用场景的需要，阻碍了人工智能在供应链领域的进一步应用。供应链的拓展和延伸使产业组织面临更多关于响应时效、设备计算性能和数据隐私等方面的问题。在此背景下，边缘计算为网络终端的大数据本地化处理提供了技术支撑。由于靠近用户和终端设备，边缘计算不仅为分散化的消费场景建立了边缘服务平台，而且显著降低了对带宽和时效的要求。生产场景也因此从集中式系统转变为分布式系统，从而支持企业通过知识和服务共享开发和扩展业务，最终提高生产制造的质量和效率。分布式与集中式计算相结合可以优化数据放置和数据传输时间，降低数据处理成本，提升供应链系统的运行效率，增强隐私数据的安全性。随着机器学习的进步和边缘人工智能芯片的引入，边缘设备的计算性能得以提升并且具备了密集型计算的能力，逐渐适配嵌入式人工智能的要求并形成边缘智能平台。人工智能与边缘计算的交叉与融合扩展了后者的内核，而边缘智能与云端智能的结合有利于互补共生，从云端和边缘两侧系统优化大数据处理能力，实现了物联网感知条件下供应链数字化平台架构的突破式跃升。

2. 信息共享

供应链的多主体特性决定了上下游主体间共享信息至关重要。组织间信息的不对称和不完全会加大供应链运行的风险，带来成本高企、效率低下等弊端。畅通的信息流和及时准确的信息传递是实现供应链协同增效的关键。随着线性垂直供应链向更为复杂的非线性网络拓展，信息失真和扭曲等问题愈加凸显，对传统信息技术提出了挑战。基于高级自主的人工智能系统正在强化供应链中的信息透明，以增强供应链的控制和优化能力。通过模拟自主智能体之间的交互行为，人工智能能够分析成员主体的复杂行为与合作模式，模仿决策者的推断、决策与行动，进而突破信息孤岛实现跨领域的信息共享和智能分析。与大数据、区块链、云计算、边缘计算等技术结合，人工智能可以强化数据收集、信息分类和预测建模，促进供应链中的信息流通和信息追溯，实现基于平台的开放共享与全链条的透明可视化。

3. 人工智能驱动

人工智能驱动的创新在不断变化的商业环境中促进了信息的即时访问和有效决策，

对基于信息共享、信息处理和系统集成的稳健供应链设计产生了积极影响，被视为供应链绩效改进和弹性构建的关键因素。人工神经网络（Artificial neural network）、数据挖掘（Data mining）、模糊模型（Fuzzy model）和支持向量机（Support vector machine）实现了更高精度、更高性能和更有效的需求预测。其中，人工神经网络作为一种信息处理技术具有很多功能，它能够从海量数据中发现模式、知识或模型，被用作计算智能的主要工具广泛应用于供应链领域生产、销售、需求等环节的预测，以及供应商选择和客户细分等领域。多级供应链的生产率主要受成员之间互动与合作的影响，基于代理（Agent）的供应链系统旨在促进这种合作决策过程，推动成员主体之间的合作与协调，并为交互式信息共享提供结构化的环境。基于多代理系统（Multi-agent-systems），可以构建以独立代理区域共享为特征的架构，以避免"牛鞭效应"和缺货风险，促进供应平衡和资源平衡。数据信任是跨主体业务集成的一大挑战，区块链等技术的结合提升了供应链中交易信息的真实性和透明度，通过分布式数据库促进成员间的信息传输与共享，加强决策协调和产品信息追溯，实现信任网络与协作关系的构建。Dora 等（2022）指出，采用人工智能可以提高供应链的透明度和可追溯性，而技术准备、安全、隐私、客户满意度、感知利益、需求波动性、法规遵从性等是供应链采用人工智能的关键。

供应链业务工程

Chapter 8 : Supply Chain Business Engineering

8.1 供应链业务工程概述

8.1.1 供应链业务工程的基本概念

供应链业务工程是指通过系统的方法和技术，对整个供应链商流、物流、资金流与信息流等业务流程进行四流合一的整合管理，确保采购、生产、物流等环节高效协同，以提升供应链整体运营效率和竞争力的综合活动的总称。这一业务领域的关键在于实现供应链的透明化、协同化和智能化。透明化意味着供应链中的各个环节都能实时获取所需信息，确保资源分配和决策制定基于准确的数据。协同化则要求供应链上的各个参与方能够紧密合作，共同应对市场变化和风险挑战。智能化则是通过引入先进的信息技术和数据分析工具，对供应链进行智能预测和决策，以实现更高效的资源配置和运营优化。

供应链业务工程的应用范围广泛，不仅适用于制造业、物流业等传统行业，也适用于零售、电子商务等新型商业模式。在制造业中，供应链工程可以帮助企业实现原材料采购、生产制造、物流配送等环节的协同管理，提高生产效率和产品质量。在物流业中，供应链工程可以优化物流网络、降低运输成本、提高物流效率。在零售和电子商务领域，供应链工程则可以帮助企业实现库存管理、订单处理、物流配送等环节的优化，提升客户满意度和运营效率。

由于供应链是一个产品从无到有的完整生产过程，因此，考察供应链业务工程可以通过物流、资金流、信息流和商流来实现，并通过三个维度进行分析：①企业内部和企业外部的关系以及"四流"；②同一"流"上的价值延伸；③不同"流"之间的交织互动。

8.1.2 供应链业务工程系统的完善

从工程的角度完善供应链系统，一般是从业务的角度去考察供应链的功能，需要从以下4个方面进行完善。

（1）策略与改进

在进行供应链系统设计和开发之前，先需要明确系统设计的愿景。一般地，总的目标是快速响应，而管理的目标是标准化并且控制过程。这两个目标要求系统设计出尽可能简单的服务访问点，即易于实现的物理连接和开发便捷的技术接口。

系统还要能够进行可持续改进。这就要求系统具备可测量性，同时能够分析系统以及行为。更进一步，要能够采取开发行为对系统的能力进行提升，这包含工具包（kits）开发以及包括开发和管理供应商的供应链开发。

（2）工作组织与生产能力计划

工作组织是为了实现过程控制，而对资源的规划和管理，包含对人、财、物的资源规划以及对过程和程序的组织。

生产能力计划是以客户需求为基础，考察企业生产计划、能力计划，确保物料能够按照客户要求装运发送，即快速响应用户需求。

（3）客户接口和供应商关系

客户接口包括两个方面：一方面是基于信息交互的沟通和反馈，即需要一种流程保持与客户的合作与沟通，以及时发现客户需求变化，提高客户满意度。另一方面是上下游的物理接口，即装卸、运输等过程中运输物与运输工具的对接。为了方便流程管理，需要对运输物进行包装与标签、单证管理等。

虽然在结点外观察，客户接口是企业间的服务访问点，但从整个系统看，该服务访问点同时蕴含了系统内部不同层次组件间的服务访问点。因此，在开发工具包时，同时需要考虑企业内的服务关系与服务访问点。具体到供应商关系还包括对供应商的选择和评审，包括物料计划和物流协议的签订等。

（4）生产与产品控制

在企业生产中需要考察物料识别以及库存，也需要关注工程变更以及产品的可追溯性。

8.1.3　供应链业务工程与供应链数智业务化

从供应链的概念可知，供应链网络传输的是生产资料以及制成品。随着新质生产力的发展，数据也成为生产资料与制成品，同样需要在供应链上传输、加工、交付，特别是互联网和软件行业。因此，企业的核心竞争力逐渐从生产资料及生产所有权作为重点向以客户"价值"聚焦为重点发展，供应链工程的业务系统将快速响应客户的需求作为目标。

从业务角度出发，供应链系统工程可以分为供应链采购工程、供应链生产工程、供应链物流工程以及供应链回收工程，分别对应客户接口和供应商管理、生产与产品控制、工作组织。如前所述，在系统内部，为了实现快速响应的目标，对服务访问点进行标准化和对技术接口进行模块化是常用的手段。

然而，在供应链系统的网络结构中，物流和信息流的速度并不一致，或者说信息流在不依赖空间的转移时，理论上可以达到物理学的极限——光速。而物流在不能摆脱空间转移手段之前，这两种速度差将供应链分裂为两个不同的空间——物理空间和数字空间。虽然近年来发展起来的物联网技术被认为是将物理空间映射到数字空间的重要工具，并且利用数字化技术实现了部分价值转移，但仍然无法实现空间转移的目标。而这并不影响人们将部分需要实现价值链的系统剥离出来，直接在覆盖网络上运行——供应链数智业务化。

8.2　供应链基本业务工程

供应链业务工程流程是一个涉及多个环节和部门的复杂系统，旨在确保产品从原材料采购到最终交付给消费者的整个过程顺畅、高效。这个过程包括以下9个主要步骤。

①需求分析与预测：供应链工程始于对市场需求的分析和预测。这涉及收集和分析客户数据、市场趋势以及竞争对手的情况，以了解顾客需求和市场变化。

②供应商选择与管理：根据产品需求和预测结果，供应链工程需要选择合适的供应商，并与其建立长期稳定的合作关系。这包括评估供应商的能力、质量、交货期和服务水平，并与供应商谈判及签订合同。

③采购与订单管理：一旦确定了供应商，供应链工程将进行采购活动，包括下达采购订单、管理订单执行过程、跟踪交货进度等。同时，还需要与供应商进行沟通和协调，确保订单按时、按质完成。

④库存管理：库存管理是供应链工程中的关键环节，旨在确保产品库存水平合理、安全，并能满足市场需求。这包括制订库存计划、监控库存水平、进行库存补充和调配等。

⑤生产计划与调度：供应链工程需要制订生产计划，安排生产任务和资源，确保产品按时生产。同时，还需要进行生产调度，协调各个生产环节和部门之间的合作，确保生产顺利进行。

⑥生产与质量管理：在生产过程中，供应链工程需要确保产品质量符合标准，并采取有效的质量管理措施。这包括制定生产标准、进行质量检验和控制、及时处理质量问题等。

⑦物流配送与跟踪：供应链工程需要负责产品的物流配送工作，包括选择合适的物流渠道、制订配送计划、跟踪配送进度等。同时，还需要与物流公司合作，确保产品按时、安全地送达目的地。

⑧销售与分销管理：供应链工程需要管理销售与分销环节，包括制定销售策略、推广产品、建立销售渠道、与客户建立良好关系等。这有助于扩大市场份额，提高客户满意度。

⑨售后服务与支持：供应链工程需要提供优质的售后服务和支持，包括产品安装、调试、维修、退换货等。这有助于提升客户满意度和维护品牌形象，建立长期稳定的客户关系。

综上所述，供应链业务工程流程涵盖了从市场需求分析到售后服务支持的全过程，涉及多个部门和环节之间的协同合作。以下将从主要的供应链采购工程、生产、分销与回收业务进行分述。

8.2.1　供应链采购工程

在供应链的高效运转中，采购环节显得尤为关键。为了确保生产线的顺畅无阻，供应商必须满足买方的物料需求，准时提供其所需物料，给予数量与质量的双重保障。这种精准匹配不仅满足了买方的即时需求，更在时间与空间上实现了物料供应的完美契合。其中，供应商选择和质量控制起着重要作用。

采购一般秉持订单驱动的原则，用户需求直接催生出制造订单，进而推动采购订单的形成，最终驱动供应商的行动。这种连贯的链条不仅将供产销过程紧密地连接在一起，更使采购管理由被动的库存驱动转变为积极的订单驱动。通过这种转变，企业能够迅速而精准地响应用户需求，有效降低采购和库存成本，进一步提升了流动资金的周转效率。

1. 供应链采购工程实施的基本原则

（1）需求导向

采购活动应紧密围绕企业的生产和经营需求展开，确保采购的物品和服务的准确性和及时性。同时，需求导向还要求对市场动态和企业需求进行持续关注，以便及时调整采购策略。

（2）质量保证

企业应制定严格的质量标准，确保采购的物品和服务的质量符合标准。同时，关注供应商的质量管理体系，确保供应商能提供稳定、可靠的物品和服务。

（3）成本效益

成本效益原则要求在保证质量的前提下，尽可能降低采购成本。企业应综合考虑供应商的价格、交货期、付款条件等，并通过优化采购流程、降低库存等措施来降低成本。

（4）供应商合作

与供应商建立长期、稳定的合作关系是供应链采购工程的重要特征。双方需要在互信的基础上，共同制订合作计划，协调解决采购过程中的各种问题，共同应对市场变化。

（5）持续改进

企业应不断分析采购过程中存在的问题，找出改进的方法，持续优化采购流程、提高采购效率、降低采购成本。

（6）风险管理

供应链采购工程面临多种风险，如供应商交货期延迟、价格波动等。因此，风险管理至关重要。企业应制定完善的风险管理策略，对潜在风险进行识别、评估和监控，并采取有效措施进行防范和控制。

（7）透明与可追溯性

供应链的透明与可追溯性要求企业在整个采购过程中保持信息透明，以便对供应链中的各个环节进行有效监控和管理。同时，可追溯性还要求企业对物品的来源和去向进行追踪，确保物品的质量和合法性。

（8）适应性

供应链采购工程要求企业有根据市场需求和企业战略的变化及时进行调整的能力。实际是要求企业与供应商建立紧密的合作关系，共同应对市场变化，并灵活调整采购策略。

（9）灵活性

供应链采购工程需要有应对突发情况的能力，如供应商破产、自然灾害等。企业应制定应急预案，准备备选供应商和替代方案，以确保供应链的稳定性。

（10）可持续性

随着社会对可持续发展的日益关注，供应链采购工程也应遵循可持续性的原则。这意味着在采购过程中企业应考虑环境保护、社会责任和经济效益的平衡，选择符合可持续发展要求的供应商和产品。同时，企业还应推动供应商改进生产工艺、减少环境污染等，共同实现可持续发展目标。

2. 供应链采购工程特征的评价维度

（1）跨部门协同

供应链采购工程的核心特征之一是跨部门协同。采购活动不再仅仅是采购部门内部的事情，而是涉及企业内包括生产、物流、财务等在内的多个部门的事情。这种跨部门的协同要求各个部门之间有良好的沟通与合作，确保采购活动的顺利进行。

（2）全球采购视野

随着全球化的深入发展，企业的采购活动已经不再局限于本地或国内市场。供应链采购工程需要具备全球采购的视野，能够充分利用全球资源，优化采购渠道，降低采购成本。

（3）持续优化需求

供应链采购工程强调对采购需求的持续优化。企业需要根据自身的实际需求，制订合理的采购计划，优化采购流程，提高采购效率。同时，还需要关注市场变化，不断调整采购策略，以适应不断变化的市场环境。

（4）供应商关系管理

供应商关系管理是供应链采购工程的重要特征之一。企业需要与供应商建立长期、稳定的合作关系，确保供应商能够按时、按质、按量提供所需物品。同时，还需要对供应商进行评估和监控，确保供应商的产品质量和交货期符合企业的要求。

（5）质量控制

质量是供应链采购工程的核心要素之一。企业需要制定严格的质量标准和控制程序，确保采购物品的质量符合企业的要求。同时，还需要对供应商的质量管理体系进行评估和监控，确保供应商的质量管理水平符合企业的要求。

（6）成本控制

成本控制是供应链采购工程的重要目标之一。企业需要通过优化采购流程、降低库存、降低物流成本等措施，降低采购成本。同时，还需要关注供应商的价格和质量，选择性价比最高的供应商进行合作。

（7）风险管理

供应链采购工程面临着多种风险，如供应商交货期延迟、价格波动等。企业需要制定完善的风险管理策略，提前识别和评估潜在风险，并采取有效的措施进行防范和控制。同时，还需要建立应急预案，以应对突发风险事件。

（8）技术创新

随着科技的不断发展，供应链采购工程也需要不断地进行技术创新。企业需要关注新兴技术，如人工智能、大数据等，将其应用于供应链采购工程中，以提高采购效率、降低成本、优化采购流程等。同时，还需要不断探索新的采购模式和策略，以适应不断变化的市场环境和企业需求。

3. 供应链采购工程流程

（1）需求分析

供应链采购工程的首要步骤是进行需求分析。当企业上游存在确切的采购需求时，会向采购部门发起采购申请，这一步骤涉及确定企业需要采购的物品或服务的种类、数量、规格和质量要求等。需求分析的结果将作为后续采购活动的依据。

（2）市场调查

在需求分析的基础上，进行市场调查以了解供应商的市场状况、产品价格、质量和服务等信息，初步筛选出符合企业需求的潜在供应商。

（3）供应商选择

经过需求分析和市场调查，挑选出符合企业需求的优质供应商。这一步骤需要在供应商选择和管理的基础上，考量供应商的报价合理性、产品质量可靠性、交货期的准时性、服务周到性以及管理的规范性等诸多关键要素，并进行综合评估。

（4）合同签订

在选定供应商后，双方需要签订采购合同。合同应明确规定采购物品的规格、质量、数量、价格、交货期等条款，以及付款方式、违约责任等相关事宜。

（5）采购下单

根据采购合同和实际需求，企业给供应商下正式的采购订单，通知供应商发出商品。订单应详细列明所需物品的规格、数量、交货期等信息，以确保供应商准确理解企业的需求。采购订单包含两个作用，一个是作为供应商发货的正式书面通知，另一个是采购收货后作为结算的依据。

（6）物流运输

供应商按照采购订单的要求进行生产和发货，确保按时将物品送达企业指定的地点。物流运输过程中应关注货物的安全，防止损坏或丢失。

（7）到货验收

收到供应商发来的物品后，企业应进行到货验收。验收过程包括核对物品的规格、数量是否符合采购要求，以及检查物品的质量是否合格。如有问题，应及时与供应商沟通解决。

（8）采购结算

验收合格后，企业按照采购合同的约定向供应商支付货款。结算付款时应将单据的对账结果同步在采购部门和财务部门，统一做数据的备份和货款结算，核对发票信息，确保准确无误，防止出现财务纠纷。

（9）反馈评估

完成一次采购后，企业应对整个采购过程进行反馈评估。通过总结本次采购的经验，评估各环节的执行情况和效果，发现并改进存在的问题，以提高供应链采购工程的效率和效益。同时，企业应与供应商建立有效的沟通机制，收集供应商的反馈意见，以便不断改进合作关系和提高供应链的整体性能。通过持续改进和优化供应链采购工程的流程，企业可以更好地满足市场需求，提高竞争力，实现可持续发展。

8.2.2　供应链生产工程

在供应链中，生产是将原材料转化为最终产品的关键环节。它不仅要追求效率，还需控制成本、保证质量和快速响应市场需求。生产包括制造、计划、质量控制和库存管理等多个方面，这些活动需与供应链其他环节紧密配合，以确保整体流程顺畅。作为价值创造的核心，生产也是影响供应链效率和响应能力的关键。优化生产环节对于提升整个供应链的性能至关重要。

传统上，供应链的研究都是将制造业生产作为主要研究对象，但仍需注意的是，随着社会不断发展，服务性行业和输出情绪价值的数字化生产逐渐占有更高的 GDP（国内生产总值），以服务性生产为主的非制造性生产也可以作为供应链生产工程研究对象。但非制造性生产产生价值最大的环节本身就是供应链，因此供应链生产工程仍然聚焦于制造业生产。

1. 生产体系对供应链工程的影响

"人机料法环"是指制造业中全面质量管理理论的 5 个关键要素。

（1）"人"

"人"涵盖了参与生产流程的所有个体，无论是一线操作员、专业技术员，还是管理层人员，他们的素质、专业技能、健康状况、工作态度以及接受过的培训程度，均对产品的最终质量有显著影响。因此，提升员工的技能水平和质量意识，能够确保他们精准执行各项操作规程。

（2）"机"

"机"指的是用于生产的所有机械设备和工具。这些设备的精度、维护状态、操作规程的执行情况以及配套设备的适宜性，均会对产品质量产生直接影响。因此，实施定期的设备维护和校准，是确保设备稳定运行和产品质量达标的关键。

（3）"料"

"料"在生产过程中扮演着基石的角色，包括原材料、半成品和辅助材料等。这些材料的质量、规格和性能必须严格符合生产要求，任何不合格的材料都可能导致产品质量问题。因此，对供应商进行严格筛选与评估、实施严格的材料检验程序以及优化仓储管理，都是质量管理中不可或缺的一环。

（4）"法"

"法"是对生产工艺和操作规程的统称。正确的生产方法、合理的工艺流程、明确的操作指导书和作业标准，对于确保产品质量至关重要。企业应制定并严格执行标准化的作业流程，确保每个环节都能按照既定方法精准执行。

（5）"环"

"环"指的是生产环境，涵盖了温度、湿度、清洁度、照明以及噪声等多个方面。这些环境条件直接影响到产品的质量。例如，电子元件的生产对温湿度的控制要求极高，而食品加工则需严格遵守卫生标准。因此，创造一个适宜的生产环境是确保产品质量的必要前提。

在现代制造业中，这 5 个要素被广泛应用于质量管理体系中，通过控制和优化这些要素，企业能够提高产品质量，降低生产成本，提升市场竞争力。随着技术的发展，数字化和智能化手段也被应用于这些要素的管理中，以实现更高效和更精准的质量控制（见图 8-1）。

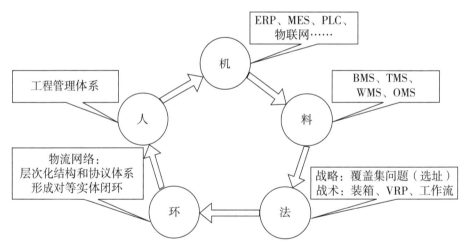

图 8-1　生产体系对供应链工程的影响

供应链生产工程更多关注于企业内部的问题，数字化转型是目前提升供应链效率的主要工具。

2. 供应链生产工程要素

供应链生产工程要素主要包含 3 个。

（1）工作组织

工作组织指供应商为了满足客户的需求，合理规划资金、工作环境、人力资源等，确保物流畅通。主要包含的要素为：①过程组织。指策划的物料及其物流过程，该过程从供应商接口开始，贯穿整个内部生产过程，一直到客户接口。这个过程除对物料的物流组织外，还包括跨部门的协调工作。②组织程序文件。针对物流策划和物流过程中所有职能的标准化程序文件。一方面是尽量减少人工干预以提升效率，另一方面用来纠正可能出错的规范和标准。③资源规划。在保证资源可用性的同时，增强资源的弹性。通常情况下包括预算、工作环境保障以及人力资源分配等工作。

（2）生产和能力计划

生产和能力计划是从快速响应客户需求出发，考察本企业的生产计划和能力计划是否能满足客户需求的要素。

①产品实现。企业的物料策划和物流必须能保障产品按时完成及产品质量。其工作成果与产品实现过程的成果能够接受结果验收，或者能够按照客户的要求进行生产。

②产能规划。企业资源可以匹配顾客的长期、中期和短期需求，并及时规划、调整产能。这包含应急方案，即使在生产过程中出现一些不可预料的问题，该预案也可以解决。

③生产计划。生产计划是整个供应链的核心，是连接前期的供应商和后面的客户需求的纽带，通常以信息平台为载体。

（3）生产和产品的控制

①物料识别。设定的过程或者方法，能确保所有零件已被准确地标识，并易于识别。

②库存。建立企业库存和财务相整合的系统，用于存取和管理各种库存信息，包括产成品、在制品和原材料的信息。在实现优化物料流通过程的同时，保障所有物料记录都已被维护而且是准确的，并能够接受物料偏差调查和修正。

③工程变更控制。企业必须有书面的程序文件以管理客户、供应商和内部变更的工程修改版本。工程变更控制不仅仅是企业内部变更，也需要获得顾客对于偏离许可的书面授权。

④可追溯性。当法规或客户对追溯性有要求时，系统必须能支持对产品信息的可追溯。

3. ERP 系统

ERP 系统是一种集成的管理信息系统，它通过信息技术整合企业内部的各种资源，包括财务、人力、生产、供应链、客户关系等，以提高企业的运营效率和决策质量。在制造业中，ERP 系统的应用尤为重要，因为它能够帮助企业更好地管理复杂的生产流程和供应链。ERP 系统的关键应用主要有以下 8 点。

①生产管理：ERP 系统可以帮助制造业企业规划生产计划、管理生产过程，包括物料需求计划（MRP）、生产排程、工艺路线管理等，确保生产效率和产品质量。

②库存管理：通过实时跟踪库存水平，ERP 系统可以减少库存积压，优化库存成本，同时确保生产所需原材料和客户所需成品的及时供应。

③供应链管理：ERP 系统可以整合供应链信息，包括供应商管理、采购管理、物

流配送等，有助于企业提高供应链的透明度和响应速度，降低供应链风险。

④财务管理：ERP 系统提供财务报表、成本核算、预算管理等功能，帮助企业更好地控制成本，提高财务透明度和合规性。

⑤销售和客户管理：ERP 系统可以管理客户信息、销售订单、售后服务等，提高客户满意度，强化客户关系管理。

⑥人力资源管理：ERP 系统可以处理员工信息、工资福利、培训发展等人力资源相关事务，提高人力资源管理的效率。

⑦质量管理：ERP 系统可以跟踪产品质量，管理质量控制流程，确保产品符合行业标准和客户需求。

⑧决策支持：ERP 系统通过集成的数据和分析工具，为企业提供实时的数据洞察，支持管理层做出更加明智的决策。

在实施 ERP 系统时，企业需要考虑系统的定制化、员工培训、数据迁移和系统集成等因素，以确保 ERP 系统能够顺利地融入企业的运营流程中。随着技术的发展，现代 ERP 系统也越来越倾向于云服务和移动应用，以提供更加灵活和便捷的管理体验。目前，制造业企业使用的主流 ERP 系统有 SAP、用友、金蝶。

4. MES

MES 是制造业中用于监控和控制工厂生产过程的计算机系统。它是 ERP 系统和工厂车间控制系统之间的桥梁，主要负责生产活动的执行和管理。MES 在制造业中的应用至关重要，因为它能够提供实时的生产数据，帮助企业优化生产流程，提高生产效率和产品质量。MES 在制造业中的一些关键功能和应用有以下 10 种。

①生产调度和排程：MES 可以根据 ERP 系统下达的生产计划，结合车间的实际情况（如设备状态、人员安排、物料供应等）进行生产排程，确保生产计划的有效执行。

②物料跟踪和库存管理：MES 能够实时跟踪物料的使用情况，确保物料供应与生产需求相匹配，减少库存积压和浪费。

③设备管理：MES 可以监控设备的运行状态，进行预防性维护和故障诊断，减少设备停机时间，提高设备利用率。

④质量控制：MES 能够收集和分析生产过程中的质量数据，实现产品质量的实时监控和追溯，及时发现并解决质量问题。

⑤生产数据采集：MES 通过与车间的自动化设备（如 PLC、数据采集器、传感器等）集成，实时采集生产数据，为生产决策提供支持。

⑥作业监控：MES 可以监控生产过程中的关键作业，确保作业按照既定的工艺流程和标准执行。

⑦人力资源管理：MES 可以管理员工的工作安排、考勤、绩效等，提高人力资源的利用效率。

⑧成本控制：通过精确的生产数据，MES 有助于企业进行成本分析和控制，优化

生产成本。

⑨报告和分析：MES 提供各种生产报告和分析工具，帮助管理层了解生产状况，进行决策支持。

⑩追溯和合规性：MES 能够记录生产过程中的所有活动，确保生产过程的可追溯性，满足行业标准和法规要求。

在智能制造和工业 4.0 的背景下，MES 正变得越来越重要。它不仅能够帮助企业实现生产过程的数字化和自动化，还能够与 ERP、SCM（供应链管理）、PLM（产品生命周期管理）等系统无缝集成，形成完整的企业信息化解决方案。随着技术的发展，MES 也在不断地向云端迁移，为企业提供更加灵活和可扩展的服务。

8.2.3　供应链分销工程

供应链分销工程主要包括确立供应链分销工程目标、考虑供应链分销工程约束、选择供应链分销工程策略、设计供应链分销工程结构。供应链分销业务的内容如表 8-1 所示。

表 8-1　　　　　　　　　供应链分销业务的内容

内容	因素	变量
目标	客户服务水平	响应时间、产品多样性、产品可得性、客户体验、产品上市速度、订单处理可视化、退换货便利性等
	市场工程经营目标	开拓市场、提高市场占有率、扩大品牌知名度、经济性、市场覆盖面和密度、控制渠道
约束	产品	价值、体积与重量、易腐性、标准化、时尚性、季节性、品类、组合、生命周期、技术性与售后服务
	消费者	数量、集中度、购买行为
	分销商	可得性、成本、服务
	竞争者	市场工程结构、策略
	企业资源	规模与实力、人才与管理水平、产品组合、渠道控制欲望
策略	结构策略	直销、独家分销、选择分销、广泛分销、密集分销、不同策略组合
	治理策略	组织形式：公司型、特许型、管理型、关系型；市场化的渠道交易
结构	长度	渠道层级：0、1、2、3…n
	宽度	覆盖范围：县、市、省、大区、全国、大洲、全球
	密度	渠道终端数量与网点交叉情况：少，不交叉；多，不交叉；多，交叉
	中间商类型	批发商、零售商、经销商、代理商、经纪人等
	渠道数量	性质不同的渠道条数：0、1、2、3…m

1. 确立供应链分销工程目标

供应链分销工程目标就是在分析目标顾客对服务水平要求的基础上识别渠道经营目标，并基于工程分销约束以最低的成本和费用构建适当的渠道结构，去实现经营目标，达到相应的顾客服务水平。当然，供应链分销工程目标要与公司整体目标和战略，以及分销工程中的其他目标和战略保持一致。

2. 考虑供应链分销工程约束

分销工程设计受多种因素制约，包括产品、市场、组织、中间商、竞争者等。企业的产品及其生产特性对产品的分销提出了技术上的要求，也对分销工程的设计产生一定的影响。市场的特征影响分销战略，进而影响营销渠道设计。企业营销渠道的建立和运行需要一定的资源，因此受到企业实力和财力基础的制约。中间商作为营销渠道的重要组成部分，其特长与能力也是渠道设计的一个重要考虑因素。企业还必须密切关注竞争者的动向和其营销渠道设计，以采用相同或完全不同的营销渠道来开展竞争。市场环境的变化、技术上的革新、经济周期的作用等，也会促使企业适当改进和变更其营销渠道，以适应外部环境。

供应链分销工程约束对结构的影响如表 8-2 所示。

表 8-2　　　　　　　　　供应链分销工程约束对结构的影响

约束	约束指标	短渠道	长渠道	宽渠道	窄渠道	密渠道	疏渠道
产品	体积	大	小				
	易腐性	高	低				
	单位价值	高	低				
	标准化程度	低	高	高	低		
	技术特性	高	低				
	毛利率	低	高				
消费者	潜在顾客规模	小	大	大	小	大	小
	地理分散程度	低	高	高	低		
	顾客集中度	高	低			高	低
	交易准备期	长	短				
	顾客地位	高	低				
企业资源	规模	大	小	大	小	大	小
	财务能力	高	低	高	低	高	低
	控制愿望	高	低	低	高	低	高
	管理专长	高	低				
	顾客知识	高	低				

续　表

约束	约束指标	短渠道	长渠道	宽渠道	窄渠道	密渠道	疏渠道
分销商	可得性	低	高				
	成本	高	低				
	质量	低	高				

3. 选择供应链分销工程策略

（1）分销工程结构策略

分销工程结构策略是企业在渠道长度、宽度、密度、数量及中间商类型等方面做出的规划和选择。分销工程结构策略包括直接分销、独家分销、选择分销、广泛分销、密集分销等，其结构特征见表8-3。各种结构策略并无绝对好坏，关键是要适合企业的需要和实际情况。因此，在确定结构策略时，要综合考虑渠道目标、目标市场、品牌定位、其他市场因素的匹配状况。同时，每种结构策略又可细分为多种形式，因此，表8-3所示的结构特征是各结构策略的相对特征，具体到每种形式时，可能存在差异，甚至是较大差异。比如直接分销，可以实施有店铺直接分销和无店铺直接分销，有店铺直接分销一般来说覆盖面小、密度小、渠道数量单一；但通过京东等多家电商平台的直接分销，其覆盖面一般较大、密度较大、渠道数量可能较多。

表8-3　　　　　　　　　　供应链分销工程结构策略的结构特征

结构策略	渠道长度	渠道宽度	渠道密度	中间商类型	渠道数量
直接分销	零层次段渠道	覆盖面小	密度小	无中间商	单一
独家分销	不确定，取决于代理商的渠道层次	不确定，取决于代理商的网点范围	密度较小	地区独家代理	单一
选择分销	不确定，取决于代理商或经销商的渠道层次	不确定，取决于代理商或经销商的渠道范围	不确定，取决于代理商或经销商的网点密度	同类型或不同类型多家代理	不确定，取决于代理商或经销商是否属于同一类型
广泛分销	渠道有长有短	覆盖面大	不确定，取决于经销商的网点密度	不同类型中间商	复合渠道，同时使用多种渠道
密集分销	渠道有长有短	不确定，取决于经销商的网点范围	密度大	不同类型中间商	复合渠道，同时使用多种渠道

具体来看供应链分销工程的各种结构策略（见表8-4）。首先，直接分销是制造商或服务商通过自己的销售队伍直接把产品或服务销售给顾客或用户。直接分销的形式多样，并不断有新的形式出现，具体可归纳为两种：有店铺直接分销和无店铺直接分销。有店铺直接分销包括专卖店、合资分销店、销售门市部、租赁卖场等；无店铺直接分销包括人员直接分销、网络直接分销、电视直接分销、电话直接分销、目录营销、其他媒体营销等。网络直接分销又包括移动互联网营销、社交媒体营销等。社交媒体营销是通过虚拟空间的社交媒体进行销售，如QQ空间、微信平台、微博、Meta、抖音、小红书等。

表8-4 供应链分销工程结构策略的绩效特征

	直接分销	独家分销	选择分销	广泛分销	密集分销
适合品类	低需求、高价值产品；个性化产品	消费品中的特殊品尤其是奢侈品	消费品中的选购品、特殊品，需大力推销的工业品	购买频率高、服务要求低的日用品	日用品、办公用品、常用服务
响应时间	慢	较慢	取决于经销商渠道宽度、密度	较快	快
产品可得性	高	较低	取决于经销商渠道密度	取决于经销商渠道密度	高
客户体验	好	代理商质量高，客户体验则好	代理商质量高，客户体验则好	依赖经销商质量	依赖经销商质量
开拓市场	依赖企业销售能力	取决于经销商渠道宽度	取决于经销商渠道宽度	覆盖面大，有利于开拓市场	取决于经销商渠道宽度
扩大品牌知名度	依赖企业销售能力	代理商实力强，扩大品牌知名度较容易	代理商实力强，扩大品牌知名度较容易	依赖经销商质量	易
成本	高	低，尤其是企业间信任和承诺水平高时	中等	高	很高
控制渠道	易	易，但过度依赖代理商，代理商投机或销售不努力的情况难处理	避免独家依赖，有助于更好控制渠道	与适量经销商合作，增大渠道权力、影响力，否则控制力易减弱	难，易引发网点矛盾及利益冲突

续 表

	直接分销	独家分销	选择分销	广泛分销	密集分销
与代理商合作关系	—	易建立长期稳定关系	易建立长期稳定关系	依赖经销商质量	不易

其次，独家分销是制造商或服务提供商在一定的市场范围内只利用一家中间商分销。选择分销是企业在一定的市场范围内选择几家代理商或中间商经销其产品。广泛分销是企业同时利用多种渠道，尽量扩大产品的销售区域和市场覆盖面，让更多的消费者或用户购买。密集分销是企业在某一市场范围内同时利用多种渠道销售，增加销售网点的数量和提高相互覆盖的程度，使消费者或用户能够更方便地购买。

最后，混合渠道分销是把两种以上结构策略结合起来。典型的混合渠道分销是以某种单一渠道服务某个或某些特别重要的产品市场，而用某些彼此重叠的多重渠道体系来服务较大规模的产品市场。例如，英国航空公司，其经营目标是为个体旅游者、大公司和组织等不同客户提供简单的订票、旅程和度假规划等服务。同时，按重要客户的要求提供定制化的客户服务。为此，英国航空公司建立了一系列渠道：互联网、电话、旅游商店为单个经常性或偶然性旅行者提供简单的订票服务，旅行社、互联网、电话、旅游商店为小规模业务提供旅程、度假规划服务，区域销售队伍为大公司账项提供主要账项客户服务。

（2）渠道治理策略

渠道治理是通过某种形式把渠道参与者组织起来，为共同利益密切合作、共同努力，并建立对其他参与者的约束机制，防止其他参与者针对自己从事投机行为。多数渠道构建相对稳定的垂直治理策略，根据构成方式不同，分为公司型、特许型、管理型、关系型等。

公司型是主导企业全资拥有或通过控股或参股的方式实际拥有一条营销渠道，如格力的营销渠道工商股份合作制，即在每个省和当地经销商合资建立以格力为大股东的销售公司。

特许型是由一家主导企业以特许经营合同为基础将不同层级的企业联系起来而组成的渠道联合体，特点是产权独立、权威极强、激励较高，如石油公司授权开设的加油站。

管理型是由处于渠道不同层次的企业自愿参与构成，在一家核心企业的控制下运行，特点为产权独立、权威较高、激励机制极高。核心企业被称为渠道领袖，具有较大的权力，承担领导和管理职责。例如，英国马狮百货集团采用中间商主导的管理型垂直营销系统生产和销售自有品牌。

关系型是由处于渠道不同层次的企业基于共同利益、依据关系规范构建的渠道组织，特点是产权独立、权威机制弱、激励机制极高。例如，宝洁公司与沃尔玛的纵向联盟是关系型渠道的成功典范。

市场化渠道交易（市场治理）是一种不稳定的组织形式，不需要企业进行治理，所有参与者都在国家法律法规的框架下按照市场规则交易，买卖者之间不保持持续的交易关系。

供应链分销工程治理策略的交易治理特征与绩效特征如表 8-5 所示。

表 8-5 　　　　　　　供应链分销工程治理策略的交易治理特征与绩效特征

	公司型	特许型	管理型	关系型	市场治理
产权关系	全资到参股	独资	独资	独资	独资
权威强弱	极强到较强	极强	较强	弱	极弱
渠道治理机制	层级治理	层级治理	领袖治理，法人地位平等	关系型治理，地位相对平等	市场治理
激励高低	中到极高	较高	极高	极高	极高
激励机制	销售业绩	销售业绩	销售业绩	工作业绩	市场治理
利益一致性	彼此渗透，追求共同利益	追求自身利益	追求自身利益	追求自身利益	追求自身利益
经营风险	共同承担	不承担全部风险	自己承担全部风险	自己承担全部风险	自己承担全部风险
响应时间	快	较快	渠道领袖资源强，与特许型类似，否则比特许型慢	依赖合作程度，高则快，低则慢	慢
客户体验	较好	与公司型类似	依赖渠道领袖资源	依赖合作程度	一般较差
开拓市场	依赖企业资源	依赖企业资源，比公司型易	依赖渠道领袖资源	依赖合作程度	一般较难
扩大品牌知名度	依赖企业资源	依赖企业资源，比公司型易	依赖渠道领袖资源	依赖合作程度	不易
成本	高	比公司型低很多	与特许型类似	依赖合作程度	交易成本较高
控制渠道	易	较易	依赖渠道领袖资源	较难	难

4. 设计供应链分销工程结构

（1）渠道长度

渠道长度是指为完成分销工程目标而需要的渠道层次数目。渠道长度可分为零渠道（直接渠道）、一阶渠道、二阶渠道、三阶渠道等。企业应根据自身条件、特点、分销目标确定渠道长度（见表 8-6）。

表 8-6	长渠道与短渠道比较	
渠道类型	优点及适用范围	缺点及基本要求
长渠道	市场覆盖面广； 厂家可以将中间商的优势转化为自己的优势； 减轻厂商的费用压力； 适用于一般消费品销售	厂家对督导的控制程度较低； 增加服务水平的差异性； 加大了同中间商协调的工作量
短渠道	厂家对渠道的控制程度高； 适用于专用品、时尚品及顾客密度大的市场区域	厂家要承担大部分或者全部渠道功能，必须具备足够的资源； 市场覆盖面较窄

（2）渠道宽度和渠道密度

渠道宽度是指渠道的覆盖范围，与企业产品抵达区域的多少或大小有关；渠道密度是企业在某一区域内销售网点的数量，代表企业在某一区域的销售力度，二者结合有四种情况（见表8-7）。

表 8-7	渠道的宽度与密度组合	
宽度： 覆盖范围	密度：网点数量	
	密（网点多）	疏（网点少）
广	宽而密的渠道：渠道的覆盖面广，且每一区域内的销售网点数量多	宽而疏的渠道：渠道的覆盖面广，但每一区域内的销售网点数量少
窄	窄而密的渠道：渠道的覆盖面窄，销售网点多	窄而疏的渠道：渠道的覆盖面窄，销售网点少

5. 供应链分销工程结构的评价与选择

经过以上几步，企业可以设计出若干备选的分销工程结构。一般而言，渠道目标、渠道成本、目标市场与市场定位、产品与价格、信息沟通、中间商、环境适用性等，都是评价渠道方案所要考虑的因素。选择方法主要有财务方法、交易成本分析法、直接定性判断法和重要因素评价法。

（1）财务方法

财务方法是比较不同结构的投资成本与投资收益率，选择投资收益率相对较高结构；再比较机会成本，如果渠道投资收益率高于资本用于生产制造或其他功能的投资收益率，则保留该渠道功能，否则由中间商承担相应渠道功能。此方法决策标准客观而严格，但要获得准确的预期收益和评估机会成本非常困难，可操作性差。

（2）交易成本分析法

交易成本分析法是通过分析交易成本来确定应该采用垂直一体化渠道还是独立中间商来完成相应渠道任务。为达成交易，渠道成员需针对彼此投入一定专有资产，若专有资产投入很大，资产风险较大，可选择垂直一体化渠道结构，否则可让中间商承担相应渠道功能。此方法只能对一体化与独立中间商两种渠道结构进行分析，且渠道投机行为假设与现实中大量的渠道合作与信任不完全吻合。

（3）直接定性判断法

直接定性判断法是简单且最常用的渠道结构选择方法。企业管理人员往往根据他们认为比较重要的决策因素对不同渠道结构进行定性评价、比较，决策因素没有统一标准。

（4）重要因素评价法

重要因素评价法是一种比直接定性判断法更精确的定性判定方法。一般包括以下几个步骤：一是明确渠道选择的决策因素；二是以百分比形式标出每个决策因素的相对重要性；三是对每个渠道的每个决策因素打分（1~10）分；四是将权重与因素分数相乘，计算每种渠道方案的加权总分；五是按加权总分排序，一般获得最高分的渠道结构方案为最适合的选择。

6. 典型的电商分销系统

传统的供应链分销系统是为了覆盖更大的市场，然而随着互联网和移动互联网的发展，基于平台的分销系统得到了充分发展，并逐渐成为现代分销系统的主流。

最早的电商平台是分销系统的电子化表现，eBay（易贝）和 Alibaba（阿里巴巴）的网站都是 B2B2C（供应商对企业对消费者）分销体系的体现，只是将渠道从线下映射到线上。随着淘宝、亚马逊等平台的出现，分销系统出现了 B2C2C（供应商对消费者对消费者）体系，分销渠道逐渐扁平化。随着移动互联网的发展，社交化平台如 TikTok 等也介入了分销系统的构建，并逐渐建立起具备私域社交属性的分销系统，将供应链的分销体系改变为 B2P2C（供应商对平台对消费者）模式。典型的电商分销体系如图 8-2 所示。

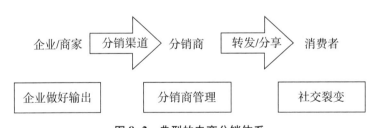

图 8-2　典型的电商分销体系

8.2.4　供应链回收工程

供应链回收工程是指在供应链管理中，为了实现资源的最大化利用和环境的可持续发展，在产品生命周期的末期，对不再使用、过时或废弃的产品、零部件和材料进行回收、分类、加工、再利用或最终处理的一系列活动。

供应链回收工程具有以下 5 个显著特点。

①分散性：回收物品的来源广泛，包括家庭、企业、学校、社区等各个领域，这使得回收网络的构建需要考虑不同来源的特点和需求，以确保回收过程的顺利进行。

②缓慢性：回收物流的速度相对较慢，这主要是因为其涉及多个复杂环节和流程。从回收物的收集、分类、运输到处理，每一个环节都需要耗费一定的时间和资源，这使得回收物流的周期相对较长。

③混杂性：回收物品种类繁多，包括废纸、废塑料、废金属、废电子电器等，需要对它们进行细致的分类和识别。这不仅增加了回收过程的复杂性，还提出了更高的技术要求。

④多变性：市场需求以及消费者行为的不断变化，可能会对回收物流的稳定性和效率产生显著影响。例如，市场对某种物品的需求增加，可能会导致该物品的回收量增加，从而影响整个回收物流系统的稳定性。

⑤技术性：在回收过程中，先进的技术和设备的应用至关重要，它们能够有效提高回收效率和产品质量。例如，引入先进的分选技术和处理设备，可以大大提高回收物的利用率和产品质量。

供应链回收工程是一个涉及多个环节的复杂且多层面的过程，其中涉及逆向物流和资源回收等关键步骤。随着社会经济的迅猛崛起，人们对于可持续发展的认识与对环境保护的关注已逐渐深化。因此，在供应链工程的范畴内，逆向物流与资源回收的问题已然成为不容忽视的一环。

1. 逆向物流

逆向物流是一个全面且系统的概念，其核心目标在于通过对原材料、中间库存产品、最终产品及相关信息从消费地到起始点进行有效且实际流动的管理与控制，以实现产品的价值恢复或对其进行合理处置。这一过程涉及从产品退出市场到再次进入供应链各个环节的详细规划、组织协调及实施控制，旨在提高资源利用率，降低运营成本，增强企业竞争力，并最大限度地满足市场需求。

逆向物流是一个综合性的概念，涵盖了退货逆向物流和回收逆向物流两部分。具体来说，退货逆向物流是指商品在由下游顾客向上游供应商流动过程中产生的逆向流动现象。当产品由于质量、规格、款式或消费者偏好等不符合顾客要求时，消费者可能会选择将商品退回给供应商或分销商，这就形成了退货逆向物流。在这个过程中，企业需要对退货进行妥善处理，包括但不限于检查、分类、再加工以及重新上市等环节，以期最大限度地减少退货带来的损失，并维护品牌形象。回收逆向物流则是指当产品生命周期结束后，由最终消费者或相关方将废旧物品回收到供应链上各节点企业的过程。这种逆向流动涵盖了废旧物品的收集、分类、检测、处理等多个阶段，并可能涉及五种不同的物资流：一是废旧物资的收集与分类，目的是将不同类型和状态的物资进行区分，以便后续处理；二是经过处理后的物资进入再利用阶段，企业会对其进行清洗、分选、破碎等操作，使其达到再利用的标准；三是用于再生产过程中的中间产品，经过再利用的废旧物资可以被用作原材料投入新的生产过程；四是重新进入供应链的再生产产品，经过加工处理后可以再次成为商品进入供应链；五是废弃物最终处置环节，对于无法再利用的废弃物，企业需要采取合规的方式进行处理，如回收利用、焚烧发电或者安全填埋等。

逆向物流在供应链管理中的地位举足轻重，其作用和意义不容忽视。首先，逆向物流是提升客户满意度的关键环节。企业迅速且高效地处理退货和回收物品，这不仅体现了企业对客户需求的关注与尊重，更极大地增强了客户对企业的信任感和忠诚度。其次，逆向物流在降低成本方面同样扮演着重要角色。通过回收和再利用废旧物品，企业能够减少对新资源的依赖，进而降低物料成本、生产成本以及废弃物处理成本，实现经济效益的最大化。再次，逆向物流在促进资源的可持续利用方面发挥着至关重要的作用。通过逆向物流，废旧产品中有价值的资源得以被重新提炼和利用，从而显著减少了对新增资源的需求。这种做法不仅有助于大幅度降低能源消耗和减少环境污染，还为推动可持续发展注入了新的动力。最后，逆向物流对于提升企业形象也具有积极作用。实施逆向物流的企业能够展现出对环保和社会责任的关注与践行，从而提升企业的品牌形象和声誉，吸引更多的消费者。

综上所述，逆向物流在供应链管理中的角色日益重要。为了实现可持续发展和提升竞争力，企业需要加强对逆向物流的管理并加大投入，持续优化逆向物流体系，提高整个供应链的效率和可持续性。

2. 资源回收

资源回收是一项系统性的工程，其核心目标是将废弃物及废旧产品中的可再利用物质，通过一系列精细的步骤，如回收、分类、加工、再利用等，有效地提取并循环利用，以最大限度地减少资源的无效消耗与环境污染。这一过程不仅涵盖了资源的初步回收，还包括了后续的处理与再利用环节，旨在实现资源的高效转化与环境的持久和谐共生。

资源回收核心流程包含以下 4 个环节。

①收集阶段：作为资源回收的起始点，这一环节的重要性不言而喻。企业需要通过多元化的途径和高效的方式，广泛收集废弃物或废旧产品。这些途径可以涵盖垃圾填埋场、回收站点、社区回收活动等。同时，企业还需要通过宣传教育提高公众的环保意识，借助政策引导激励更多人参与资源回收行动，鼓励大家将废弃物或废旧产品交给专业机构进行回收。

②分类环节：对收集到的废弃物或废旧产品进行仔细分类。分类的标准可以包括有害物质、可回收物质、厨余垃圾等。通过分类，企业能够更准确地了解废弃物或废旧产品的成分和特性，为后续处理工作提供便利。

③加工处理：对分类后的废弃物或废旧产品进行物理、化学或生物加工处理。这

一过程的核心目标是提取其中有价值的资源，如金属、塑料、纸张等。这些资源将被用于新产品的制造或作为原材料使用，从而实现资源的循环利用。

④再利用环节：再利用环节在资源回收体系中扮演着至关重要的角色，它是资源循环利用的核心体现和终极目标。在这一环节，企业通过高效的技术手段，将废旧物品或废弃资源进行深度加工处理，从中提取出有价值的物质和能量，然后将这些再生资源作为原料或直接用于生产制造新的产品。

实施供应链回收的策略包括建立回收网络、采用新技术、员工培训和客户参与。通过与第三方物流公司和回收企业合作，可以建立高效的逆向物流网络，并在各地设立回收站点，方便消费者退货和回收产品。物联网和区块链技术可以监控回收产品的状态和位置，提高回收效率和过程透明度。员工需要掌握回收管理的知识和技能，通过知识培训和流程优化，提升操作水平和工作效率。企业采取激励措施如提供折扣和积分等，可以鼓励消费者参与产品回收，同时应提供便捷的回收渠道，如在线申请和上门取件。

苹果公司"Apple Give Back"计划和宜家"Buy Back & Resell"计划是成功的供应链回收案例。苹果公司通过回收旧设备并进行再制造和再利用，成功提取了大量贵重金属和稀有资源，减少了新资源的开采。消费者可以通过苹果官网或零售店提交旧设备，获取折扣或礼品卡，回收的设备经过检测、拆解、清洁和修复后将被重新销售或用于生产新设备。宜家通过收购旧家具进行翻新和再销售，减少了资源浪费并延长了产品生命周期。消费者可以将旧家具带到宜家门店，回收的家具经过翻新和修复后在二手市场重新销售，不可翻新的家具被拆解后，材料会被重新利用，如木材和金属。

8.3 供应链物流工程

8.3.1 供应链物流工程及其特点

供应链物流工程是供应链管理中的一个关键领域，它涉及计划、实施和控制产品从原点到消费点的有效流动和存储。这个领域结合了工程原理、信息技术和物流管理，以优化供应链中的物流活动，提高整体效率和降低成本。

从上面的概念上看，供应链物流工程就是一种特定的物流活动，其区别于普通物流的最大特点是：它是一种"应用驱动""给定接口"且"优化目标可权衡"的物流。

①应用驱动：一般的物流总体目标是安全交付，而供应链物流除交付外，可能还需要包含一定的应用服务，如持续交付、时间约束、损耗和备件等。这使供应链物流较一般的物流体现出更多的双向性，即逆向物流和信息交互是供应链物流的一部分，而一般会将逆向物流认为是新发起的物流服务。

②给定接口：供应链中的核心企业往往出于管理因素，会要求供应链物流使用其特定的物理和技术接口。

③优化目标可权衡：第三方物流通常在成本、库存优化、风险等要素中选择一个

作为最主要的优化目标，其他的因素作为次要优化目标来构建物流网络，并不断迭代优化。而供应链物流通常会在不同的场景或应用环境下，权衡其优化目标，甚至放弃部分目标要素优化以使主要目标优化最大化，如很多供应链物流会选择"服务水平和环境影响"作为优化目标，而第三方物流往往用"客户感知"替代，而不会将"服务水平和环境影响"作为优化目标。

8.3.2 供应链物流工程模式

从核心企业角度考虑，供应链工程一般会衡量订单与成本，特别是供应链物流中的过剩成本，该成本是由于生产过剩所引起的供应链物流成本。其中，在指定时间内生产了数量过剩的产品，实际产出量大于实际的需求量，即产生第一类过剩成本；而在需求产生之前完成了生产任务则产生第二类过剩成本。第一类过剩成本主要由多生产而产生的额外生产、采购、销售及物流成本构成；第二类过剩成本由市场不确定性导致的库存管理、资金占用及产品可能过时贬值等成本构成。

供应链物流工程一般有以下 4 种模式。

1. 批量物流

批量物流作为一种以客户预测为导向的供应链物流模式，其核心策略涵盖了批量采购、大规模生产和库存销售等环节。尽管这种模式在降低成本方面具有显著优势，但也面临着一系列挑战。

一方面，大规模生产可能导致提前完成生产任务，从而引发第二类过剩成本。这种情况的出现，不仅意味着资源的浪费，还可能导致成本的增加。另一方面，需求预测的不准确性也可能导致渠道中存在过多的库存积压，从而增加第一类过剩成本。这会使企业在销售阶段面临产品积压的问题，进而导致资金占用和库存成本的上升。因此，批量物流的一个主要限制是其对需求变化的反应能力相对较弱。尽管市场供货反应能力较强，但过剩成本仍然较高。这表明在需求波动时，企业可能会面临一定的风险。

为了更好地应对这些挑战，企业可以采取一系列措施来提高批量物流模式的效率和灵活性。一方面，优化供应链管理是关键，通过提高需求预测的准确性，企业可以更好地掌握市场需求，从而减少过剩成本的发生。另一方面，采用灵活的生产策略也是有效的手段。通过根据市场需求灵活调整生产计划，企业可以避免大规模生产导致的提前完成生产任务和库存积压的问题。

批量物流模式在降低成本方面具有显著优势，但企业也需充分认识到其面临的挑战。通过优化供应链管理、提高需求预测准确性和采用灵活的生产策略等手段，企业可以更好地应对这些挑战，提高市场响应能力，降低过剩成本，从而提升整体运营效率和盈利能力。

2. 戴尔式物流

戴尔式物流是一种以消费者个性化订单为驱动的供应链物流策略，其独特之处在于，它不依赖预先生产的库存来满足市场需求，而是根据消费者的实际需求进行生产。这种模式的核心理念是通过精准响应消费者的个性化需求，实现供应链的高效运作。

由于戴尔式物流能够实时追踪并精确满足消费者的需求变化，被广泛认为是供应链物流中的高效典范。然而，这种模式的运作机制也意味着消费者需要等待一段时间才能获得定制的产品，这在一定程度上削弱了市场的快速供货能力。

在物流成本方面，戴尔式物流通过消除过剩生产和库存积压，显著降低了第一类过剩成本。然而，由于大规模生产方式的固有特性，第二类过剩成本可能会相对较高。此外，该模式还要求客户订单具有小批量、大规模的特点，这需要强大的客户订单信息处理能力，这也导致了信息设备投资成本的增加。

综上所述，戴尔式物流模式虽然在快速满足消费者个性化需求方面具有显著优势，但在市场供货反应速度、物流成本和信息设备投资方面存在一定的问题。企业可通过精细化的供应链管理和持续的技术创新投资进一步提高该模式的运作效率，从而更好地满足市场需求并降低成本。

3. 海尔式物流

海尔式物流是一种独特的供应链管理模式，其核心在于将客户的预测重心转移至渠道顾客，并依据渠道顾客的订单来驱动企业的整体运营。这一模式意味着产品生产旨在紧密契合渠道顾客的具体需求，尽管它并非直接对最终消费者的实时需求变化作出响应。鉴于渠道顾客对最终消费者需求的预测相对精确，海尔式物流能够相对迅速地适应最终消费者的需求变化，尽管与戴尔式物流相比，其反应速度稍显逊色。

在海尔式物流体系中，产品的流动批量通常较小，而渠道顾客的订单规模则相对较大。在批量成本方面，海尔式物流具有中等水平的表现。由于采用批量生产策略，海尔式物流可能会产生较高的第二类过剩成本，但由于产品是根据渠道顾客的实际需求进行订购的，第一类过剩成本得到了有效控制。

此外，由于生产计划是紧密围绕渠道顾客的订单来制定的，海尔式物流的生产设备投资成本相对较低。综上所述，海尔式物流模式的特点在于其对最终消费者需求的较强响应性、相对较低的第一类过剩成本、较高的第二类过剩成本以及较低的生产设备投资成本。

4. 丰田式物流

丰田式物流是一种以渠道顾客订单为驱动的供应链物流模式。丰田公司通过实施均衡式生产和看板式管理，并保持一定库存，能够迅速应对市场需求的波动，确保对最终消费者的及时供应。这些策略的巧妙运用，使丰田式物流在应对市场变化方面具有卓越的能力。

这种模式在降低两类过剩成本方面具有显著优势。通过精准控制库存和灵活调整生产计划，有效降低了第一类过剩成本；同时，通过快速响应生产计划和减少废品，显著减少了第二类过剩成本。

　　然而，为了实现这种模式，丰田式物流在生产过程中需要追求准时化生产，这导致物流在小批量状态下运行，从而使批量成本显著增加。此外，为了提升对市场需求的反应速度、精准掌握市场需求动态以及增强生产柔性，丰田式物流需要投入相当高的生产和信息设备成本。

　　总的来说，丰田式物流模式在强调需求变化反应能力和降低过剩成本方面具有显著优势，但同时需要面对生产成本和信息设备投资成本较高的挑战。

8.3.3　可编程供应链物流工程

　　除了企业自有物流的情况，供应链物流工程面临的主要问题是在链上的每个企业都有自己的应用平台、接口、优化目标等。在这个背景下，如何在多个平台之间自如切换，定义好应用目标，并且平滑对接就成了最大挑战。大部分企业的解决方案都是"以我为主"建立稳定的供应链，甚至不惜牺牲掉一定的灵活性和敏捷性，这实际上背离了供应链系统的快速响应需求。

　　假设以供应链物流工程的价值链作为主要目标，则可以让供应链中每一个企业自由选择物流企业并采用不同的服务，甚至对每一个应用采用不同的服务，则应用目标成了总体要求，而参与的物流企业形成了一个大而松散的联盟，对每一个供应链应用目标提供联合服务，在业务完成后可以拆除连接，这就是一个分布式的可针对应用编程的物流服务系统，称为可编程物流网络（Software Design Network of Logistics，SD-NoL），其主要结构如图8-3所示。

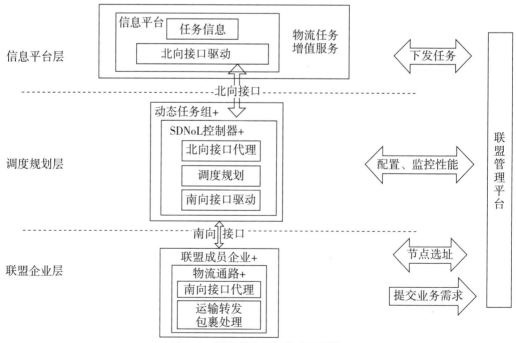

图8-3　可编程物流网络主要结构

在整个 SDNoL 体系架构中，SDNoL 控制器是核心部分，是连接底层联盟企业和上层信息平台的桥梁，用以指挥整个物流网络的运行。

8.3.4 一些典型的供应链储运工程作业

1. 通过带库存的配送中心发运

在此种物流网络中，供应商货物不是直接发送至需求地，而是先运到配送中心，再运到相应需求地（见图 8-4）。这种模式下，配送中心是供应商和需求地之间的中间环节，起到存货、分货、联运等作用。通过带库存的配送中心发运的绩效特征如表 8-8 所示。

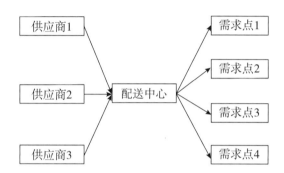

图 8-4 通过带库存的配送中心发运的网络结构①

表 8-8   通过带库存的配送中心发运的绩效特征

绩效因素	绩效特征
适用情况	内向物流需实现规模经济；内向物流与外向物流不协调
环节	需中转，比直运网络稍多
运输成本	内向运输可获得规模经济；配送中心服务范围小，外向成本不高
设施成本	比直运网络高
响应时间	比直运网络快
典型案例	固安捷

2. 通过中间转运点越库运输

与通过带库存的配送中心发运类似，供应商货物通过中间转运点转运到相应需求地，但在转运中心的货物不用储存，而是按需求点和需求量分货，并与来自不同供应商、同一需求点的产品进行组合，进而运往一个需求地。这种模式下，中间转运点起到分货、联运等作用。通过中间转运点越库运输的绩效特征见表 8-9。

---

① 乔普拉，迈因德尔．供应链管理［M］．6 版．陈荣秋，等译．北京：中国人民大学出版社，2017.

表 8-9   通过中间转运点越库运输的绩效特征

绩效因素	绩效特征
适用情况	需求地存货空间足以形成规模经济；内向运输与外向运输都能达到规模经济，且内向运输与外向运输货物能够协调时
库存成本	供应链整体库存变少
运输成本	可形成规模经济，但必须有一个快速反应运输系统
设施成本	比直运网络高，比通过带库存的配送中心发运低
装卸搬运	低于通过带库存的配送中心发运
信息	投资相当大
响应时间	比通过带库存的配送中心发运快
产品多样性	比直运网络好
产品可得性	要获得与直运网络相似的可得性，需付出更多成本
客户体验	比直运网络好，与通过带库存的配送中心发运类似
成功案例	沃尔玛、Peapod

3. 通过配送中心以巡回运送发运

与通过带库存的配送中心发运类似，如果每个需求点的需求量很少，配送中心可以采取巡回运送方式给各需求点送货（见图 8-5）。例如，7-11 便利店将来自新鲜食品供应商的送货在配送中心实施越仓配送，并采取巡回运送策略对店铺进行送货，从而以更低的运输成本对每家零售店实现小批量补货。通过配送中心以巡回运送发运的绩效特征如表 8-10 所示。

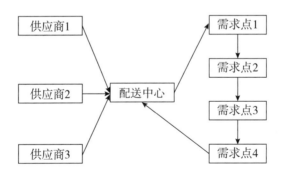

图 8-5   通过配送中心以巡回运送发运的网络结构

表 8-10   通过配送中心以巡回运送发运的绩效特征

绩效因素	绩效特征
适用情况	需求点和需求量较少时
运输成本	通过集并小批量送货来降低外向运输成本
管理难易度	实施巡回运送和越仓配送时，要求高度协调，合理规划和安排
典型案例	7-11、Peapod

8.4 供应链数智化工程

供应链数智化工程是指利用新一代信息技术，如大数据、人工智能、物联网等，对供应链活动进行整体规划设计与运作，以提升供应链的速度和效能。这种数智化的过程涉及将线下的供应链流程搬到线上，并结合数据进行智能化改造，从而构建一个高效协同、快速响应、敏捷柔性、动态智能的生态体系。

在供应链工程的数智化过程中，企业可以通过数字化手段提高采购效率和质量，实现采购计划的自动化生成和调整，以及对供应商的自动化选择和管理。同时，数字化还可以帮助企业在生产环节实现智能化管理、降低库存成本、缩短生产周期、提高物流效率、优化采购流程、增强客户满意度等。

供应链数智化工程的目标是实现整个供应链的高效运转和优化，不仅为企业带来经济效益，而且在更大范围内和更深层次上影响着国民经济循环的速度和质量，进而提升流通效率，推动居民消费升级。

8.4.1 管理驱动的数字化系统

单独审视物流行业的发展历程，会发现物流行业并没有进行数字化改造的强大动力。传统物流行业进行数字化改造都是从辅助的管理信息系统切入，比较典型的是"OTWB"四大系统，即订单管理系统（OMS）、运输管理系统（TMS）、仓库管理系统（WMS）和计费管理系统（BMS）。这些系统的不断整合集成，形成了物流行业中功能和形态各异的信息系统。主动数字化的线索是从无车承运人到网络货运的发展。第三方物流的蓬勃发展需要服务商本身具备一种技术手段监控运输服务以及价值链的传输，而数字化技术恰好能够满足这种需求，同时国家政策与物联网技术的出现也引导了这些技术平台的发展。

1. 订单管理系统

OMS 是整个数字化物流系统的核心组成部分之一。该系统通常涵盖了订单接收、订单处理、订单全程可视化跟踪、虚拟库存管理和订单计费等多个关键模块（见图 8-6）。

OMS 的功能主要包括以下 7 点。

①一体化物流订单管理模式：系统应能够满足不同行业对于订单多模式管理的需求，实现物流订单的统一、高效管理。

②订单全生命周期管理和全程可视化跟踪：系统应覆盖订单从创建到完成的整个生命周期，并提供全程可视化跟踪功能，以满足不同角色对于订单跟踪和管理的需求。

③与上下游业务系统集成：系统应能够与上下游业务系统进行集成，实现跨地域、跨行业的多模式业务敏捷协同运作。

④支持多店铺库存管理与多承运商管理：系统应能够集成众多电商平台与 ERP 系

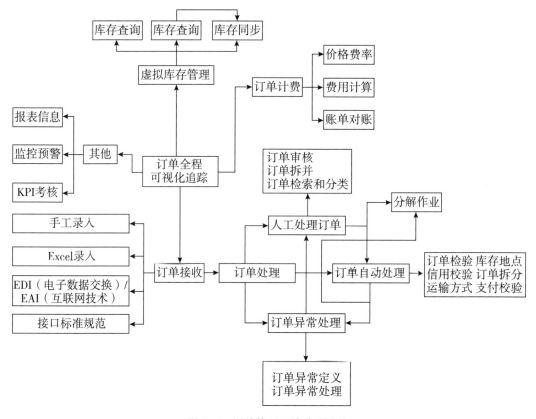

图 8-6　订单管理系统功能结构

统接口，支持多店铺库存管理和多承运商管理，以提高物流运作的灵活性和效率。

⑤灵活的事件流程配置：系统应提供灵活的事件流程配置功能，以满足各种类型订单的不同业务处理流程需求。

⑥强大的规则配置与订单自动处理引擎：系统应具备强大的规则配置功能，以适应不同客户、项目、仓库的不同作业习惯。同时，应支持订单自动处理，提升订单处理操作效率。

⑦支持订单大数据预测与分析：系统应具备订单大数据预测功能，以满足订单各项 KPI（关键绩效指标）考核的要求，为企业的决策提供有力支持。

2. 运输管理系统

TMS 一般包括运输订单接收、运输订单执行、运输全程可视化跟踪和结算等模块（见图 8-7）。

TMS 的功能包括以下 7 点。

①支持多组织运输管理，涵盖电商等多元化运输模式，满足不同业务场景需求。

②智能运输路由规划，依据订单特性自动生成任务，实现任务调度与指定承运商的无缝对接。

③采用灵活的配载调度模式，优化装载方案，提供装车分析功能，显著提升运输

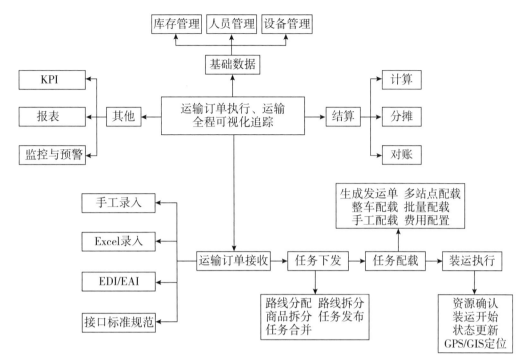

图 8-7 运输管理系统功能结构

计划制订的效率。

④实现全程可视化监控，集成 GPS/GIS/GSM/北斗/LBS（基于位置服务）等先进技术，对车辆进行实时动态调度及在途监控，确保运输过程透明化。

⑤开发移动智联应用，涵盖运输任务流转、作业交接、线路导向、运输动态采集、签收反馈及异常汇报等功能，实现运输全程的移动化操作与管理。

⑥配备灵活精确的计费引擎，结合可配置、可扩展的费率结算模式，满足物流费用快速、准确的结算需求，提升财务管理效率。

⑦强化回单管理，集成多种回单处理模式，实现运输派送单据的全流程电子化管理，确保单据处理的高效与准确。

3. 仓库管理系统

WMS 一般包括系统管理、接口管理、协同管理、仓储管理和报表管理等模块。

WMS 的功能主要有以下 6 点。

①系统管理：作为产品的核心控制中枢，系统管理负责统筹平台运营的关键事务，涵盖用户角色与功能权限的设定与维护、数据权限的精细管控以及系统参数的配置与优化。

②基础管理：作为产品运行的基础支柱，基础管理模块涉及物料商品信息的维护、客户与供应商关系的管理、区域与城市配送网络的优化，以及项目等基础数据的维护与更新。

③接口管理：产品配备了灵活高效的接口管理平台，能够根据客户需求定制各种导入导出报文格式，并通过定时任务或直接对接的方式，实现与上下游供应商或客户的无缝对接。

④协同管理：作为供应链体系中的关键一环，产品需要建立与上下游伙伴顺畅沟通的机制，主要包括与供应商、生产环节以及客户之间的协同作业，如采购订单同步、生产计划协调、发货指令传递等。

⑤仓储管理：作为产品的核心功能模块，仓储管理全面负责仓库作业单据的处理、库存情况的实时监控以及相关操作策略的制定与执行，涵盖仓库日常管理、出入库操作控制、库存精细化管理、作业策略配置以及仓库费用核算等多个层面。

⑥绩效报表管理：绩效报表管理不仅提供基本的操作统计报表，如库存余额、库位利用率、工作效率等核心指标，还具备自定义报表功能，允许用户根据实际业务需求灵活创建多样化的实用报表。

4. 计费管理系统

BMS 一般包括费用归集、费用管理、账单管理、发票管理、收付款管理和税费管理等模块（见图 8-8）。

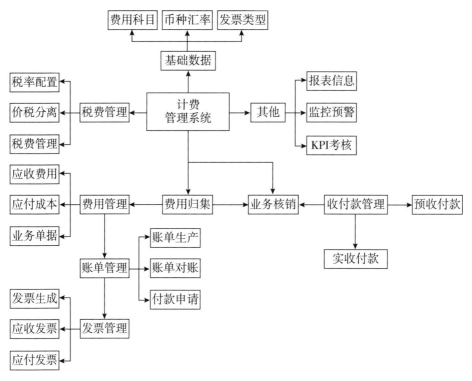

图 8-8　计费管理系统功能结构

BMS 的功能主要包括以下 5 点。

①能够无缝对接 OMS、TMS、WMS 等系统，实现对各业务成本和收入的归集，进而实现跨业务的统一结算管理，确保业务流程的顺畅进行。

②需构建一套从费用归集、账单生成、对账，到发票开具、实际收支、核销的完整且统一的结算体系，确保每个环节都得到有效监控和管理。

③集成先进的工作流事件引擎，支持完全自定义的审批流程配置。各类结算数据均可配置多级审批流程，从而实现审批流程的科学化和规范化管理。

④具备灵活多层次的税率配置功能，实现自动的价税分离，并统一管理各类税费，减轻财务人员的负担，提高工作效率。

⑤支持多账套管理，具备与多种财务系统进行接口对接的能力，确保财务数据的准确性和完整性。

8.4.2　从数字供应链到智慧供应链

从供应链的角度看，由于链上节点本身已经有一些管理信息系统，同时对空间转移的资产提出了管理手段的要求，因而数字化管理是其内生的需求。在 2008 年 IBM（国际商业机器公司）提出"智慧地球"的概念之前，这些管理系统与实际的资产之间在信息空间和物理空间上仍是隔绝的。随着物联网技术的兴起和发展，数据和资产之间的映射更加紧密，且人工智能、区块链等技术的发展使资产的优化配置及自动操作成为可能，即数字供应链逐渐演化到智慧供应链。

智慧供应链是从端到端、由需求驱动的，可进行全局或分布式动态调整的供应链体系，具备可视化、可感知和可调节性，能够帮助人类应对现代社会种种不确定性。其中，可视化好比供应链的眼睛，实现可视化即对供应链全貌了如指掌。实现可视化最好的办法是把供应链全面数字化和云化。可感知好比供应链的大脑，即根据各种可视化数据感知并发现问题，然后进行计算和供应链决策。可感知的前提是有一套健全的考核和监控指标体系。数字化时代，AI 算法是可感知能力的核心。可调节性即基于可感知所做的决策，供应链进行快速响应和调整，以适应客户的需求、市场条件的变化。数字化时代，物联网技术、互联网技术可驱动供应链软硬件快速进行调节。

在现实中，供应链的业务系统通常针对某一特定工作流程或价值流进行优化设计，这往往导致形成多个各自为政的孤立系统。这些系统之间，业务数据难以实现有效的整合与互通，从而产生了诸多信息孤岛。尽管大数据技术的兴起为信息融合提供了技术上的支持，但是这个过程将原本规整的结构化数据转换为非结构化数据处理，不可避免地降低了处理效率。然而，随着通用人工智能技术的不断发展，其有望通过推动供应链业务流程的标准化，来打破这些信息孤岛，并实现业务系统与 IT 系统之间的高效整合。在这一进程中，AI 技术将成为不可或缺的关键因素。

第 9 章

供应链金融工程

Chapter 9 : Supply Chain Finance Engineering

9.1 供应链金融工程概述

9.1.1 供应链金融及供应链金融工程的概念

2016 年 3 月，多家国际协会①联合发布供应链金融技术的标准概念，明确供应链金融（Supply Chain Finance，SCF）是一种集成金融服务与供应链管理的创新模式。它是指金融机构（如银行、保理公司等）以供应链中的核心企业为中心，通过对其上下游企业提供的真实贸易背景进行审查，以及对整个供应链中的物流、信息流和资金流的有效监控，为供应链上的各个参与方提供综合性金融产品和服务的一种融资模式。即围绕供应链中的真实交易，通过第三方为交易环节注入资金，并提供风险控制、物流管理、信息管理等相关联的服务，从而驱动交易中的物流、信息流、资金流"三流"循环增值与效率提升的综合新服务。

供应链金融不仅关注单个企业的交易效率和效益，还站在供应链整体利益的角度，关注整个供应链上的交易规模和效率。所以，发展供应链金融的意义就在于提高整个供应链运行效率，防范供应链交易风险，降低供应链运行成本，提升供应链各方价值。

进入 21 世纪后，企业面临的竞争环境愈发激烈，在"制造为王"和"渠道为王"时代只关注物流和信息流的供应链管理已不能适应"现金为王"时代的需求，至此，供应链管理开始进入真正关注和协调优化物流、信息流和资金流"三流"的时代。一项调查显示，供应链融资业务成为国际性银行自 2007 年以来流动资金贷款领域最重要的业务增长点之一。《欧洲货币》杂志将"供应链金融"形容为近年来银行交易性业务中最热门的话题。

近年来，国家先后出台供应链金融支持工业增长、促进全球产业链发展等若干政策，鼓励银行等金融机构为产业链提供结算、融资和财务管理等系统化的综合解决方案。值得关注的是，伴随着大数据、区块链、物联网等新兴技术的发展，多维度、立体化、可视化的供应链交易数据为供应链金融发展奠定了坚实的风控基础，为产业链的市场竞争和延伸拓展提供了支撑。

供应链金融特别适用于供应链活动引发的赊账贸易。融资资金提供者对相关贸易流程的清晰了解是这类融资方式必要的前提条件。另外，对供应链金融还需从以下 6 个方面进行把握。

①供应链金融是融资和多种风控技术的组合。这种组合支持点到点的供应链和经

---

① 多家国际协会包括金融和贸易银行家协会（BAFT）、欧洲银行管理局（EBA）、国际保理商联合会（FCI）、国际商会（ICC）和国际贸易和福费廷协会（ITFA）。

销链及相关的国内及国际贸易流和资金流。这是一个广泛的概念，包括了现有的以及不断发展演变的风险和资金管理技术。

②供应链金融通常用来进行赊账贸易，但不限于赊账贸易。赊账贸易指在买卖交易之间，没有任何银行代表买方或卖方开出传统单证票据，买方直接承担交易支付责任。交易方基于赊账条款供应和购买货物或服务开具发票，买方在约定时间内支付。赊账贸易条款可以与预付现金的贸易或者用于保证支付的单证信用贸易来做比较。

③融资资金提供方按照供应链有关装运前和装运后的各个环节中触发的相关订单、发票、应收账款以及支付步骤中产生的融资需求提供服务，因而可以说供应链融资是由事件驱动的。每个对资金链（融资、风控或者支付）的干预都由实际供应链中的具体活动造成。在跟踪和控制供应链事件的先进技术和流程的发展过程中，产生了许多供应链融资自动化的机会。

④供应链金融不是一个固定的，静止不变的概念。它是使用不同技术进行不断创新的一个实践过程。其技术手段可以是成熟的，也可以是成熟技术的改进，也可以是新技术，这些技术交互使用并与供应链的资金流和物流的服务相结合。

⑤供应链金融交易的直接参与方，包括买方和卖方，这两方在供应链中互相交易和合作。根据需要，这些参与方通过与融资资金提供方合作，运用各种供应链金融技术和其他融资形式发起融资。被称作"核心企业"的参与方基于其商业和财务能力，通常会对供应链的稳定性、流动性、收益表现以及风险管理和收支平衡表的运用有一定的要求。

⑥在供应链金融中，最为关键的部分是金融风险控制能力，它主要由贷前、贷中、贷后及资产管理组成。其风控模型建立在数据驱动基础上，贷前通过接入各类数据平台，扫描客户信用情况，多维度评估借贷风险；贷中进行定期复查监控，通过大数据扫描供应链网络上存在的风险；贷后根据市场价格的波动动态评估质押品的价值等。

供应链金融工程主要指的是基于供应链上核心数据（包括物流数据、贸易流数据、资金流数据）和核心信用（包括核心企业信用、全体供应链整体信用）形成的金融产品创新、金融产品定价以及金融风险管理。它涉及核心企业、供应商、分销商、金融机构等多个参与方，通过信用评估、风险控制、资金流转等方式，为供应链中的企业提供融资支持。

1. 供应链金融工程的组成要素

供应链金融工程通常需要从以下 4 个关键组成要素进行分析。

①供应链信息平台：集成供应链各个环节的信息，实现数据共享和协作，实时监控和管理供应链活动。

②融资服务：提供应收账款融资、订单融资等服务，优化和加速资金流动。

③结算和支付服务：简化交易流程，减少支付延迟，通过电子票据和电子支付等方式进行。

④风险管理服务：帮助供应链中的各方识别和管理风险，降低交易风险和信用风

险，提供风险预警和管理工具。

2. 生态体系

整个供应链金融工程生态体系是一个复杂且多元化的网络，需要分析各种市场参与者与服务提供方，它们通过扮演各自的角色和发挥各自的功能共同推进整个行业的发展。供应链金融工程生态体系如图 9-1 所示。

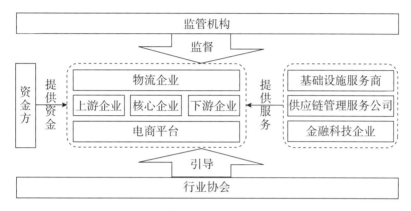

图 9-1 供应链金融工程生态体系

其中，资金方主要包括银行和其他金融机构，为企业提供必要的资金支持，是供应链金融工程生态体系的重要组成部分。它们通过贷款、信用支持等方式，为供应链中的企业提供资金融通，帮助企业解决流动性问题，促进业务的顺利进行，核心企业、上下游企业（主要是中小企业）、物流企业和电商平台组成供应链上的核心链条。核心企业通常具有较强的市场影响力和信用等级，能够对供应链的上下游企业产生较大的带动作用。中小企业作为供应链的重要组成部分，扮演着连接上游供应商和下游客户的角色。物流企业和电商平台则为产品的流通提供支持。服务提供者包括供应链管理服务公司、金融科技企业和基础设施服务商（如各类信息化基础服务商）。供应链管理服务公司提供库存管理、运输优化等服务，帮助企业降低成本、提高效率。金融科技企业则通过创新技术（如大数据、人工智能、区块链等）为供应链金融提供更高效、透明的服务。基础设施服务商为供应链金融的正常运作提供信息技术支持，包括数据存储、处理和安全等。监管机构和行业协会在供应链金融工程生态体系中发挥着监督和引导作用。监管机构制定相关政策和规定，确保行业的健康发展，防止风险发生。行业协会则通过建立标准、组织交流和培训等方式，提升整个行业的专业水平和服务质量。

9.1.2 供应链金融体系构成主体

供应链金融体系由供应链金融服务提供方和需求方组成。供应链金融服务需求方主要是指供应链交易过程中的各方成员，包括供应链核心企业，需求更多地来自供应链上的中小微企业；供应链金融服务提供方以商业银行为主，还包括核心企业的财务公司、网银等金融机构。供应链金融服务得以普及和拓展，也越来越离不开平台企业、物流企业和金融科技企业的支持，并且它们都已经开始布局供应链金融业务，许多独特的供应链金融模式已在现实中应用。

从供应链金融服务需求方来看，由于各个供应链主体的企业规模、市场占有量等市场势力的不同，供应链中上下游企业的交易地位并不对等。当下游企业市场势力较强时，往往会延长对上游的货款支付时间；当上游企业市场势力较强时，又需要下游企业必须预付货款才可以提供产品。所以，从供应链金融服务的需求来看，有资金约束和压力的往往是中小微企业。

供应链金融服务总体设计框架如图 9-2 所示。

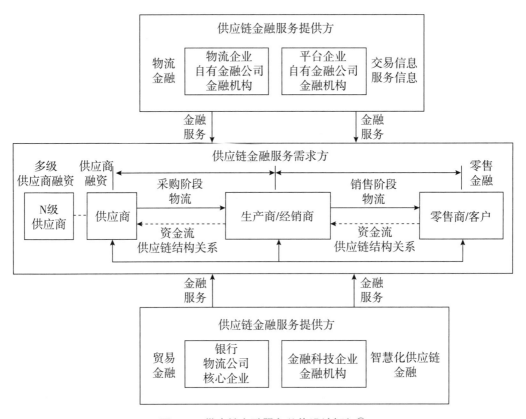

图 9-2　供应链金融服务总体设计框架①

供应链金融体系构成主体主要包括以下 4 个。

1. 核心企业

核心企业是供应链构建的主导者，其往往是所在行业的龙头企业或具有较强竞争力的大型企业。供应链上的核心企业可能是产品制造商，或具有较强分销能力的中间

---

①　陈祥锋. 供应链金融［M］. 北京：科学出版社，2022.

商，也可能是为供应链提供金融、物流、交易平台服务等的第三方。核心企业往往具有深厚的行业背景和丰富的上下游资源，在供应链金融服务中既可以为中小微企业融资提供确权，也可基于自身良好的信用发行债券融资来支付上下游企业账款，发挥核心企业对供应链的资金支持作用。

2. 银行等金融机构

银行的供应链金融服务主要围绕行业核心企业来开展。基于真实的供应链交易背景，银行依托核心企业的信用支持，通过供应链中的应收账款、库存货权等方式，将金融服务对象延伸到上下游的中小微企业，并且将单一的信贷业务拓展至现金管理等综合性金融服务，解决了中小微企业融资难的问题。由于在以库存货权为质押物的融资模式中，银行往往需要和第三方物流企业进行合作，以获取准确的质押物状态和价值的信息，以增强对整个供应链的交易风险的把控力，减少提供金融服务的风险。提供供应链金融服务的银行主要是国有银行、股份制银行或地方农商行，除了银行机构，金融机构还包括核心企业的财务公司、保理公司、小贷企业、信托机构等。

3. 仓储与物流企业

物流企业作为连接供应链上下游的重要一环，其服务价值已经从单纯的物流服务逐渐衍生到电商平台、金融等领域。物流企业在物流服务运营过程中将保理、质押等金融工具运用到企业供应、仓储、运输等各个业务流程，为融资企业向金融机构提供质押物存货、仓单等证明，对融资企业和质押物进行实时监控和反馈，并将信息同步给金融机构以即期控制风险。物流企业常常与银行等金融机构进行合作，为整个供应链中的中小微企业提供金融服务。物流企业不仅可以负责对质押货物的监控和存储，在融通仓等模式下一些大的物流企业还承担着提供融资服务的工作。

4. 第三方科技和平台企业

供应链金融主要依赖核心企业的主体信用来运营，由于核心企业的主体信用很难在其上下游进行多级穿透，核心企业的多级供应商或经销商依然无法获得供应链金融服务资源。此外，供应链金融中的信息不对称问题依然存在，由此引发的信用风险和道德风险也是传统的供应链金融服务最主要的两个缺点。近年来，随着大数据、人工智能、物联网及区块链等数字化技术的发展，金融机构可以通过金融技术和平台对融资企业的生产经营数据进行分析，加快平台上票据签发、流转、融资等流程，从而缓解了银企之间的信息不对称问题。另外，由于区块链等技术可以在供应链中记录所有企业真实的交易数据，因此核心企业的信用可以通过这些数据进行有效的传递，让供应链中更多的企业获得供应链金融服务资源。可见，金融科技和平台企业的发展从科技的角度为供应链的信用机制提供了新的解决方案，对传统的供应链金融服务进行了赋能，也促进了供应链金融走向智能化、普惠化。

9.1.3 供应链金融工程面临的主要挑战

供应链金融理论上可以解决很多企业特别是中小企业融资成本高的问题，但实际上是把银行的尽调成本转移到核心企业已经完成的尽调上。然而，银行需要更多的隐性成本在核心企业建立信任和信用关系。对于整个供应链来说，仍然面临以下挑战。

（1）供应链上存在信息盲点

在实际商业运作中，同一个供应链的上下游企业的信息系统是各自独立的。供应商只是给厂家供货，质量按照指定要求达到相应的标准，供应商或经销商并不愿意开放自己的内部系统给厂家，95%的企业最多提供相应的商品信息或系统字段，除非遇到非常强势的核心企业，而供应商或经销商又必须依靠核心企业才能存活。

企业之间的系统不互通，导致企业间信息割裂，全链条信息难以有效利用。对于银行等保守型的金融机构来说，必须尽量保证资金安全，企业的信息不透明意味着风控难度加大，因此很多银行机构不敢向这些供应商或经销商直接放款，转而只对核心企业授信，让核心企业提供担保作为向其供应商或经销商放款的前提。

（2）授信企业数量有限

供应链金融主要服务核心企业供应链两端的中小企业，覆盖能力有限。很多中小企业由于不在核心企业的两端，所以仍然无法获得有效融资，并且银行的授信也只针对核心企业的一级经销商和供应商，二级供应商和经销商则无法获得融资。也就是说核心企业信用不能传递，这种信息孤岛导致核心企业与上游供应商的间接贸易信息不能得到证明。

（3）信息真实性无法辨别

核心企业的信息系统无法完全整合上下游企业所有的交易信息，只是掌握了与自己发生交易的信息，这样一来，银行获取的信息有限，既无法得到更多的信息，又无法辨别获取信息的真伪，继而无法鉴别核心企业是否与上下游企业合谋造假、虚构交易诈取贷款。

核心企业对供应链的掌控成本随管理范围的扩张而急剧增加，随着产业分工的精细化程度提高，供应链企业数量呈爆炸式增长，在此情况下，核心企业全权管理是不现实的。传统的供应链管理模式通常为核心企业将管理权下放至低一级供应商，这种分层式管理导致上下游信息不对称，核心企业对物流、资金流、贸易流掌控力不足，甚至存在信息篡改风险。

这种信息不对称衍生出两大问题，一是信息的真实性存疑，金融机构无法正确评估资产物流信息、界定风险水平，从而不愿放贷。二是可能会导致企业之间和银企之间出现信任危机。供应链上下游企业之间缺乏信任，将增加物流、资金流审查等直接成本、时间成本；银行对企业的不信任也会增加信用评估成本，使融资流程冗长而低效。

（4）交易过程不透明、虚构成本低

尽管供应链金融整合了物流、商流和信息流，但是由于整个交易过程公开不够及时，银行都是事后才能获取到交易信息，不能及时查看整个交易过程，这种滞后效应同样会制约供应链金融业务的发展。供应链融资模式的初衷在于将资金导向真实、高效的贸易中，处于中枢位置的大企业则担负起为相关交易活动增信的责任。

当前供应链管理技术的限制使信息的透明度与流通速度不容乐观，加之某些关键技术与渠道可能被上下游企业掌控，核心企业对其交易的真实性实际上无法提供充足保障。

供应链的信息管理混乱、传递延迟等漏洞也给企业留下相互勾结、弄虚作假的机会，一旦出现问题，举证追责难以进行。低质甚至虚假交易的影响一旦传递到终端消费者，对现金流的回收会产生直接的负面影响。为降低回款风险，银行被迫加大投入以验证交易的真实性。

以上问题在很大程度上制约了供应链金融业务的进一步发展，人们迫切需要一种新的技术解决这些问题，在这样的背景下，以区块链技术为代表的金融科技应运而生。

9.1.4　实施供应链金融工程的主要手段

供应链金融工程的实施策略是一系列旨在优化供应链金融运作的计划和行动，这些策略通常涉及技术整合、流程优化、风险管理和合作伙伴关系管理等。

1. 技术整合

技术整合是供应链金融工程中的关键策略之一，它涉及采用先进的信息技术，如人工智能、区块链、云计算和大数据，以提高供应链金融的透明度和效率。这些技术能够帮助企业实现数据的实时共享和分析，从而优化库存管理、预测市场趋势、提高风险控制能力。

2. 流程优化

流程优化策略着重于重新设计供应链金融的操作流程，消除不必要的步骤，减少相关成本。这可能包括自动化手动流程、简化审批手续、优化支付和结算流程等，以提高整体的运作效率。

3. 风险管理

风险管理是确保供应链金融稳健运作的重要组成部分。实施策略包括建立严格的风险评估和监控机制，以及利用科技手段建立完善的数字化风控体系。这有助于预防和减轻信用风险、市场风险、操作风险等，保护供应链各方免受潜在损失。

4. 合作伙伴关系管理

建立和维护强大的合作伙伴关系对于供应链金融工程的成功至关重要。这涉及与供应链上下游企业、金融机构、第三方服务提供商等建立紧密的合作关系，共享信息，协同工作，共同应对市场变化和风险。

5. 监管合规

随着供应链金融的发展，监管机构对该行业的监管也在不断加强。企业需要遵循相关法规和政策，确保其供应链金融活动的合规性。这可能包括与政府机构合作，使用官方认可的平台进行交易，以及遵守数据和隐私保护法律。

6. 政策利用与创新

企业应积极利用政府提供的扶持政策，如财政补贴、税收优惠、专项资金支持等，以促进供应链金融的发展。同时，企业也应探索创新的供应链金融模式，如通过区块链技术提供智能合约和去中心化金融服务，以提高服务质量和市场竞争力。

9.2 供应链金融工程的融资模式

基于对供应链结构特点和交易细节的深入理解，通过利用核心企业的信用实力或单笔交易的自偿性与货物流通价值，为供应链中的企业提供全面的金融服务。这种服务模式不仅改变了传统金融机构对单一企业主体的授信模式，而且通过将供应商、制造商、分销商、零售商和最终用户连接成一个整体，为链条上的企业提供了全方位的融资服务，实现了整个供应链的增值。

9.2.1 供应链应收账款融资

供应链上下游企业在交易的过程中，如果下游企业不能及时支付货款，上游供应商又是中小微企业，本身生产运营资金严重不足，上游卖方就会因销售款回收缓慢面临生产或经营难以为继的局面。因此，应收账款融资就是基于上下游企业的赊销业务而形成的，上游卖方企业将应收账款债权质押或转让给银行等金融机构，金融机构为上游卖方企业提供融通资金、债款回收、坏账担保等单项或多项金融服务，以推动供应链资金的周转（见图9-3）。

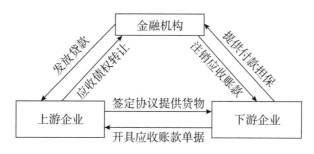

图9-3 供应链应收账款融资流程

应收账款融资是目前国内应用较广泛的供应链金融模式。通过应收账款融资，融资企业可有效地提高自身的企业竞争力，推动赊销业务顺利进行，这对于扩大市场规模及提高产品或服务的销量都有着重要的意义。

9.2.2 供应链预付款融资

预付款融资主要发生在采购阶段，本质是基于供应链中未来的存货而进行的融资活动。与应收账款融资相比，使用预付款融资模式的融资企业一般为处于供应链弱势地位的买方，其与上游供应商签订采购合同后，向银行等金融机构缴纳一定保证金申请融资付款，卖方收到货款后向买方发货。预付款融资通常需要处于供应链核心地位的供应商向指定仓库发货，第三方物流企业开具仓单，银行通过货权的控制及在供应商承诺回购的前提下对融资过程进行风险控制，买方通过分批付款提货的模式，缓解资金压力（见图9-4）。

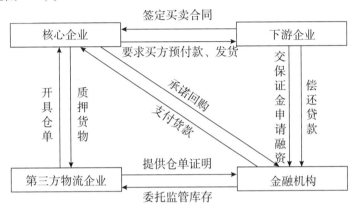

图9-4 供应链预付款融资流程

上游供应商的回购承诺及银行等金融机构对质押物货权的风控措施，使银行等金融机构的信贷风险大大降低，还获得了收益，从而实现了多方共赢。

9.2.3 供应链存货、仓单融资

企业为了应对市场波动及批量生产等需求，常常保有一定数量的库存，这些库存对企业乃至整个供应链而言无疑意味着巨大的运营成本，因此利用存货或仓单融资，就成为盘活企业资金、加快供应链资金流动的重要手段之一。存货、仓单融资又被称为融通仓融资，主要是指融资企业将自有或经第三方许可的库存货物存放在指定物流企业的仓库中，以存货或仓单为质押物，获得银行等金融机构融资的活动。该融资模式一般需要银行等金融机构、融资企业及第三方仓储及物流企业共同参与。存货、仓单融资最明显的一个特征就是以库存或仓单作为抵押物进行融资。和存货质押不同的是，仓单流通性更强，仓单持有方可以凭仓单直接从仓储企业提取质押物。供应链存货、仓单融资流程见图9-5。

9.2.4 供应链信用融资

信用融资主要指企业的信用贷款，这一类融资服务不需要融资企业提供相关的交易信息与数据，也不需要第三方担保，只依靠企业的信用作为还款保证。但过去信用贷款往往只向经营规模、经济效益、市场份额等情况比较好的大型核心企业提供，并

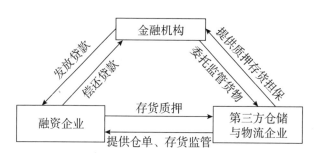

图 9-5　供应链存货、仓单融资流程

且这种信用方案很难传递。随着人工智能、区块链、云计算、大数据等技术的发展,大数据征信平台可通过对企业三年或五年内,甚至是更长时间的历史经营数据及交易数据进行挖掘、筛选、计算、分析,将企业真实的经营状况、业务发展情况以数据形式客观地呈现,这样即使是中小企业也可以通过交易数据评价和开具信用凭证获得金融融资(见图 9-6)。

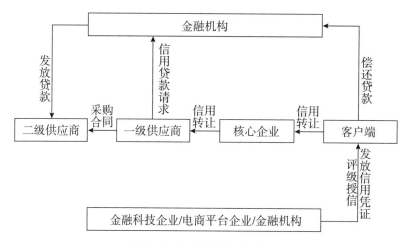

图 9-6　供应链信用融资流程

　　供应链核心企业的客户端有融资需求时,不需要通过不动产、动产等有形资产向金融机构申请贷款,只需要掌握其多年交易数据的金融科技企业或电商平台企业,或者掌握其多年资金往来信息的金融机构为其出具信用凭证向金融机构申请融资,也可通过其上游公司转让其信用凭证,由核心企业的一级供应商凭借转让的信用凭证向金融机构融资,由金融机构为一级供应商的采购合同付款,最后由客户端偿还信用融资的贷款。金融科技和平台等服务的出现和发展,使信用贷款可以利用更多无形的资产来获取更多样、更便捷的供应链金融服务。

9.3　供应链金融科技与工程创新

9.3.1　供应链金融科技概述

2016 年，国际金融稳定理事会（FSB）对金融科技给出了一个国际通用的概念：
"技术带来的金融创新，它能够产生新的商业模式、应用、过程或产品，从而对金融市场、金融机构或金融服务的提供方式产生重大影响。"从这一应用广泛的概念看，金融科技就是金融与科技深度融合产生的各类新业态。它泛指各类先进技术与金融市场和金融业务相结合，从而为市场创造出新兴业务模式、新技术应用、新产品服务等。供应链金融科技是指运用先进的信息技术手段，如人工智能、大数据、区块链、云计算等，提高整个供应链融资和支付流程的智能化、数字化和自动化水平。这些技术的应用旨在优化供应链流程，增强供应链各方的信息透明度，降低运营成本和风险，从而提升供应链的整体效率和价值。

金融科技旨在提供更加高效、便捷、安全的金融服务。金融科技的发展正在改变金融行业的运作方式，提高金融服务的可达性和包容性，降低运营成本，增强用户体验。

金融科技的关键技术和应用领域有以下 10 点。

①移动支付：通过智能手机和其他移动设备进行的支付和转账服务，如支付宝、微信支付等。

②区块链技术：一种分布式账本技术，用于记录交易数据，提高透明度和安全性，如比特币等加密货币和智能合约。

③云计算：提供数据存储、处理和分析服务，支持金融机构的数据处理和业务运营。

④大数据分析：利用大数据技术对客户行为、市场趋势进行分析，以提供个性化的金融产品和服务。

⑤人工智能：在风险管理、客户服务、投资决策等领域应用人工智能技术，提高金融服务的智能化水平。

⑥机器学习和自动化：通过机器学习算法和自动化工具提高金融服务的效率和准确性，如自动化客户服务和信贷审批。

⑦数字货币和电子支付系统：推动货币的数字化，提供更快捷、安全的支付解决方案。

⑧众筹和 P2P 借贷：通过互联网平台连接借款人和投资人，提供替代传统银行贷款的融资方式。

⑨保险科技：运用科技手段创新保险产品和服务，提高保险行业的效率和客户体验。

⑩监管科技：帮助金融机构更好地遵守监管要求，降低合规成本。

金融科技的发展受到多方面因素的影响，包括技术进步、消费者行为变化、金融市场竞争格局以及监管环境的变化。随着技术的不断进步和消费者对金融服务需求的增长，金融科技将继续在金融行业中扮演重要角色，推动行业的创新和变革。同时，金融科技的发展也带来了新的挑战，如数据安全、隐私保护、监管适应性等问题，需要行业、政府和社会共同努力解决。

9.3.2 供应链金融科技的技术基础和面临的挑战

1. 供应链金融科技的技术基础

①数字化技术应用：云计算、物联网、人工智能等技术的发展，为供应链金融科技带来新的变化和业务机遇，促进了社会生产组织方式变革与供应链管理模式创新。

②大数据和人工智能：在风险控制和决策支持方面发挥关键作用，帮助金融机构更准确地评估借款方的信用风险，优化信贷审批流程。

③区块链技术：具备分布式数据存储、点对点传输、共识机制和加密算法等特点，在供应链金融领域发挥了巨大作用，提供了快速确权渠道，减少了中间环节，提高了交易数据的不可篡改性和可追溯性。

④5G 和云计算：为供应链金融提供了高速、大容量的数据传输通道，降低了企业数字化转型的成本，使金融服务更加便捷和普及。

⑤物联网技术：实现对仓储和货运环节的实时监控，提高了交易过程的控制力和透明度，减少了欺诈行为的发生。

2. 供应链金融科技在技术实现上面临的挑战

①技术应用和数据安全问题：随着金融科技的广泛应用，如何确保技术和数据的安全成为行业面临的重要问题。

②信息不透明性与滞后性：供应链中的信息共享程度有限，信息传递的准确性和时效性面临挑战，可能导致决策失误和风险评估不准确。

③政策与法律变化风险：政策和法律的变动可能对供应链金融科技产生深远影响，这对长期融资关系的稳定性和安全性构成挑战。

④信用风险：中小企业面临较高的信用风险，可能因财务制度不完善、市场变化抵御能力弱而难以获得银行贷款。

⑤场景复杂性、数据互联和隐私保护：金融科技应用面临场景复杂、数据互联和隐私保护三大挑战，数字技术赋能、产业互联网和数字信用成为三大可行途径。

9.3.3 基于金融科技的供应链金融工程创新

应用金融科技的技术手段，可以实现并不限于以下 4 种供应链金融的创新模式。

1. 基于实物资产数字化的采购融资模式

这种模式主要应用在大宗商品行业。一般将实物资产设计为基于区块链上的数字资产，利用区块链技术实时上链仓单状态数据，形成和实体仓储资产流转映射的"数字资产"。一是将仓储货物的入库、入库调整、锁定、质押、解押、出库、退货入库等全流程数据实时上链，杜绝数据信息造假，确保仓单数据流转形成一个完整的闭环。二是仓储货物资产数字化后，可通过密码学技术（如门限签名技术）由多方联合控制仓单资产的状态，实现更灵活的动产控制，从而衍生更多创新模式的服务。

2. 基于核心企业信用的应付账款拆转融资模式

这是目前区块链在供应链金融场景中应用比较成熟的模式。核心企业和下属单位的应付账款形成一套不可篡改的区块链数字凭证，该凭证在核心企业的内部单位中依照一定的规则签发，具有已确权、可持有、可拆分、可流转、可融资、可溯源等特点（见图9-7）。

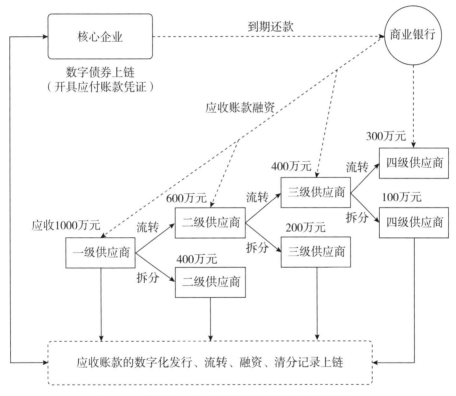

图9-7 基于核心企业信用的应付账款拆转融资模式

3. 基于多而分散的中小微再融资模式

基于多而分散的中小微再融资模式主要包括以下5个环节。

①资产形成环节。客户提出融资申请，风控部门进行审核，通过后双方签署融资合同，客户缴纳保证金并确认应收账款，形成资产全流程。通过区块链浏览器，可视化和可信化地展示相关上链节点数据，审计方通过 Hash 值比对来验证数据文件信息的真实性。

②资产包筛选环节。满足集中度和信审等要求的资产被打包至 SPV（特殊目的公司），通过链上存证增强筛选过程的透明性和可视性，形成多方认可和可查验的筛选流程。

③资产审计环节。资产打包需经过严格审计，如律师事务所出具法律意见书，会计师事务所出具财务意见书。基于可信区块链资产，共享一定程度的资产数据和债项主体数据，以推动审计流程。

④资产发行销售环节。基于区块链可信环节的证券化资产信息，公开透明地展示相关数据，吸引投资者，提升认购率。

⑤资产二级流通环节。利用区块链智能合约技术实时追踪展示资产表现，及时反映底层资产的表现情况，包括客户的经营信息和还款情况等，调整资产价格，便于监管进行穿透式管理，减少人工干预，降低出错概率，提高现金流管理效率。

4. 基于历史数据/采购招标的订单融资模式

针对供应商赊销的货物销售，该模式能解决供应商资金回笼困难的问题。风控要点在于判断订单是基于中标还是历史交易数据。

对于核心企业采购或政府采购业务，通过区块链存证中标通知书，确保项目真实性，如政府公共资源交易中心的区块链中小微企业融资平台。将标书核心数据上链，如中标金额和交付周期等重要信息，为金融机构提供授信融资支持。

此外，也可将供应商历史销售数据上链，通过趋势分析判断可能的供应规模，并以此作为授信支持的依据。

供应链生态工程

Chapter 10: Supply Chain Ecological Engineering

10.1 供应链生态工程概述

10.1.1 供应链生态系统

供应链生态强调各参与主体之间的互动和合作，通过共同创造知识、共享资源、优化流程等方式，实现供应链的高效运营和可持续发展。

供应链生态是系统成员与内部环境构成的统一整体，它们之间相互影响、相互制约，并在一定时期内处于相对稳定的动态平衡状态，与外部环境互动，以实现人与自然和谐共生的目标。

系统成员则基于相同价值观（供应链文化工程）、价值增值能力（供应链人才工程），形成由大量具有共生关系的供应链组成的共同体（供应链生态工程），以完成其特定目标（供应链战略工程），实现共同利益。

生态与供应链生态之间的关系在于，供应链生态是生态系统的一个子集，是人类活动对环境产生影响的重要领域之一。供应链生态的运营和管理需要考虑生态系统的平衡和可持续性，以确保经济活动对环境的负面影响最小化，实现经济效益和社会效益的双赢。

因此，生态和供应链生态都是复杂的系统，需要综合考虑多个因素，包括生物种群、环境条件、经济活动、社会影响等。在供应链生态的管理和运营中，需要运用生态思维，注重环境保护和可持续发展。

从生态系统的视角来看，供应链中不同节点功能类似的厂商形成了一类种群，如供应商种群、制造商种群、零售商种群，并显现出与自然界中种群类似的特征，如密度、年龄结构、出生率和死亡率、迁入率和迁出率等。而且，随着数字智能技术的发展，全球不同国家的供应链在时空上形成更为紧密的联系。即作为围绕供应关系形成的种群的集合，不同类型产品的供应链形成了不同类型的供应链群落，比如智能冰箱供应链群落、智能卫浴供应链群落。

供应链生态系统与商业生态系统类似，每一个成员的绩效都与生态系统的整体绩效息息相关。供应链生态系统是由大量具有相互支撑、相互补充、相互依赖的供应链组成的共同体，以共生关系紧密地联系在一起，不断地相互作用并寻求合作，以实现特定目标和共同利益；系统成员之间具有高度的相互依赖关系，任何一个核心团体的弱点都可能影响到整个体系的稳定。

供应链生态系统中往往会有一家与其他企业相互依赖性最大、对整个系统影响最深远的企业，即核心企业或领导者企业。核心企业往往会构建集成平台，作为生态系统形成发展的内部环境。同时，宏观经济、政策法规、产业形势等外部环境对生态系统的输入和输出都会产生影响。即基于外部环境和核心企业构建的平台内部环境，不同类型的群落、数智设备、数智产品以及相互之间交易生成的海量数据，共同形成了供应链生态系统。也就是说供应链生态系统是由系统成员与环境构成的统一整体，系统成员与环境之间是双向影响和双向输出的。

10.1.2 供应链生态工程及其特点

供应链生态是一个综合性的系统，涉及供应链运营与相关监管服务的所有参与主体和相互之间的互动关系。这些参与主体包括供应商、制造商、分销商、物流企业、仓储企业、第三方平台，以及相关的政府监管与要素服务部门等，它们共同组成了一个复杂的价值生态网络。在这个网络中，各参与主体通过知识共享、协同合作和资源整合，实现供应链的高效运营和整体优化。与之密切相关的供应链生态工程则是一项综合性系统工程，它涉及与供应链直接或间接有关的供应链运营、服务、监管等构成的关系网络，其核心是通过这个网络中各成员的知识共享、文化塑造、协同合作和资源整合等促进供应链工程的高效运营和整体优化。

供应链生态工程的特点包括以下4点。

①多元性：供应链生态工程涉及多个领域和多个参与主体，包括制造业、物流业、信息技术等。

②互动性：各参与主体之间通过信息共享、协同作业和合作创新等方式进行互动，共同推动供应链的优化和发展。

③开放性：供应链生态工程具有开放性和包容性，能够吸引更多的参与主体加入，共同创造更大的价值。

④自适应性：供应链生态工程能够根据不同的市场需求和变化进行调整和优化，保持持续的创新和发展。

总之，供应链生态工程是一个复杂而重要的系统，需要各参与主体共同努力，实现供应链的高效运营和整体优化，为企业和社会创造更大的价值。

10.1.3 供应链生态工程支撑体系

供应链生态工程涉及多个企业和组织之间的协同合作。供应链生态系统的成功搭建，关键在于企业之间的信息共享、技术支持以及生态文化的建设。信息共享能够确保各参与方及时、准确地掌握市场需求、库存情况、生产计划等信息，从而做出更明智的决策。技术支持则是构建供应链生态系统的重要保障，包括数据分析、物联网、人工智能等先进技术的应用。而生态文化的建设则需要形成一种互相信任、互相尊重的关系，推动各方深入合作和共同发展。至于供应链工程人才，他们在推动供应链生态系统的发展中扮演着至关重要的角色。例如，供应链系统工程师和供应链系统产品工程师等职位，需要具备丰富的经验和专业技能，能够运用先进的技术手段解决供应链中的实际问题。这些人才不仅需要具备扎实的专业知识，还需要具备创新思维和团队合作精神，以适应不断变化的市场需求和复杂的供应链环境。

与此同时，供应链生态工程系统也面临着内部和外部环境的影响。内部环境主要受到核心企业和集成平台的管理和协调能力的影响。而外部环境则包括政策法规、市场环境、社会文化、技术发展和国际贸易环境等因素，这些因素对供应链生态系统的稳定和发展具有重要影响。

①政策法规。政策法规是供应链生态工程外部支撑的重要组成部分。政府制定的与供应链相关的法律法规，如贸易政策、税收政策、环保政策等，对供应链的运行和管理具有深远影响。企业需要了解和遵守这些政策法规，以确保供应链的稳定和合规。

②市场环境。市场环境包括市场需求、竞争态势、消费者行为等因素。这些因素直接影响供应链的运营和策略的制定。企业需要对市场环境进行深入研究，以调整供应链策略，满足市场需求，保持竞争优势。

③社会文化。社会文化因素包括消费习惯、价值观、文化差异等。这些因素会影响消费者对产品的需求和偏好，进而影响供应链的运营。企业需要关注目标市场的社会文化特点，以便更好地满足消费者需求。

④技术发展。技术发展是推动供应链工程变革的重要力量。新兴的物联网、大数据、人工智能等技术不断为供应链管理提供新的解决方案和工具。企业需要培养供应链工程师，以更好地关注技术发展动态，积极引入新技术，提升供应链的技术经济及管理水平。

⑤国际贸易环境。对于涉及跨国供应链的企业而言，国际贸易环境是供应链生态工程外部支撑的重要因素。贸易政策、关税壁垒、汇率波动等因素都可能影响跨国供应链的稳定性和成本。企业需要关注国际贸易环境的变化，采取相应措施应对潜在风险。

10.1.4 营商环境及其支撑

"营商环境"一词最早出现在 1979 年发布的《全球竞争力报告》。营商环境狭义上多指从企业开办、运营到结束全过程的各种制度规则，是市场主体生产经营活动中资金、人力、时间与机会成本高低等的体现与反映；广义上的营商环境有更宽泛的理解，还包括一些宏观性的、非制度性的影响要素，也兼顾经济发展环境和区域综合竞争力等方面。营商环境不仅影响着一个企业的生存和发展，更是关系到在全球范围内配置资源而形成的供应链结构韧性、运行效率和可持续发展能力，营商环境甚至是一个地区乃至一个国家经济实力的综合反映。我国于 2021 年 12 月成立国家发展改革委营商环境发展促进中心，各级政府也先后成立了营商环境促进部门，围绕市场化、法治化、国际化、便利化和一流营商环境建设开展相关政策、标准和评价指标体系研究，参与相关国际交流合作。

促进供应链发展的营商环境不同于市场上一般企业的营商环境，由于供应链是由核心企业围绕上下游业务关系，在全球范围内进行资源配置形成的多个企业链接的网络结构，其通过企业间的紧密合作在提高交易效率的同时，降低供应链上的总成本。在以供应链之间竞争取代企业之间竞争为基本形态的趋势下，世界各国都非常重视供应链发展，并且都会从市场、基础设施、数字技术、供应链金融、国际化、绿色可持续环境等要素出发去促进供应链朝着更具韧性、更有效率、更富活力的方向发展。

目前，我国《优化营商环境条例》重点规范了以下5个方面内容。

（1）市场主体保护

一是强调平等对待各类市场主体。保障各类市场主体依法平等使用资金、技术、人力资源、土地使用权等各类生产要素和公共服务资源；在政府资金安排、土地供应、税费减免、资质许可、项目申报、人力资源政策及招标投标和政府采购等方面，要依法平等对待各类所有制和不同地区的市场主体。二是强调为市场主体提供全方位的保护。依法保护市场主体经营自主权、财产权和其他合法权益；推动建立知识产权快速协同保护机制，加大对知识产权的保护力度。三是强调为市场主体维权提供保障。推动建立全国统一的市场主体维权服务平台，为市场主体提供高效、便捷的维权服务。

（2）市场环境

一是聚焦破除市场准入和市场退出障碍。通过深化商事制度改革、推进"证照分离"改革、压缩企业开办时间、持续放宽市场准入等措施，为市场主体进入市场和开展经营活动破除障碍。进一步优化市场主体注销办理流程，推动解决市场主体"退出难"问题。二是聚焦落实减税降费政策。保障国家各项减税降费政策全面、及时惠及市场主体。对政府性基金、涉企行政事业性收费、涉企保证金以及实行政府定价的经营服务性收费，实行目录清单管理并向社会公开。三是聚焦解决"融资难、融资贵"问题。鼓励和支持金融机构加大对民营企业和中小企业的支持力度、降低民营企业和中小企业综合融资成本，不得设置歧视性要求。

（3）政务服务

一是推进政务服务标准化。落实减环节、减材料、减时限要求，编制并向社会公开政务服务事项标准化工作流程和办事指南，推动同一事项无差别受理、同标准办理。二是推进马上办、网上办、就近办、一次办。推行当场办结、一次办结、限时办结的服务模式，实现集中办理、就近办理、网上办理、异地可办，并对全国一体化在线政务服务平台建设、政务信息整合共享、电子证照推广应用做了具体规定，推动政务服务事项在全国范围内实现"一网通办"，使"一网、一门、一次"改革要求落到实处。三是推进行政审批制度改革。严格控制新设行政许可并大力精简已有行政许可，通过整合实施、下放审批层级等方式，优化审批服务，提高审批效率。四是推进重点领域服务便利化。对标国际一流标准，推广国内最佳实践，提升办理建筑许可、跨境贸易、纳税、不动产登记等与市场主体生产经营活动密切相关的重点领域政务服务便利化程度，为相关领域深化改革提供了目标指引。

（4）监管执法

一是推动健全执法机制。建立健全跨部门跨区域行政执法联动和响应机制，在相关领域推行综合行政执法，推动解决困扰市场主体的行政执法检查过多过频问题，做到"一次检查、全面体检"。二是推动创新监管方式。除直接涉及公共安全和群众生命健康等特殊行业、重点领域外，都要实行"双随机、一公开"监管，推行"互联网+监管"。三是推动规范执法行为。慎重实施行政强制，减少对市场主体正常生产经营活动的影响，不得随意采取要求市场主体普遍停产、停业的措施，避免执法"一刀切"。规范行使自由裁量权，合理确定裁量范围、种类和幅度。

（5）法治保障

一是增强法规政策制定的透明度。制定与市场主体生产经营活动密切相关的法规政策，要充分听取市场主体、行业协会商会的意见；除依法需要保密外，应当向社会公开征求意见并反馈意见采纳情况。二是增强法规政策实施的科学性。新出台法规政策要结合实际为市场主体留出必要的适应调整期，加强统筹协调、合理把握出台节奏、全面评估政策效果，避免因政策叠加或相互不协调对市场主体正常生产经营活动造成不利影响。三是加大涉企法规政策的宣传解读力度。政府及各部门要集中公布涉及市场主体的各类法规政策，并通过多种途径和方式加强宣传解读。四是鼓励改革创新。

10.1.5 生态供应链与绿色可持续发展

生态供应链是一种运用生态思维来管理供应链的方法。它强调在经济活动中考虑环境影响，确保供应链内的物质流和能量流对环境的危害最小。生态供应链旨在追求经济效益、社会效益和生态效益的平衡，实现人类、自然和社会"三赢"，促进人与自然的共同繁荣和人类社会的可持续发展。

随着人类对环境保护意识的提高，全球供应链面临越来越大的压力。推动"绿色供应链"创新发展，已上升为国家战略，具有人与自然和谐共生的中国式现代化的重要特征。企业需要采取措施减少碳排放、减少废弃物和降低能源消耗，以确保其供应链与可持续发展目标一致。持续打造绿色低碳供应链生态体系，搭建更加便捷高效和绿色低碳的数字化、智慧化、社会化的绿色供应链。在践行产业绿色可持续发展的同时，促进企业服务质量、效率的持续提升和市场规模的稳步扩大。

我国高度重视绿色供应链管理，积极营造制度环境，已经涌现出一批典型的绿色供应链管理企业，为全球供应链的绿色转型贡献了中国力量。

1. 政府层面

2017年，党的十九大报告正式提出建立健全绿色低碳循环发展的经济体系，为此，我国从绿色供应链体系构建、标准制定、试点示范等维度发布有关政策，为绿色低碳发展提供相关指导。

（1）政策制定

2014 年以来，我国陆续出台了《工业绿色发展规划（2016—2020 年）》《企业绿色采购指南（试行）》《国务院办公厅关于积极推进供应链创新与应用的指导意见》《国务院关于加快建立健全绿色低碳循环发展经济体系的指导意见》等一系列政策，对绿色供应链管理进行了规定，逐步形成了有利于企业打造绿色供应链的制度环境。

（2）试点示范

一是绿色制造示范。2016 年，工业和信息化部发布的《工业绿色发展规划（2016—2020 年）》明确提出："以供应链核心企业为抓手，开展试点示范，实施绿色采购，推行生产者责任延伸制度，在信息通信、汽车、家电、纺织等行业培育百家绿色供应链示范企业。"同年发布的《工业和信息化部办公厅关于开展绿色制造体系建设的通知》，将绿色工厂、绿色产品、绿色园区、绿色供应链作为绿色制造体系的主要内容，并提出了建设原则、建设目标、建设内容、程序安排等，为开展绿色供应链示范提供了政策依据。2017 年，工业和信息化部正式启动绿色制造示范，其中将绿色供应链等作为重点支持方向。在示范工作推进中，重点支持领域逐步拓宽，从最初的离散型行业拓展至流程型行业及生产性服务业，覆盖汽车、航空航天、船舶、电子电器、通信、电力装备、大型成套装备、机械、轻工、纺织、食品、医药、建材、电子商务、快递包装等行业。

二是绿色制造系统集成项目。2016—2018 年，工业和信息化部联合财政部开展了绿色制造系统集成项目，主要支持"绿色设计平台建设""绿色关键工艺突破"和"绿色供应链系统构建"三个方向，目的是解决相关行业绿色设计能力不强、工艺流程绿色化覆盖度不高、上下游协作不充分等问题。其中，"绿色供应链系统构建"项目重点支持联合体企业制定绿色供应链管理战略和制度、明确职责分工、出台绿色供应链管理标准，强化从采购、设计、生产、销售、物流、使用到回收处理环节的全流程绿色化管理。

三是供应链创新与应用试点。2017 年，《国务院办公厅关于积极推进供应链创新与应用的指导意见》提出了加快供应链创新与应用，促进产业组织方式、商业模式和政府治理方式创新的总体思路。文件强调了绿色供应链管理的重要性，并明确了打造绿色供应链的重点行业和主要环节。依据文件，2018 年，商务部等 8 部门共同发布《商务部等 8 部门关于开展供应链创新与应用试点的通知》，启动了城市和企业两个层面的供应链创新与应用试点，并将绿色供应链管理作为试点的一项内容，强调"以全过程、全链条、全环节的绿色发展为导向，优先采购和使用节能、节水、节材等环保产品、设备和设施，促进形成科技含量高、资源消耗低、环境污染少的产业供应链"。为了不与工业和信息化部牵头开展的绿色制造示范工作产生交叉重合，此次试点不再将绿色供应链作为企业试点的重点支持方向。

四是地方层面的试点。在原环境保护部等部委的指导下，部分经济发达的东部沿海地区率先开展了绿色供应链管理实践，探索形成了一些好的做法。上海采用了"以企业为主体，以实践促创新"的工作思路，重点研究企业打造绿色供应链的市场驱动力。2013 年，百联集团、通用汽车、宜家等企业率先加入试点。深圳建立了"政府指导、大企业采购牵引、中小企业改善环境"的政企合作模式。2014 年，深圳市人居环境委员会联合华为发起"深圳市绿色供应链"试点项目。天津重点研究绿色供应链制度建设，2013 年发布《天津市绿色供应链管理试点实施方案》，明确在绿色采购、绿色建筑、绿色住宅、绿色钢铁等领域开展试点，并推出《绿色供应链管理体系要求》《绿色供应链管理体系实施指南》《绿色供应链标准化工作指南》《绿色供应链技术要求编制导则》等标准。东莞则立足企业绿色供应链评价，推出绿色供应链"东莞指数"，选择在家具、制鞋、电子、机械制造及零售服务业等行业开展企业评价。

（3）标准制定

2017 年发布的《绿色制造 制造企业绿色供应链管理 导则》（GB/T 33635—2017），对制造企业绿色供应链管理的目的、范围、总体要求以及产品生命周期绿色供应链的策划、实施与控制要求进行规范，为企业开展绿色供应链管理工作提供了基本模式参考。

国家、行业、团体层面的绿色供应链标准也陆续推出，以下两项工作发挥着重要作用：一是工业和信息化部开展的工业节能与绿色标准研究项目在 2017—2023 年立项支持了 30 多项绿色供应链标准的制定；二是 2016—2018 年工业和信息化部联合财政部开展绿色制造系统集成工作，对于立项支持的 30 多个绿色供应链系统建设项目，提出了制定相关标准的要求，其中不乏大量与绿色供应链相关的标准。随着国家、行业、团体和企业等层面绿色供应链标准建设工作的稳步推进，机械、电子电器、纺织服装、石油化工、汽车、建材等分行业的绿色供应链标准也逐步出台。

2020 年 11 月，在"双碳"目标提出不久后，国家标准化管理委员会发布《绿色制造 制造企业绿色供应链管理》的"信息化管理平台规范""评价规范""采购控制""物料清单要求"四项标准，是对 2017 年发布制造企业绿色供应链管理要求的完善和细化。

2. 第三方层面

中国绿色供应链联盟、绿色消费与绿色供应链联盟、广东省绿色供应链协会、美国环保协会、美国自然资源保护协会、阿拉善 SEE 生态协会等机构，通过政策宣贯、案例遴选、项目试点、信息公开、企业排名等工作，助力了部分企业的绿色供应链管理实践。

（1）公益机构

2014 年，公众环境研究中心与美国自然资源保护协会合作开发了全球首个基于品牌企业在华供应链环境管理表现的评价体系——绿色供应链 CITI 指数，评价指标涵盖透明与沟通、合规性与整改行动、延伸绿色供应链、节能减排和责任披露 5 个方面的内容,以路线图的形式引导企业由浅入深地完善供应链环境管理机制,最终形成最佳实践。结合前期探索,2021年10月,公众环境研究中心发布了企业气候行动CATI指数,立足企业碳减排问题,重点围绕治理机制、测算与披露、目标与绩效、减排行动,对石化、电力、钢铁、建材、汽车零部件、光伏产业等30个行业的662家企业进行了评价。

2016年,阿拉善SEE生态协会联合中城联盟、全联房地产商会、朗诗集团和万科集团共同发起"中国房地产行业绿色供应链行动",依据对供应商环保合规状况评价后形成的"白名单"和"黑名单",以联合采购方式,大力支持环境合规的"白名单"企业,推动了钢铁、水泥、铝合金、木材等行业大量供应商改善了环境绩效。随着实践成熟,在原有"白名单"和"黑名单"之外,推出了具有行业引领性的"绿名单",对环境绩效表现优异的"绿名单"企业进行优先采购。

(2)证券交易组织

2020年上海证券交易所组织制定《上海证券交易所上市公司环境、社会和公司治理信息披露指引》,明确要求企业披露供应链环境、社会层面的审核制度及程序。

2020年香港交易所发布《环境、社会及管治报告指引》,要求企业识别供应链每个环节的环境及社会风险的惯例,以及相关执行及监察方法;并描述在拣选供货商时促使多用环保产品及服务的惯例。

3. 企业层面

(1)管理对象从"局部"拓宽至"全体"

在碳达峰与碳中和背景下,欧美等国家和地区对于碳排放的关注点已经从单个企业转向产品全生命周期,不少国家和地区使用或计划使用的碳税、碳关税、产品生态设计、碳标签等制度,体现出了产品全生命周期碳管理的要求。越来越多的跨国企业已经提出供应链碳中和目标。例如:苹果在2020年实现自身运营的碳中和后,提出将在2030年实现供应链和产品碳中和的目标;施耐德电气提出2025年前实现运营碳中和、2040年实现供应链碳中和、2050年实现供应链净零排放;西门子提出2030年实现全球供应链减排20%的目标,到2050年实现供应链碳中和。华为计划在2025年前推动Top100供应商制定碳减排目标;隆基在2021年供应商大会上发布绿色供应链减碳倡议,150余家供应商积极响应;联想计划到2025/2026财年实现全球运营活动90%的电力来自可再生能源,推动全球供应链减少100万吨温室气体排放。

(2)管理动力从"政策驱动"转向"主动布局"

苹果、施耐德、华为等企业在环保合规的强制要求和"政策红利"的直接需求外,都在积极延伸社会责任,主动打造零碳供应链。一些企业的探索更加超前,比如威卢克斯承诺到2041年实现终身碳中和并对供应商提出相关要求。

(3)管理要求从"浅绿"走向"深绿"

实践中,多数企业对绿色供应链的关注点多停留在环保合规的"浅绿"上,随着各国环境立法加强和执法加严,企业开始关注更高的污染物减排、节能、节水、减碳等直接的绿色要求，或者绿色设计、高良品率、高回收利用率等其他广义的绿色要求，推动整个供应链从环保合规的"浅绿"向环境绩效持续提升的"深绿"迈进，这样才称得上是一家优秀的绿色供应链管理企业。一些企业提出的零碳供应链承诺，已经给供应商带来了新的压力，整个供应链势必会由"浅绿"逐步转变为"深绿"。

（4）管理方式从"封闭"走向"透明"

在环境信息公开方面，苹果的案例具有里程碑式的意义。2011 年 8 月，自然之友、公众环境研究中心等环保组织曝光苹果的 27 家疑似供应商存在严重的环境违规问题。对此，苹果及时整改，开始加强对供应链的绿色管理，广泛公开环境信息，在 2011 年的"供应商责任进展报告"中首次公布了 156 家供应商和生产合作伙伴名单，从"封闭"的供应链转向了"透明"的供应链。

在碳达峰碳中和背景下，不少核心企业已经将供应链碳中和的时间表、各时间节点的减排量、供应商名录等环境信息进行公开，广泛接受政府、同行和社会公众的监督，正在向着打造可测量、可核实、透明的绿色供应链迈进。

10.2　供应链文化工程

10.2.1　供应链文化及其结构

供应链文化在供应链工程的建设运行和发展过程中具有重要的地位和作用，它是各节点企业开展合作与交流的基础，是化解合作过程中所出现问题与冲突的"看不见的手"，也是巩固和提升供应链合作关系的有效保障。优秀的供应链文化是供应链的无形资产，能支撑供应链的可持续发展。

首先，供应链文化强调合作与共赢。在供应链中，各节点企业只有紧密合作、共同努力，才能实现整体利益的最大化。其次，供应链文化注重诚信与透明。各成员企业应坦诚相待、相互信任，确保信息畅通无阻、资源共享。再次，供应链文化倡导创新与持续改进。在快速变化的市场环境中，供应链必须不断创新、持续改进，才能保持竞争优势。最后，供应链生态文化是一种独特且重要的组织文化。它深深地植根于供应链中的每一个参与主体之中，影响着它们的价值观、行为方式以及业务决策。这种文化不仅强调合作和共享，还注重创新和可持续发展，为供应链的持续、高效和稳定运行提供了坚实的基础。

供应链文化结构是一个复杂而多维度的概念，它涉及供应链中各个企业和合作伙伴之间的文化融合和协同。一般来说，供应链文化结构主要包括以下 4 个方面。

①合作与信任文化：供应链中的企业和合作伙伴需要建立一种合作与信任的文化氛围。这种文化氛围能够促进各方之间的信息共享、风险共担和协同工作，从而提高整个供应链的效率和竞争力。

②追求卓越文化：供应链中的企业和合作伙伴应该追求卓越，不断提高产品和服

务的质量和效率。这种文化氛围能够激发各方的创新精神和持续改进的动力，从而推动整个供应链的持续改进和发展。

③尊重多元文化：供应链中的企业和合作伙伴来自不同的地域、行业和文化背景，因此应该尊重彼此的多元文化。这种文化氛围能够促进各方之间的文化交流和融合，从而增强整个供应链的凝聚力和协同能力。

④社会责任文化：供应链中的企业和合作伙伴应该积极履行社会责任，关注环境保护、社会公益和可持续发展等方面的问题。这种文化氛围能够提升整个供应链的社会形象和声誉，从而增强各方的品牌价值和市场竞争力。

10.2.2 供应链文化的作用

作为供应链合作的纽带，供应链文化在供应链工程中的作用日益凸显。它涉及供应链各参与方之间的文化交流、理解和融合，对于提高供应链的协同效率、促进合作关系的稳固发展具有重要作用。

(1) 供应链文化可以帮助各参与方建立信任

在全球化的背景下，供应链往往涉及多个国家和地区的企业合作。由于文化背景、价值观念、沟通方式等方面的差异，企业之间可能会存在误解和隔阂。通过加强文化交流和理解，企业可以增进彼此之间的信任，减少合作中的摩擦和冲突，从而提高供应链的协同效率。

(2) 供应链文化可以促进知识共享和创新

不同国家和地区的企业往往拥有各自独特的经验和技术，通过文化交流，这些知识和技术可以得到传播和分享，为供应链的整体创新提供源源不断的动力。同时，文化交流还可以激发企业的创新思维，推动供应链向更高水平发展。

(3) 供应链文化有助于提升可持续性

在全球化的背景下，企业的社会责任和可持续发展越来越受到关注。通过文化交流，企业可以共同探讨如何在全球供应链中实现可持续发展，推动环保、社会责任等方面的进步。

(4) 供应链文化是确保整个供应链工程质量的前提条件

现实中位于供应链上游与下游各个节点上的成员企业，由于各自不同的价值观和创业经历，已经形成了各自不同的经营理念、管理制度和行事风格。这就意味着，想要创建一个高效率的供应链，就必须在整个供应链内外部建立起共同的文化基础；否则，各个成员企业就会因为它们对利益的不同理解和各自的行为习惯，无法形成有效协作，甚至在形形色色的摩擦和冲突中造成系统性内耗。从这个利害关系上讲，供应链文化的创建与完善，是确保整个供应链工程质量的前提条件。

(5) 供应链文化是一种具有"强黏合剂"性质的整合机制

通过带有社会规范性质的合作文化，供应链各节点企业联合起来，形成共同的交流语言，构建公共的管理平台，以维护供应链的合作稳定关系，并逐步成为供应链组织有效性的源泉。

10.2.3　供应链的本质是信任链

供应链的关键因素，一个是关系，一个是链接。在供应链内部，企业与企业之间的关系和链接方式，决定了它们彼此之间的协作方式和效率。从这个意义上讲，供应链的本质就是信任链。核心企业之所以需要创建供应链文化工程，就是为了与众多企业达成互惠互利和共享共赢的共识，并建立起与众多企业在经营理念、行为模式和道德追求上的亲缘关系。这种文化意义上的亲缘关系，其实就是信任链。

1. 有诚信才有信任

有诚信才有信任。当核心企业主张诚信，它自己就必须身体力行地做到诚信。把供应链每个环节的信任度串联起来，就构成整个供应链的竞争力。必须承认，在这个充满不确定性因素的创业时代，要想做到诚信并不容易。诚信与信任，考量的是核心企业的智慧、格局和战略眼光。

例如，丰田汽车以精益化管理而闻名世界，这种精益化管理不仅适用于它的公司内部，也延伸到了整个供应链。众多供应商相信丰田的生产计划和需求预测，并因此能够准时、高质量地向丰田供应零部件。与之相似，亚马逊通过建立信任机制和严格的绩效评估办法，让众多物流公司不辞辛苦地为顾客提供优质服务。诸多案例说明，在供应链中建立和维护信任关系，不仅能够维系整个供应链的运作，而且能够很好地提高供应链的效率、灵活性和竞争力。

相反的案例是2008年美国金融危机在汽车市场引发的一场供应链信任危机。美国德纳公司为此向破产法院提出申请，请求法院批准德纳公司结束与克莱斯勒公司的汽车零部件供应关系。德纳公司称，原材料价格上涨，以及克莱斯勒公司压价和拖欠支付周期，致使其每年损失7500万美元或更多。华尔街惠誉评级公司见势不妙，立即将天合汽车、美国车桥、阿文美驰、伟世通、江森自控和海斯莱默斯列入观察名单。来自中国浙江的零部件供应商也见风使舵，只愿意跟付款及时和报价合理的汽车品牌继续合作。

2. 影响信任链的不确定因素

当人们谈到信任危机时，总是习惯归因于国际国内环境变化、国家政策调整和各种不可抗力造成的意外情况，却很少有人关注核心企业是因为领导力欠缺而造成的供应链系统运行不稳定和控制失效。也就是说，企业必须确保其合伙企业是诚信的，确保供应链的每一个衔接是确定的、可靠的。

世事无常，经常发生的各种不确定性事件，使彼此之间的信任弥足珍贵。建立信任治理机制，就成了构建供应链必不可少的基础性机制，而且必须贯穿供应链全过程。这就需要在构建供应链中优选每一个合伙企业。在每一个合伙企业之中，领导人和企

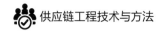

业文化是必须关注的要点。信任链自检表如表 10-1 所示。

表 10-1　　　　　　　　　　　信任链自检表

1	有没有建立信息共享平台？	有	没有
·	使供应链各环节的企业能够及时、准确地获取相关信息，如需求预测、生产计划、库存水平等		
2	是否保持信息透明？	是	否
·	避免隐瞒或歪曲重要信息，让合作伙伴清晰了解自己的业务状况		
3	是否诚实地履行承诺？	是	否
·	严格遵守合同约定，按时交付产品或提供服务，确保质量和数量符合要求。		
·	对承诺负责，一旦出现问题，立即着手解决，勇于承担自己的责任		
4	是否致力于维系长期合作关系？	是	否
·	避免频繁更换合作伙伴，通过长期稳定的合作，增进彼此的了解和信任。		
·	共同制定长期的合作规划和目标，为双方的持续发展奠定基础		
5	有没有公正、公平地分配利益？	有	没有
·	制定合理的利益分配机制，确保各合作方都能获得与其贡献相匹配的回报。		
·	重视合作伙伴的利益诉求，在利益分配上保持公平性和灵活性		
6	有没有共同应对风险？	有	没有
·	在面对市场波动、自然灾害等风险时，共同制定应对策略，携手克服困难。		
·	建立风险分担机制，合理分担可能出现的损失		
7	有没有在沟通与交流中实施文化管理？	有	没有
·	建立定期的沟通机制，及时解决合作中出现的问题。		
·	了解每一个合伙企业的文化特征，避免文化冲突或因此造成的疑虑。		
·	在坦诚的自我表白中实施文化引领，与每一个合伙企业在相互认同中建立起共同的价值观和默契的合作模式		
8	是否有第三方认证与监督？	是	否
·	引入权威的第三方机构进行质量认证、信用评估等。		
·	接受行业协会或监管部门的监督，确保合作符合规范和标准		

10.2.4　供应链文化工程实施要点

供应链文化工程是指通过构建和发展供应链文化，以强化供应链中各节点企业之间的合作与交流，从而提高供应链的运行效率。换言之，供应链文化工程是指在企业内外部建立并传播一种以供应链共商共建共享为重要特征的团队文化，目标是提高供应链的协作效率和灵活性，同时加强供应链内外部的交流合作。

1. 强化供应链核心企业文化与品牌塑造

供应链文化追根溯源是供应链核心企业的文化。当核心企业试图把自身的文化延展到整个供应链，就意味着它必须把供应链设计成所有成员企业共享、共赢和互惠互利的平台。从这个意义上讲，供应链文化并不是核心企业旧有文化的扩张，而是在旧有文化的基础上创建的新文化。从供应链规划开始，就要对旧有文化进行转型。接着，必须采用新的组织结构和更有竞争优势的新材料、新能源和新技术，这就带来了价值观的更新、文化的更新和人才的更新，从而使整个供应链产生一系列更能满足新时代需求的新质生产力。而核心企业也恰好是在这种文化更新的过程中，拥有了对整个供应链的管理能力和领导能力。

通过构建价值体系和旗帜鲜明地宣扬自己的价值观，企业不仅能够为市场提供高品质和富有竞争力的产品，还能塑造自己的独特身份。这个身份其实就是品牌。对于市场，品牌象征着竞争力和利润。对于整个人类社会，品牌意味着道德情操和让人们津津乐道的故事。而恰好就在那些故事里，隐藏着每一位企业家和每一位从业者的人生。

核心企业应该怎么做？价值观是每一个人和每一个企业组织的基本信仰。对于每一个人来说，真正的价值观通常会隐藏在他的意识深处，并影响他的行为模式。如果这个人不对他的隐藏部分展开探索，就无法得知真相和做出改变。他会自作聪明，也可能说一套做一套。

但是，如果要想创建一个强文化的供应链，就必须拥有以诚信为基础、被众多成员企业广泛认同的价值观。作为管理这个供应链的核心企业，必须强有力地主张这些信念，确保每一个成员企业在言行上不偏离这些信念和准则。

2. 在理解与沟通中化解关系风险

创建供应链文化工程，需要核心企业深刻地理解自己的文化优势。与此同时，也需要深刻理解每一个合伙企业的文化。没有理解，就没有自信；没有理解，也没有信任。

孙子说："知己知彼，百战不殆。"意思是说，两军对垒，既要打探敌人的情报，也要研究自己的问题，这样才能够知彼知己，常胜不败。

孙子又说："不知彼而知己，一胜一负；不知彼不知己，每战必败。"意思是说，即使你不了解敌人，但只要你能够清醒地面对自己的问题，至少还有一半的胜算。若是你既不了解敌人，也不了解自己，那就意味着，只要你陷入了战争，就必然会溃败。

对于核心企业来说，理解每一个合伙企业，其实就是理解它自己。而它的每一个合伙企业究竟是盟友还是潜在的敌人，也同样取决于它的理解和作为。

我们可以把供应链的风险分为关系风险和绩效风险。其中，关系风险大多是因供应链内部企业与企业之间存在信任危机而产生的风险。解决这种风险的路径只有两个：一是进行有效沟通，达成共识，建立信任；二是如果无法沟通，就寻找新的合作伙伴并建立信任。

核心企业必须通过建立各种有效的信息传递渠道，强化自己与供应链上游和下游合伙企业的信息交流和沟通，通过增加供应链透明度、提高信息共享程度来消除信息扭曲。比如，通过共享各项预期需求、订单、生产计划等相关信息，取得上下游合伙企业的反馈，及时调整和管控各种意想不到的变化，从而降低不确定性和风险。

在供应链内部建立必要的沟通平台，不仅是为了共享信息，还为了对价值观进行讨论和情感交流。信任链的建立，说到底是基于共同价值判断形成的情感链接。从沟通上讲，与其说是一个技术课题，不如说是一个文化课题。

3. 强化供应链信用体系

强化供应链信用体系包含以下 3 个要点。①建立并完善信任治理机制。目前一些成员企业的不诚信，造成了很多供应链衔接的不确定性问题。为此，建立并完善信任治理机制，就成了构建供应链必不可少的基础性与贯穿全过程的要求。②重视核心企业信用引领与控制。一些核心企业信用引领与控制欠缺，导致了供应链系统运行不稳定和控制失效。为此，应及时调整和管控各种风险。③以供应链文化强化赋能各风险防控。国际国内环境变化、国家政策调整和各种不可抗力造成的意外情况会给供应链带来各种不确定性。由于这种不确定性防不胜防，故应从供应链文化建设上进行协同防范。

4. 实行从文化引领到文化协同的跨越

供应链核心企业与上下游成员企业的合作，是通过承诺和契约实现的。达成契约的过程，就是相互了解和理解的过程。这种互惠互利和彼此承担责任的契约关系，是缔造供应链的法律基础和情感基础。

随着沟通与合作的深入，双方对彼此越来越理解，也越来越能够包容和管控彼此不一致的文化和行为。与此同时，核心企业的优势文化必然会对成员企业产生文化引领效应，而成员企业也必然会对具有优势文化的核心企业做出文化协同。也就是说，核心企业要想创建一个强大的供应链文化工程，就应该先建立起自己的文化优势，然后才可能通过文化协同完成供应链文化工程的建设。

10.3　供应链人才工程

供应链人才工程是企业、政府与社会对培养和使用供应链人才，加大供应链人才支撑力度的实践体系。如今全球供应链安全受到了前所未有的逆全球化挑战，实行供应链人才工程战略制胜势在必行，任重道远。

10.3.1　供应链人才及其作用

供应链人才是指在供应链领域具备专业知识、技能与素养，能够胜任相关职位，并为企业和供应链创造价值的领军型、复合型与技能型专业人才。以工业和信息化部教育与考试中心推出的供应链工程师为例：供应链高级工程师作为领军型技术人才，不仅拥有丰富的供应链管理知识，具备供应链规划、架构、站位与战略管控能力，能够开展介入式供应链工程场景分析与评价，还能熟练运用信息化、数字化技术，提供从顶层设计到具体实施的供应链工程系统解决方案，尤其擅长实现供应链业务与硬件装备、软件技术、平台生态支撑的"四位一体"协同运作；供应链中级工程师属于复合型技术人才，他们熟练掌握供应链管理知识，可依据供应链系统工程体系要求，协调管理复杂供应链，在需求评价、改造、优化、整合等环节中灵活串联知识，承担多个供应链环节的整合运营管理工作；供应链助理（初级）工程师则是技能型专业人才，他们掌握供应链管理基础知识，能够在供应链工程整体运作中，协调管理相关环节，运用理论与案例知识对特定环节、工序等进行专业分析，并负责具体操作运营。

供应链人才在企业内外部供应链中发挥着关键作用，尤其是作为领军型技术人才的高级工程师，他们身兼供应链战略的制定者、执行者与监督反馈者多重角色。这类人才不仅要负责供应链战略规划制定和流程优化，还需要综合运用软硬件知识及多学科知识构建供应链工程架构；作为协调者，他们要保障技术与管理各环节间的衔接配合顺畅，确保信息准确传递和资源高效利用；同时，他们还是供应链风险管理者，能够识别潜在风险并及时做出应对，保障供应链体系的可持续发展。

10.3.2 供应链数智化需要更高素质的劳动者

综合而言，数字化、数据化和智能化不仅提升了供应链的效率和适应性，也为企业在激烈的市场竞争中脱颖而出提供了有力的支持。在供应链的数字化、数据化和智能化进程中，人工智能扮演着关键角色，但人的干预仍然是不可或缺的。大数据分析工具提供了海量数据的处理和挖掘能力，通过对数据的深度分析，为企业提供预测和决策的基础。然而，这仅仅是智能化过程的一部分，人类的直观洞察、专业知识和决策力仍然是不可替代的。

在供应链中，人的干预至关重要。尽管人工智能系统能够通过机器学习算法和模型进行预测和决策，但人类的经验和判断力是必不可少的，特别是在面对复杂和不确定的情况时。人工智能增加了供应链的智能性，但仍需要人类的战略眼光来调整和优化供应链策略。

为了提高供应链的抵御力，人工智能系统可以引入一些工具来判断和应对潜在的风险。例如，基于机器学习的风险评估模型可以分析供应链中的各种因素，预测可能的风险并提供相应的解决方案。智能化的监控系统可以实时监测供应链活动，发现异常情况并及时报警，使人类决策者能够迅速做出反应。

在供应链管理中，人工智能和人的协同作用是取得最佳结果的关键。人类的判断和直觉能够提供独特的洞察力，同时人工智能系统通过处理庞大的数据和执行重复性任务，提高供应链运作效率和准确性。因此，在数字化和智能化的过程中，应充分发挥人工智能和人的优势，形成一体化的攻防策略，以增强供应链的稳健性和灵活性。

供应链工程要求供应链工程师具备扎实的专业知识、丰富的实践经验以及灵活应对复杂局面的能力，即要求具备一定的知识、能力与素质。"知识"指供应链工程师在供应链领域和职业中所掌握的基本理论、方法、技能和信息。这些知识是工作的基础，能帮助理解问题、分析情况，并做出正确的决策。"能力"则是对知识的运用和转化，是供应链工程师在实际工作中展现出来的解决问题的技能，包括分析问题的能力、解决问题的能力、沟通协调能力、团队合作能力、创新能力等。能力是个体或团队在工作中实现目标的关键，是知识转化为实际成果的桥梁。"素质"是供应链工程师在职业发展中所展现出的内在特质和品质，包括职业道德、责任心、敬业精神、学习态度、自我管理能力等。素质是供应链工程师在职业发展中持续成长和进步的基础，是决定其职业高度和厂度的重要因素。

其中，知识是基础，能力是前提，素质是保障，三者共同构成了一个完整的体系，为供应链工程师的职业发展提供了全面的指导和支持。其核心能力包括跨学科的知识储备、行业经验和操作技能以及一系列关键能力。

10.3.3 供应链工程师培养中存在的问题与因应之道

目前，全社会（企业和学校）的供应链工程人才培养，存在着三个"失衡"、三个"脱节"和三个"挑战"。三个"失衡"分别是人才供应与需求失衡、人才能力与履职要求失衡、社会期待与实际贡献失衡；三个"脱节"分别是专业设置与产业发展脱节、知识体系与实际应用脱节、培养机制与岗位需求脱节；三个"挑战"分别是教学调整的挑战、学历贬值的挑战与就业困难的挑战。供应链工程人才的整体水平只有向高效运作、协同合作、技术应用和可持续发展等方向升级，才能适应供应链日新月异的变化和发展趋势。

1. 知识更新与拓展性培训

随着供应链管理与工程领域的快速发展，新的理论、技术和方法不断涌现。供应链工程师需要定期参加相关的培训课程、研讨会或在线学习，以了解最新的行业动态和前沿技术。同时，他们还可以通过阅读专业书籍、期刊和报告等文献，拓宽自己的知识面，掌握最新的供应链工程理论和实践知识。

2. 定制化提升培训

针对不同行业和企业需求，参与各类提供定制化的培训课程。这些课程应关注特定行业的供应链特点、挑战、技术应用和最佳实践，帮助供应链工程师更好地适应行业变革。

3. 领导与决策能力提升培训

随着职业生涯的发展，供应链工程师可能会逐渐承担起更多的领导职责。因此，他们需要不断提升自己的领导能力和决策能力。这包括学会如何制订战略计划、管理团队、解决复杂问题等。通过参加领导力培训、案例分析、行业交流等活动，供应链工程师可以不断提升自己的领导力和决策水平。

4. 跨文化交流培训

在全球化的背景下，供应链工程师需要具备跨文化交流的能力和全球视野。他们需要了解不同国家和地区的文化、法律、市场等差异，以便更好地与国际合作伙伴进行沟通和协作。通过参加培训、以行业为主导的国际合作、国际交流项目等活动，供应链工程师可以提升自己的跨文化交流能力。

5. 实战性培训

实践经验在提升供应链工程师能力中起着至关重要的作用。通过投身产业实践，供应链工程师能够更深入地了解供应链行业特征、企业特质等各个方面，积累宝贵的经验。实践机会可以通过多种方式获得。对于实习生，可以通过实习实训的方式进入企业，参与企业供应链的实际工作，了解企业的运作流程，并与供应链领域的专业人士进行交流和学习；对于在岗职工，可以通过参与企业部门实践、供应链项目或进行案例研究的方式，将理论知识应用于实际情境中，从而提升自己的实践能力；对于领导岗位，可以通过结合新技术的高位规划、大胆创新、实景实践等，应对和解决企业面临的各种挑战和问题。

6. 供应链工程师的优选、引进培训

供应链工程师的优选与引进是一个至关重要的环节，它涉及人才的发现、培养和引进等多个方面。在发现供应链工程师人才方面，企业可以通过多种途径来寻找具备潜力和专业技能的候选人。在企业内部与供应链相关的组织和岗位中，可以选拔部分行业熟手进行定向培养；同时，可以关注行业内的专业论坛、社交媒体和招聘网站，这些平台通常汇聚了大量的行业人才。此外，企业可以与高校、研究机构等建立合作关系，通过校园招聘等方式吸引优秀的毕业生加入人才团队。此外，内部推荐也是一个有效的途径。

培养人才是供应链工程师优选与引进过程中的重要一环。企业可以通过请进来、走出去、自我提升等方式培养现有的供应链工程师人才。企业可以制订详细的培训计划，包括定期的培训课程、实践项目和在线学习等，以提升供应链工程师的专业知识和技能。同时，应鼓励供应链工程师参与行业交流、研讨会等活动，拓宽他们的视野和思路。企业还可以为供应链工程师提供职业发展规划和晋升机会，激励他们不断学习和进步。

在培养供应链工程师时，企业需要注重他们综合素质的提升。除专业技能外，供应链工程师还需要具备良好的沟通、协作和创新能力。因此，企业可以通过团队建设、领导力培训等方式来提升供应链工程师的综合素质，使他们能更好地适应不断变化的市场环境。

引进外部优秀人才是供应链工程师人才团队培养的关键环节。在特定时期为了解决特定问题，企业可以通过多种方式吸引外部人才加入。可以通过制定具有竞争力的薪酬和福利政策，提高企业在人才市场上的吸引力，通过招聘、猎头公司等渠道广泛寻找合适的人选。在招聘过程中，企业需要注重对应聘者的专业技能、工作经验和综合素质的评估，确保引进的人才能够为企业带来实际的价值。企业在引进人才时还需要考虑文化融合和团队配合的问题。新引进的人才需要能够快速融入企业的文化和氛围中，与现有团队成员形成良好的合作关系。因此，在人才引进过程中，企业需要注重对应聘者的性格、价值观等方面的考察，确保他们能够融入企业文化和团队氛围。

10.3.4 供应链工程师团队的打造与管理

优秀的供应链工程师团队组织应该根据业务关系和项目需求来划分，而非仅仅按照既定组织架构来管理。这样的划分能确保团队成员之间的紧密合作和高效沟通。例如，生产型企业的供应链工程师团队成员平时可分散在采购、生产、物流、计划、质量控制和项目管理的各个组织单元，负责相关领域的具体工作，一旦企业内部有供应链工程项目时，可以抽调并形成项目组，以推动工程项目的进展。供应链咨询服务类企业的供应链工程师团队可以"阿米巴组织"的形式组织，以充分发挥各层次供应链人才的作用和能力。这样的团队结构使每个人都能充分发挥自己的作用，同时也有助于跨部门的协同运作。

工作模式的选择对团队效率同样具有重要作用。团队工作法是一种有效的工作模式，这种方法强调每个团队成员的积极参与和决策作用。在这种模式下，团队成员不仅执行上级的命令，还可以主动提出意见和建议，参与到决策过程中。精益管理和并行工程理念可以应用到供应链工程师组织协作中，它强调质量问题的及时发现和解决，以保证产品和服务的质量，强调在产品设计开发期间就将概念设计、结构设计、工艺设计、最终需求等结合起来，以最快的速度按要求的质量完成任务。这种工作模式可以大大提高工作效率和产品质量。

供应链工程师团队需要有合理的团队结构和工作模式，以确保在应对各种挑战时都能保持高效和灵活。

高效的供应链工程师团队往往具有清晰的结构和高效的协作机制。团队成员需要具备跨部门、跨行业、跨内外部的沟通与协调能力，需要与供应商、客户、物流服务商等外部合作伙伴保持紧密的合作关系，共同解决问题，确保供应链顺畅运作。

（1）明确供应链上下游企业的共同目标与愿景

供应链协作、链与链协作需要明确参与者共同的目标和愿景，以确保价值观与努力方向的一致。这包括明确供应链管理的整体目标，如降低成本、提高效率、增强供应链的韧性和可靠性等。供应链工程团队成员应深入理解这些目标，并将其转化为适用于上下游企业、供应链全链的具体工作计划和行动方案。

（2）明确角色分工与职责

在供应链工程师团队、供应链环节、供应链网状结构中，每个参与者都应明确自己的角色和职责，这有助于避免分工的重叠和遗漏，确保每个环节的韧性、安全与可追溯。同时，成员之间应建立清晰的沟通渠道，以便及时交流和协作。

（3）沟通、共享与协同运作

有效的沟通是协作的基础，链上成员还应积极利用信息技术手段实现共享和协同运作。在供应链运作过程中，难免会遇到各种问题和挑战，应对供应链问题进行协同判断、协同研究、协同解决，鼓励各团队成员共同参与问题的解决过程，共同分析原因、制定方案并实施改进措施，以增强整个链条的稳定性和连续性。

第 11 章

供应链工程组织

Chapter 11: Supply Chain Engineering Organization

11.1　供应链工程组织概述

11.1.1　供应链工程组织的定义

供应链工程组织是一种综合性的活动，它是指运用系统工程的理念、方法以及先进的技术工具，对供应链各环节进行规划、协调和优化，以确保整个供应链系统的高效运作。供应链工程组织可以帮助企业实现整体协同、资源优化和快速响应，将分散的供应链功能进行系统化管理。在规划阶段，供应链工程组织要从宏观角度审视整个供应链的战略目标，同时考虑市场需求的长期趋势、行业竞争态势以及企业自身的战略定位。在协调阶段，它涉及对供应链物理结构和信息系统的详细设计，并将供应链中的各个子系统，如采购系统、生产系统、物流系统和销售系统等有机地整合在一起。在优化阶段，供应链工程组织利用模拟技术、优化算法等手段，不断地对供应链系统进行性能评估和改进。

供应链工程组织与传统的供应链管理有显著的区别，具体来说表现在以下 3 个方面。

（1）战略层次与运营层次的区别

供应链工程组织主要侧重于供应链的战略规划和架构设计，是一种长期的、前瞻性的活动。它决定了供应链的整体形态和发展方向，如确定是采用集中式还是分布式的供应链网络，是建立自有物流体系还是外包物流业务等战略决策。这些决策一旦确定，会对企业的供应链产生深远的影响。而传统的供应链管理更多地关注供应链的日常运营和维护，属于运营层次的活动，主要职责是确保供应链各环节按照既定的计划和标准顺利运行。

（2）创新与优化的区别

供应链工程组织强调创新性，它常常需要突破传统的供应链模式，引入新的理念、技术和方法。例如，设计一种全新的供应链协同模式，利用区块链技术实现供应链金融的创新应用等。它致力于构建具有竞争力的供应链体系，从根本上改变供应链的运作方式。传统的供应链管理的重点是在现有供应链框架内进行优化。供应链工程组织通过采用一些成熟的管理工具和方法来提高供应链的效率和降低成本，是对现有供应链的局部优化。

（3）系统性与环节性的区别

供应链工程组织具有很强的系统性，它将供应链视为一个完整的有机整体，从整体到局部、从硬件到软件进行全面的设计和优化。它考虑的是供应链各个环节之间的相互关系和相互影响，确保整个供应链系统能够协调一致地运行。传统的供应链管理虽然也关注供应链的整体性，但在实际工作中更多的是针对供应链各个环节分别进行管理。各个环节的管理相对独立，但也会相互协调以实现供应链的整体目标。

11.1.2 供应链工程组织的类型

根据供应链工程组织工作的重点，可以分为以下 4 种类型。

（1）基于功能的供应链工程组织

基于功能的供应链工程组织是将供应链按主要功能环节进行划分，每个功能模块（如采购、生产、物流、分销等）独立管理并负责自身的目标和效率。其特点是各功能环节具有较高的专业化水平，能够深度聚焦于自身的任务和效率目标，如采购团队专注于供应商管理和成本控制，生产部门则负责制造效率和质量控制等。基于功能的供应链工程组织确保了各功能模块的专业性，能够在具体环节实现效率最优化，适合具有稳定业务模式、各功能模块之间高度协作且独立性较高的企业。然而，由于各功能模块独立管理，基于功能的供应链工程组织往往在跨部门协调上面临挑战，信息沟通和资源协调成本较高，可能导致整体供应链效率不高。

（2）基于流程的供应链工程组织

基于流程的供应链工程组织强调供应链的整体流程，将各个环节按照产品从供应端到需求端的流动顺序进行组织管理，形成端到端的流程管理模式。其特点是供应链的各个环节根据产品流动顺序组织在一起，强调各环节的无缝衔接和信息共享，避免流程断点，便于实现供应链的高效、快速响应。基于流程的供应链工程组织能够有效提升供应链整体的协同效率和反应速度，适合快速消费品行业和追求快速交付、缩短交货周期的业务。然而，基于流程的供应链工程组织需要建立统一的信息平台和强大的跨部门协同机制，确保流程各环节信息实时共享，这意味着管理起来较为复杂。

（3）基于产品的供应链工程组织

基于产品的供应链工程组织是指根据不同的产品线建立独立的供应链，实现从原材料采购到成品交付的全流程独立管理，适合多元化产品企业。其特点是每条产品线进行独立的供应链组织，负责满足特定产品的供应需求，确保产品在研发、生产、供应、分销等各个环节的快速响应。基于产品的供应链工程组织适合产品种类繁多、市场需求多样的企业，有助于提升各产品线的市场响应速度和满足差异化的客户需求，但供应链资源投入较大、管理成本较高、管理复杂度较高，且需有效协调各产品线供应链的资源使用。

（4）基于客户需求的供应链工程组织

基于客户需求的供应链工程组织是以客户需求为核心组织供应链各环节，使供应链能够根据客户订单和需求信息进行动态调整，通常适用于定制化程度较高的产品供应链。其特点是以客户需求为驱动，供应链流程设计注重灵活性，确保从客户需求获取、生产到交付全流程的快速响应。基于客户需求的供应链工程组织适合提供个性化服务和高度定制的产品，能够快速响应客户需求变化，提升客户满意度，特别适用于小批量、多样化产品的行业。然而，基于客户需求的供应链工程组织需要高度灵活的生产和物流流程，且订单波动性较大，可能导致供应链管理难度加大、成本控制复杂。

值得注意的是，无论采用哪种分类方式，供应链工程组织的核心目标都是为供应链提供高效的协作机制，满足市场的需求和客户的期望。

11.1.3 供应链工程组织的特征

供应链工程组织专注于管理和优化产品或服务的供应链流程。相较于销售或生产等具体环节的工作，供应链工程组织的焦点在于整个供应链的流程和环节，以确保产品或服务的高效交付，如注重协调供应商、制定采购策略、优化库存管理以及设计物流网络等活动。具体来说，供应链工程组织的特征可以概括为以下 7 个方面。

（1）跨职能性

供应链工程组织涉及供应链上的各个环节，需要跨越不同的职能部门和业务领域，如采购、生产、物流、销售等，因此具有跨职能性的特征，需要协调和整合不同职能部门之间的工作。

（2）系统性

供应链工程组织需要从全局出发，负责整个供应链的规划、设计和管理，需要全面考虑供应链上的各个环节和相互关系，具有系统性的特征。供应链工程组织采用系统化的管理方法，通过整合和优化供应链上的各个环节，实现整体性能的提升和成本的降低。

（3）战略性

供应链工程组织的首要任务是制定供应链发展战略和规划，与供应链中节点企业的整体战略密切相关，具有战略性的特征。

（4）协同性

供应链工程组织需要与供应链上的各参与方，包括供应商、物流服务商、销售渠道等进行紧密合作，具有协同性的特征。因此，供应链工程组织需要推动供应链成员之间建立良好的合作关系，通过合作共赢的方式实现资源共享、风险共担，提高供应链的整体竞争力。

（5）信息化

供应链工程组织借助信息技术来支持供应链管理和决策的各个方面，包括物流跟踪、库存管理、需求预测、订单管理等，需要建立完善的信息系统并提高数据分析能力，以提高管理效率和决策准确性，因而具有信息化的特征。

（6）灵活应变

市场需求的变化极易导致牛鞭效应的产生，为供应链带来各种风险，因此供应链工程组织需要能够灵活应变，以尽早识别、评估和管理供应链上的各种风险，包括供应商风险、市场风险、物流风险等，以便能够及时应对市场变化、客户需求变化以及供应链上的各种风险,保证供应链的稳定性和可靠性。

（7）持续改进

供应链工程组织注重持续改进和优化,通过不断分析评估供应链的绩效和运作情况,找出问题和改进空间,不断提升供应链的效率和竞争力,实现供应链的可持续发展。

综上所述,供应链工程组织具有跨职能性、系统性、战略性、协同性、信息化、灵活应变和持续改进的特征,这些特征共同提供了有效管理供应链整体的基础。

11.1.4 供应链工程组织模式

供应链工程组织模式可供选择的主要包括以下5种。

1. 集中式

集中式供应链工程组织是指在供应链管理中由核心企业主导,统一管理和协调整个供应链的资源、信息流和物流活动,以确保供应链的统一性、整体性和一致性。核心企业通常会制定全局性战略,主导供应链的运营方针和流程标准,如生产、物流、库存等关键节点的管理与控制,确保供应链各环节的资源有效利用和成本控制。由于权力和决策集中在核心企业,该模式能够快速响应决策、调整需求,减少协调过程中的信息失真或延误。集中式供应链工程组织通常适用于业务流程较为稳定、需求波动较小的供应链,如大型制造业企业、快速消费品行业等,能够通过集中的管理模式实现规模经济,降低运营成本。然而,这种模式的集中控制可能导致较慢的反应速度,当市场发生重大变化时,供应链调整的灵活性受到一定限制。

2. 分散式

分散式供应链工程组织是一种去中心化的管理模式,各供应链环节独立运作,通过合同、协议和合作伙伴关系维持整体供应链的协同。各环节的公司或单位在一定程度上自治,拥有自己的管理权限和资源控制权,能够根据自身的市场需求和业务情况作出独立决策。该组织模式强调灵活性,适合结构复杂、市场环境多变且多元化的供应链体系,特别适用于供应商和合作伙伴多元化的行业,如跨国公司或业务领域广泛的企业。由于分散管理,各环节可以迅速响应市场和客户需求的变化,使供应链在不确定性较高的市场中具备更强的适应性。然而,分散管理对供应链整体控制提出了较高要求,管理难度较大,容易因各环节自主性过强而导致信息不对称,可能会增加沟通和协调成本,尤其在需要一致性决策时会面临一定挑战。

3. 混合式

混合式供应链工程组织结合了集中式和分散式供应链工程组织模式的优势,对供应链中的关键环节实行集中控制,而对次要或辅助环节进行分散管理,以便在效率和灵活性之间找到平衡。关键的供应链节点(如核心供应商、关键原材料采购和战略库存控制)由核心企业集中管理,以确保资源的最优配置和供应链的整体稳定性;而对于分销、地区性物流和某些非关键环节,则可以根据当地的市场情况和需求变化进行分散管理。这种模式适合复杂多变市场环境中具有多种产品线的企业，能够在实现资源集约化配置的同时，兼顾市场的动态变化和本地化需求。混合式供应链工程组织能够在保证供应链整体性和一致性的前提下，灵活调整非核心环节，提升市场响应速度并降低管理成本。但其实施复杂，要求企业具有高效的信息系统支持，以保障集中式和分散式管理之间顺畅的信息沟通，避免管理模式差异而导致的信息延迟或协调问题。

4. 虚拟式

虚拟式供应链工程组织是指在供应链工程中由多个独立企业或个体通过信息技术进行紧密协作，各参与方保留自己的独立性，通过建立合作关系和共享资源，形成一个以项目或需求为导向的临时性工作小组，来对供应链工程进行组织。这种模式下，各成员根据自己的核心能力和专长参与特定的供应链环节，如生产、物流或分销，而不涉及其他非核心的活动。虚拟式供应链工程组织的特点在于高度灵活和迅速响应市场需求的变化，能够快速集结所需资源和能力完成某个具体项目或订单，然后根据项目进展调整合作结构或解散组织。虚拟式供应链工程组织特别适合市场需求快速变化或定制化要求较高的行业，如电子产品、时尚快销品等。这种结构对信息技术和协作系统的要求较高，需确保各环节实时沟通和信息同步，以避免各方独立而造成协调问题。

5. 专业化

专业化供应链工程组织在供应链工程中则强调供应链各环节的高度专业化与精细分工，每个供应链成员基于自己的专长负责供应链中的特定功能或环节，如原材料采购、生产加工、物流运输或分销渠道管理等。这种模式通过不同企业或部门的专业化分工，提高各环节的效率和质量。例如，供应商专注于采购和原料加工，生产商专注于制造和产品质检，而物流商则专注于运输和仓储，以提升供应链整体的运作效率。专业化组织工作通常包含清晰的职责分工和资源配置，有利于实现各环节的深度开发和创新，提高核心能力和竞争优势。这种模式适合那些供应链环节较长且对成本控制和效率要求较高的行业，如制造业和零售业。专业化组织的挑战在于供应链各部分需要高效协同和信息共享，确保各环节的工作衔接顺畅，避免出现由专业分工带来的沟通不畅或管理碎片化问题。

11.1.5 供应链工程组织的功能

供应链工程组织是现代企业不可或缺的一部分，主要涵盖了管理和优化产品或服务的全球供应链。在现代企业运营体系中，精心开展供应链工程组织工作已然成为企业制胜的关键之举，供应链工程组织的功能可以从宏观和微观两个角度来进行阐述。

1. 从宏观的角度来看

供应链工程组织的重要性愈发凸显。随着全球化进程的加速和信息技术的不断发展，供应链面临的挑战也日益复杂。供应链工程组织通过整合专业知识和综合能力，成为应对这些挑战的关键环节。其一，在消费环境方面，如今消费者对产品的追求不仅仅停留在价格和品质上，更加注重企业的社会责任和可持续性。供应链工程组织通过优化供应链流程，实现资源的有效利用，减少浪费，满足社会对可持续发展的需求。其二，在经济环境方面，全球竞争日益激烈，企业需要更高效的供应链来降低成本、提高效率，以保持竞争优势。供应链工程组织工作中的优化生产计划、库存管理和物流运输等环节，能够帮助企业实现成本的控制和效益的提升。其三，在自然环境方面，资源稀缺和环境污染已成为全球性问题，企业必须采取可持续的供应链管理方式，降低对环境的影响。供应链工程组织可以通过选择绿色供应商、优化运输路线，以及减少包装和废物产生等方式，助力企业实现环境可持续性。其四，在全球社会环境方面，跨国企业面临不同国家和地区的法规、文化和语言差异，需要一个高效的供应链来管理复杂的全球网络。供应链工程组织通过协调内外部合作伙伴，实现信息的共享和协同，帮助企业在全球范围内实现供应链的高效运作。综上所述，供应链工程组织在当前复杂多变的环境中起着至关重要的作用，对企业的竞争力、可持续性和全球影响力都具有深远的意义。

下面以高仪供应链的全球整合为例。

高仪（GROHE）是全球领先的卫生设备配件制造商和供应商，约占全球市场份额的10%，拥有5200余名员工、6家生产工厂、20家销售分公司，业务范围遍及全球130个国家和地区。显然，高仪是一家全球化公司。2005年，高仪因全球竞争加剧而遭遇发展瓶颈。要解决这个问题非常困难，因为公司供应链未得到很好的整合，高额的固定成本使公司举步维艰。为摆脱这一困境，高仪在整个公司范围内发起了一项名为"创建世界级的高仪"的改革计划。此项计划包括将供应链策略与业务策略结合、供应链整合及协调、物流网络优化、制造基地全球化以及扩大全球采购。

高仪的改革为其创造了巨大的价值，包括改善现金状况，提高效率和速度，实现过程优化及品质提升。通过这项全面的计划，公司有望实现其战略目标，进而成为业内为数不多的、受需求驱动的企业之一。

2. 从微观的角度来看

供应链工程组织功能具体体现在以下9个方面。

①战略规划与设计。供应链工程组织先需要制定供应链的长期发展战略和规划，并设计符合战略目标的供应链网络结构，制定物流渠道规划、生产布局规划、供应商选择策略与库存策略等。

②采购与供应管理。负责与供应商进行沟通和协商，建立和维护与供应商的合作关系，包括供应商选择、采购谈判、合同签订、绩效评估和关系管理等工作，确保原材料和产品的供应能够满足生产需求，以确保供应链的稳定性和可靠性。

③生产计划与控制。负责制订生产计划、生产调度和生产控制，确保生产进度和生产效率，以及协调各生产环节之间的关系，保证生产计划的顺利执行。

④物流与运输管理。负责管理物流运输、仓储和配送，包括货物装载、运输路线规划、运输方式选择等，确保产品能够准时、安全地送达客户。

⑤库存管理。负责库存的管理和控制，包括需求预测、库存监控、库存优化、库存调度等，以确保库存水平在合理范围内，同时减少库存积压风险。

⑥质量管理。负责监督和管理供应链上的质量控制，包括产品质量检测、供应商质量评估、质量改进等，确保产品或服务符合质量标准和客户需求。

⑦信息协同。负责供应链信息系统的建设和维护，利用大数据分析等信息技术实现供应链各环节的信息共享、协同和监控，以支持决策制定和运营管理。

⑧风险管理与应对。识别、评估和管理供应链上的各种风险，包括供应商风险、市场风险、物流风险等，并采取措施减少风险影响，提高供应链的抗风险能力。

⑨绩效评估与持续改进。负责建立和维护供应链绩效评估体系，监控、分析、评估供应链的所有环节和流程的各项指标，及时发现问题并采取措施进行改进，以实现持续提升供应链的运作效果和绩效水平。

下面以奈安思（Nuance）不断优化库存以更好服务客户为例。

Nuance 是全球顶级的机场零售商之一，其业务范围遍及全球。在 Nuance 的商业航线中，可能只有一次进行销售的机会，保持适当的库存至关重要。然而不幸的是，公司位于澳大利亚的免税商店常常出现某些商品储备不够，而其他商品的库存却很多的现象。为了更好地为客户提供服务，并实现更大的业务增长，Nuance 决定将其手工库存跟踪和定购系统更换为更加智能的预测和库存优化系统。该解决方案可以分析实际销售数据以及销售趋势、客户购买偏好、促销计划和预计的航线客运量，从而计算并提交补货订单。该系统从根本上缩减了补充库存所需的时间，还支持更准确的需求预测，使库存降低 10%～15%，同时增加了销售量。

11.2 供应链工程组织实施

11.2.1 供应链工程组织机构

供应链工程组织机构通常包含多个层级和部门，以确保从战略到执行的顺畅运作。供应链工程组织机构通常会因企业的规模、行业特点以及供应链的复杂程度而有所不同，但一般会包括供应链规划部门、采购与供应管理部门、生产计划与控制部门、物流与运输部门、库存管理部门、信息技术支持部门、质量管理部门等主要职能部门。这些部门之间通过密切的协作和沟通，共同实现供应链的高效运作和优化。

①供应链规划部门。负责制定供应链发展战略和规划，包括供应链网络设计、供应商选择、物流渠道规划等。

②采购与供应管理部门。负责与供应商进行沟通和协商，包括采购谈判、合同签订、供应商评估和管理等工作。

③生产计划与控制部门。负责制订生产计划、生产调度和生产控制，确保生产进度和生产效率。

④物流与运输部门。负责管理物流运输、仓储和配送，包括货物装载、运输路线规划、运输方式选择等。

⑤库存管理部门。负责库存的管理和控制，包括库存监控、库存优化、库存周转率分析等。

⑥信息技术支持部门。负责供应链信息系统的建设和维护，包括供应链管理软件、数据分析工具等的应用。

⑦质量管理部门。负责监督和管理供应链上的质量控制，确保产品或服务符合质量标准和客户需求。

⑧供应链绩效评估部门。负责建立和维护供应链绩效评估体系，监控和评估供应链的运行情况，并提出改进建议。

以上部门在供应链工程组织中相互协作、紧密配合，共同实现供应链的高效运作和优化。同时，随着供应链的发展和变化，供应链工程组织机构也可能会进行调整和优化，以应对新的挑战。

和传统的供应链机构相比，供应链工程组织机构主要在战略定位、管理方式、结构复杂度和创新驱动方面存在差异。

1. 战略定位

传统的供应链机构通常以保障日常运营为核心，关注订单满足率、库存周转率等指标，目标多为满足基本的客户需求和控制成本；战略定位较为简单，以执行和操作为主，对长期系统性优化关注较少。供应链工程组织机构定位于以工程和系统视角管理供应链，重点在于优化整个供应链的结构、流程和资源分配，以实现更高的系统效率和协调性。它不仅关注日常运营，还涉及供应链的长期规划、创新和可持续性管理，以提升供应链整体竞争力。

2. 管理方式

传统的供应链机构主要以分散管理方式运作，各个职能部门独立运作，如采购、生产、物流等环节各自负责；决策多基于经验和历史数据，侧重执行层面的管理，对整体协调性和系统性考量较少。供应链工程组织机构更加强调系统性和整体性，采用集成管理方法，以端到端的视角管理从供应商到客户的所有环节。该机构通常会利用先进的供应链工程技术和优化模型进行决策，如仿真技术、供应链优化算法等，支持更科学、更精确的供应链管理。

3. 结构复杂度

传统的供应链机构通常由基本职能部门组成，如采购、仓储、物流等，组织结构相对简单，层级较少，主要服务于日常运营需求，灵活性和复杂度较低。供应链工程组织机构的组织架构通常较为复杂，由多个专门部门或职能小组组成，如供应链战略规划部、质量与风险管理部、信息技术部等，以增强供应链的高效性和灵活性。其结构设计不仅为满足日常需求，还为创新和优化提供支持。

4. 创新驱动

传统的供应链机构的创新驱动较弱，技术应用主要集中在执行层面，通常使用传统的管理工具和流程，如简单的库存管理系统和订单处理系统；其创新多局限于改善现有流程，对前沿技术的应用较少。供应链工程组织机构高度重视创新，注重采用新技术和新方法进行持续改进，如信息系统集成、数据分析、自动化技术等。它会推动供应链智能化和数字化，使用先进的管理工具和系统（如 ERP、SCM、WMS 等）来提高效率和可视性。

11.2.2　供应链工程组织协调内容

供应链工程组织协调是确保供应链高效、稳定、可靠和持续运作的关键过程。作为一个综合性、多维度的过程，其重要性不言而喻。在如今日益复杂的商业环境中，高效的组织协调对于确保供应链的顺畅运作至关重要。供应链工程组织协调内容主要包括以下 5 点。

1. 精心策划的项目计划

项目计划是整个供应链工程组织协调的基石。它需要具备明确性、可行性和灵活性。明确性意味着计划中的每个任务都要有清晰的定义和目标；可行性则要求计划中的任务和资源都要根据实际情况合理分配；而灵活性则是指计划要能够适应变化，随时应对不可预见的情况。在制订项目计划时，还要充分考虑供应链中的各个环节和参与者，确保各个部门之间的协调与配合。

2. 高效畅通的沟通机制

沟通是供应链工程组织协调的灵魂。一个高效的沟通机制能够促进信息的及时传递和共享，从而提高决策的质量和效率。为了实现高效沟通，可以采用多种方式，如定期的项目会议、电子邮件、即时通信工具等。同时，还要注重沟通的艺术和技巧，如倾听、反馈、清晰表达等，以确保信息的准确传递和理解。

3. 明确界定的责任和权限

明确的责任和权限是供应链工程组织协调的保障。每个团队成员都需要清楚地知道自己的职责范围和工作目标，以便更好地履行自己的职责。同时，明确的责任和权限也能避免任务冲突和不必要的工作重复，从而提高工作效率。实践中可以通过制定详细的职责说明书和责任矩阵表等方式来明确界定责任和权限。

4. 预见性的风险管理能力

供应链工程组织协调中不可避免地会面临各种风险和挑战。为了应对这些风险和挑战，需要具备预见性的风险管理能力。在项目计划阶段，要全面评估可能面临的风险，如供应延迟、质量问题、价格波动等，并制订相应的应对计划。这些应对计划可以包括备选供应商的选择、质量控制措施的制定、价格波动应对策略等。通过预见性的风险管理，可以有效地降低供应链工程组织协调中的风险。

5. 紧密的合作伙伴关系

供应链工程组织协调涉及多个供应商和承包商的合作。为了确保供应链的稳定和高效运作，需要与这些合作伙伴建立紧密的合作关系，包括建立互信、共同制定目标、分享信息等。与合作伙伴的紧密合作，可以实现资源共享、风险共担和优势互补，从而提高整个供应链的竞争力。

综上所述，供应链工程组织协调是一个综合性、多维度的过程，需要多方面的支持和保障。只有这样，才能确保供应链的顺畅和高效运作。

11.2.3 供应链工程组织协调机制

供应链工程组织协调机制是一个复杂而精细的系统，它涉及多个环节、多个参与者和多种资源的管理与协同。为了实现高效的供应链运作，必须建立起一套完善的协调机制，确保各个环节之间的顺畅沟通和协作。

1. 信息共享机制

信息共享机制是实现供应链协调的基石。在这个机制下，各个环节之间能够实时共享关键信息，如库存状态、订单信息、生产进度等。通过采用先进的信息技术和系统，如企业资源计划系统、供应链管理系统等，实现信息的透明化和实时化。同时，建立信任关系也至关重要，只有各环节之间相互信任，才能愿意分享关键信息，从而避免信息孤岛和重复工作。

2. 协同规划机制

协同规划机制是实现供应链整体优化的重要手段。通过共同进行需求预测、制订生产计划和进行库存管理，各个环节可以协同调整生产节奏、优化库存结构，从而满足市场需求，降低库存成本。此外，协同规划还有助于提高供应链的灵活性和响应速度，使其能够快速应对市场变化和突发事件。

3. 供应商管理机制

建立供应商管理机制对于供应链的稳定性和绩效至关重要，它是维护供应链稳定的关键因素。通过与供应商建立紧密的合作关系，企业可以获得更可靠的质量保证、更低的采购成本以及更快速的响应服务。

下面以宜家推出员工的管理与关怀计划为例。

宜家与多家供应商合作推出 I-Home 计划，为外出务工的员工家庭创造更好的生活条件，建造家庭宿舍和儿童看护中心，让员工的孩子能在父母工作时得到照顾等。此外，还推出一项员工计划以努力提高员工的归属感，将工厂的平均员工流失率从20%降低至5%，仅从账目上看也能节省大量员工的招聘和培训成本。可见，宜家推出的各种深入供应商侧的员工项目，无疑强化了双方的合作纽带，为形成更加稳定可持续的合作关系打下基础。

4. 数字物流协同机制

数字物流协同机制是实现供应链高效运作的重要保障。通过整合数字物流资源、优化运输路线、提高装载率等措施，可以显著降低物流成本、提高物流效率。此外，物流协同还有助于减少运输过程中的损耗和延误，提高客户满意度。

5. 风险共担机制

风险共担机制是确保供应链稳定运行的重要保障。通过建立风险共担机制，各个环节可以共同承担市场风险、供应链风险以及运营风险等。这不仅可以降低单一环节的风险和压力，还可以提高整个供应链的韧性和稳定性。例如，通过签订长期合同、建立风险预警系统以及制定应急预案等措施，企业可以在风险发生时迅速应对，减少损失并保持供应链的正常运作。

综上所述，供应链组织协调机制是一个涉及多个环节、多个参与者和多种资源的复杂系统。通过建立信息共享机制、协同规划机制、供应商管理机制、数字物流协同机制和风险共担机制等，可以实现供应链的高效运作，进而降低成本、提高客户满意度以及提升企业整体竞争力。这些机制共同构成了供应链管理的核心框架，为企业的可持续发展提供了坚实的支撑。

11.3 报童模型及其在供应链工程组织中的运用

11.3.1 供应链工程组织协调的必要性

由于供应链在不同环节上存在多个所有者企业，它们的企业目标之间很可能发生冲突，如每个环节上的企业都希望让自身的利润最大化，这有可能产生损害供应链整体利润的行为。例如，奇瑞汽车有成千上万的供应商，而每个供应商又有自己的供应商，奇瑞汽车很难协调这么多供应商和经销商。因此，如果供应链工程中每个环节上的多个企业都只考虑自身而不从整体供应链考虑，那么这条供应链就会失调。为此，如何经由供应链工程组织协调以防止失调情况的出现，就成了供应链工程组织中重要的内容。

在供应链中成员企业之间发生利益冲突，即供应链工程失调的情况下，需要采取一些方式对供应链工程进行协调，确保上下游企业能够按照既定的规则运营，该既定规则有利于供应链整体绩效的提升，当然对供应链成员本身也是有利的。然而，让企业遵照这样的规则往往是缺乏动机的，因为它们常常仅从自身的利益出发，此时签订相关规则的契约（合同）就显得十分重要。报童模型是进行供应链契约（合同）设计与协调的有效方式，可以在其基础上制定许多不同类型的合同。

11.3.2 报童模型及其在供应链工程中的协调作用

报童模型是一种经典的库存管理模型，通常用于在面对随机需求时决定最佳的库存水平。报童模型最初用于解决这样一个问题：一个报童每天早上购买一定数量的报纸，并希望在不浪费太多报纸的同时，尽可能满足读者的需求。然而，由于报纸的销售量是不确定的，报童必须在每天早上决定购买的数量。报童模型的目标是通过平衡库存成本和缺货成本来最大化利润或最小化总成本。这个问题反映了许多实际库存管理情境中的核心挑战，即如何在面对随机需求时做出最佳的库存决策。因此，研究人员将这个问题进行了数学建模，形成了现代库存管理中的经典模型，即报童模型。

报童模型的应用不仅局限于报纸销售，还可以扩展到其他领域，如零售、供应链管理等行业。我们再举个例子来说明报童模型：假设有一家杂货店每天早上都要订购牛奶，供应商提供牛奶的价格是每升 1 美元。杂货店的售价为每升 2 美元。每天的牛奶需求量是不确定的，可能是 20 升，也可能是 30 升，甚至更多或更少。未售出的牛奶在当天结束后没有价值。在这种情况下，杂货店经营者需要决定每天订购多少升的牛奶，以在不浪费牛奶的情况下实现利润最大化。

这里涉及的问题是，在每天开始时，杂货店经营者需要做出一个订购数量的决策，以确保在一天结束时有足够的牛奶来满足顾客的需求，但又不会因库存造成浪费。如果订购的牛奶量超过了实际需求，那么多余的牛奶会造成利润损失；相反，如果订购的牛奶量不足以满足顾客需求，将会失去销售的机会，导致利润损失。因此，通过报童模型，杂货店经营者可以计算出每天最优的订购数量，以最大限度地平衡库存成本和缺货成本，从而实现利润最大化的目标。

在解释报童模型如何解决订货问题前，先要说明报童模型的基本假设。

①供应链是由单一供应商和单一零售商组成的二级供应链，供应商和零售商单独决策，即该供应链为分散式决策供应链。

②销售商面临一个随机的市场需求，当市场需求大于订货量时，零售商存在缺货成本；当市场需求小于订购量时，零售商存在过量的持有成本。

③根据主从博弈理论（Leader-Follower Game），假设供应商是领导者，零售商是追随者，供应商给出一套契约参数，零售商根据这些参数确定最优订货量。

④供应商和零售商是风险中性和完全理性的，即两者均从自身利润最大化角度进行决策。

⑤产品市场是开放的，有关销售价格、需求分布和库存成本参数等信息是对称的。

为了方便计算，我们还要设置一些参数，具体如下。

X —— 市场需求；

$F(x)$ —— 需求 X 的分布函数；

$f(x)$ —— 需求 X 的概率密度函数；

μ —— 市场需求 X 的期望值；

c —— 单位产品的生产成本；

c_r —— 单位产品的销售成本；

w —— 供应商给零售商的单位产品批发价；

p —— 产品的单位零售价格；

Q —— 销售季节前，零售商向供应商订购的产品数量；

c_e —— 单位库存成本；

c_u —— 单位产品缺货造成的损失；

v —— 销售季节过后，零售商将库存产品进行处理销售的单位价格，且 $v < c$ 。

了解基本假设和参数设置后，我们现在可以得到零售商的期望销售量为：

$$S(Q) = E\min(Q, X) = \int_0^\infty (Q \wedge x)f(x)\,\mathrm{d}x$$

$$= \int_0^\infty \int_0^{Q \wedge x} \mathrm{d}y f(x)\,\mathrm{d}x = \int_0^Q 1 - F(y)\,\mathrm{d}y = \int_0^Q \bar{F}(x)\,\mathrm{d}x$$

零售商的期望库存量为：

$$I(Q) = E(Q - X)^+ = E\max(Q - X, 0)$$

$$= E(Q - \min(Q, X)) = Q - S(Q)$$

零售商的期望缺货量为：

$$L(Q) = E(X - Q)^+ = E\max(X - Q, 0)$$

$$= E(X - \min(Q, X)) = \mu - S(Q)$$

由前面的假设及符号说明，可求得零售商的期望利润：

$$\prod_R = pS(Q) + vI(Q) - c_e I(Q) - c_u L(Q) - wQ$$

同时很容易得出批发商的期望利润：

$$\prod_S = (w - c)Q$$

故供应链的期望整体利润为：

$$\prod_T = \prod_R + \prod_S = pS(Q) + vI(Q) - c_e I(Q) - c_u L(Q) - cQ$$

$$= (p + c_e + c_u - v)S(Q) - (c + c_e - v)Q - c_u\mu$$

将 $\prod_T$ 对 Q 求偏导，并令 $\dfrac{\partial \prod_T}{\partial Q} = 0$，可得到供应链均衡生产量的函数：

$$F(Q^*) = \frac{p + c_u - c}{p + c_e + c_u - v}$$

供应链的均衡产量，同时是零售商的最优订购量，经计算为：

$$Q^* = Q_R^* = F^{-1}\left(\frac{p + c_u - c}{p + c_e + c_u - v}\right)$$

11.3.3 基于报童模型的契约设计

供应链契约是指通过提供合适的信息和激励措施，保证买卖双方协调、优化销售渠道绩效的有关条款。有效的供应链契约可以协调和控制供应链成员间的生产、运作、资金和库存管理，实现收益共享和风险共担（共同分担不确定性，如市场需求、销售价格、生产产量、产品质量、运输时间等），降低供应链总成本，以建立长期的供应链合作伙伴关系，改善供应链绩效。

基于报童模型的契约设计旨在最大限度地优化库存管理和提高供应链效率。供应商和零售商可以协商确定订货量等参数，以确保库存水平在适当范围内，并且能够满足需求，同时尽量避免过量库存或缺货的情况发生。这种契约设计可以使报童模型中的订货决策更加精准和有效，从而降低库存成本和缺货成本，提高供应链的整体效率。

供应链契约本质上是一种激励机制，通过改变供应链的激励结构，使供应链达到协调运作状态。学术界对供应链契约协调机制进行了深入研究，试图通过设置合理的契约条款来建立激励机制，诱使成员按照系统最优的策略行事，从而使整个供应链绩效达到最优，同时单个成员企业的业绩也都能达到最优或至少得到改善。

根据供应链契约的现状，可以将供应链契约分为批发价格契约、回购契约、收益共享契约和数量弹性契约 4 种主要类型。其中批发价格契约与回购契约是最早被研究，也是最为常见的契约类型，而收益共享契约与数量弹性契约则分别是供应链中的核心内容——成员收益和产品数量。下面我们分别对这 4 种契约进行介绍。

1. 批发价格契约

批发价格契约也称价格契约，是指供应商和零售商之间签订的批发价格契约，零售商根据市场需求和批发价格决定订购量，供应商根据零售商的订购量组织生产，零售商承担产品未卖出去的一切损失。因此，批发价格契约中供应商的利润是确定的，零售商完全承担市场风险。

此时，零售商的利润为：

$$\prod_R = pS(Q) + vI(Q) - c_eI(Q) - c_uL(Q) - wQ$$
$$= (p + c_e + c_u - v)S(Q) - (w + c_e - v)Q - c_u\mu$$

将 $\prod_R$ 对 Q 求偏导，并令 $\dfrac{\partial \prod_R}{\partial Q}$ 为 0，可得到零售商的最优订购量为：

$$Q_R^* = F^{-1}\left(\frac{p + c_u - w}{p + c_e + c_u - v}\right)$$

为了实现协调，必须满足 $Q_R^* = Q^*$，则 $w = c$，即供应商将不获得利润，显然有悖于常理，因此简单的批发价格契约无法实现供应链协调。

2. 回购契约

回购契约也称为退货策略，是供应商用一个合理的价格 $r(r > v)$，从零售商那里买回产品销售结束时没有卖出的产品，从而刺激零售商增加订购量，扩大产品的销售量。回购契约被大量地用于对时间要求较高的时尚产品，如报纸、服装等。

此时，零售商的利润为：

$$\prod_R = pS(Q) + rI(Q) - c_e I(Q) - c_u L(Q) - wQ$$
$$= (p + c_e + c_u - r)S(Q) - (w + c_e - r)Q - c_u \mu$$

将 $\prod_R$ 对 Q 求偏导，可得到零售商的最优订购量为：

$$Q_R^* = F^{-1}\left(\frac{p + c_u - w}{p + c_e + c_u - r}\right)$$

令 $Q_R^* = Q^*$，得最优批发价格为：

$$w = c + \frac{(r - v)(p + c_u - c)}{p + c_e + c_u - v}$$

代入得到零售商的利润为：

$$\prod_R = \frac{p + c_e + c_u - r}{p + c_e + c_u - v}\prod_T - \frac{r - v}{p + c_e + c_u - v}c_u \mu$$

则供应商的利润为：

$$\prod_S = \prod_T - \prod_R$$
$$= \frac{\phi(p - v)}{p + c_e + c_u - v}\prod_T + \frac{\phi(p - v)}{p + c_e + c_u - v}c_u \mu = \lambda_1\left(\prod_T + c_u \mu\right)$$

$\lambda_2 = \dfrac{r - v}{p + c_e + c_u - v}$，显然 $0 < \lambda_2 < 1$，所以回购契约可以实现供应链的协调。

由上式可知，供应商通过选择回购价格 r 来确定自己占有整个供应链利润的份额，并确定其最优批发价格 w，参数 $\{r, w\}$ 即为最优决策参数。

比较 λ_1 和 λ_2 可知，当 $\lambda_1 = \lambda_2$，即 $\phi(p - v) = r - v$ 时，收益共享契约与回购契约具有相同的协调效果，因此，其协调实质是一致的。

3. 收益共享契约

收益共享契约也就是供应商给零售商一个较低的批发价格，并且从零售商那里获得一部分收入的协议。利益共享契约在录像带出租行业得到了成功的运用。目前，国内常用的特许经营模式就是收益共享契约的典型案例。

假设供应商占有销售收入的份额为 ϕ，零售商的份额为 $(1 - \phi)$，则零售商的利润为：

$$\prod_R = (1 - \phi)[pS(Q) + vI(Q)] - c_e I(Q) - c_u L(Q) - wQ$$
$$= [(1 - \phi)(p - v) + c_e + c_u]S(Q) - [w + c_e - (1 - \phi)v]Q - c_u \mu$$

进一步可得零售商的最优订购量为：

$$Q_R^* = F^{-1}\left(\frac{(1 - \phi)p + c_u - w}{(1 - \phi)(p - v) + c_e + c_u}\right)$$

令 $Q_R^* = Q^*$，可得最优批发价格为：

$$w = (1 - \phi)c + \phi c_u - \frac{\phi(c_e + c_u)(p + c_u - c)}{p + c_e + c_u - v}$$

所以，零售商的利润为：

$$\prod_R = \frac{(1 - \phi)(p - v) + c_e + c_u}{p + c_e + c_u - v}\prod_T - \frac{\phi(p - v)}{p + c_e + c_u - v}c_u\mu$$

供应商的利润为：

$$\prod_S = \prod_T - \prod_R$$

$$= \frac{\phi(p - v)}{p + c_e + c_u - v}\prod_T + \frac{\phi(p - v)}{p + c_e + c_u - v}c_u\mu = \lambda_1\left(\prod_T + c_u\mu\right)$$

其中 $\lambda_1 = \dfrac{\phi(p - v)}{p + c_e + c_u - v}$，显然 $0 < \lambda_1 < 1$，所以收益共享契约可以实现供应链的协调。

4. 数量弹性契约

数量弹性契约是指供应商给予零售商调节订货数量的权利。通常零售商在销售季节前先给供应商一个产品订购量，供应商根据这个订购量组织生产。当知道了市场的实际需求量之后，零售商可以根据实际的市场需求重新调整订购量。相对于回购契约对集中回购价格的调整，数量弹性契约则关注产品订购数量的调整。数量弹性契约在很多大公司的电子和计算机产业中得到广泛运用，如 IBM 和惠普等公司。

假设该情况下零售商预测市场需求为 Q，其最低承诺购买量为 $(1 - \beta)Q$，供应商的生产量为 $Q_s = (1 + \alpha)Q$，其中 $0 \leq \beta \leq 1$，$\alpha \geq 0$，则零售商的期望购买量为：

$$N(Q, \alpha, \beta) = \int_0^{Q(1-\beta)} Q(1 - \beta)f(x)\,\mathrm{d}x + \int_{Q(1-\beta)}^{Q(1+\alpha)} xf(x)\,\mathrm{d}x + \int_{Q(1+\alpha)}^{\infty} Q(1 + \alpha)f(x)\,\mathrm{d}x$$

零售商的期望销售量为：

$$S((1 + \alpha)Q) = \int_0^{Q(1+\alpha)} \overline{F}(x)\,\mathrm{d}x, \quad S((1 - \beta)Q) = \int_0^{Q(1-\beta)} \overline{F}(x)\,\mathrm{d}x$$

零售商的期望利润为：

$$\prod_R = pS(Q(1 + \alpha)) + vI(Q(1 - \beta)) - c_eI(Q(1 - \beta)) -$$
$$c_uL(Q(1 + \alpha)) - wN(Q, \alpha, \beta)$$

令 $\dfrac{\partial \prod_R}{\partial Q} = 0$，得到 Q^* 满足下式：

$$(1 + \alpha)(p - w + c_u)\overline{F}(Q^*(1 + \alpha)) - (1 - \beta)(w - v + c_e)F(Q^*(1 - \beta)) = 0$$

令 $\eta = (1 + \alpha)/(1 - \beta)$，且 $Q_s = (1 + \alpha)Q$，可得：

$$F(Q_S^*/\eta) = \eta[(p - w + c_u)/(w - v + c_e)][1 - F(Q_S^*)]$$

令 $Q_R^* = Q^*$，可得最优批发价格为：

$$w = v - c_e + \frac{c - v + c_e}{\dfrac{1}{\eta}F\left[\dfrac{1}{\eta}F^{-1}\left(\dfrac{p + c_u - c}{p + c_e + c_u - v}\right)\right]} + \frac{c - v + c_e}{p + c_e + c_u - v}$$

其中，$\eta = (1 + \alpha)/(1 - \beta)$ 可以被看作数量弹性契约的弹性度。

根据最优批发价格公式，考虑两种极端的情况：

①如果弹性度无限大（$\eta = \infty$，$\alpha = \infty$，$\beta = 1$），则零售商的缺货损失为零（即 $c_u = 0$），批发价格 $w = p$，零售商将因此而获利为零。

②若弹性度最小（$\eta = 1$，$\alpha = 0$，$\beta = 0$），则零售商为风险偏好，数量弹性契约也相应地转变为批发价格契约，其最优批发价格为 $w = c$，零售商因此将承担全部市场风险并获得全部收益，而供应商的利润为零。

上述两种情况都无法实现供应链协调，只有当 η 位于上述两种情况之间时，才能使 $w \in (c, p)$，通过契约参数 $\{\alpha, \beta, w\}$ 实现供应链的协调。

供应链工程控制

Chapter 12: Supply Chain Engineering Control

12.1 供应链工程控制概述

12.1.1 供应链工程控制概念

供应链工程控制是指通过各种手段和方法来确保供应链工程整体及其部分项目预期实施与动态调整、完善的过程，它包括借助各种工具和技术对前期、中期和后期供应链工程进行有关绩效评价、激励与风险防范管理等活动。这个过程涉及对供应链上的资源、信息、流程和各方参与者进行有效的管理和协调，以实现供应链的高效运作，满足客户需求，并达到企业的战略目标。供应链工程控制涵盖了规划、执行、监控和改进等多个环节，通过对供应链的持续优化和调整，实现供应链的持续改进和竞争力的提高。

首先，供应链是一个复杂的系统，涉及多个环节和参与方，如供应商、制造商、分销商和客户等。一旦实施了供应链工程，就需要不断地监控各个环节的运作，以确保各方的协调和配合。供应链中的任何一个环节出现问题，都可能影响整个供应链的运作，因此需要进行持续的控制以应对潜在的风险。

其次，市场环境和客户需求经常发生变化，供应链需要具有较高的灵活性和适应性，以便及时调整以满足新的需求和市场趋势。通过持续控制，可以及时发现并应对这些变化，调整供应链策略和流程，以确保供应链能够与时俱进，并满足客户的需求。

再次，供应链的优化和改进是一个持续的过程。即使供应链工程已经得到有效实施，也需要不断地寻求改进的机会，以提高效率、降低成本和增加价值。通过持续控制，企业可以发现供应链中的潜在问题和改进机会，并采取相应的措施进行改进和优化。

最后，持续控制还可以帮助企业识别和利用供应链中的机会，以增加竞争优势。通过分析供应链数据和绩效指标，可以发现新的市场机会和优化空间，从而制定更有效的供应链策略和战略，为企业创造更大的价值。

综上所述，供应链工程需要进行持续控制，以确保供应链稳定运作、适应市场变化、持续优化和获得竞争优势。控制是一个关键的管理活动，通过监控、评估和调整，确保供应链达到预期的目标并实现持续的改进和增值。

12.1.2 供应链工程控制程序

对供应链工程进行控制是确保供应链持续运作和优化的重要步骤，以下是供应链工程控制的程序。

①设定目标和指标。确定供应链的整体目标和关键绩效指标（KPIs），这些指标应该能够反映供应链的效率、质量、成本和客户满意度等。

②建立监控系统。设计和建立供应链的监控系统，包括数据收集、处理和报告机制，

可以使用信息技术来实现，如 ERP 系统、SCM 系统等，以实时监测供应链的运作情况。

③收集数据和信息。定期收集和分析与供应链运作相关的数据和信息，包括库存水平、交货准时率、生产效率、采购成本等。这些数据可以从内部系统、供应商和合作伙伴那里收集。

④分析绩效和趋势。对收集的数据进行分析，评估供应链的绩效和趋势。包括比较实际绩效与设定的目标和指标，识别潜在的问题和机会。

⑤制定控制策略。根据分析结果，制定相应的控制策略和计划。这可能涉及调整生产计划、优化库存管理、改进物流路线等方面。

⑥实施控制措施。将控制策略转化为具体的行动计划，并将其实施到供应链中。这可能需要与供应商、合作伙伴和客户进行协调和沟通。

⑦监控执行情况。监控控制措施的执行情况和效果，确保按计划进行并达到预期的目标。如果有必要，及时调整控制策略和行动计划。

⑧定期评估和审查。定期对供应链的控制效果进行评估和审查，包括检查绩效指标的改善情况和控制策略的有效性。根据评估结果，调整和改进控制过程。

⑨持续改进和优化。培养持续改进的企业文化，鼓励员工提出改进建议并积极参与改进活动。持续寻求提高供应链效率、降低成本和增加价值的机会。

⑩反馈和学习。将控制过程中获得的经验和教训反馈到供应链管理中，以提高对类似问题的应对能力，并在未来的控制过程中做出更好的决策。

通过以上步骤和程序，可以建立一个有效的供应链控制体系，确保供应链的持续运作和优化，以应对市场变化和实现竞争优势。

12.1.3 供应链工程控制的关键要素

在对供应链工程进行控制时，有以下 6 个关键要素需要特别关注。

（1）绩效指标

设定和监控关键绩效指标是供应链工程控制的基础。这些指标应该能够全面反映供应链的绩效，包括交货准时率、库存周转率、生产效率、供应商绩效等。通过监控这些指标，可以及时发现问题并采取相应的措施进行调整和改进。

（2）客户需求和市场变化

不断关注客户需求和市场变化是确保供应链工程持续控制的关键。供应链需要及时调整以满足客户的需求，并根据市场变化作出相应的调整和决策，以保持竞争优势。

（3）信息系统和技术创新

一方面，使用信息技术系统（如 ERP 系统、SCM 系统等）来支持供应链工程的控制和管理，实现数据的实时收集、处理和分析，帮助管理者及时了解供应链的运作情况，并作出相应的决策和调整。另一方面，持续关注并投资于技术创新，可以帮助企业提高供应链的智能化水平，从而实现更高效、更灵活和更可持续的供应链运作。这可能涉及物联网技术、人工智能、大数据分析等技术的应用。

（4）供应链透明度和可追溯性

提高供应链的透明度和可追溯性是至关重要的。通过建立供应链数据的集中管理和分析系统，可以清晰地跟踪和了解供应链中的产品流动和信息流动状况，实现对整个供应链工程的实时监控和分析，从而及时发现问题并采取措施加以解决。

（5）员工培训

员工具备一定的技能和知识是供应链工程控制的关键。通过对员工进行培训，提高其供应链管理的专业水平和综合素质，能够更好地应对供应链中的挑战。

（6）供应链协作与合作伙伴管理

加强与供应商、合作伙伴和客户之间的协作和沟通，建立稳固的合作关系，对供应链工程控制至关重要。通过建立有效的合作关系，可以增强供应链的灵活性和响应能力，以共同应对市场变化和挑战。

综上所述，绩效指标、客户需求和市场变化、信息系统和技术创新、供应链透明度和可追溯性、员工培训、供应链协作与合作伙伴管理，是对供应链工程进行控制的关键要素。关注这些要素，可以确保供应链的稳定运作和持续优化。

12.1.4　常见的供应链工程控制技术与方法

对供应链工程实施持续控制是确保供应链顺畅运作和持续优化的关键。在对供应链工程进行控制时，可以利用各种技术和方法来实现有效的管理和优化，以下是一些常用的技术和方法。

（1）信息技术系统

使用信息技术系统如 ERP、SCM、WMS、TMS 等，可以实现对供应链的实时监控，并进行数据分析，提供决策支持。

（2）预警系统

开发预警系统，能够及时发现供应链中可能出现的问题或风险。这些预警系统可以基于实时数据监控，如库存水平、交付延迟等，以便在问题出现之前进行干预。

（3）供应链故障模式与影响分析（FMEA）

使用 FMEA 识别并评估供应链中可能出现的故障及其影响，制定相应的应对措施，降低风险并提高供应链的可靠性和稳定性。

（4）价值链分析

价值链分析可以对供应链各个环节进行深入评估，帮助识别每个环节的价值创造点和潜在的改进机会，包括从原材料采购到最终产品交付的全流程，全面提高供应链效率和质量。

（5）灾备和业务连续性计划。

灾备和业务连续性计划是一套应急方案和程序，旨在应对供应链中可能发生的各种灾难和突发事件，包括自然灾害（如地震、飓风、洪水）、人为灾害（如恐怖袭击、劳工纠纷）以及技术故障等。它的目标是最大限度地减少灾害对供应链造成的影响，保障供应链的稳定运作和业务连续性。

（6）敏捷和精益方法

敏捷方法强调团队协作和迭代开发，使供应链能够快速适应市场需求变化，提高交付速度和客户满意度。精益方法则通过识别和消除供应链中的浪费现象，优化流程和资源利用，降低成本、提高效率和质量。总之，综合运用敏捷和精益方法，可以实现对供应链工程的持续控制和改进。

（7）仿真和优化工具

仿真工具可以模拟供应链的各种情况，帮助识别潜在问题和瓶颈，并评估改进方案的效果。优化工具则利用数学建模和算法，对供应链进行优化，从而提高效率、降低成本，并优化资源分配。总之，综合运用仿真和优化工具，可以指导决策者做出更明智的决策，优化供应链工程控制过程，确保其持续运作并达到最佳性能。

（8）供应链金融技术

利用金融技术（FinTech）来支持供应链的融资、支付和结算，提高供应链的资金流动性和效率，并降低资金成本。

（9）物联网（IoT）

物联网技术可以实现对物理设备和设施的远程监控和管理，提高生产和物流过程的可见性和效率。

（10）大数据分析

利用大数据分析技术对供应链中产生的大量数据进行挖掘和分析，可以发现潜在的模式、趋势和异常，帮助决策者做出更准确的决策和预测。

（11）人工智能和机器学习

人工智能和机器学习可以应用于供应链中的预测、优化和自动化任务，如需求预测、库存优化、路线规划等。

（12）区块链技术

区块链技术可以确保供应链中的数据和交易的安全、透明和可追溯，提高供应链的可信度和安全性。

（13）云计算

通过云计算技术，可以实现对供应链数据和应用的灵活和可扩展的访问和管理，同时降低信息技术成本和复杂度。

12.2 供应链工程绩效及其衡量

12.2.1 供应链工程绩效驱动因素

供应链工程绩效驱动因素，主要包括物流驱动因素和跨职能驱动因素，即设施、库存、运输、信息、采购和定价。这些因素互相作用，决定供应链的响应性和效率。

（1）设施

设施是供应链工程的实际地理位置，即产品储存、组装或加工的场所。生产场地和仓储设施是两大主要设施。关于设施的作用、选址、产能和柔性的决策对供应链工程绩效有重大影响。

（2）库存

包括供应链工程上所有的原材料、在制品和成品。改变库存政策能大大改变供应链的效率和响应性。企业可以存储大量原料以满足顾客的需求，实现快速响应。然而，大量库存会增加企业的成本，从而降低效率。减少存货会使销售更有效率，但又会对响应速度产生不良影响。

（3）运输

库存在供应链工程上实现了点到点的移动。运输可以采取节点和路线的多种组合方式，每一种方式的绩效特点都不同。运输的选择对供应链的响应性和效率有较大影响。

（4）信息

包括整个供应链工程上设备、库存、运输、成本、价格、客户的数据和分析资料。信息可能是影响供应链工程绩效的最重要的因素，因为它直接影响了其他的各个因素。信息为管理层提供了使供应链工程更灵活、更有效率的机会。信息也可以为管理者提供可选择的运送办法，使供应链更加有效。

（5）采购

采购是指组织或个人基于生产、销售、消费等目的，购买商品或服务的交易行为和交易过程。采购的基本作用就是将资源从市场的供应者手中转移到用户手中，采购过程实际上是商流过程与物流过程的统一。从战略层次上讲，采购是决策哪些职能由企业自己承担，哪些职能由外包完成。

（6）定价

定价决定着在供应链工程上企业如何为商品和服务收费。定价影响买方的行为，从而影响供应链绩效。运输公司可依据顾客的提前期改变价格，注重效率的客户会提早下订单，注重响应性的客户会等待，直到它们需要运输产品时才下订单。

供应链工程的绩效驱动因素并非独立的，而是通过相互作用来决定供应链工程的整体绩效。要想实现良好的供应链的设计和运作，就要认识这种相互作用，并进行适当取舍以获取预期的响应性。

12.2.2　基于驱动因素的供应链工程绩效衡量指标

1. 设施的衡量指标

设施是影响供应链工程绩效的关键因素。例如，对于生产设施，厂商必须决定是柔性的还是专用的，或者是两者相结合的。柔性产能可用于多品种生产，但往往低效。

而专用产能只可以用于少数产品，却更高效。厂商还必须决定设施布局以产品为中心，还是以功能为中心。以产品为中心的设施，为了生产某一类产品而具备不同的功能；以功能为中心的设施，为了生产不同类型的产品而具备极少功能。因此，其主要衡量指标如下。

①产能是指设施最大的生产数量。

②利用率是指设施正在使用的产能的比例。利用率影响着生产的单位成本和各种延迟。利用率提高时，单位成本降低，延迟增多。

③理论生产流程时间/周期，是指在生产的任何阶段完全不存在延迟时，生产一单位产品所需的时间。

④实际生产平均流程时间/周期，是指在特定时期如一个星期或一个月中，生产所有产品的实际平均时间。实际生产平均流程时间/周期包括理论实践和所有延迟。

⑤流程时间效率是指理论生产流程时间与实际生产平均流程时间的比率。

⑥产品品种是指每一生产设施生产的产品/产品系列的数量。产品品种越多，生产成本和流程时间就越有可能增加。

⑦前20%的最小销售单位（SKU）和顾客的产量共享，是指一个设施处理来自前20%的SKU或顾客的产量占总量的比例。80/20结果表明，效益可能来自使用专门的流程分别加工前20%和其余80%的货品。

⑧加工/调整/停工/空闲时间，是指设施生产加工的时间、设施调整准备的时间、设施因损坏而无法运作的时间，以及设施无产品生产而闲置的时间。

⑨平均生产批量，是指每批产品的平均产量。批量越大，生产成本越低，而供应链的库存越高。

⑩生产服务水平是指准时足额完成生产订单的比例。

2. 库存的衡量指标

供应链工程中存在库存是因为供应和需求之间不匹配。例如：对于生产企业来说，存在库存是有意为之的，大量生产可降低单位成本，并为今后的销售做储备。而对于商品零售商来说，这种不匹配也是有意图的，通过预计未来需求持有库存。库存在供应链工程中的重要作用是通过备好货物，在顾客需要时随时满足顾客，从而增加销量。此外，还能在生产和配送过程中利用规模经济降低成本。库存的主要衡量指标如下。

①平均库存是指持有库存的平均数量。平均库存应按单位、需求天数和货物价值来衡量。

②超过指定天数库存的产品是指公司库存量大的产品。这个指标可以用来识别供大于求的产品或查明库存多的原因，如价格折扣或运送速度慢。

③平均补货批量是指平均每次补充订货的数量。批量大小按SKU衡量，即货物单位和需求天数。可以按照一定时间内（即每次订货周期）所持有的最高和最低库存的平均值来估计。

④季节性库存是指仅为需求的季节性变化而采购的周转库存和安全库存数量。

⑤满足率是指运用库存使订单/需求得到准时满足的比例。满足率不应按时间来求平均值，而应按需求单位数量来求平均值。

⑥脱销时间比例是指某一特定单品是零库存的时间比例，这个比例可以用来估计缺货时期的需求。

3. 运输的衡量指标

运输使产品在供应链的不同环节之间移动。运输对供应链工程的绩效有很多影响。例如，快捷运输使得响应更迅速，但降低了效率。公司所使用的运输方式同样也影响供应链中库存和设施的位置。因此，运输的主要衡量指标如下。

①平均内向运输成本通常是指占产品销售额或产品销售成本的一定比例的产品投入生产设施的成本。内向运输成本也常被包括在产品销售成本中。

②平均入库装运规模是指生产设施每次入库装运的平均单位数量或价格。

③每次装运的平均内向运输成本是指每次进货的平均运输成本。该指标和入库装运确定了内向运输创造更大规模经济的机会。

④平均外向运输成本是指将货物从生产设施发送给顾客的成本。

⑤平均外向装运规模是指生产设施每次发货装运的平均单位数量或价格。

⑥每次装运的平均外向运输成本是指每次发货的平均运输成本。

⑦运输方式比例是指每种运输方式的运输比例。该指标可以用来估计某种方式使用过量或不足。

4. 信息的衡量指标

信息能在供应链中发挥协调作用并使供应链的总盈利最大化。信息主要衡量指标如下。

①预测时段是指预测所针对的未来的一段时间。预测时段必须等于预测引发的决策的提前期。

②更新频率是指每个预测更新的频率。

③预测误差是指预测需求与实际需求之间的差别。预测误差是对不确定性的测量，并对不确定性做出反应。

④季节性因素是指季度平均需求高于或低于年平均需求的程度。

⑤计划波动是指计划产品或库存与实际值的差额。这些波动可以用来识别短缺和盈余。

⑥需求变动与订单变动的比例是指即将到来的需求与发出供应订单的标准差。

5. 采购的衡量指标

①应付天数是指供应商完成供应链任务到获得支付之间的天数。

②平均采购价格是指每年购买的某种产品或服务的平均价格。在计算平均价格时，每一价格水平都应以购买数量加权。

③采购价格范围是指在一定时期内购买价格的波动幅度，其目标是确定购买数量是否与价格相关。

④平均采购数量是指每次订货平均购买的数量，其目标是确定订购时各地总数量是否充分。

⑤准时交货比例是指供应商按时交货的比例。

⑥供应质量是指供应产品的质量。

⑦供应提前期是指订货到产品送达之间的平均时间。

6. 定价的衡量指标

定价是公司决定为其产品或服务向顾客收取多少费用的过程。定价影响着选择购买此产品的顾客群和顾客期望。这直接影响到供应链的响应性及供应链努力满足的需求情况。

①利润率是指利润占收入的百分比。企业需要查看各种利润率指标以优化定价。

②销售未付天数是指销售到收取现金之间的平均时间。

③每次订货固定成本增量是指独立于订货规模的增加成本。

④单位可变成本增量是指随订货规模变化所增加的成本。

⑤平均销售价格是指在一定时期内供应链完成某项任务的平均价格。

⑥平均订货量是指每次订货的平均数量。

⑦销售价格区间是指某一特定时期内每单位产品的最高和最低销售价格的变化范围。

⑧单位时间销售额区间是指在某一特定时期，单位时间最高和最低销售量的变化范围。

下面以 ZARA（飒拉）杰出的供应链工程体系为例。

ZARA 物流仓库门口会有无数的货车每天两次将产品运输到欧洲其他地区或者机场。ZARA 在物流方面所有的远程运输都依靠飞机，而不用货船。它甘愿支付高额的运费而不愿意花费广告费和市场营销费。

ZARA 的配送系统也十分发达，大约 20 千米的地下传送带将 ZARA 的产品运送到西班牙拉科鲁尼亚的货物配送中心，该中心拥有非常成熟的自动化管理软件系统。为了确保每一笔订单准时送达，ZARA 借用光学读取工具进行产品分拣，该工具每小时能挑选并分拣超过 6 万件的服装。

ZARA 还有两个空运基地，通常欧洲的连锁店可以在 24 小时之内收到货物，美国的连锁店需要 48 小时，日本的连锁店在 48~72 小时。在信息化手段的干预下，ZARA 出货的正确率高达 98.9%，而出错率不足 0.5%。

12.2.3 供应链工程绩效评估方法

1. 标杆法

在评估实践中，一个有效的方式就是开发一个竞争性的标杆程序，以此作为供应链工程绩效的评估标准和企业的努力方向。在现代企业管理方法体系中，这种标准和制定方法就叫标杆法，在建立绩效标准、设计绩效过程、确定度量方法及管理目标上广泛应用。

（1）标杆法的内涵

标杆法是美国施乐公司于20世纪70年代首次确定的一种经营分析方法，以定量分析自己公司现状与其他公司现状并加以比较，后来美国生产力和质量中心对其进行了规范。标杆法的实施是一个持续的过程，一般来说，标杆法除要求制定相对于最好公司的企业绩效外，还要发现这些优秀公司是如何取得这些成就的，利用这些信息作为制定企业绩效的目标，甚至是战略的基准。

自从美国施乐公司首创标杆管理制度以来，标杆管理在供应链工程绩效中的作用也日趋明显，可以说供应链的标杆化是一种新型的标杆管理方法。它是将标杆管理的思想、工作方法贯穿于从供应商、制造商、分销商到物流公司及最终客户的整个供应链过程。

（2）标杆管理方式

实施标杆管理主要有四种方式，分别为内部标杆化、竞争性标杆化、功能性标杆化和流程标杆化。每一种标杆管理方式具有不同的优点，同时也会产生不同的效果。

①内部标杆化。内部标杆化是较简单且易操作的标杆管理方式之一。在供应链内部，辨识内部绩效标杆的标准，即确立内部标杆管理的主要目标，可以做到供应链内部信息共享。实施内部标杆化应当看作是标杆化的开端，它在实施标杆管理中起到了一个领航的作用。例如，美国施乐总公司的营销部门想通过设置客户服务小组来迅速有效地处理客户提出的问题和要求，发现加拿大分公司在这方面的实践成果是最优的。因此，营销部门通过实施标杆化设置了施乐加拿大信息中心。

②竞争性标杆化。竞争性标杆化是同较好的供应链竞争对手的工作进行比较。竞争性标杆管理的目标是与有相同市场的供应链在产品、服务和流程等方面的绩效与实践进行比较，直接面对竞争者。内部标杆化与竞争性标杆化能够很好地确认供应链的优势和劣势，但较难获得竞争者供应链的信息。

③功能性标杆化。功能性标杆化是以供应链在产业或行业领先者或有些企业的优秀功能运作为标准而进行的标杆管理。被标杆的供应链或企业不一定来自同行业，但通常它们在功能领域中的实践做法被认为是最好的。由于不存在直接的竞争关系，因此对方往往较愿意提供和分享技术方法和市场信息。

④流程标杆化。工作流程上的标杆化往往会产生很大的回报，特别是当供应链中的企业实施全面质量管理时。可以说，相似的工作流程存在于很多的供应链中，因此，这种类型的标杆化不受特定行业的限制。虽然这种标杆化方式被认为是最有效的，但也是最难进行的，要求对整个供应链工作流程和操作有详细的了解。

（3）标杆管理的实施步骤

实施标杆管理有以下5个关键步骤（见图12-1）。

①计划阶段。首先要对供应链的功能领域有充分的了解，然后要选出最需要改进的功能领域，并且指出该功能领域目前客户所关注的问题，包括产品成本与价格、物流服务、客户期望等。接下来就要确认能够提供具有借鉴的供应链或公司，其可能在本行业，也可能在其他行业。

②分析阶段。在对标杆管理进行了全面计划后，要将上一阶段的信息进行加工，以对自身和外部标杆对象进行各项参数的评估和比较。

③统一阶段。完成计划和分析后，总结规划出标杆化的一系列进程。将这一进程告知学习人员，使其在标杆调查的基础上，对标杆化的前景有所认识，最终共同改进实践目标，达成统一认识。

④实施阶段。标杆比较的目标是查询同标杆对象的差距，找寻这一差距的原因，并真正将标杆化落实到行动上。标杆化并不是一劳永逸的工作，它是一个持续不断学习与改进的过程，并需要定期对工作成果进行测评，以达到改进绩效的目的。

⑤完成阶段。当最优实践贯穿于公司的所有事务中时，可以说标杆化管理已被制度化了，公司的标杆工作暂且告一段落。

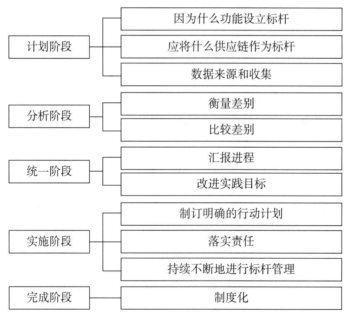

图 12-1 标杆管理的步骤

标杆管理的成功实施受到许多因素的影响，其中有些因素非常关键。首先，供应链中企业高层的支持是关键因素之一。绩效标杆应为全体成员所接受并落到实处，而不是搞形式主义。其次，详细而准确地收集数据的能力是标杆管理成功实施的关键要素之一。供应链中的企业必须注意收集有关数据，如第一流的供应链是哪个并分析其为什么一流，最后还要以定量分析的方法确定标杆管理实施效果。

2. 平衡供应链计分法

基于供应链绩效的驱动力，供应链运作需要有很强的彼此相互支持的评价体系，以满足综合评价的需要。在实践过程中，倾向于平衡各个方面的绩效指标，反映供应链整体的执行情况，以体现集成、跨流程指标和诊断性指标之间的相互作用。所以，结合卡普兰和诺顿在《哈佛商业评论》上发表的平衡计分法，将该方法转换为供应链工程的绩效评价系统工具，建立了合理的平衡供应链计分法。

（1）平衡供应链计分法概述

平衡供应链计分法反映了在一系列指标间形成平衡，即短期和长期目标、财务指标和非财务指标、滞后型指标和领先型指标、内部绩效和外部绩效之间的平衡。其具有以下几个主要特征。

①平衡供应链计分法以单一的形式将组织竞争力各个角度的指标表现出来，防止次优行为的出现，以对公司绩效有更全面的理解。

②平衡供应链计分法假定是和企业未来信息系统紧密联系的。

③平衡供应链计分法不是简单地将指标列出来，而是将其分为四个方面，每个方面都提供了绩效的特定角度。

④绩效指标的选择必须以公司战略的紧密联系为基础。

其中平衡供应链计分法的四个方面，代表了三个主要的利益相关群体：股东、客户、员工，以确保系统地反映供应链工程绩效（见图12-2）。

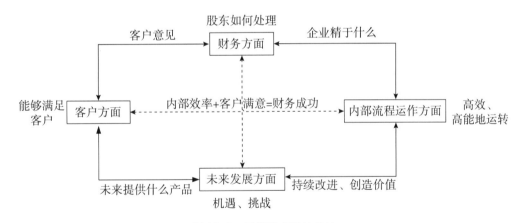

图12-2　平衡供应链计分法

（2）平衡供应链计分法的四个评价维度

融合平衡供应链计分法四个方面的特征以及供应链运作框架所涵盖的范围，分别从客户、财务、未来发展和供应链内部流程运作方面，提出供应链工程绩效的评价。

①客户方面。供应链的目标之一是为整个供应链中的客户提供持久、稳定的收益。因此，供应链管理的核心之一就是客户管理，了解客户的需求以及评价满足客户需求的程度，以调整供应链的经营方法和策略。终端客户主要关注的是生产周期、质量、

性能与服务、成本。生产周期可以衡量供应链满足客户需求所需的时间，供应链订单完成循环期给出了相关的测度；而质量已经不再是供应链必要的战略竞争优势，仅作为一项硬指标存在；性能和服务是维持老客户和开发新客户的重要因素。除此之外，客户对其所负担的产品成本也保持着很高的敏感性。除产品价格之外，还有订货、产品接收、产品检验，以及产品造成的返工和废品都是成本。

②供应链内部流程运作方面。客户绩效很重要，但是需要将其转化为供应链内部流程后才能有所体现。因为供应链内部流程决策和运营才能很好地满足客户需求，产生优秀的客户绩效。由此，应该将影响客户利益和财务价值的最大供应链业务流程测量出来，同时确定供应链的核心能力。第一，供应链绩效是将不同成员间的绩效紧密联系起来，构成整体供应链绩效，要理顺供应链流程中各个关系，明确供应链成员对各自运作的明确目标，以实现对整个供应链绩效的改进。第二，积极进行产品的创新改造，牢牢抓住客户；同时应该预测客户需求，实现供应链内部流程运作从短期到长期的转变。

③财务方面。虽然供应链绩效的评价侧重于流程和非财务指标，但财务目标是所有目标的中心。当整体供应链目标实现之后，财务上应该也有体现，如成本的降低提高了边际收益率，收益和资本回报率提高了，现金流得以优化。但是，财务方面基于现金流和财务会计，缺乏对未来盈利能力的参考价值，故应将财务评价基础建立在驱动现金流的运营行为和流程上。

④未来发展方面。供应链的未来发展直接关系到供应链的价值，激烈的全球竞争要求供应链必须不断改进和创新，发掘整体供应链的内外部资源，提升现有流程、产品服务和开发的能力。

平衡供应链计分法试图对整个供应链运作过程进行归类，并按财务、客户、供应链内部流程运作和未来发展四个方面进行分组归类，从整个流程和相应的支持系统中找到联系，按照供应链工程绩效驱动建立相关关系。从上述四个方面出发，系统、整体地审视供应链运行，当供应链中一方出现问题时，可以从因果链中发现问题（见图12-3）。

12.3 供应链工程风险控制

12.3.1 供应链工程风险控制及其关键步骤

供应链工程风险控制是一个系统性的过程，旨在识别、评估、控制和监控供应链中的潜在风险。以下是供应链工程风险控制的5个关键步骤。

①风险识别：首先需要对供应链中的潜在风险进行全面的识别。这可能包括供应商的不稳定、运输延误、质量问题、市场需求波动等，需要深入了解供应链的各个环节才能更有效地识别出潜在的风险点。

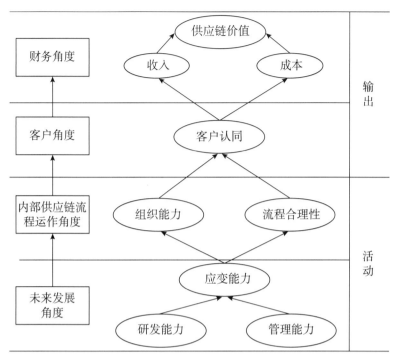

图12-3 平衡供应链计分法的评价因果关系示意

②风险评估：识别出风险后，需要对这些风险进行评估，以确定它们可能对供应链造成的影响。评估可能涉及对风险的可能性、影响程度和可能性的综合考虑，以确定风险的优先级。

③风险控制：根据风险评估的结果，制定相应的风险控制策略。这可能包括选择更可靠的供应商、优化运输路线、提高产品质量、调整生产计划等。同时，要建立应急预案，以应对可能出现的突发情况。

④风险监控：实施风险控制策略后，需要定期监控供应链中的风险状况，以确保风险控制的有效性。监控可能涉及对关键指标的追踪、定期审计和风险评估等。

⑤风险应对：当风险发生时，需要迅速应对，以最小化风险对供应链的影响。这可能包括启动应急预案、调整生产计划、与供应商或客户进行协商等。

总的来说，供应链工程风险控制需要一个系统性的方法，以确保供应链的稳定性和可持续性。通过有效的风险识别、评估、控制、监控和应对，大大降低供应链中的风险，提高运营效率和质量。

12.3.2 供应链工程风险控制策略

建立一套完善的风险预测和应对机制，对供应链工程中可能出现的风险进行及时识别、评估和应对。这包括建立风险预警系统、制定应急预案、进行定期的风险演练等，以确保在风险发生时能够快速、有效地应对。下面从常见的几个风险角度进行分述。

1. 供应链信息风险防控

（1）信息风险的主要来源

首先，"牛鞭效应"是信息风险的来源之一。"牛鞭效应"反映的就是由于不确定性，供应链上对信息的阶段性扭曲导致处于终端的供货商对供货信息模糊接受。造成批发、零售、生产远高于实际客户需求量，进而造成产品积压，进而导致供应链中产生大量库存风险。

其次，供应链合作企业间关系带来的信息风险。供应链中企业都会从各自利益出发，确立一定的合作关系，如委托、承包、外包等模式。但整个供应链是由拥有不同目标、相互独立的法人构成的一个虚拟组织，每个节点企业都具有主观能动性和个人理性，这表明信息共享可能给企业带来机密信息外泄的风险。作为理性的企业主体，无论建立怎样的供应链间合作模式，从自身角度出发都会隐藏部分信息，都有可能给整个供应链带来风险。

最后，信息不对称性和不确定性带来的信息风险。作为理性的企业主体，其生存和获利本身依赖于信息不对称，这是实践中普遍存在的一种现象。并且，信息流在供应链节点企业之间传递的过程中出现阻碍或失真，就会增加整条供应链的不确定性，导致供应链的信息风险。

（2）信息风险评估的主要方法

供应链信息风险评估不应只考虑单个企业的信息风险问题，还要考虑供应链中所有成员企业的信息风险。因此，供应链信息风险评估是在考虑每个供应链成员企业风险水平基础上进行的综合评估。在评估中，供应链中许多信息是不可能精确描述的。此外，对供应链信息风险的判断常常缺乏一定的数据，也无法给出客观的概率分布，只能依靠人的经验来主观判断，带有极大的模糊性。同时，影响供应链信息风险的因素有很多，有些信息可知，但也有些是未知的灰色信息。因此，除了供应链信息风险评估中一般采用的模糊综合评价法和灰色综合评价法，还可以利用供应链信息风险的客观数据，以支持向量机的机器学习方法为基础，辅以鲁棒优化，对供应链信息风险进行准确评估。

（3）信息风险的防控措施

首先，在最初设计和构建供应链时就应该充分认识到供应链存在信息风险，并根据供应链结构、所处的环境等特点分析信息风险来源、类别以及等级，有利于制定信息风险管理目标。然后，合理选择风险评估工具，并从供应链源头到终端尽可能地减少中间环节，以预防信息风险，最大限度地减少"牛鞭效应"的发生。同时，整个供应链上的企业在面对不确定环境时，一方面在合同订立中要相互提供柔性设计，另一方面要及时准确传递供给和需求的信息。

其次，利用信息技术改善信息的传递，以降低信息风险。借助互联网、区块链或物联网等信息技术整合企业自身信息，并建立供应链管理运行支持系统和平台，让供应链上的企业从原来的单一渠道访问所需的信息，转为可以选择个性化渠道访问信息并充分利用信息做出合理的运营决策。这就需要将ERP、CRM和EDI等所有与企业业务过程相关的系统紧密集成，建立供应链管理信息系统，使该系统能快速重构能力，对内形成凝结各个部门、各个员工的"蜘蛛网"式的联系，对外让上游企业、下游企业通过信息系统端口及时进行信息交流，使供应链间企业分享有关业务计划、预测信息、POS数据、库存信息等，从而使供应链上各个相关业务合作伙伴在信息共享基础上协同合作，达到提高供应链整体运行效率和管理效率的目的。同时，推动共享信息标准化，一是信息的标准化，要有统一的名称、明确的定义、标准的格式，并以区块链技术为基础，保证信息的准确性；二是信息处理的标准化，要遵守一定的规程，不能有所差异。

最后，供应链合作企业选择是供应链风险管控的重要一环。供应链企业从最初的合作上升到战略伙伴关系，形成利润共享、共担风险的整体，但这样做信息风险就会加大，因此，信息风险防范就成为供应链成功运作的一个重要的先决条件。第一，在供应链合作企业选择过程中，要重点纳入信息风险防控指标；第二，要求供应链间成员企业加强信任，建立信任机制，保证供应链间成员企业不发生违反企业伦理行为；第三，加强供应链间成员企业的信息交流，建立信息交流机制，确保不隐藏对对方不利的信息；第四，设计出有效的激励政策刺激供应链上企业不隐藏信息；第五，与供应链合作企业签订合同时，采取风险分担措施；第六，加强信息共享。企业之间实现信息共享的方式很多：一是通过局域网、内部信息系统或者ERP系统集成企业内部的信息，加快企业对外部信息的反应速度；二是通过建立企业间的信息系统来实现信息共享；三是通过互联网技术，将供应商、制造商、零售商等供应链成员之间的贸易信息上传到互联网上，在网上实现信息共享。

2. 供应链财务风险防控

（1）财务风险的种类

供应链财务风险可以按照供应链节点企业财务活动的基本内容来划分，包括筹资风险、投资风险、营运风险和利润分配风险4种。

①筹资风险

制造业企业组织商品生产，必须以占有或能够支配一定数额的资金为前提。筹资风险是指因供应链节点企业的筹资而引起的财务活动给企业财务状态和经营成果带来的不确定性。筹资一方面要确定筹资的总规模，另一方面还要确定筹资渠道、筹资方式或筹资工具和筹资结构。这两方面都会产生筹资成本和风险。特别是借入资金这一类筹资活动，如果不能产生效益，企业就不能按期还本付息，就需要付出更高的代价，严重的还会破产倒闭。因此，借款筹资的风险表现为企业能否及时足额地还本付息。

②投资风险

投资风险是指因供应链节点企业的投资而引起的财务活动给企业财务状况和经营成果带来的不确定性。在投资过程中，企业一方面要确定投资规模，以确保获取最佳的投资效益；另一方面要确定投资方向、投资方式和投资结构。企业进行投资的类型主要有两种：一是项目投资，二是金融投资，但都不能保证一定达到预期收益。与项目投资相关的风险主要是外部经济环境和企业经营方面的问题所导致的风险。与金融投资相关的风险是收益的不确定性，特别是股权投资要比证券投资风险更大。

③营运风险

营运风险是指供应链节点企业的营运而引起的财务活动给企业财务状况和经营成果带来的不确定性。企业在日常生产经营过程中，会发生一系列的资金收付。首先，企业要采购材料或商品，以便从事生产和销售活动，还要支付工资和其他营业费用；其次，当企业把产品或商品售出后，便可取得收入，收回资金，此时附带产生信用风险，即客户未及时支付货款等而导致企业现金流量表数据的异常，暗示企业潜在的经营风险。最后，如果企业现有资金不能满足企业经营的需要，还要利用商业信用等方式来融通资金。

④利润分配风险

利润分配风险是指因供应链节点企业的利润分配而引起的财务活动给企业财务状况和经营成果带来的不确定性。企业通过投资或经营活动可以取得相应的收入，并实现自己的增值。企业取得的各种收入应当依据现行法规及规章予以分配。分配给投资者的利润与留在企业的保留利润，存在此消彼长的关系。如果企业脱离实际一味追求给投资者高额的回报，必然造成企业的保留利润不足，给企业今后的生产经营活动带来不利影响，同时也会降低企业的偿债能力。相反，如果企业为减少外部融资需求而减少对投资者的分配，又会挫伤投资者的积极性，降低企业信誉，会对企业今后发展带来不利影响。因此，企业无论是否进行利润分配，也无论在什么时间、以什么方式进行，都具有一定的风险性。

（2）财务风险控制策略

①供应链筹资风险控制

首先，确定合适的筹资规模。供应链节点企业筹资规模受注册资本限额、企业债务契约约束、企业投资规模大小等多方面因素的影响，且不同时期企业的资金需求量不同。筹资过多会造成资金闲置浪费，增加筹资成本，或者导致企业负债过多，使其无法承受偿还困难，增加财务风险；而筹资不足，又会影响企业投资计划及其他业务的正常进行，因此供应链节点企业要认真分析生产经营情况、增长率和筹资需求，采用一定的方法确定合适的筹资规模。其次，安排最佳的筹资结构。筹资结构主要是指权益资本和借入资本的比例关系。一般来说，完全通过权益资本筹资是不明智的，不能得到负债经营的好处。但负债比例大，会增加供应链节点企业的财务风险。从理论上讲，可以借助最佳资本结构理论来确定负债的比例，即满足综合资本成本最低和企业价值最大化的筹资额。再次，选择合理的筹资期限。供应链节点企业筹资按期限划分，可以分为流动负债和长期负债。流动负债和长期负债的搭配比例应与企业资金占用状况相适应。一般来说，流动资产的购置大部分应由流动负债筹集，小部分由长期负债筹集；固定资产应由长期自有资金和大部分长期负债筹集。这种搭配合理的稳健的负债策略，对于筹资风险的防范和控制是非常必要的。最后，把握最佳的筹资时机。供应链节点企业应合理安排资金的筹集时间，适时获取所需资金。既要避免过早筹集资金形成资金投放前的闲置，又要防止取得资金的时间滞后，错过资金投放的最佳时间。另外，供应链节点企业应认真研究资金市场的供求情况，根据利率走势把握其发展趋势，并以此做出相应的筹资决策。

②供应链投资风险控制

首先，加强投资项目可行性研究。可行性研究是在项目建设前对投资项目的一种考察和鉴定，对拟定的项目进行全面、综合的技术经济调查研究，确定是否建设这个项目。可行性研究的目的是搞清拟投资项目技术上是否先进、经济上是否合理、投资上是否可行等问题，为投资者进行投资决策提供依据。其次，合理进行投资组合。根据投资组合理论，在其他条件不变的情况下，不同投资项目收益率的相关系数越小，投资组合降低总体投资风险的能力越大。因此，为达到分散投资风险的目的，在进行投资决策时要注意分析投资项目之间的相关性。

③供应链营运风险控制

首先，制定适宜的信用标准。供应链中的上下游企业直接相互提供信用，一旦一家企业出现财务危机，就会造成供应链的断裂。信用标准是指企业获得供应商的交易信用所应具备的条件，企业达不到信用标准就不能享受供应商的信用。其次，合理利用折扣手段。折扣有两种，一种是商业折扣，另一种是现金折扣。商业折扣是对大宗交易的客户在价格上给予优惠，主要作用是促销。现金折扣是对购货方在规定的付款期限内提供付款所给予的一种优惠。供应链节点企业采取现金折扣的方式虽能刺激销售，但也需要付出一定的成本代价，即给予客户现金折扣。再次，制定合理的收账政策。收账政策是指供应链节点企业针对客户拖欠甚至拒付账款所采取的收账策略和措施。供应链节点企业应分清主次，按照应收账款逾期的不同时间和具体情况，采取灵活的政策，如去函催收、上门催收等，必要时可依靠诉讼方式进行，以控制资金回收风险，减少坏账损失。最后，建立坏账准备金制度。不管供应链节点企业采用怎样严格的信用政策，只要存在着商业信用行为，坏账损失的发生就是不可避免的。企业应依据谨慎性原则，对于可能发生的坏账损失，在其发生之前提取坏账准备金，防范资金回收风险所带来的不利影响。同时，针对一些供应链节点企业可能遇到的不可预测的财务风险，可以设立供应链财务风险准备基金，实现供应链上企业共同抵御财务风险。

④供应链利润分配风险控制

首先，依据相关法规进行分配。供应链节点企业利润分配的对象是企业缴纳所得税后的净利润，这些利润是企业的权益，企业有权自主分配。国家有关法律法规对企业利润分配的基本原则、一般次序和重大比例做了较为明确的规定，其目的是保障企业利润分配的有序进行，维护企业和所有者、债权人以及职工的合法权益，促使企业增加积累，增强风险防范能力。其次，保全资本。供应链节点企业在利润分配中不能侵蚀资本，应在弥补亏损的基础上进行其他分配。再次，充分保护债权人权益。供应链节点企业必须在利润分配之前偿还所有债权人到期的债务，否则不能进行利润分配。同时，在利润分配之后，企业应保持一定偿债能力，以免产生财务风险危及企业生存。最后，兼顾各方的利益，供应链中企业是一个利益共同体，在供应链整体利润一定的条件下，一个节点企业利润的提高会导致其他节点企业利润的降低，某些节点企业获利水平过低会导致其消极合作甚至退出供应链，使供应链崩溃。因此，必须尽可能兼顾供应链上企业的利润分配。

3. 供应链金融风险防控

（1）供应链外部金融风险与防范

①风险来源

首先，市场风险和利率风险。市场风险主要是指利率、汇率及商品价格波动等因素所导致的风险，使商业银行的实际收益与预期收益或实际成本与预期成本发生背离，从而使商业银行遭受损失。利率风险受很多因素的影响，如宏观经济环境、央行政策及国际经济形势等。其次，信用风险。供应链中的信用风险主要包括供应链中的买方信用风险和卖方信用风险。买方信用风险主要来自买方企业经营不善导致无法及时付清货款。卖方信用风险主要来自卖方无法及时供货及不对产品进行回购等。作为核心企业，其面临的风险影响是较大的，而如果核心企业发生违约，对供应链的影响会被一层一层放大，导致整条供应链崩溃。再次，操作风险。供应链外部融资过程需要根据实际交易设计特定的业务模式，这就使得在整个融资过程中存在很多操作环节，操作的复杂程度也越来越高，操作风险也越来越大。这里的操作风险是指在供应链系统中，过程不完善、人员或外部事件导致的直接或间接损失的风险，主要包括人员欺诈风险、流程风险及技术风险。特别是技术风险，供应链外部融资模式中引入大数据、云计算及人工智能等风险控制技术，而这些风险控制技术有可能面临技术故障或者数据丢失等风险，甚至会为供应链企业提出不当的风险管理建议。最后，法律监管风险。法律政策的变化对行业甚至整条产业链的发展都至关重要，国家支持或限制某个产业的发展，那么整条产业链上的所有企业都会受到影响。法律监管风险主要包括物权债权认定风险、合同有效性风险、浮动抵押制度风险及政策风险等。

下面以虚构贸易下的供应链金融风险为例。

2016年9月至11月，大连机床等通过虚构应收账款、伪造合同和公章等方式，从中江信托"骗取"资金6亿元，或涉嫌经济犯罪。

在关联企业之间形成虚假贸易关系，进而产生一系列交易合同和单证，然后据此骗取银行或其他金融机构资金。在这种欺诈行为方式下，从形式上看，的确存在着交易流（买卖）和物流（服务），也存在着不同的参与方或服务者，交易的单证和要素也是完整的。但是实质上，所有的交易场景都是关联方假造出来，并没有真正意义上实质性的产业活动。

②风险防范

首先，对待政策风险，需要时刻跟踪国家经济政策的指导方针。国家经济政策发生变化，往往会对供应链的资金筹集、投资及其他经营管理活动产生重大影响，使供应链的经营风险增加，所以要分析政策的支持方向，抓住时机，追求最大化风险补偿；还要熟悉相关法律法规，跟踪法规调整动态，以规避法律风险。其次，管理信用风险。短期手段是了解上下游合作伙伴的信用等级，建立信贷额度与催款政策，尤其是对核心企业的经营情况进行跟踪评价。再次，对核心企业的经营情况和存在的问题进行分析，对其业绩、设备管理、人力资源开发、质量控制、成本控制、技术开发、用户满意度和交货协议等方面进行及时调查，并做出科学的评估。长期的手段是建立个体信用数据库与社会信用体系。最后，针对操作风险，提高员工思想素质与业务能力，建立监督机制，及时修正不当操作，建立应急处理机制，对突发事件的发生要有充分的准备。对于一些偶发但破坏性大的事件，必须预先制定应变措施和相应的工作流程。

（2）供应链内部金融风险管理

①传统零售延迟支付的风险管理

虽然供应链外部金融的很多模式能够为一些供应链企业解决融资问题，然而还存在一些资金不足供应链企业无法通过外部融资解决的金融问题。尤其是发展中国家，其信用市场发展不成熟，很多新生企业或高速发展的企业并不能真正从金融市场获得融资服务。上游企业为下游企业提供延迟支付，如制造商或供应商为资金不足的传统零售商提供延迟支付服务，称为供应链内部金融。供应链内部金融风险管理包括以下三个方面：一是掌握国家宏观经济政策和相关的产业政策。这意味着要弄清楚下游零售企业在国家经济发展中将要面临着怎样的发展态势，如果下游零售企业处于国家重点支持的行业中，那么从产品的市场销售到融资和税收方面都会受到正向支持的影响。二是对延迟支付做出风险评估。下游零售企业的信息包括基本财务信息、相关人员对应付账款的支付态度，以及下游零售企业的其他上游企业对该企业的相关评价等。这些信息有助于上游企业在作出提供延迟付款决策之前，更好地进行风险评估。三是要求下游零售企业为延迟付款提供担保。担保包括实物担保和连带责任人担保。实物担保是要求延迟付款单位提供可抵押的财产，并在有关国家机关办理登记手续。连带责任人担保则是要求相关负责人、具体经办人为该延迟付款提供连带责任担保。要求延迟付款单位提供担保，可以在风险发生时维护自身利益。

②数字零售供应链金融的风险管理

数字零售供应链金融的风险管理核心在于对人、数据、物的全时空、全流程、全场景、全解析、全价值链的管控。基于大数据和人工智能，通过对人的全生命周期的多维度数据的收集和分析，数字零售企业能够通过人的消费、生活习惯等数据，精准判断其信用状况和违约概率。数字零售供应链金融平台依据对具体订单全生命周期数据的把控，把融资风险同订单周期不同动态结合起来，把风险控制手段下沉到具体订单中，建立了动态供应链金融风险管理体系。这种动态供应链金融风险管理体系不仅可以服务于自身数字零售平台中的交易，还可以对外输出管理，提供社会化的供应链金融服务及风险管理服务。数字零售供应链金融平台除应用订单全生命周期的精准数据提供基于保理类或预付类的融资服务外，还可以基于对商家库存数据的精准把控提供存货融资服务。基于物联网和智能合约，在金融机构、仓储物流系统、数字零售平台之间共享货物流转信息，实现对数据和物的精准管控。在仓储物流端，从货物入库到销售出库，所有的货物流转信息都实时上传到云平台。在数字零售平台端，依靠大数据对商品进行实时估值，精准把控存货跌价的市场风险。在金融机构端，通过银行历史风控数据和客户反欺诈系统实时控制贷款额度。

12.3.3 供应链风险控制方法——损失函数模型

大多数情况下的供应链风险是由供应商未能满足买家对成本、质量和交货要求而引发的，这种供应商偏离买家目标的会导致买家和供应商的成本增加和利润损失，一般称为偏离目标风险（Yang，2006）。此外，当开发新产品线时，若成本或项目启动时间与预期目标发生偏离，也属于偏离目标风险。偏离目标风险可以被控制，但可能无法被完全消除。尽管这类风险对供应链的影响从短期看不够显著，但从长远角度考虑，其累积的影响是不可忽视的。

1. 损失函数

Genichi Taguchi 被认为是质量工程的奠基人，他将损失函数划分为 3 种类型（见图 12-4），下面我们使用 Taguchi 的损失函数（Taguchi，1986）来模拟目标偏离风险。当实际绩效值小于目标值时，我们使用 S 型（越小越好）损失函数，如缺陷率的目标值为 0.0001%。当实际绩效应该在目标范围内时，我们使用 N 型（越接近越好）损失函数，如交货时间可能比目标时间提前或延迟一小段时间。当实际绩效值大于目标值时，我们使用 L 型（越大越好）损失函数，如顾客满意率的目标值为 95%。假设买家拥有供应商过去的绩效数据，则目标偏离风险的影响函数可以计算为供应商实际绩效与目标之间的差值：$\Delta x = x - X_0$，其中，变量 x 是某种度量标准的供应商实际绩效，X_0 是买家设定的目标值。假设采用二次形式的数学函数描述 Taguchi 的 3 种损失函数，具体形式如下。

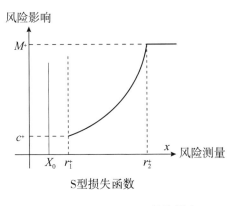

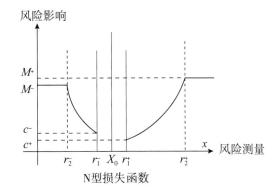

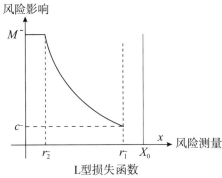

图 12-4　Taguchi 损失函数

S 型损失函数为:

$$H_{\mathrm{S}} = \begin{cases} 0 & X_0 \leqslant x \leqslant r_1{}^+ \\ a^+ (x - r_1{}^+)^2 + c^+ & r_1{}^+ \leqslant x < r_2{}^+ （安全区域） \\ M^+ & x > r_2{}^+ \end{cases} \quad （12\text{-}1）$$

其中, a^+ 和 c^+ 为风险参数, M^+ 为最坏情况下可能的最大损失价值。

N 型损失函数为:

$$H_{\mathrm{N}} = \begin{cases} M^- & x < r_2{}^- \\ a^- (x - r_1{}^-)^2 + c^- & r_2{}^- \leqslant x \leqslant r_1{}^- \\ 0 & r_1{}^- < x < r_1{}^+ （安全区域） \\ a^+ (x - r_1{}^+)^2 + c^+ & r_1{}^+ \leqslant x \leqslant r_2{}^+ \\ M^+ & x > r_2{}^+ \end{cases} \quad （12\text{-}2）$$

其中, a^+ 、a^- 、c^+ 和 c^- 为风险参数, M^+ 和 M^- 为最坏情况下可能的最大损失价值。

L 型损失函数为:

$$H_{\mathrm{L}} = \begin{cases} M^- & x < r_2^- \\ a^-\left(x - r_1^-\right)^2 + c^- & r_2^- \leqslant x \leqslant r_1^- \ （安全区域） \\ 0 & x > r_1^- \end{cases} \tag{12-3}$$

其中，a^- 和 c^- 为风险参数，M^- 为最坏情况下可能的最大损失价值。

2. 风险发生函数

Taguchi 的损失函数代表了风险的影响程度。由于风险是关于影响程度和发生概率的函数，我们还需要了解风险事件的发生函数。实际上，目标偏离风险的发生函数是关于历史绩效的分布，它可以作为未来风险发生的概率函数。公司可以使用过去的数据去拟合一个合适的发生函数，或者使用一些常用的分布函数。例如，对于 S 型发生函数，可以使用 Gamma 分布；对于 L 型发生函数，可以使用 Beta 分布；对于 N 型发生函数，可以使用广义双曲分布。

（1）S 型的 Gamma 分布

Gamma 分布的概率密度函数（Probability Density Function，PDF）和累积分布函数（Cumulative Distribution Function，CDF）分别为：

$$f_{\mathrm{Gamma}}(\Delta x;\ \lambda;\ \theta) = \frac{\lambda^\theta \Delta x^{\theta-1} e^{-\lambda \Delta x}}{(\theta - 1)!} = \frac{\lambda^\theta \Delta x^{\theta-1} e^{-\lambda \Delta x}}{\Gamma(\theta)} (0 \leqslant \Delta x < \infty)$$

$$F_{\mathrm{Gamma}}(\Delta x;\ \lambda;\ \theta) = \int_0^{\Delta x} f_{\mathrm{Gamma}}(\Delta x;\ \lambda;\ \theta)\mathrm{d}\Delta x = \int_0^{\Delta x} \frac{\lambda^\theta \Delta x^{\theta-1} e^{-\lambda \Delta x}}{\Gamma(\theta)}\mathrm{d}\Delta x$$

其中 $\Delta x = x - X_0$。

（2）L 型的 Beta 分布

Beta 分布的概率密度函数（PDF）为：

$$f_{\mathrm{Beta}}(x;\ \lambda;\ \theta) = \frac{x^{\lambda-1}(1-x)^{\theta-1}}{\beta(\lambda,\ \theta)} = \frac{\Gamma(\lambda+\theta)}{\Gamma(\lambda)\Gamma(\theta)} x^{\lambda-1}(1-x)^{\theta-1} (\lambda > 0,\ \theta > 0,\ 0 < x < 1)$$

然而，实际的 x 值可能不局限于区间 $[0,\ 1]$。因此，对于任意范围 $[a,\ b]$ 内的变量 x，需要进行以下转换：

$$Y = \frac{x - a}{b - a}$$

那么，Y 遵循 Beta 分布。其累积分布函数（CDF）为：

$$F_{\mathrm{Beta}}(y;\ \lambda;\ \theta) = \int_0^y f_{\mathrm{Beta}}(y;\ \lambda;\ \theta)\mathrm{d}y = \int_0^y \frac{y^{\lambda-1}(1-y)^{\theta-1}}{\Gamma(\theta)}\mathrm{d}y = I_{\mathrm{Beta}}(y;\ \lambda;\ \theta)$$

（3）N 型的广义双曲分布

正态分布可能是实践中最常用的分布。然而，由于其具有对称形状，它在某些领域（如金融业）的应用受到了限制。因此，在许多情况下会使用其他非对称分布，如对数正态分布、广义双曲分布等。作为一种更加灵活的分布，广义双曲分布可以用于 N 型发生函数。

广义双曲分布是由 Barndorff–Nielsen 1978 年引入的。与具有两个参数 μ 和 σ 的传统正态分布相比，广义双曲分布具有 5 个参数：λ、α、β、δ 和 μ，更加灵活。其概率密度函数为：

$$f_{\mathrm{GH}}(\Delta x;\ \lambda,\ \alpha,\ \beta,\ \delta,\ \mu) = a(\lambda,\ \alpha,\ \beta,\ \delta)(\delta^2 + (\Delta x - \mu)^2)^{\frac{(\lambda - \frac{1}{2})}{2}} \times$$

$$K_{\lambda - \frac{1}{2}}(\alpha\sqrt{\delta^2 + (\Delta x - \mu)^2})\exp(\beta(\Delta x - \mu))$$

其中 $\Delta x = x - x_0$，且 $a(\lambda,\ \alpha,\ \beta,\ \delta) = \dfrac{(\alpha^2 - \beta^2)^{\frac{\lambda}{2}}}{\sqrt{2\pi}\,\alpha^{\lambda - \frac{1}{2}}\delta^{\lambda}K_{\lambda}(\delta\sqrt{\alpha^2 - \beta^2})}$ 是一个归一化的常数。参数可以取值的范围为：

$$\delta \geqslant 0,\quad |\beta| < \alpha,\ if\ \ \lambda > 0$$
$$\delta > 0,\quad |\beta| < \alpha,\ if\ \ \lambda = 0$$
$$\delta > 0,\quad |\beta| \leqslant \alpha,\ if\ \ \lambda < 0$$

K_v 表示指数为 v 的第三类修正贝塞尔函数。K_v 的积分表示为：

$$K_v(z) = \frac{1}{2}\int_0^{\infty} y^{v-1}\exp\left(-\frac{1}{2}z(y + y^{-1})\right)\mathrm{d}y$$

在概率密度函数中，α 决定形状，β 决定偏斜度，μ 决定位置，λ 决定尾部的重量，δ 是比较类似于正态分布中的 σ 的缩放参数。

一般来说，广义双曲分布大约需要 250 个数据点来进行拟合。虽然可以使用最大似然估计方法来估计广义双曲分布的参数，但解决这样一个具有 5 个方程和 5 个未知参数的复杂非线性方程组非常困难。因此，建议使用数值算法，如改进的 Powell 方法（Wang，2005），Kolmogorov–Smirnov 统计量也可以用于适配性检验。

3. 偏离目标风险函数

可以通过聚合上述损失函数和发生函数，推导出 S 型、N 型和 L 型风险的数学表达式（对于所需的 α 置信水平）。由于 Taguchi 的损失函数相对简单，可以进行解析聚合。

（1）S 型风险函数

假设发生函数为 Gamma 分布，损失函数采用二次形式 [见公式（12-1）]，则最终的 S 型风险函数为：

$$R_{\mathrm{S}}(\alpha) = \begin{cases} c^+ & 0 \leqslant \alpha < F_{\mathrm{Gamma}}(r_1^+ - X_0;\ \lambda,\ \theta) \\ a^+\left(F_{\mathrm{Gamma}}^{-1}(\Delta x;\ \lambda,\ \theta)\right)^2 + c^+ & F_{\mathrm{Gamma}}(r_1^+ - X_0;\ \lambda,\ \theta) \leqslant \alpha \leqslant F_{\mathrm{Gamma}}(r_2^+ - X_0;\ \lambda,\ \theta) \\ M^+ & F_{\mathrm{Gamma}}(r_2^+ - X_0;\ \lambda,\ \theta) < \alpha \leqslant 1 \end{cases}$$

$$(12\text{-}4)$$

其中，$F_{\mathrm{Gamma}}^{-1}(\Delta x;\ \lambda,\ \theta)$ 是使 $F_{\mathrm{Gamma}}(x - X_0;\ \lambda,\ \theta) = \alpha$ 的 $x - X_0$ 的值。公式（12-4）用于计算相对于给定置信水平 α 的最大损失，即决策者提供置信水平 α 并将其代入公式（12-4），以确定由偏离目标风险事件导致的最大损失金额。

（2）L 型风险函数

假设发生函数为 Beta 分布，损失函数采用二次形式 [见公式（12-3）]，则 L 型风险函数的最终形式为：

假设 x 的可能值范围为 $[a, b]$，则令 $y = \dfrac{x-a}{b-a}$。

请注意，对于 L 型风险，$X_0 = b$，$y_0 = 1$。则 L 型风险函数为：

$$R_L(\alpha) = \begin{cases} 0 & 0 \le \alpha < 1 - F_{\text{Beta}}\left(\dfrac{r_1^- - a}{b-a}; \lambda, \theta\right) \\[3mm] a^-(b-a)^2(1 - F_{\text{Beta}}^{-1}(1-\alpha; \lambda, \theta))^2 + c^- & 1 - F_{\text{Beta}}\left(\dfrac{r_1^- - a}{b-a}; \lambda, \theta\right) \le \\[3mm] & \alpha \le 1 - F_{\text{Beta}}\left(\dfrac{r_2^- - a}{b-a}; \lambda, \theta\right) \\[3mm] M^- & 1 - F_{\text{Beta}}\left(\dfrac{r_2^- - a}{b-a}; \lambda, \theta\right) < \alpha \le 1 \end{cases}$$

$$(12-5)$$

其中 $F_{\text{Beta}}^{-1}(1-\alpha; \lambda, \theta)$ 是使 $F_{\text{Beta}}(\alpha; \lambda, \theta) = 1 - \alpha$ 的 $\dfrac{x-a}{b-a}$ 值。

（3）N 型风险函数

由于 N 型影响存在于目标值的两侧，其数学形式比 S 型和 L 型更复杂。对于 N 型风险函数的最终闭式表达式，需要考虑公式（12-2）中 M^+、M^-、c^+、c^- 之间的关系，这涉及 11 种普通情况和 13 种特殊情况。下面给出了针对第一种情况推导出的 N 型风险函数的最终闭式表达式，其他情况可以据此类推。

情形 1：如果 $M^+ > c^+ \ge M^- > c^-$（见图 12-5）

$$R_N(\alpha) = \begin{cases} 0 & 0 \le \alpha < F(r_1^+) - F(r_1^-) \\ a^-(F^{-1}(F(r_1^+) - \alpha))^2 + c^- & F(r_1^+) - F(r_1^-) \le \alpha \le F(r_1^+) - F(r_2^-) \\ M^- & F(r_1^+) - F(r_2^-) \le \alpha < F(r_1^+) \\ a^+(F^{-1}(\alpha))^2 + c^+ & F(r_1^+) \le \alpha \le F(r_2^+) \\ M^+ & F(r_2^+) \le \alpha \le 1 \end{cases}$$

$$(12-6)$$

剩余的 23 种情况的风险函数的最终形式在 Yang（2006）中给出。

常规情形如下。

情形 2：$M^+ > M^- > c^+ > c^-$

情形 3：$M^+ > M^- > c^+ = c^-$

情形 4：$M^+ > M^- > c^- > c^+$

情形 5：$M^+ = M^- > c^- > c^+$

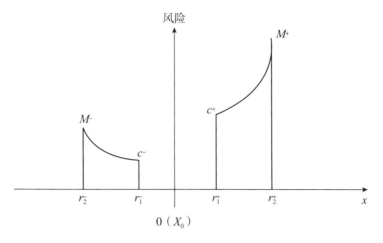

图 12-5 情形 1 下的 N 型风险函数

情形 6：$M^+ = M^- > c^+ > c^-$

情形 7：$M^+ = M^- > c^- = c^+$

情形 8：$M^- > c^- \geqq M^+ > c^+$

情形 9：$M^- > M^+ > c^- > c^+$

情形 10：$M^- > M^+ > c^- = c^+$

情形 11：$M^- > M^+ > c^+ > c^-$

特殊情形如下。

情形 12：$M^- > c^- > M^+$

情形 13：$M^- > c^- = M^+$

情形 14：$M^- > M^+ > c^-$

情形 15：$M^- = M^+ > c^-$

情形 16：$M^+ > M^- > c^-$

情形 17：$M^- > M^+ > c^+$

情形 18：$M^- = M^+ > c^+$

情形 19：$M^+ > M^- > c^+$

情形 20：$M^+ > M^- = c^+$

情形 21：$M^+ > c^+ > M^-$

情形 22：$M^- > M^+$

情形 23：$M^+ = M^-$

情形 24：$M^+ > M^-$

下面以美国计算机制造商 XYZ 为例（Yang and Ravindran，2007）。

美国计算机制造商 XYZ 希望评估其位于中国南部的供应商 ABC 带来的风险，不准确的交货时间是影响 XYZ 供应链的主要问题之一，这对 XYZ 来说代表了一种 N 型风险。在分析历史数据后，XYZ 发现 ABC 的交货时间符合参数为 $\lambda = -0.5$，$\alpha = \beta = 0$，$\delta =$

1，$\mu = 0.1$ 的广义双曲分布。实际上，这是广义双曲分布的一个特例，称为柯西分布。柯西分布的概率密度函数（PDF）和累积分布函数（CDF）如下：

$$f(x) = \frac{1}{\delta\pi\left(1 + \left(\dfrac{x - \mu}{\delta}\right)^2\right)} = \frac{1}{\pi(1 + (x - 0.1)^2)}$$

$$F(x) = 0.5 + \frac{1}{\pi}\tan^{-1}(x - 0.1)$$

柯西分布的概率密度函数（PDF）如图 12-6 所示。

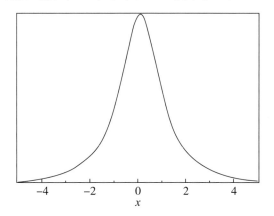

图 12-6 柯西分布的概率密度函数

N 型风险函数，以美元表示，具有以下表达式（目标值为 0，允许 ±0.05）：

$$H_N = \begin{cases} 0 & -0.05 \leqslant x \leqslant 0.05 \\ 4000x^2 + 5000 & 0.05 < x \leqslant 2 \\ 1000x^2 + 500 & -2 \leqslant x < -0.05 \\ 4500 & x < -2 \\ 21000 & x > 2 \end{cases} \tag{12-7}$$

请注意，使用图 12-5 的符号表示法，我们可以确定 $M^- = 4500$，$M^+ = 21000$，$r_2^- = -2$，$r_1^- = -0.05$，$r_1^+ = 0.05$，$r_2^+ = 2$，$c^- = 502.5$，$c^+ = 5010$。

风险函数的参数符合公式（12-6）中呈现的情形 1。因此，偏离目标风险函数表示如下：

$$R_N(\alpha) = \begin{cases} 0 & 0 \leqslant \alpha \leqslant 3.15\% \\ 1000(\tan(-\alpha - 0.015902)\pi + 0.01)^2 + 500 & 3.15\% \leqslant \alpha \leqslant 34.26\% \\ 4500 & 34.26\% \leqslant \alpha < 48.41\% \\ 4000(\tan(\alpha - 0.5)\pi + 0.1)^2 + 5000 & 48.41\% \leqslant \alpha \leqslant 84.58\% \\ 21000 & 84.58\% \leqslant \alpha < 100\% \end{cases}$$

$$\tag{12-8}$$

其中，α 是置信度百分位值。例如，如果 XYZ 选择 $\alpha = 0.8$，则使用上述偏离目标风险函数，可以计算出在 80% 的时间内，XYZ 的损失不会超过 9595 美元。

4. 多重偏离目标风险

同一供应商的不同偏离目标风险通常不是独立的。例如，假设 $R(\alpha; S_i)_1$ 是由零部件缺陷引起的，而 $R(\alpha; S_i)_2$ 是由交货延迟引起的。那么，总的 $R(\alpha; S_i)$ 值很可能不是简单地把 $R(\alpha; S_i)_1$ 和 $R(\alpha; S_i)_2$ 的相加，在大多数情况下，其实际值会偏小。例如，零部件缺陷和交货延迟都可能影响生产。然而，如果交货延迟会导致生产减缓或停止，那么零部件缺陷就不能造成相同程度的损失，这是因为生产已经受到了影响。由于涉及大量参数，很难找出不同偏离目标风险之间的确切相关性。

在这里，我们引入了一种估算最终结果的近似方法。假设需要合并计算来自供应商 S_i 的 j 种多重偏离目标风险，并且将 $j = 1, 2, 3, \cdots, J$ 在 α 分位数处的风险值表示为 $R(\alpha; S_i)_j$。对于每种偏离目标风险，假设 M_j 是单独风险 j 可能的最大影响。也就是说，对于 L 型风险，$M_j = M_j^-$；对于 S 型风险，$M_j = M_j^+$；对于 N 型风险，$M_j = \max(M_j^-, M_j^+)$。假设 M_{Total} 是所有不同偏离目标风险对供应商 S_i 的最大可能影响的估计值，那么，合并的 $R(\alpha; S_i)$ 为：

$$M^* = \sum_{j=1}^{J} M_j \tag{12-9}$$

$$R(\alpha) = \sum_{j=1}^{J} R(\alpha; S_i)_j \times \frac{M_{\text{Total}}}{M^*} \tag{12-10}$$

下面以多重偏离目标风险为例（Yang and Ravindran, 2007）。

公司 A 关注其供应商 B 的 5 种不同偏离目标风险。前 2 种风险是 L 型风险，相应的 M^- 值分别为 540000 美元和 390000 美元。第 3 种和第 4 种风险是 S 型风险，相应的 M^+ 值分别为 760000 美元和 560000 美元。最后 1 种是 N 型风险，最大可能损失为 1200000 美元。在最坏情况下，由供应商 B 引起的对公司 A 的影响估计为 2500000 美元。公司 A 要想知道在 95% 的置信水平下的总可能损失，解决方案如下：

公司 A 通过设置 $\alpha = 0.95$，计算不同类型偏离目标风险的风险值分别为 510000 美元、350000 美元、710000 美元、480000 美元和 1000000 美元。然后，按照式（12-9）和式（12-10）给出的近似值，公司 A 可以得到如下的组合风险：

$$M^* = 540000 + 390000 + 760000 + 560000 + 1200000$$
$$= 3450000 (美元)$$

$$\frac{M_{\text{Total}}}{M^*} = \frac{2500000}{3450000} = 0.725$$

$$R(95\%) = (510000 + 350000 + 710000 + 480000 + 1000000) \times 0.725$$
$$= 2211250 (美元)$$

这意味着在所有情况下，若 $\alpha = 0.95$，由多重偏离目标类型风险引起的损失不会超过 2211250 美元。

共商共创共享供应链工程师培养价值

——兼谈"四位一体"的供应链工程运用

Chapter 13: Co-discussing，Co-creating and Co-sharing the
value of Supply Chain Engineer Training

传统教育模式在培养供应链工程师等新兴人才方面存在着合作机制不健全、课程体系设置不合理、师资队伍建设滞后，以及技术创新与融合不足等问题，需要结合《道德经》"道生一，一生二，二生三，三生万物"来把握和理解，并在共商、共创、共享上下功夫，具体表现在培养基地的建设、供应链平台与院校等进行战略合作，以及供应链工程师协同培养上。供应链工程师培养基地高质量进行"四教合一"的实践探索，也有力地佐证了共商共创共享供应链工程师的培养价值，具有一定的借鉴启发性。

13.1 引言

13.1.1 环境变化与供应链工程师培养要求

目前及未来一段时间内各种不确定性将变得日益显著，全球化供应链已经面临着巨大的断链风险，特别是美国的贸易霸凌、制裁断链，以及疫情等公共卫生事件影响，扰乱了全球原材料和成品的流动。美国及有关国家纷纷对中国采取的断供断链行为表明，客户（需求）资源、数据资源、产品资源、供应资源和技术资源等变得日趋个性化、碎片化与政治化；以成本为中心的全球化供应链网络必须在效率与灵活性、全球配置资源和本地化、高收益与高风险之间取得平衡，且只有这样才能抵御世纪变局下各种确定性与不确定性风险的冲击。为此，如何从最新发展的供应链工程技术方法角度对供应链业务流程及其密切相关的硬件设施、软件技术以及平台生态等进行"四位一体"的整合创新，如何持续提高供应链韧性与安全水平，提升消费者体验，促进全社会成本降低，特别是如何共商共建共享供应链工程师培养价值，以有效满足世纪变局下全社会对供应链工程师的大量需要，是目前亟待解决的问题。

13.1.2 供应链工程师相关人才培养实践与突出问题

近年来，国内外学者对校企共商共创共享供应链工程师培养价值进行了一定的研究。研究表明，校企合作模式能够显著提高学生的实践能力和就业竞争力。例如，美国的一些高校与知名企业合作，建立了完善的产学研体系，通过实践项目和实习机会，学生能够深入了解供应链管理的各个环节；德国则实行"双元制"教育模式，将课堂教学与企业实践紧密结合，培养了大量高素质的供应链工程师；青岛职业技术学院与京东集团共创的京东智慧供应链产业学院和"校园云仓"就是一个成功的校企合作案例，该模式不仅为学生提供了先进的实训设施和真实的业务操作环境，还通过产教融合的方式，促进了供应链管理专业的内涵式发展。然而，传统教育模式在培养新兴人才时，往往存在着理论与实践脱节的问题，突出表现为以下 4 点。

（1）合作机制不健全

校企合作贵在深化合作机制，建立长期稳定的合作关系，共同确定并实施培养方案等。但现在许多院校与企业的合作仅限于表面，缺乏深入沟通和长期规划。

（2）课程体系设置不合理

随着供应链管理理论和技术的不断发展，高校应不断优化课程体系，引入最新的研究成果和实践案例。同时，加强与企业的沟通联系，根据企业需求调整课程设置和教学内容，确保培养出的学生符合市场需求。但目前许多高校与培训机构在课程设置上未能充分考虑企业需求，学生也难以得到有效的实训、实习机会，导致培养出的学生难以满足市场需求。

（3）师资队伍建设滞后

师资队伍建设是校企共商共创共享供应链工程师培养价值的关键。虽然目前一些高校积极引进具有丰富实践经验的教师和企业专家，充实教学团队，同时鼓励教师进行国际交流合作，并参与企业实践项目，提高其实践能力和教学水平。但总体来讲，目前许多高校与培训机构师资队伍建设滞后，短期内也难以得到较大改善。现有师资力量难以应对国内外环境的不确定性挑战，难以满足供应链工程发展过程中的探索性要求。

（4）推动人才培养的技术创新与融合不足

随着数字化、网络化和智能化的快速发展，供应链工程师需要具备更多的创新能力和技术融合能力。虽然许多校企积极推动供应链工程师培养的技术创新与融合，积极引入大数据、人工智能等先进技术，培养学生的数据处理、分析能力和智能化应用能力。但目前校企合作机制欠缺等问题，影响了供应链工程师培养所涉及的技术创新与融合。

13.1.3 简要文献述评

有关解决这些问题的相关文献，主要集中在校企合作培养人才方面。学者们关于校企合作的研究主要集中在对校企合作的内涵、具体内容形式、面临的困境及原因，以及如何实现校企深度合作上。

首先是校企合作的内涵。仇娴（2023）指出真正的校企合作的基本要求是企业与学校共同开展专业课教学，较高层次的要求是企业深度参与职业学校教育教学的全过程。傅伟（2010）认为校企合作是以共同培养人才为目标、以人力资源合作为纽带、以物质资源共享为手段、以技术服务为推动力、实现校企共赢的过程。周桐、李同同等（2023）从场域论出发审视校企合作，他们认为校企之间并非单纯的合作交流，而是学校所拥有的文化资本与企业所具备的经济资本在习惯的引导下开展争夺优势位置的竞争，但这种竞争是良性的，学校利用企业经济资本加强自身建设，企业在学校文化资本的加持下获得源源不断的人才，并借助学校的科研力量推动企业发展，实现校企双赢。周金容（2018）基于协同理论，指出校企合作是高职院校和企业、行业组织等基于共同目标，通过发挥各自的作用，在职业教育课程开发和技能培训、技术服务和技术创新、文化传承和资源共享等方面展开深度合作的过程。王松（2021）打破了校企合作的"利益共同体说"，将校企合作的本质上升为情感共同体，他认为校企合作是校企双方针对某一职业领域，在意愿共识基础上产生的价值认同等积极情感，并以此情感为纽带，开展人才培养、技术服务等合作而形成的情感共同体合作关系。Harald Pfeier（2009）认为通过校企合作，企业能节约入职培训成本，还能培养适应企业发展需要的人才，他们认同企业文化，拥有的技能能够满足企业的特殊需求，并且有较低的人员流失风险。

其次是校企合作的具体内容形式。蔡宏芳、高军（2022）总结校企合作办学模式包括学生就业合作模式、生产实习合作模式、订单培养模式、冠名版合作模式、名师工作坊合作模式、对外技术合作模式等。鞠红霞（2022）按合作的紧密程度将校企合作形式划分为三种类型，分别是松散型、稳固型、集约型。其中，松散型合作包括学院临时邀请企业人员参与课程和教材开发、邀请企业技术人员授课，以及企业临时邀请学校教师培训员工等；稳固型校企合作表现为校中厂、厂中校、企业托管以及植入式工作站等；集约型校企合作则是包括职业教育集团或理事会、校企一体化人才培养基地、产业学院等，实现校企利益一体化。范青武、郑全英等（2013）提出"六面一体"立体化校企交互合作模式，以校企联合培养、校企共建基地、校企共建课堂、校企共建师资为基础，学校与企业共同制定人才培养方案、共同建设专业团队、共同建设教育实践基地、共同开发专业核心课程、共同实施专业教学、共同负责学生就业。

再次是校企合作面临的困境及原因。目前，我国校企双方在合作过程中面临的主要困境是校企合作难以纵深发展，深度融合难以实现。究其原因，主要包括校企基本理念存在差异、信任基础差、双方积极性有落差、运行机制不完善等问题。第一，在基本理念方面，王洪才（2021）等指出，校企双方理念不同，合作的起点不同。第二，信任基础的研究上，薛勇（2020）指出职业院校与企业之间缺乏信任基础。第三，积极性的研究上，俞启定（2022）等认为企业参与的动力和积极性不足且参与程度有限。赵朝辉（2022）认为企业在参与顶岗实习指导、学生就业、项目开发方面积极性较高，但在专业建设、课程建设、校内外实训基地建设、学生能力评价等方面缺乏兴趣。吕忠达等（2021）从教师积极性着手，认为管理者热、教师冷，教师不热衷于企业合作。教师相对封闭的心理以及职称评审制度、绩效考核制度、人事制度等评价机制影响了教师参与的积极性。第四，运行机制方面，王振洪、邵建东等（2012）认为校企缺乏互惠共赢的利益机制，缺乏长期固定的交流平台。

最后是如何实现校企的深度合作。王振洪、邵建东（2011）提出从优选合作单位、完善合作机制、拓展合作领域、健全合作保障等方面来深化校企合作。Cushla（2011）

以澳大利亚 GIS 计划为范例，指出 GIS 计划以项目为实施载体，实质是基于效率与质量原则在教育领域中的不同利益相关主体间进行的生产要素的优化重组，调动行业企业积极参与技能型人才培养的全过程，破除人才培养壁垒，实现校企深度融合。其运行制度包括合作方的选择、确立协调管理机制、形成评估反馈机制、发现并共享问题 4 个环节，最终形成"定位、协调、反馈、变革"的跨界机制，促使校企合作有效推进。

这些文献无疑具有重要的理论指导价值，但具体运用时往往存在着难以落地等问题，亟须相关各方通过深化合作机制、优化课程体系、加强师资队伍建设以及政产学研深度融合等使有关问题得到切实解决。本文将从基地与校企共商共创共享供应链工程师培养价值机理、实践探索等方面进行理论与实际相结合的探析。

13.2　共商共创共享供应链工程师培养价值的机理分析

与校企共商共创共享供应链工程师培养价值是指供应链工程师培养基地、提供可信的数字化供应链服务的平台与典型院校等进行以战略合作为基本特征的供应链工程师合作培养。为了构建模型，本章提出以下 4 条公理。

公理 1：供应链优化的过程是一个非核心业务不断外包的过程。

公理 2：促进非核心供应链业务外包重在发挥核心企业的供应链平台服务作用。

公理 3：发挥供应链平台服务作用有赖于供应链工程师的合作培养。

供应链工程师培养与各类供应链平台的基础作用发挥具有很强的联动性。供应链平台的重要作用发挥，能够更好地促进广大企业进行非核心业务外包，从而促进供应链流程的优化、整合与再造，并进而促进供应链工程师的培养。而这反过来又能促进供应链平台的可持续完善与作用发挥，从而使供应链工程师培养与供应链平台的重要作用发挥处于良性联动状态。这也是供应链平台得以快速发展的基础。

公理 4：供应链工程师的合作培养有利于撬动更大的供应链工程师培养市场。

供应链工程师的合作培养与大专院校、供应链企业的协同作用发挥具有很强的联动性。供应链工程师培养能否得到大专院校青睐的关键是，参加供应链工程培养能否有助于学生的实习、就业与创业。而要解决这一问题，则必须发挥广大企业，特别是供应链核心企业的拉动作用。

假设供应链工程师培养价值为 V，供应链工程师培养基地、大专院校与供应链核心企业分别为 j、l、m，M 是一个由最新的供应链工程师资质证书与培养体系等决定的常数，n 是基地核心成员、相关大专院校与供应链核心企业发挥作用的序数，则有以下公式：

$$V \approx M\Sigma(j = 1,\ n;\ l = 1,\ n;\ m = 1,\ n)f(j,\ l,\ m) \tag{13-1}$$

公式（13-1）指出，供应链工程师培养价值是基地核心成员、相关大专院校与供应链核心企业等共同发挥作用的结果，也就是基地核心成员、相关大专院校与供应链核心企业等共商共创共享培养价值（见表13-1）。

表 13-1 基地核心成员、相关大专院校与供应链核心企业等共商共创共享培养价值

主客体及合作内容	供应链工程师培养基地	
基地 核心成员	共商	使命情怀
	共创	战略价值
	共享	发展红利
相关大专院校	共商	合作模式
	共创	新职业培训、就业赋能等合作价值
	共享	开发资源与做大做强的收益
供应链核心企业	共商	合作愿景、合作模式、案例研究与运用
	共创	用于"教、考、赛"的真实平台等
	共享	合作培养链师的价值
校企	共商共创共享	培训、实习、就业与产业学院等合作价值

注：根据调研资料整理而成。

13.3 共商共创共享供应链工程师培养价值的初步探索

供应链工程师培养基地（以下简称"基地"）在此方面做了一些探索（见图13-1）。

13.3.1 高质量构建"四教合一"体系

"四教合一"体系建设首先是 MTC 教材体系建设。根据国内外最新的供应链发展要求，基地组织有关专家开展由《现代供应链管理》（M）、《供应链工程技术与方法》（T）和《供应链工程案例与实践》（C）组成的 MTC 系列教材建设。基地在优选已经出版的《现代供应链管理》教材的同时，先后 10 余次组织丁俊发等著名供应链专家参与《供应链工程技术与方法》和《供应链工程案例与实践》教材建设工作。着重诠释具有供应链工程个性特点的理念、战略、网络、装备、技术、平台、业务、生态与组织控制等内容，努力用供应链工程技术与方法对供应链业务流程及其密切相关的供应链硬件装备、软件技术与平台生态等进行"四位一体"的供应链工程整合。

"四教合一"体系包括线上线下相融合的多轨制教学资源体系建设，涵盖从班级筹备、信息收集、报名服务、建群运营、考试报名、成绩查询至证书颁发等全生命周期的 O2O 教务体系建设，以及集教学、考试、大赛与咨询服务于一体的教学保障体系建

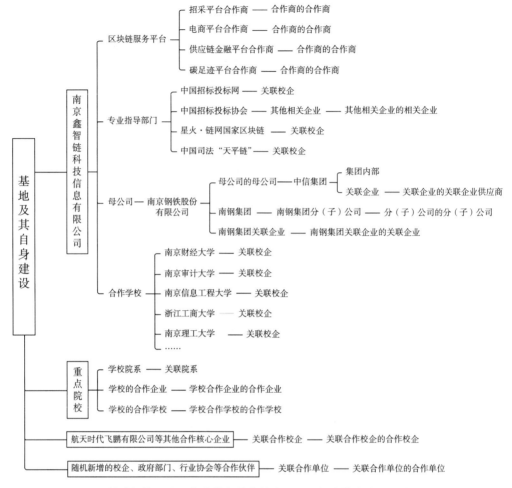

图 13-1　基地与核心企业共商共创共享供应链工程师培养价值实践的思维导图

设。迄今为止，基地不仅拥有由国内一流高校供应链学科师资与行业专家组成的团队，还与多家供应链企业合作，确保课程内容紧贴行业前沿。通过学术交流、高峰论坛与行业拓展等多渠道，基地正逐步形成实现"教考赛一体化"（见图 13-2），以及产学研深度融合的供应链人才生态系统。

13.3.2　积极进行供应链工程师培养的战略合作

2023 年 11 月中旬，南京钢铁股份有限公司人力资源部部长带队，南钢公司以及南京钢铁股份有限公司全资子公司——南京鑫智链科技信息有限公司（以下简称"鑫智链"）相关领导，对基地进行了调研洽谈，并形成了共商共创共享供应链工程师培养价值的战略合作协议。基地通过广泛寻找比较，最终确定鑫智链为共商共创共享供应链工程师培养价值的战略伙伴，并签订了长期合作协议，主要基于以下 3 点。

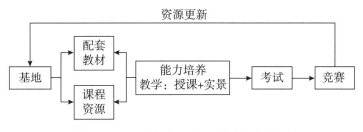

图 13-2　基地"教考赛一体化"项目示意

①鑫智链有央企背景，并建立了以区块链技术为支撑的供应链购销、金融与碳足迹服务平台，具有很强的供应链服务性和可信性。

②鑫智链曾获得众多荣誉，例如：被评为国家高新技术企业、江苏省专精特新企业、中国产业区块链 50 强，入选国家网信办第五和第八批境内区块链信息服务备案名单、工业和信息化部 2023 年工业互联网试点示范名单"工业互联网+区块链"试点示范、工业和信息化部数字化采购应用场景与典型案例，荣获中国阳光招标奖，打造长三角首个"透明招采"平台，拥有发明专利及软件著作权 88 项等。

③鑫智链与基地位于同一个城市，且已经有较长时间的良好合作关系，具有很好的合作便利性、协同探索性与快捷响应性。鑫智链是一个理想的战略合作伙伴，但由于该公司员工缺乏物流与供应链工程理念与技术方法，且在如何协同提供供应链服务上存在着磨合不够、经验不足等问题，经过商议，基地在鑫智链针对全体主要员工举办了 O2O 中级供应链工程师培训班。该培训班强调理论联系实际，具有一定的针对性，收到了很好的效果，全体培训学员综合评分达 4.85 分。

另外，基地还与航天时代飞鹏有限公司等达成了"供应链工程师+无人机驾驶员（飞手）"人才融合培养的战略合作协议。双方一致同意，通过强化、润化、催化现有业务，以及双向"1+X"人才培养模式，共同打造以南京为中心，辐射江苏乃至长三角的多证书、多技能培训高地。

13.3.3　合作举办高级供应链工程师暨师资班

2024 年 7 月 3 日，来自南京工业职业技术大学商务贸易学院的有关领导和教师来基地洽谈供应链工程师"教考赛一体化"校企合作项目。2024 年 7 月 10 日，来自南京工业大学浦江学院商学院、油威力液压科技股份有限公司、南京财经大学江苏传媒产业研究院的有关领导莅临基地进行企校基合作洽谈……经过多轮考察比选，基地首期确定了以金陵科技学院、南京工业职业技术大学、无锡太湖学院、南京工业大学浦江学院、江苏省交通技师学院为骨干院校的基校合作框架，并在 2024 年 8 月至 10 月，携手鑫智链，对这些战略合作伙伴院校举办了首届高级供应链工程师暨师资班。其间在基地、鑫智链及其母公司举办了集授课沙龙、参观研讨与现场操作等于一体的线下培训与讨论活动，确保课程内容紧贴行业前沿，以及产学研深度融合的生态系统构建，以弥补线上资源学习的不足等，收到了很好的评价效果。

13.3.4 多元拓展供应链工程师培养路径

基地在与校企进行战略合作、举办链师培训班的基础上，着重依循供应链，就合作伙伴的合作伙伴，以及校企人才进行对接与多元拓展，已经产生了一些先期的良好效果，预计将产生多重多类链师合作培养的综合效果（见表13-2）。多元化拓展供应链工程师培养路径主要包括以下5点。

①与鑫智链的供应商合作举办链师班。

②与鑫智链的专业指导部门合作举办链师班。

③与鑫智链的母公司南京钢铁股份有限公司合作举办链师班。

④从校企对接上与有关学校合作举办链师班。

⑤在以上基础上进一步强化基地与校企进行共商共建共享的基础条件、机制方式，进一步拓展延伸链师的培养与使用等。

表13-2   多重多类链师合作培养的综合效果

单位	合作降低交易成本	合作完善服务功能	合作增强韧安能力	促进链师实习、就业、创业	促进企业招人用工	促进外包与专业化服务	提高联运效果与生态效益	共享稀缺链师培养价值	合计（个）
基地	是	是	是	是	是	—	是	是	7
平台	是	是	是	是	是	是	是	是	8
企业	是	是	是	是	是	是	是	是	8
院校	是	是	是	—	—	—	是	是	6
政府协会	是	是	是	—	—	—	是	是	5
相关单位	是	是	是	—	—	是	是	—	5
合计（个）	6	6	6	4	3	3	6	5	39

13.4 总结与启发

供应链工程师作为一种战略新兴职业，其培养关系到企业、产业与国家供应链的韧性、安全和经济发展。供应链优化的过程是一个非核心业务不断外包的过程，而这一非核心供应链业务外包，重在发挥核心企业的供应链平台服务作用，并注重共商共创共享供应链工程师的培养价值，也就是基地核心成员、相关大专院校与供应链核心企业等进行共商共创共享供应链工程师的培养价值。"道生一、一生二、二生三"是中国道教的重要理论基础，也是基地与校企共商共创共享供应链工程师培养价值的思想基础与实践要点，以及基地的宝贵经验。

一是人才培养主体拟从"道生一"角度进行匹配适应。人才培养，特别是新兴的应用型人才培养，应与时俱进地关注社会关切，及时调整培养项目、培养内容与方式，特别要在基地的自身建设上下功夫，从而达到既顺应环境变化，又为可持续培养奠定重要的"道生一"基础。

二是校企合作各方拟从"一生二"角度高度重视供应链平台的打造与服务。各方人才培养，特别是新兴的应用型人才培养，应与供应链平台的服务作用相对接，积极利用供应链平台与供应链业务外包互为促进的关系，为广大学生实习、就业与创新等提供广泛而重要的场景，同时又为广大学生提供在平台与相关企业进行专业服务的空间，从而实现人才培养与企业用人的联动和融合，产生承上启下的"一生二"效果。

三是校企合作方拟积极开展"四位一体"的供应链工程服务和培训。人才培养，特别是新兴的应用型供应链工程师人才培养，应紧紧聚焦供应链业务流程及其密切相关的供应链硬件装备、软件技术和平台生态组成的"四位一体"特征与要求，促进供应链外包—整合—平台的联动演进，促使大量企业竞争转变成为"四位一体"的供应链工程合作竞争，促进信息不对称、竞争无序化、关系博弈化、合作风险化等问题的协同解决；拟按"四位一体"的供应链工程要求细化链师培养的"四象"（业务流程、硬核条件、软件服务与链创生态）"八卦"（链师培训生源、考试取证价值、硬核创造具备、有效匹配支撑、软服内生动能、外聚智信引力、链创战略合作与良性关系生态）。

参考文献

［1］KELLNER F，LIENLAND B，UTZ S．An Aposteriori Decision Support Methodology for Solving the Multi-criteria Supplier Selection Problem ［J］．European Journal of Operational Research，2019，272（2）：505-522.

［2］BRENNER T．Innovation and Cooperation During the Emergence of Local Industrial Clusters：An Empirical Study in Germany ［J］．European Planning Studies，2005，13（6）：921-938.

［3］白延虎，黄朝荣，杨卓栋．农户增收背景下数字孪生融入特色农业供应链的应用探讨 ［J］．智慧农业导刊，2023，3（8）：1-7.

［4］曹彬，胡江洪，陈立名，等．大数据与人工智能技术支撑下的汽车产业智能制造工程实践 ［J］．新型工业化，2023，13（7）：95-103.

［5］曹文静，陈支武．供应链风险管理研究综述 ［J］．物流研究，2024（1）：4-8.

［6］曾文汕．基于改进 YOLOv5 的交通目标检测算法研究 ［D］．桂林：桂林电子科技大学，2023.

［7］常劲松．基于区块链的建筑工程物资供应链协同管理研究 ［D］．秦皇岛：燕山大学，2021.

［8］陈枫，孙传恒，邢斌，等．农业元宇宙：关键技术、应用情景、挑战与展望 ［J］．智慧农业（中英文），2022，4（4）：126-137.

［9］陈静．基于物联网技术的汽车供应链物流管理系统研究 ［D］．西安：长安大学，2014.

［10］陈祥锋．供应链金融 ［M］．北京．科学出版社，2022.

［11］陈星旭．基于云计算的汽车运行状态监测与故障预警系统的硬件开发平台 ［D］．重庆：重庆交通大学，2018.

［12］陈彦宏，姜枫．基于物联网技术的复杂供应链数据集成系统设计 ［J］．信息与电脑，2023，35（3）：7-9.

［13］程建宁，柳晓莹，周天成，等．通信运营行业供应链数字化转型发展研究 ［J］．供应链管理，2023，4（9）：76-86.

［14］道格拉斯·兰伯特．供应链管理：流程、伙伴和业绩 ［M］．北京：电子工业出版社，2012.

［15］翟昊凌．中国汽车行业供应链整合研究［D］．武汉：武汉大学，2004．

［16］董传龙，戈月红．人工智能技术在汽车制造中的应用［J］．汽车测试报告，2023（19）：29-31．

［17］董明．供应链设计：过程建模、风险分析与绩效优化［M］．上海：上海交通大学出版社，2010．

［18］董秀钧．基于ERP的TPPC公司电力工程业务流程重组的研究［D］．大连：大连海事大学，2016．

［19］范鹏飞，王凯．邮政运行管理［M］．北京：人民邮电出版社，2012．

［20］范鹏飞．关于选定最佳邮件转运方案的研究［J］．现代邮政，1988（3）：35-36．

［21］方颖，余兴锦．产业数字化的减污与降碳效应：基于"生产率悖论"的研究视角［J］．系统工程理论与实践，2024，44（9）：2795-2818．

［22］顾生浩，卢宪菊，王勇健，等．数字孪生系统在农业生产中的应用探讨［J］．中国农业科技导报，2021，23（10）：82-89．

［23］郭秋华，张承伟，金龙娥．3D打印在汽车零部件制造和维修领域的应用［J］．锻造与冲压，2023（23）：46-50．

［24］蒋长兵，胡立夏．物流系统工程［M］．北京．电子工业出版社，2011．

［25］蒋佳浩．汽车机械制造领域中3D打印技术的应用分析［J］．时代汽车，2023（19）：37-39．

［26］蒋蕾蕾．"中铁快运"快递网络的空间分析［D］．上海：上海师范大学，2018．

［27］靳建峰，王琳．农产品供应链数字孪生体系构建研究［J］．物流工程与管理，2022，44（6）：86-88，132．

［28］黎继子．集群式供应链及其管理研究［D］．武汉：华中农业大学，2006．

［29］黎舒婷．网络管理如何影响供应链弹性：整合结构和管理的视角［D］．西安：西安理工大学，2023．

［30］李朝放，卢清华．基于区块链的供应链托管系统设计［J］．电子设计工程，2022，30（4）：83-87．

［31］李璟．物流供应链数智化发展路径研究［J］．物流科技，2023，46（12）：105-107．

［32］李礼旭，黄光于，杨水利．数字化与服务化对制造企业绩效的联动效应研究：基于模糊集定性比较分析［J］．南开管理评论，2024，27（4）：197-208．

［33］李佩函，汪仲泽，夏西强，等．风险共担视角下CCER项目开发模式分析及协调机制研究［J/OL］．中国管理科学，1-16［2024-04-06］．https：//doi.org/10.16381/j.cnki.issn1003-207x.2023.1401．

［34］李晓民，杨文昕．5G通信在智慧农业中的应用综述［J］．通信与信息技术，2021（3）：112-115．

［35］李玉倩．三一重工数字化转型中价值创造研究［J］．合作经济与科技，2024（6）：111-113.

［36］李哲青，陈一贤，周邮，等．数字孪生技术及其在医疗领域的应用［J］．中国数字医学，2023，18（8）：56-61.

［37］李梓昕．京东集团供应链融资风险管理研究［D］．北京：北方工业大学，2023.

［38］林啸，张倩，林灵淑．智决策自评审：基于大数据与人工智能的采购4.0时代［J］．招标采购管理，2022（1）：22-24.

［39］刘建香．供应链规划与设计［M］．北京：科学出版社，2022.

［40］刘亮，姚春琦，贺禹铭．基于精益数字孪生体的智能制造系统设计［J］．机械设计，2023，40（9）：59-66.

［41］刘卫华，卢义桢．生鲜产品基于时变需求与物流服务不确定性的供应链协调［J］．系统科学与数学，2024，44（8）：2412-2428.

［42］刘永胜等．供应链风险研究［M］．北京：知识产权出版社，2011.

［43］刘助忠，李明．供应链管理［M］．2版．长沙：中南大学出版社，2021.

［44］莫尔斯，巴布科克．管理工程与技术［M］.5版．北京：清华人学出版社，2011.

［45］马超，何娟，黄福友，等．考虑损失规避和补货策略的VMI供应链协调［J］．运筹与管理，2024，33（1）：69-75.

［46］马鹏，卢雨佳．碳税政策下考虑三重底线的低碳供应链优化决策及协调［J］．南京信息工程大学学报，2024，16（4）：573-586.

［47］马士华，林勇，等．供应链管理［M］.6版．北京：机械工业出版社，2020.

［48］莫惠然．基于云计算的集群式供应链结构及成本分摊研究［D］．长沙：湖南大学，2016.

［49］宁超．基于平衡记分卡的供应链绩效评价体系探究［D］．大连：大连交通大学，2022.

［50］庞燕，罗华丽，邢立宁，等．车辆路径优化问题及求解方法研究综述［J］．控制理论与应用，2019，36（10）：1573-1584.

［51］彭波，李威．供应链金融平台的构建与应用：以中信数智为例［J］．财会通讯，2023（24）：142-146.

［52］钱勇萍．基于5G的农田土壤状况检测采集系统研究设计［D］．武汉：武汉轻工大学，2023.

［53］任彦冰．家电企业智能制造转型的路径及绩效分析：以海尔智家为例［D］．厦门：集美大学，2023.

［54］邵青伟．工业机器人在汽车智能制造生产线中的应用研究［J］．汽车测试报

告，2023（9）：52-54.

［55］深圳发展银行中欧国际工商学院"供应链金融"课题组.供应链金融：新经济下的新金融［M］.上海：上海远东出版社，2009.

［56］沈沉，李芳，彭顺海.数字化转型提质供应链一体化服务增效采供销：电建租赁工程机械一体化业务数字化转型实践［J］.施工企业管理，2022（3）：97-99.

［57］施先亮，王耀球.供应链管理［M］.3版.北京：机械工业出版社，2016.

［58］施云.智慧供应链架构：从商业到技术［M］.北京：机械工业出版社，2022.

［59］舒彦斌.土地流转对农产品供应链结构的影响研究：以湖北省为例［D］.武汉：武汉轻工大学，2016.

［60］舒怡.价值链视角下数字化对企业竞争力的影响研究［D］.南京：南京信息工程大学，2023.

［61］宋华.供应链金融［M］.3版.北京：中国人民大学出版社，2021.

［62］乔普拉，迈因德尔.供应链管理［M］.6版.陈荣秋，等译，北京：中国人民大学出版社，2017.

［63］唐隆基，潘永刚.数字化供应链：转型升级路线与价值再造实践［M］.北京：人民邮电出版社，2021.

［64］田俊峰，司艳红，王力，等.绿色信贷优惠对企业产品定价及供应链绩效的作用机制［J］.控制与决策，2024，39（10）：3431-3441.

［65］王道平，殷悦.智能制造概论［M］.北京：人民邮电出版社，2021.

［66］王国文.区块供应链：流程架构体系与产业应用实践［M］.北京：人民邮电出版社，2022.

［67］王国兴，李思奇.基于熵权法和BP神经网络的农产品供应链绩效评价研究［J/OL］.兰州财经大学学报，1-13［2024-04-06］.http：//kns.cnki.net/kcms/detail/62.1213.F.20240316.2213.030.html.

［68］王慧慧，董丽薇，黄源赫，等.考虑供需方服务满意度的第四方物流网络设计问题研究［J/OL］.控制工程，1-7［2024-04-06］.https：//doi.org/10.14107/j.cnki.kzgc.20231048.

［69］王景毅.M通讯集团某省分公司Oracle ERP财务系统的实施分析［D］.天津：天津财经大学，2015.

［70］王良，金玉潇，熊贤艳.营改增背景下考虑双向期权柔性订购契约的供应链信用融资决策研究［J］.管理工程学报，2024，38（5）：66-80.

［71］王玉燕，高俊宏.基于政府动态补贴区块链技术的闭环供应链决策与协调研究［J］.系统工程理论与实践，2024，44（3）：1053-1067.

［72］王桢絮，张波，顾莺，等.数字孪生技术在医疗领域的应用进展［J］.中国

医疗器械信息，2023，29（9）：77-81.

［73］韦伯斯特．供应链管理：原理与工具［M］．蔡三发，邱灿华，王晓强，译．北京：机械工业出版社，2009.

［74］韦学军．3D打印技术在汽车设计中的应用［J］．内燃机与配件，2022（17）：97-99.

［75］吴波．F物流公司数字化转型战略研究［D］．成都：电子科技大学，2023.

［76］夏科．M汽车零部件企业供应链风险管理研究［D］．咸阳：西北农林科技大学，2023.

［77］向娟，刘若欣．区块链技术在商业银行供应链金融风险管理中的应用研究［J］．产业创新研究，2023（19）：119-121.

［78］谢家智，何雯好．现代产业链韧性评价及提升路径［J］．统计与信息论坛，2024，39（2）：15-28.

［79］邢志鹏，叶艳秋．3D打印技术在汽车机械制造领域的应用［J］．汽车测试报告，2023（20）：46-48.

［80］徐佳．基于车云网的动态资源管理研究［D］．厦门：厦门大学，2018.

［81］徐劲松．计算机网络应用技术［M］．北京：北京邮电大学出版社，2015.

［82］许浩楠，刘家国．考虑供应风险的OEM/ODM供应链决策研究［J/OL］．中国管理科学，1-20［2024-04-06］．https：//doi.org/10.16381/j.cnki.issn1003-207x.2023.0351.

［83］薛小飞．民营银行数字供应链金融发展分析［J］．银行家，2023（12）：67-71.

［84］杨文轩．江西省新能源汽车产业供应链结构优化研究［J］．江西煤炭科技，2022（1）：234-237.

［85］姚芳，彭德奇．人工智能技术在汽车制造领域的应用研究［J］．汽车测试报告，2023（7）：34-36.

［86］姚金华．基于企业动态联盟的汽车供应链管理模式研究［D］．重庆：重庆大学，2008.

［87］姚文权，黄子豪．5G数字技术对农业物联网的变革与发展研究［J］．黑龙江粮食，2023（5）：56-58.

［88］郁颖，陈景泽，王洪峰．基于产品变更的弹性供应链中断优化问题研究［J/OL］．控制工程，1-9［2024-04-15］．https：//doi.org/10.14107/j.cnki.kzgc.20230897.

［89］袁亚辉．工业机器人在智能制造中的应用［J］．造纸装备及材料，2022，51（7）：11-13.

［90］占小锁．基于供应链集成服务模式下的物资集中采购管理［J］．铁路采购与物流，2019，14（4）：40-42.

［100］张海丹．M公司供应链金融风险管理优化研究［D］.郑州：河南工业大学，2023.

［101］张晖皓．"双碳"目标下的S钢铁企业低碳供应链绩效评价体系研究［D］.烟台：山东工商学院，2023.

［102］张婧雅．大数据在智能制造中的应用［J］.现代工业经济和信息化，2023，13（11）：134-136.

［103］张培亮．集群式供应链组织模式研究［D］.大连：东北财经大学，2006.

［104］张志芳．人工智能技术在汽车安全与辅助驾驶中的应用［J］.电子技术，2023，52（12）：160-161.

［105］章飞．物流供应链管理内生风险的成因及对策［J］.中国物流与采购，2024（1）：170-171.

［106］周涵婷，夏敏．可信数字孪生及其在智能制造的应用：机遇和挑战［J］.厦门大学学报（自然科学版），2022，61（6）：992-1009.

［107］周琳．吉林省农产品供应链结构优化研究［D］.长春：长春大学，2018.

［108］周伟华，林甜甜，胡雨林，等．贸易信用中账期对供应链上下游及供应链绩效的影响研究［J］.管理工程学报，2024，38（5）：140-1512.

［109］朱瑞．基于区块链技术的供应链金融分析［J］.全国流通经济，2023（23）：173-176.

［110］左光宇，刘湘云．区块链在供应链金融中的运用研究：一个文献综述［J］.华商论丛，2023，4（2）：25-37.

［111］仇娴．黄炎培"大职业教育"视域下校企合作的困境分析与表现路径［J］.教育科学论坛，2023（6）：23-27.

［112］傅伟．高职教育校企合作的内涵与特征［J］.中国成人教育，2010（11）：90-91.

［113］周桐，李同同，黄遵红．场域论视域下校企合作共建职业教育教材研究［J］.职业技术教育，2023，44（11）：16-22.

［114］周金容．协同理论视角下高职校企合作的现实困顿与发展路径［J］.教育与职业，2018（12）：31-37.

［115］王松．从利益共同体到情感共同体：职业教育校企深度合作的着力点分析［J］.中国职业技术教育，2021（1）：64-68.

［116］蔡宏芳，高军．浅谈校企合作、产教融合的办学模式［J］.甘肃科技，2022，38（5）：61-63.

［117］鞠红霞．把握校企合作需求规律提高高职教育适应性［J］.中国高等教育，2022（5）：57-59.

［118］范青武，郑全英，郑鲲，等．"六面一体"立体化校企深度合作模式的探

索与实践 [J]. 实验技术与管理, 2013, 30 (12): 26-30.

[119] 王洪才. 论高校促进产教融合的难点、重点与突破点 [J]. 高等教育评论, 2021, 9 (1): 13-20.

[120] 薛勇. 产教深度融合: 高校人才培养模式的制度生成 [J]. 中国高等教育, 2020 (10): 58-60.

[121] 俞启定. 深化职业教育产教融合校企合作若干问题的思考 [J]. 高等职业教育探索, 2022, 21 (1): 1-7.

[122] 赵朝辉. 深化产教融合推进现代职业教育改革的成因与路径 [J]. 教育与职业, 2022 (5): 41-45.

[123] 吕忠达, 段肖阳, 王家荣. 论地方高校产教融合障碍及其破解之道 [J]. 高等教育评论, 2021, 9 (1): 241-247.

[124] 王振洪, 邵建东, 成军. 探索建立有效推进校企深度合作的新模式 [J]. 中国高等教育, 2012 (17): 52-54, 59.

[125] 王振洪, 邵建东. 构建利益共同体推进校企深度合作 [J]. 中国高等教育, 2011 (Z1): 61-63.

[126] 李进才. 适应社会主义市场经济的需要 大力加强复合型人才的培养 [J]. 武汉大学学报 (人文科学版), 1993 (2): 49-55.

[127] 孟庆研. 高校复合型人才培养的思考 [J]. 长春理工大学学报 (高教版), 2010, 5 (1): 60-61.

[128] 方东. 高校复合型人才培养的现实困境及其反思 [J]. 高教探索, 2008 (4): 135-136.

[129] 李国胜, 龚荣伟, 许志武. 高职复合型人才培养模式的短板及优化建议 [J]. 教育与职业, 2017 (19): 45-49.

[130] 翟悦, 宁永红. 经济转型时期高校跨专业复合型人才培养的现实思考 [J]. 教育与职业, 2012 (11): 9-11.

[131] 周慧燕, 陈彬彬, 陈竹. 构建高校复合型人才的培养平台 [J]. 井冈山医专学报, 2006 (1): 72-73.

[132] 高平. 高职教育中复合型人才的培养探析 [J]. 辽宁教育研究, 2007 (5): 73-74.

[133] 蒋玲, 秦志凯. 浅议高职复合型人才的培养 [J]. 江苏社会科学, 2008 (S1): 129-131.

[134] 李闽. 构建"三维"课程体系框架: 高职复合型人才培养的应然路径 [J]. 职教论坛, 2020 (4): 66-69.

[135] 智东西. 一文看懂数字孪生, 工信部权威白皮书, 拆解 6 大应用背后万亿市场 [EB/OL]. https://www.thepaper.cn/newsDetail_forward_10003569, 2020-11-16.

后 记

在《供应链工程技术与方法》这部专著性教材付梓之际，谨向为本书的出版付出努力的所有单位和个人致以最诚挚的谢意。

衷心感谢工业和信息化部教育与考试中心、中国交通协会、中国副食流通协会、中国技术创业协会等单位的领导与专家，为本书的顺利完成提供了专业指导；特别感谢供应链工程师培养基地，不仅将本书列为拓荒性、专著性教材课题予以立项，更在经费上给予关键支持，让学术探索得以稳步推进。

在此，特别鸣谢著名供应链专家丁俊发先生。丁先生多次牵头组织物流与供应链行业权威专家，联合北京航空航天大学、北京交通大学、南京财经大学等高校的资深学者，围绕本书编写大纲展开深入研讨。这些严谨细致的前期工作，为本书搭建科学、系统的框架体系奠定了重要的基础。同时，何明珂、何继红、王书城、姜超峰、王佐、尹军琪、闫海峰、左敏、朱丽、刘克俭等专家，凭借深厚的专业造诣，为本书提出诸多宝贵建议，极大丰富了内容的深度与广度，增强了应用场景的实用性和可读性。供应链工程师培养基地的茅冬君、斯其乐，以及我的研究生翟晓晴、李尚霖等，积极参与讨论，提供了大量珍贵的参考资料，他们的付出同样不可或缺。

本书是集体智慧的结晶。由南京财经大学教授、博导，供应链工程师培养基地首席专家吴志华担任项目总负责人，携手金汉信（南京财经大学）、张永（东南大学）、张骏（南京林业大学）、徐劲松（南京邮电大学）、沈建男（苏州科技大学）、成君忆（著名文学及管理专家）、沙志平（供应链工程师培养基地执行主任）等共同完成。具体分工如下：吴志华执笔第 1 章、第 3 章、第 13 章；张永负责第 2 章、第 7 章；金汉信撰写第 4 章、第 6 章；张骏撰写第 5 章；徐劲松撰写第 8 章、第 9 章；成君忆、沙志平与金汉信合作撰写第 10 章；沈建男撰写第 11 章、第 12 章。金汉信、成君忆在项目推进过程中积极协助，保障各项工作有序开展。

最后，向所有直接或间接参与本书编撰的专家、学者、企业工作者致以崇高敬意！感谢江苏智信追溯信息科技研究院有限公司的全力支持，也感谢南京鑫智链科技信息有限公司、国家能源集团、浙江物产集团等单位提供的实践案例，让理论知识得以扎根于真实的商业土壤。

作为供应链工程领域的创新成果，本书内容繁杂，研究、撰写与修改过程涉及人员众多，课题组虽已全力以赴，但难免存在不足之处。恳请各位读者不吝赐教，您的批评指正将为后续的研究与完善指明方向。

吴志华

2024 年 12 月 12 日于翠谷